Geschlecht und Vielfalt
in Schule und Lehrerbildung

Waxmann Verlag GmbH
Steinfurter Straße 555, 48159 Münster
info@waxmann.com

Verona Eisenbraun
Siegfried Uhl
(Hrsg.)

Geschlecht und Vielfalt in Schule und Lehrerbildung

Waxmann 2014
Münster • New York

Das Projekt „ XENOS-Verbund Hessen" wird gefördert im Rahmen des
Bundesprogramms „XENOS – Integration und Vielfalt" durch das Bundesministerium für Arbeit und Soziales und den Europäischen Sozialfonds.

 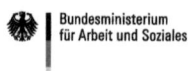  

Bibliografische Informationen der Deutschen Nationalbibliothek
Die Deutsche Nationalbibliothek verzeichnet diese Publikation in der
Deutschen Nationalbibliografie; detaillierte bibliografische Daten sind
im Internet über http://dnb.d-nb.de abrufbar.

Print-ISBN   978-3-8309-3058-7
E-Book-ISBN   978-3-8309-8058-2

© Waxmann Verlag GmbH, 2014
www.waxmann.com
info@waxmann.com

Umschlaggestaltung: Linda Horn, Frankfurt
Satz: Stoddart Satz- und Layoutservice, Münster

Gedruckt auf alterungsbeständigem Papier,
säurefrei gemäß ISO 9706

Inhalt

Verona Eisenbraun

Vorwort

Was können Gender- und Diversitätskompetenz in Universitäten, Schulen und Studienseminaren leisten?

Die Gender- und die Diversitätskompetenz können viele Lehr- und Lernprozesse optimieren. Die Zuweisung bestimmter Geschlechterrollen, die durch bewusste und unbewusste Erwartungen der Lehrenden und Erziehenden an die Kinder und Jugendlichen erfolgt, steht zunehmend im gesellschaftlichen Fokus. Entsprechend sind die Anforderungen an einen guten Unterricht, der die individuellen Lernbedürfnisse von Mädchen und Jungen im Blick hat, gewachsen. Dadurch ist die Verantwortung der Lehrenden in den pädagogischen Systemen groß. Hier können die dringend erforderlichen positiven Lernerfahrungen zur Steigerung von Selbstwirksamkeit realisiert, dabei neue Interessen geweckt sowie Kompetenzerwerb auch in traditionell eher geschlechtsuntypischen Bereichen erzielt werden. Zudem können Chancen ermöglicht werden, ein freiheitlich-demokratisches Menschenbild zu entwickeln und zu leben, das vielfältige Lebensentwürfe toleriert und individuelle Persönlichkeitspotentiale intensiver ausschöpfen kann, auch jenseits einer geschlechtlichen Bipolarität (vgl. den Beitrag von Bittner & Lotz in diesem Band).

Wissenschaftlich nachgewiesen ist mittlerweile vielfach: Geschlechterbezogene Stereotype beeinflussen – besonders im Verbund mit sozialen und kulturellen Vorurteilen – immer noch die Bildungserfolge und die Berufswahl von Jungen und Mädchen. So wählen junge Frauen mit Zuwanderungsgeschichte – 20 % aller Fünfzehnjährigen sind betroffen – lediglich fünf Ausbildungsberufe oder verschwinden statistisch in der Familie, ohne dass die Schule gegensteuert (Wentzel, 2013).

Die Leistungsunterschiede zwischen den Geschlechtern nehmen im Laufe ihrer Schulkarrieren zu, wie PISA und andere Studien zeigen. (Dass die vielbeachtete Meta-Studie von John Hattie [2013] die Gendereffekte auf guten Unterricht relativiert, hat dagegen eher statistische Gründe: Zum Zeitpunkt der Erfassung waren die aussagekräftigen genderbezogenen Studien wie Eurydike noch nicht erschienen oder sie werden durch die schiere Menge der anderen 55.000 Einzelstudien relativiert.)

Durch mangelndes Genderbewusstsein werden bestehende gesellschaftliche Strukturen reproduziert, anstatt sie zu verändern. Speziell in den MINT-Fächern korrespondieren diese Befunde mit einem sich immer deutlicher abzeichnenden Fachkräftemangel, der mittlerweile auch ökonomisch zu Buche schlägt.

Gendersensible Bildungsarbeit zeichnet sich durch die bewusste Wahrnehmung von Geschlechterstereotypen, die Reflexion von Sprache und Kommunikation, eine genderbewusste Auswahl von Unterrichtsgegenständen, Methoden und Medien aus. Sie ermöglicht es, in der Ausbildung und im Unterricht unterschiedliche Interessen und Aneignungsprozesse von Mädchen und Jungen als gleichwertig anzuer-

Foto: Aaron Löwenbein

Verona Eisenbraun, Landesschulamt, und Andreas Lenz, Hessisches Kultusministerium

kennen und gleichzeitig individuelle Persönlichkeitspotentiale auszuschöpfen – entsprechend der postulierten Förderabsichten des XENOS-Bundesprogramms.

So unterschiedlich die Erfahrungen mit der eigenen Geschlechtlichkeit und der damit verbundenen Sozialisation sind, so differenziert wird davon auch das Lernen beeinflusst. Um die beruflichen Chancen und individuellen Lebensplanungen von Schülerinnen und Schülern erweitern zu können, ist es deshalb notwendig, die Ausbildung von Lehrerinnen und Lehrern mit dem Ziel einer höheren Gender- und Diversitätssensibilität als Querschnittkompetenz voranzubringen. Wenn sich die gesellschaftlichen Strukturen und individuellen Einstellungen verändern, lassen diese Prozesse die Schulentwicklung und die Konzepte in der Lehrerbildung nicht unberührt. Umgekehrt wirken die Bildungsinstitutionen auch durch die Inhalte und Methoden ihrer Fächer an gesellschaftlichen Entwicklungen mit. Besonders in der Technik und den Naturwissenschaften trägt die Fachkultur bei der Berufswahl von Mädchen zu einem verengten Berufsspektrum bei, weil diese sich häufig mit dem vorherrschenden Berufsimage nicht identifizieren können. Deshalb wird in Hessen z.B. bei den Verantwortlichen in der Lehrerbildung seit einigen Jahren ein Mindestmaß an Genderkompetenz vorausgesetzt. Dennoch ist gendersensibler Unterricht, der den skizzierten Aspekten gerecht wird, immer noch die Ausnahme. Dadurch werden Chancen zur Steigerung der Unterrichtsqualität auch angesichts der zunehmenden Individualisierung vertan.

Dieser Band versucht alle an der Erziehung Beteiligten und für Bildungsprozesse Verantwortlichen für dieses komplexe und hochbrisante Thema zu interessieren und zu sensibilisieren. Mit direkten Praxisverknüpfungen werden auch mittlerweile bewährte pädagogische Wege und Perspektiven aufgezeigt, die beispielhaft

Prof. Dr. Jürgen Budde, Universität Flensburg

Foto: Aaron Löwenbein

Dr. Necla Kelek, Sozialwissenschaftlerin und Publizistin, Berlin

Foto: Aaron Löwenbein

Jürgen Budde und Necla Kelek bei der Plenumsdiskussion   Foto: Aaron Löwenbein

Wirkung entfalten können. Er basiert auch auf dem dritten Gender-Schule-Symposium, das mit Unterstützung des XENOS-Programms am 14. Juni 2013 an der Universität in Marburg stattgefunden hat, enthält darüber hinaus aber zahlreiche weitere Beiträge.

In seinem Marburger Einführungsvortrag mit dem Titel „Gender in der Krise – oder eine unterschätzte Ressource?" machte der profilierte Pädagoge und Forscher zu Genderfragen Jürgen Budde deutlich, dass die Bedeutsamkeit von Geschlecht für die Pädagogik trotz vielfältiger und valider Forschungsergebnisse mancherorts noch infrage gestellt wird. Er benannte auch die Risiken, die durch neue Stereotypisierungen mit der Konzeption von Geschlechterfragen als Querschnittaufgaben verbunden sein können, und zeigte die Anforderungen an eine gendersensible Pädagogik zwischen Differenz und Differenzierung auf. Dabei sah er die zunehmende Individualisierung im Schulbereich kritisch: „Gesamtgesellschaftlich [ist] ein abnehmender Problematisierungswille nicht zuletzt bei Mädchen zu attestieren. Nicht wenige Jugendliche und Erwachsene weisen Diagnosen zurück, die auf geschlechtsbezogene Ungleichheiten rekurrieren, indem individualisierende Positionen bezogen werden, etwa dass heutzutage doch ‚Alle machen können, was sie wollen'. Entsprechend werden geschlechtsspezifische Thematisierungen zugunsten einer individualisierenden Sichtweise verneint."

Die für ihre Arbeit mehrfach und u.a. mit dem Geschwister-Scholl-Preis ausgezeichnete Soziologin und Autorin Necla Kelek widmete sich in ihrem Vortrag (dokumentiert in diesem Band) dem „Einfluss soziokultureller Faktoren auf den Bildungserfolg" und stellte die Frage, „was Lehrkräfte tun" können. Sie diagnostizierte, dass es junge Frauen da besonders schwer haben, persönliche und wirtschaftliche Unabhängigkeit zu erreichen, wo traditionelle, patriarchalisch struktu- rierte Großfamilien die Sozialisation bestimmen. Trotz besserer Leistungen in der Schule seien Mädchen auf die Anforderungen des Arbeitslebens wie Mehrsprachig- keit, Mobilität und Flexibilität schlecht vorbereitet. Lehrkräfte seien im Umgang mit diesem Rollenverständnis vielfach überfordert. Dabei müsste in der Schule die Basis dafür gelegt werden, dass Gleichberechtigung beiden Geschlechtern nützt: Freiheit könne gelehrt und gelernt werden.

Der vorliegende Band verdankt seine Realisierung den beteiligten Expertinnen und Experten, den Autorinnen und Autoren, die alle auf ein Honorar verzichteten. Ohne die Förderung durch XENOS wäre sein Erscheinen nicht möglich gewesen. Das Bundesprogramm „XENOS – Integration und Vielfalt" fördert Maßnahmen gegen Ausgrenzung und Diskriminierung in den Bereichen Betrieb, Verwaltung, Ausbildung, Schule und Qualifizierung. Im Fokus stehen insbesondere Jugendliche und junge Erwachsene, für die der Zugang zu Schule, Ausbildungs- und Arbeits- plätzen erschwert ist. Das Programm wird durch das Bundesministerium für Arbeit und Soziales und den Europäischen Sozialfonds gefördert und soll die Berufschan- cen junger Menschen erhöhen, indem es ihnen hilft, neue Kenntnisse und Kompe- tenzen zu erwerben. Das alles entspricht den Intentionen der im Buch erschiene- nen Beiträge.

Literatur

Hattie, J. (2013). *Lernen sichtbar machen.* Überarbeitete deutschsprachige Ausgabe von „Visible Learning", besorgt von W. Beywl und K. Zierer. Baltmannsweiler: Schnei- der Verlag Hohengehren.

Wentzel, W. (2013). *Wunsch und Wirklichkeit – Berufsfindung von Mädchen mit Migrationshintergrund* (Forschungsreihe Girls'Day, Beiträge zur geschlechtersen- siblen Berufsorientierung 3). Bielefeld: Kompetenzzentrum Technik-Diversity- Chancengleichheit e.V. Verfügbar unter: http://www.girls-day.de/Service_Material/ Downloadcenter.

Jürgen Budde und Nina Blasse

Thematisierungen von Geschlecht in pädagogischen Kontexten

1. Einleitung

Die Geschichte der Auseinandersetzung mit Genderthemen in der Pädagogik ist keine ganz neue, denken wir beispielsweise an die Koedukationsdebatten aus dem (vor-)letzten Jahrhundert, die Diskussionen um die Benachteiligung von Mädchen seit den 1960ern oder von Jungen in den letzten Jahren. Auch gendersensible Pädagogiken als Antwort auf vergeschlechtlichte Bedarfe und Benachteiligungen sind bereits seit längerem konzeptioniert. In der außerschulischen Bildungsarbeit begann die (mittlerweile aus finanziellen Gründen geschlossene) HVHS „Alte Molkerei Frille" bereits Anfang der 1980er Jahre, Konzepte für die „antisexistische" pädagogische Arbeit mit Mädchen und Jungen zu entwickeln (Heimvolkshochschule „Alte Molkerei Frille" 1988). In der Folgezeit sind zunehmend geschlechtsspezifische, parteiliche, genderbewusste oder geschlechtsreflektierende Konzepte für ganz unterschiedliche pädagogische Handlungsfelder entwickelt worden.

Theoretisch lassen sich dabei zwei unterschiedliche Zielrichtungen unterscheiden (wenngleich in der Praxis nicht immer trennscharf), nämlich einmal Ansätze, die eine vermeintliche Geschlechterdifferenz zum Ausgangspunkt machen und der Unterschiedlichkeit von Jungen und Mädchen bzw. Männern und Frauen ‚gerecht' werden wollen. Andere Ansätze wiederum zielen auf eine Kritik ebenjener geschlechterdifferenten Sichtweise, problematisieren die zweigeschlechtliche Ordnung und wollen durch Reflexion zu einem Abbau von Geschlechterstereotypen beitragen (vgl. auch Budde, Offen & Schmidt in diesem Band). Diese zweitgenannten Konzepte und Ideen gendersensibler Pädagogik sind (so sie kritisch, reflexiv und emanzipationsorientiert sind) immer einem in mindestens dreierlei Hinsicht doppelten Anspruch verpflichtet. So zielen sie darauf, Jungen *und* Mädchen in den Blick zu nehmen. Zweitens geht es um eine Verknüpfung von (Geschlechter-)Theorie *und* (pädagogischer) Praxis und drittens um eine Ausrichtung auf Pädagogik *und* Politik. In diesem Sinne ist gendersensible Pädagogik nicht lediglich auf professionelles pädagogisches Handeln orientiert, sondern fokussiert auch auf den Abbau gesellschaftlicher Ungleichheit. Die Verbindung aller drei An- und bisweilen auch Widersprüche macht die besondere Stärke gendersensibler Pädagogik aus. Gleichzeitig ist damit ebenfalls markiert, dass der Anspruch hoch ist und zum Teil widersprüchliche Perspektiven zusammengebracht werden.

Allerdings scheint sich die Bedeutung des Themas Geschlecht zu verlagern. Standen Thematisierungen von Geschlecht vor wenigen Jahrzehnten beinah zwangläufig unter Verdacht, feministisch inspiriert zu sein (und setzten entsprechend Abwehrreflexe in Gang), so finden sich aktuell zahllose, im Mainstream angekommene Thematisierungen in Politik und Feuilleton. Vor dem Hintergrund von

Talkshows, vergeschlechtlichten Süßigkeiten, Kinderkleidung und -spielzeug oder Verlagsprogrammen und Ratgebern könnte – mit Foucault (1976) – geradezu von einer Diskursivierung des Themas gesprochen werden, eine Geschwätzigkeit, die wiederum hoch produktiv ist und neue Formen der Differenzkonstruktionen hervorbringt, deren Effekt nicht zuletzt in der De-Thematisierung sozialer Ungleichheit zu vermuten ist. Somit ist die Frage nach Wegen der Thematisierung von Geschlecht in pädagogischen Kontexten aufgerufen.

Um diese Frage zu beantworten, diskutiert der folgende Beitrag zunächst zentrale Argumente, welche die Bedeutsamkeit von Geschlecht für Pädagogik aus verschiedenen Perspektiven in Frage stellen, um daraus mögliche Fehlstellungen der aktuellen Herangehensweisen zu identifizieren (Kap 2). Auf dieser Grundlage werden anschließend anhand empirischer Beispiele Wege der Thematisierung von Geschlecht in pädagogischen Kontexten unter der Frage diskutiert, ob Geschlecht ein eigenständiges Thema oder eine Querschnittsaufgabe darstellt (Kap. 3), um am Ende in einem Fazit für mehrperspektivische Annäherungen mit einer deutlichen Verschiebung auf die Akteurssicht zu plädieren (Kap. 4).

2. Bestehende Einwände gegen die Thematisierung von Geschlecht in pädagogischen Kontexten

Gegen die Thematisierung von Geschlecht in pädagogischen Kontexten werden immer wieder Einwände vorgebracht, die – aus unterschiedlichster Perspektive – problematisieren, inwieweit es eine eigenständige Beschäftigung mit Geschlechterthematiken überhaupt (noch) braucht. Zu fragen ist in Anbetracht des aktuellen politischen, pädagogischen, gesellschaftlichen und wissenschaftlichen Standes, inwieweit das Thema Geschlecht für die Pädagogik nun überholt ist. Einwände gibt es genug:

Wird monetäre Anerkennung (in kapitalistischen Gesellschaftsverhältnissen ein zentrales Maß für die Bedeutsamkeit eines Gegenstandes) zum Beurteilungskriterium für die Relevanz von Geschlechterthemen gemacht, dann lässt sich aufgrund des vergleichsweise geringen materiellen Engagements in der pädagogischen Praxis (aber auch in der Wissenschaft) durchaus anzweifeln, dass dem Thema tatsächlich eine besondere Bedeutung zukommt. Zwar werden Praxis- und Forschungsprojekte mit Genderbezug durchaus materiell gefördert, nicht selten aber mit finanziell prekären und/oder geringen Ressourcen. Anders ausgedrückt, könnte es auch heißen, dass die normative Kraft des monetär Faktischen nicht auf eine besondere Relevanz schließen lässt.

Weiter ist gesamtgesellschaftlich ein abnehmender Problematisierungswille nicht zuletzt bei Mädchen zu attestieren. Nicht wenige Jugendliche und Erwachsene weisen Diagnosen zurück, die auf geschlechtsbezogene Ungleichheiten rekurrieren, indem individualisierende Positionen bezogen werden, etwa dass heutzutage doch ‚Alle machen können, was sie wollen'. Entsprechend werden geschlechtsspezifische Thematisierungen zugunsten einer individualisierenden Sichtweise verneint. Darin muss sich nicht nur ‚Geschlechtsblindheit' ausdrücken, sondern die

Zurückweisung eines Benachteiligten-Status kann aus Akteursperspektive ebenso als Ermächtigungsstrategie verstanden werden. In einer etwas anderen Lesart kann diese individualisierende Sichtweise aber auch als spezifische Form einer neoliberalen Subjektivierungstechnologie interpretiert werden, die auf Individualität, Flexibilität und Selbstverantwortlichkeit abzielt und sich mit Foucault (1995) als Gouvernementalität beschreiben lässt. Damit wäre dann markiert, dass der abnehmende Problematisierungswille nicht unbedingt als Folge von tatsächlichen Emanzipationsprozessen im Sinne individueller Freiheit angesehen werden kann, sondern anstelle von (geschlechter-)gruppenbezogenen Selbstkonzepten nun individualisierte Selbstkonzepte zur Subjektbildung notwendig sind.

In diesem Zusammenhang wird aber auch auf eine abnehmende Problematisierungsnotwendigkeit verwiesen. Im Gegensatz zu anderen Kategorien sozialer Ungleichheit (wie Milieu oder Migrationshintergrund) sind auf dem Feld der Geschlechtergerechtigkeit tatsächlich Erfolge erzielt worden, wobei unklar ist, ob eine solche Entdramatisierung realen Transformationen geschuldet ist oder vielmehr eher eine rhetorische Anpassungsleistung in unterschiedlichen gesellschaftlichen Sphären darstellt. Andererseits lässt sich im Angesicht weiblicher oder homosexueller Spitzenpolitiker*innen, Bildungserfolgen von Mädchen, Beseitigung zahlreicher diskriminierender gesetzlicher Regelungen und ähnlicher Transformationen durchaus davon sprechen, dass die Kämpfe um Gleichberechtigung und Emanzipation punktuell erfolgreich sind.

Auch aus Perspektive der Geschlechterforschung kann die Bedeutsamkeit von Geschlecht für pädagogisches Handeln problematisiert werden. Denn nicht selten dienen Annahmen über Geschlecht pädagogischen Professionellen als identitäre Zuschreibungskategorie. Handlungsweisen von Kindern, Jugendlichen oder Erwachsenen werden häufig mit Verweis auf die Geschlechtszugehörigkeit ebenjener Adressat*innen pädagogischen Engagements gedeutet – sofern dies auf der Grundlage naturalisierender, dichotomer und/oder stereotyper Annahmen geschieht, evoziert diese Deutung von Geschlecht problematische Reifizierungseffekte. „Junge-Sein" oder „Mädchen-Sein" wird so zu einer stabilen, scheinbar natürlichen Erklärungsfolie.

Als ein theoretischer Einwand ist prominent die dekonstruktivistische Kritik zu nennen, in deren Gefolge darauf hingewiesen wird, dass ‚geschlechterthematisierende' Pädagogik (prominent durch die häufig praktizierte monoedukative Einteilung in zwei Geschlechtergruppen) zur Rekonstruktion von Differenz beitragen kann, zumindest, wenn auf Geschlechterdifferenzen abgehoben wird. Vorliegende Forschungsprojekte zeigen dies sowohl für Lehrpersonen, den Schulunterricht als auch für außerschulische Maßnahmen (Budde, Debus & Krüger, 2011). Dass Dekonstruktion nicht nur eine wissenschaftliche ‚Spielwiese' ist, sondern mittlerweile auch als politische Position vertreten wird, zeigt sich beispielsweise an der Piratenpartei, die sich weigert, ihre Mitglieder nach Geschlecht einzusortieren. Wenngleich dies auf der handlungspraktischen Ebene eher zur Aufrechterhaltung tradierter und hierarchischer Geschlechterverhältnisse innerhalb der Piratenpartei zu führen scheint, so enthebt dies nicht von der bemerkenswerten Tatsache, dass

die Praxis der Verweigerung zweigeschlechtlicher Zuordnungen zu einem Politikum geworden ist.

Daran anschließend wird unter heterogenitäts- oder intersektionalitätsorien-
tierter Perspektive darauf hingewiesen, dass jenseits von Geschlecht weitere, mindestens ebenso bedeutsame soziale Kategorien wie die soziale oder kulturelle Herkunft existieren, die zu beachten sind. In diesem Zusammenhang wird zunehmend
betont, dass soziale Kategorien niemals isoliert auftauchen, sondern immer nur als
Zusammenspiel unterschiedlicher Differenzkategorien.

Vor dem Hintergrund dieser Problematisierungen sind zu Recht Argumente für
die Begründung der Thematisierung von Geschlecht in pädagogischen Kontexten
notwendig. Unseres Erachtens wäre es verfehlt, Geschlechterthemen als ,altmo-
disch' gleichsam über Bord zu werfen und vollständig entweder in Heterogenität,
Intersektionalität oder Vielfalt oder aber in Individualisierung und Pluralisierung
aufgehen zu lassen. Für die aufgeführten Einwände gegen Geschlechtsthematisie-
rungen ließen sich wiederum Gegenargumente finden. Wir belassen es an dieser
Stelle jedoch dabei, das u.E. *Spezifische* an der Kategorie Geschlecht anhand von
drei Punkten zu begründen. So stellt Geschlecht erstens jenseits aller Konstruktionen eine bedeutsame Identifizierungskategorie im biographischen Verlauf dar, die
in pädagogischen Prozessen wegen ihrer subjektiven Wirkmächtigkeit nicht ignoriert werden kann. Gerade auf dieser identitätsbezogenen Ebene ist Geschlecht
pädagogischem Handeln zugänglich. Zweitens ist Geschlecht eine zentrale gesellschaftliche soziale Ungleichheitskategorie. Wenngleich statische Machtanalysen
(Mann = privilegiert, Frau = benachteiligt) zu kurz greifen, lassen sich in konkreten Kontexten (Beruf, Care, Sichtbarkeiten, Mobilität etc.) Ungleichheiten aufzeigen, die geschlechtlich fundiert sind. Als Gegenstand von Bildungsprozessen steht
hier weniger die persönliche Dimension, sondern vielmehr die Auseinandersetzung
mit Theoriebeständen im Vordergrund. Darüber hinaus bildet die soziale Kategorie Geschlecht drittens aufgrund ihrer inhärenten Konstruktionsbedingungen
(Natürlichkeit, Dichotomizität, Omnipräsenz) einen Präzedenzfall für die Analyse
von Wirkungsweisen sozialer Differenzkategorien. Dieser Punkt stellt gleichsam
das Scharnier zwischen der subjektbezogenen und der gesellschaftlichen Dimension dar. Ausgehend von der so begründeten Annahme, dass Thematisierungen
von Geschlecht in pädagogischen Kontexten nach wie vor notwendig sind, soll im
Folgenden die Frage aufgegriffen werden, in welcher Weise dies geschehen kann.
Dabei wollen wir insbesondere das Gegenargument des abnehmenden Problemati-
sierungswillens produktiv aufgreifen.

3.   Eigenständiges Thema oder Querschnittsaufgabe?

Grob vereinfacht lassen sich zwei unterschiedliche Wege der Thematisierung ausmachen. Der eine sieht direkte Thematisierungen, beispielsweise in Form explizit
geschlechtsbezogener pädagogischer Angebote vor. Hier erhält Gender den Status
eines eigenständigen Themas. Der andere Weg begreift entgegengesetzt Geschlecht
als Querschnittsthema und strebt an, diesem keinen Sonderstatus einzuräumen,

sondern es in anderen pädagogischen Fragestellungen mitzuthematisieren. Im Folgenden sollen beide Wege anhand von Beispielen aus unseren empirischen Forschungen diskutiert werden. Das eine Beispiel fokussiert pädagogische Angebote selbst, das andere die Ausbildung von Pädagog*innen, um die Breite der Relevanzbezüge deutlich zu machen.

3.1 Gendersensible Pädagogik zwischen Differenz und Dekonstruktion

Eine Möglichkeit, Geschlecht zu thematisieren, liegt in expliziten Formaten, wie beispielsweise so genannter Jungen- oder Mädchenarbeit, die Geschlecht zu einer Sonderthematik machen. Diesen liegt in der Regel die Annahme der Differenz zwischen Mädchen und Jungen oder Frauen und Männern zugrunde. Bei monoedukativen Angeboten ist dies besonders augenfällig, da hier Geschlecht zum prominenten Kriterium der Eingruppierung gemacht wird – aber auch andere geschlechtsbezogenen Angebote stützen sich häufig auf Unterschiede von Jungen und Mädchen bzw. Männern und Frauen. Aus diesen Unterschieden werden dann spezifische Bedarfe, Problemlagen, Motivationen, Interessen und Bearbeitungsvarianten etc. abgeleitet, die begründen, warum die Geschlechtergruppe ein eigenes pädagogisches Angebot benötigt. Spannungsreich steht diese Annahme zu dem häufig formulierten Ziel des kritischen Hinterfragens ebensolcher dichotomen Geschlechterarrangements und der letztendlichen Auflösung starrer Geschlechterkonzeptionen (Busche, Maikowski, Pohlkamp & Wesemüller, 2010; Stuve o.J.). Diese unterschiedlichen Perspektiven führen zu Spannungsverhältnissen, welche die Bedeutung von Geschlecht erheblich problematisieren. Aufgelöst wird dieser Widerspruch in der pädagogischen Praxis zumeist über eine pragmatische Doppelfigur, nach der Geschlecht zwar relevante Zuordnungskategorie ist, aber eigentlich auch überbewertet sei bzw. zu überwinden ist. U.E. ist dieser Spagat nicht nur theoretisch schwer oder nicht aufzulösen, sondern führt auf der praktischen Ebene immer wieder zu Verwirrung. In Fortbildungen kann diese Ambivalenz für Unzufriedenheit sorgen, in der pädagogischen Arbeit bisweilen zu erstaunlichen Parallelitäten von Re- und Dekonstruktionen führen. Um Probleme bei der direkten Thematisierung von Geschlecht im Spannungsfeld von Differenz und Dekonstruktion exemplarisch darzulegen, greifen wir im Folgenden auf Daten aus der wissenschaftlichen Begleitung des „Modellprojektes Neue Wege für Jungs" zurück[1]. Das folgende Beobachtungsprotokoll stammt aus einem Seminar zur Berufs- und Lebensplanung mit

---

1 Für die wissenschaftliche Begleitung wurden sechs kontrastierende Jungenangebote untersucht (vgl. Budde & Krüger, 2010). Es wurden zur Analyse zwei Angebote ausgewählt, bei denen die teilnehmenden Jungen ein Praktikum in sozialen Berufen absolvierten, zwei Seminarangebote zur Berufs- und Lebensplanung und zwei jeweils eintägige Parcours zu sozialen Kompetenzen und Männlichkeitskonzeptionen. Bei sämtlichen Angeboten wurde ethnographisch beobachtet, zusätzlich wurden insgesamt 14 Gruppendiskussionen mit teilnehmenden Jungen und 17 Interviews mit beteiligten Lehrkräften, Jungenpädagogen sowie regionalen Experten durchgeführt. Die Beobachtungen, Gruppendiskussionen und Interviews wurden nach der Methode der Grounded Theory ausgewertet (vgl. Glaser,

einer 9. Haupt- und Realschulklasse. Die Klasse ist für die Übung nach Geschlecht getrennt. Aufgabe ist es, dass die Jungen gemeinsam mit dem Jungenpädagogen und die Mädchen gemeinsam mit der Mädchenpädagogin sammeln, was „typisch männlich" bzw. „typisch weiblich" ist (vgl. Budde et al., 2011).

> „Die Jungen sitzen in einem Halbkreis, der Jungenarbeiter steht vor ih-
> nen, hinter ihm eine Flipchart, auf der zwei Spalten gemalt sind, die mit
> ‚Männlich' und ‚Weiblich' überschrieben sind. Er stellt als Arbeitsauftrag: ‚Wir
> wollen ein bisschen schauen, wie das ist mit Männern und Frauen. Was gilt
> als typisch …' Es fällt auch wieder der Begriff Zuschreibung. Es gibt einige
> Nachfragen, ein Junge ruft dazwischen: ‚Männer gehen anschaffen.'
> Dann wird zuerst ‚Putzen' als typisch weiblich benannt. Ein anderer nennt
> ‚Geld verdienen' als männlich. Ein Junge wirft ein, dass Frauen öfter un-
> treu sind. Einer ruft: ‚und gehen in den Strip-Club.' Der Jungenarbeiter fragt
> noch einmal, ob das mit der Untreue so sei, lässt es dann aber anschreiben.
> Stripclub wird nicht angeschrieben." [100118SBuLPJ]

Der Jungenpädagoge stellt als Auftrag die Aufgabe, typische Zuschreibungen zu sammeln. Damit wird auf die Ebene gesellschaftlicher Stereotype rekurriert, wie auch in der Erläuterung, dass es um Zuschreibungen gehen soll, deutlich wird. Der Arbeitsauftrag wird von einigen Jungen adäquat bearbeitet, indem sie mit „put-zen" und „Geld verdienen" kontrastive Geschlechterstereotype benennen. Aller-dings gehen einige Jungen ironisierend-sexualisierend mit dem Auftrag um. Der Jungenpädagoge verfährt mit den verschiedenen Beiträgen unterschiedlich: Wäh-rend die stereotypen Nennungen kommentarlos angeschrieben werden, fragt er bei „Untreue" noch einmal nach, „Strip-Club" wird überhaupt nicht notiert. Im Fol-genden allerdings geschieht eine Umdeutung des Arbeitsauftrags durch die Jungen; sie beginnen, die Stereotype anhand ihrer eigenen Erfahrungen zu differenzieren:

> „Ein Junge nennt kochen, daraufhin wirft ein anderer ein, dass auch
> Männer kochen können, ein dritter ergänzt, dass sein Vater Koch sei. Der
> Jungenarbeiter fragt an dem Punkt nach, wie das denn mit Männern und
> Frauen und Kochen sei. Ein Junge: ‚Das können beide.'" [100118SBuLPJ]

Haben die Jungen bislang – ernst oder ironisch – gesellschaftliche Vorstellungen wiedergegeben (und den Arbeitsauftrag so als einen schulischen gehandhabt), brin-gen nun mehrere Jungen eigene Erfahrungen ein. Anlass ist die Nennung, dass Kochen weiblich sei. Dem wird zuerst allgemein widersprochen; dann meint ein Junge, dass sein Vater Koch sei, und führt damit ein lebensweltliches Argument dafür ein, dass (zumindest manche) Männer kochen können. Zusammenfassend formuliert ein Junge dann: „Das können beide." Der Jungenpädagoge insistiert im weiteren Verlauf der Methode jedoch darauf, dass es einen Unterschied gebe, da Männer in der Öffentlichkeit kochen und Frauen im Haushalt, und dass dies auf-grund der unterschiedlichen Anerkennung ungerecht sei.

Strauss & Paul, 2008), indem die Daten mehreren sequentiellen Codierungsdurchläufen zur Bestimmung von minimalen und maximalen Kontrastierungen unterzogen und an-schließend induktiv auswertungsleitende Kategorien gebildet wurden.

„Gibt es keine Unterschiede?' Ein Schüler: ‚Frauen kochen ohne Rezept, Männer mit.' Ein anderer meint, dass Männer nur Pizza und Pommes kochen könnten. Dem wird widersprochen, unter anderem mit dem Hinweis, dass Fertigpizza doch nicht als kochen zu zählen sei, Männer könnten selbstverständlich auch ‚was Richtiges' kochen. Der Jungenarbeiter fragt, wer im Haushalt kocht und wer im Restaurant. Die Schüler sagen, dass im Restaurant Männer kochen und zuhause Frauen. Der Jungenarbeiter führt aus, dass das daran liege, dass Frauen historisch für Reproduktionsarbeit zuständig seien. Er insistiert darauf, dass kochen nun zwischen die beiden Kategorien geschrieben wird. Kevin soll einen Pfeil zur männlichen Spalte machen und notiert dort dann Beruf, während er selber einen Pfeil zur weiblichen Spalte macht und dort Haushalt aufschreibt." [100118SBuLPJ]

Während die Schüler hier Differenzierungen einführen, die zu einer Verneinung von Geschlechterdifferenzen führen, zielen die Nachfragen des Jungenpädagogen darauf ab, Geschlechterdifferenzen herauszuarbeiten. Dies zeigt zuerst einigen Erfolg, denn zwei Jungen benennen Differenzen, allerdings relationale, denn beide gehen davon aus, dass Männer zwar kochen könnten, im Gegensatz zu Frauen aber Anleitungen benötigten und die Palette der Gerichte eingeschränkter sei. Allerdings bleiben auch diese Nennungen nicht stehen; ein Junge verweist darauf, dass dies nicht stimmt. Ein Genderbezug wird auf diese Weise zurückgewiesen. Am Ende korrigiert der Jungenpädagoge das Ergebnis, indem er noch jenen Ergänzungspfeil einfügt, der seine politische Intention unterstreicht. Hinterfragen die Jungen die – pädagogisch intendierten – Differenzkonstruktionen, wie z.B. die Setzung, dass kochen „weiblich" sei, wird gerade die lebensweltliche Untersetzung anhand eigener Erfahrungen durch den Jungenpädagogen ignoriert[2].

In dieser Interaktionssequenz offenbart sich eine Antinomie, welche quasi konstitutiv den Anspruch von Jungenpädagogik durchzieht, nämlich Jungen für Bereiche zu sensibilisieren bzw. interessieren, zu denen ihnen Distanz unterstellt wird, während Jungen selbst aber genau diese Unterstellung zurückweisen. Denn einerseits besteht der pädagogische Anspruch, neue Wege für Jungen zu ermöglichen, andererseits beinhaltet dies eine Unterstellung, von der in der Praxis überhaupt nicht geklärt ist, ob – und wenn ja in welcher Weise – sie überhaupt zutreffend ist. Nun kann die Differenzierung der Jungen als Vermeidungsstrategie gelesen werden, um Genderungerechtigkeiten zurückzuweisen und zu bagatellisieren. Andererseits lautete der Auftrag auch nicht, Geschlechterstereotype auf ihren empirischen Gehalt und soziale Ungleichheit hin zu analysieren, sondern Zuschreibungen zu sammeln. Nennen Jungen also stereotype Zuschreibungen, riskieren sie Kritik gerade für die Stereotype. Darüber ist in der Performanz der beteiligten Jungen genau die unterstellte Distanz nicht zu rekonstruieren. Das Beispiel Kochen macht deutlich, dass umkämpft ist, was als typisch männlich gilt und was nicht, die Auseinandersetzung wird von den Jungen mit sachkundigen und lebensweltlichen Argumenten geführt.

---

2   Die Zurückweisung lässt sich auch quantitativ empirisch stützen, immerhin ist Koch der siebt-häufigst ergriffene Ausbildungsberuf von männlichen Auszubildenden, bei weiblichen rangiert die Köchin auf Platz 17 (Statistisches Bundesamt, Fachserie 11, Reihe 3, 2011).

Die Ebene einer politischen Bewertung wird in dem Beispiel vom Jungenpädagogen selber eingeführt. Diese Politisierung erweist sich in diesem Kontext eben nicht nur als Wissensvermittlung, sondern ist auch eine moralische Skandalisierung, die sich an die beteiligten Schüler richtet. Klar dürfte ihnen anhand der Interaktionsgestaltung sein, dass es nicht gut ist, dass es koch-bezogene Unterschiede gibt, unklar bleibt jedoch, was die Jungen mit dieser Information anfangen sollen. Beipflichten? Sich ändern? Wo doch unterstellt werden kann, dass sie für diesen Umstand tatsächlich nichts können. Die patriarchalen Verhältnisse attackieren? Widersprechen? In ferner Zukunft auch zu Hause kochen? Möglicherweise haben die Jungen ein feines Gespür für diese Ebene. Denn differenzieren die Jungen die stereotypen Zuschreibungen, riskieren sie Kritik, weil sie die gesellschaftliche Machtebene ignorieren. Für eine *individuelle* Auseinandersetzung mit Berufs- und Lebensplanung scheint diese Art der Thematisierung wenig hilfreich.

Deutlich wird auch, dass die Jungen dem Pädagogen ‚voraus‘ zu sein scheinen[3]. Ob hier aus der Perspektive der Schüler tatsächlich auf der Grundlage eigener Erfahrungen eine abnehmende Problematisierungsnotwendigkeit vorliegt oder ob dieses als rhetorische Figur der Individualisierung in einem Problematisierungsunwillen begründet ist, das kann hier nicht geklärt werden. Unklar ist, was eigentlich das Ziel dieser Form von geschlechtssensibler Pädagogik ist. Nun können sicherlich unterschiedliche Lernziele verfolgt werden. Bei der hier aufgeworfenen Frage allerdings sind es zwei sich annähernd ausschließende Ziele, geht es nämlich um die Rekonstruktion der Geschlechterbinarität oder um dekonstruktivistische Kritik? Nicht nur Werner Helsper (1996) weist darauf hin, dass Antinomien – also Widersprüchlichkeiten – konstitutiv für pädagogisches Handeln sind. Diese sind nicht aufzuheben, sondern reflexiv zu handhaben. Dazu bräuchte es aber erstens eine Verständigung darüber, was Reflexivität bedeutet. Wer reflektiert auf welcher Ebene über was? Die Pädagog*innen, die Teilnehmenden? Welches Konzept von Reflexion liegt pädagogischer Professionalität zugrunde? Zweitens braucht es u.E. eine Ausdifferenzierung, welches der Ziele in welcher Situation verfolgt wird. Wie das genannte Beispiel zeigt, muss der Ausgangspunkt für die Thematisierung von Geschlecht stärker von Seiten der Kinder und Jugendlichen gedacht werden, um sie – um eine gängige sozialpädagogische Formulierung aufzugreifen – dort ‚abzuholen, wo sie stehen‘, und nicht, wo aus Sicht der Pädagog*innen die Jugendlichen zu stehen haben.

Durch die Systematisierung der Überlegungen zeigen sich Begrenzungen in geschlechtsspezifischer Pädagogik, die sich aus dem Spannungsfeld zwischen Begründung und Zielsetzung ergeben können. Deswegen soll im Folgenden gefragt werden, welche Effekte sich ergeben, wenn Geschlecht als Querschnittsaufgabe verstanden wird.

---

3 Dass dieses nicht unbedingt an mangelnder Gender- und/oder Reflexionskompetenz des beteiligten Jungenpädagogen liegt, wird darin deutlich, dass dieser in einem begleitenden Interview ebenjene Schwierigkeiten der Übung unter Rekurs auf dekonstruktivistische Theorien selber problematisiert.

3.2 Querschnittsthematisierungen – oder: Die Gefahr des Vergessens

Wie oben gezeigt, kann die explizite Thematisierung von Geschlechterthemen in pädagogischen Settings mit Kindern und Jugendlichen aufgrund diverser ungelöster Fragen zu einer Reproduktion von Geschlechterdifferenzen führen. Wie also sähe ein anderer Weg aus? Der Explikation steht die Implikation entgegen, also eine Pädagogik, die Geschlecht mitdenkt, aber nicht ausdrücklich thematisiert.

Anschlussfähig sind hier Positionen, die eine vordringliche Orientierung auf Geschlecht kritisieren und fordern, das Thema in einen größeren Zusammenhang einzustellen. Entsprechende Konzepte sind dann etwa mit Begriffen wie Heterogenität, Diversity oder etwa Intersektionalität skizziert – nicht zuletzt der vorliegende Sammelband problematisiert ja genau diesen Punkt. In dieser Argumentationslinie verliert Geschlecht seinen prominenten Status als sozialer Platzanweiser und wird zu einer Kategorie unter anderen. Geschlecht *kann* zwar noch relevant sein – nicht zuletzt wird beispielsweise im Mehrebenenmodell von Winker & Degele (2009) Geschlecht als eine von vier maßgeblichen Kategorien auf der Makro- und Mesoebene angesehen –, *muss* es aber (vor allen Dingen auf der Ebene der alltäglichen Praktiken) nicht sein, sondern kann in den Hintergrund treten.

Im Weiteren soll Geschlecht daher als pädagogisches Querschnittsthema problematisiert werden. Wenn Pädagog*innen Geschlecht in ihren professionellen Handlungen einfließen lassen sollen, brauchen sie entsprechende theoretische Grundlagen und Umsetzungshilfen. Exemplarisch wird hier die Lehrer*innenbildung aufgegriffen, da das Studium ein entsprechend notwendiges theoretisches Wissen vermittelt und zudem in den KMK-Standards für Lehrer*innenbildung Heterogenität und Vielfalt ausdrücklich als inhaltliche Schwerpunkte genannt werden (vgl. KMK, 2004 und 2008). Darüber hinaus kann die Gestaltung der Ausbildung von Lehrkräften als Spiegel für Aspekte und Dimensionen von pädagogischem Handeln angesehen werden: Das, was im pädagogischen Handeln wichtig ist, sollte auch in der Lehrer*innenbildung thematisiert und vermittelt werden.

In einer Forschungsarbeit wurden Dozent*innen der universitären Lehrer*innenbildung aus Erziehungswissenschaften und Fachdidaktiken zur Relevanz von Geschlecht im Lehramtsstudium und der Vermittlung von „Genderkompetenz als Reflexionskompetenz" (Budde & Venth, 2009) befragt (vgl. Blasse, 2012)[4]. Dabei wurde aus Sicht der Befragten übereinstimmend Geschlecht als relevantes Thema für die Berufsausübung als Lehrperson identifiziert. In zahlreichen Interviewpassagen finden sich Anknüpfungspunkte, an denen den Befragten eine Thematisierung von Geschlecht im Lehramtsstudium bedeutsam erscheint, wie didaktische Methoden, Auswahl von Unterrichtsmaterialien, fachbezogene Inhalte oder Lehrpersonen, die Geschlecht zur Unterrichtsstrukturierung verwenden. Auch berichtet ein Teil der Dozent*innen davon, dass vonseiten der Studierenden der Aspekt Geschlecht immer wieder eingefordert und thematisiert wird. So antwortet eine

---

4   Das empirische Material wurde im Rahmen einer Magistraarbeit mit Expert*inneninterviews erhoben und nach Meuser & Nagel (1991) ausgewertet. Die Arbeit ist unveröffentlicht.

Dozentin auf die Frage, ob sie Genderkompetenz für die Berufsausübung als Lehrperson als relevant erachtet, wie folgt:

> „Also, das beantworte ich mal aus meiner Erfahrung mit dem berufsfelder-
> schließenden Praktikum. Also, das ist so ein Teil des Bachelor-Studiengangs
> für die Lehrämter in den Erziehungswissenschaften. Und dort suchen sich die
> Studierenden Fragestellungen selber, die sie an den Schulen verfolgen möch-
> ten. Und da kommt dieses Thema Gender nämlich sehr wohl dann vor."
> [110929EE3]

Damit, dass die Studierenden ihre Fragestellungen eigenständig wählen dürfen,
wird deren Problematisierungswille deutlich. Die angehenden Lehrpersonen erkennen also zumindest teilweise in der Beschäftigung mit geschlechtsbezogenen Fragestellungen und Unterrichtsaspekten eine Relevanz für ihre spätere Berufsausübung.
Im weiteren Verlauf ihrer Antwort nennt die Dozentin einige Themen wie beispielsweise geschlechtsbezogenes Leistungs- und Interessengefälle in den Naturwissenschaften, die von den Studierenden bearbeitet werden. Damit macht sie ebenfalls deutlich, dass es inhaltliche Punkte im Studium gibt, die eine Auseinandersetzung mit Geschlecht notwendig machen. Auch in den anderen Interviews finden
sich hierfür Beispiele. Somit stimmen Personen, die zukünftig in der Schule lehren, und Personen, die diese auf ihre Aufgaben und Rolle vorbereiten, überein,
dass Geschlecht in der Schule Bedeutung hat. Damit kann ergänzend zum Problematisierungswillen ein gewisser Grad an Problematisierungsnotwendigkeit von
Geschlecht belegt werden.

Dass Geschlecht Eingang in die Studieninhalte finde soll – in welchem Maße
und inhaltlichen Ausgestaltung auch immer[5] –, darüber sind sich die Befragten
einig. Ausnahmslos haben sämtliche Interviewpartner*innen außerdem Geschlecht
als Querschnittsaufgabe für alle Studienanteile formuliert. Ein Aspekt, der in jedem
Interview angesprochen wurde, ist die Frage nach einer speziellen Lehrveranstaltung innerhalb einzelner Module oder gar eines speziellen Moduls zu Gender
in der Schule. Grundsätzlich sprechen sich alle Befragten prinzipiell gegen eine
gesonderte Thematisierung aus. Einige Dozent*innen räumen die grundsätzliche
Möglichkeit einer solchen Einbindung ins Studium zwar ein, insgesamt wird dies
aber als ungünstige Variante empfunden und auch aus personellen, finanziellen
und zeitlichen Ressourcen als nicht realisierbar eingestuft. Vielmehr wird Gender-
kompetenz bzw. die Thematisierung von Genderaspekten von allen Dozent*innen
als Querschnittsaufgabe für alle Studienanteile dargestellt und als bevorzugte Vari-

---

5   Die Frage der inhaltlichen und theoretischen Ausgestaltung des Themas Geschlecht im
    Lehramtsstudium bleibt hier unbeantwortet. Dies wäre aber in einem nächsten Schritt un-
    umgänglich zu besprechen, da unterschiedliche Positionen und verschiedenes Wissen auf
    Seiten der Dozent*innen bestehen. So gab es in den Interviews Positionen, die von einer
    konstruktivistischen Vermittlung ausgingen, und andere wiederum, die eher eine diffe-
    renztheoretische Herangehensweise favorisierten. So hebt eine Deutsch-Fachdidaktikerin
    explizit hervor, dass „irgendjemand aufpassen muss, dass dann nicht irgendeine triviale
    Aussage kommt: wir brauchen mehr Jungsliteratur" [110930EFD]; während ein Deutsch-
    Lernbereichsdidaktiker bemerkt, dass bei einer Tagung für ihn „besonders interessant
    [war], dass bestimmte Bücher Jungen eher abschrecken, die für Mädchen eigentlich die
    Renner sind". [111017EGD]

ante gegenüber der Behandlung als explizite Sonderthematik begründet. So formuliert eine Dozentin aus den Erziehungswissenschaften das Potential der Studienanteile, um Geschlecht zu thematisieren:

> „Ja, das ist eigentlich/ ist das ja schon so ein Thema, das auch so ein bisschen quer zu den Modulen tatsächlich liegt. Also, wenn ich zum Beispiel Modul 3 nehme, ‚Unterrichten, Lernprozesse gestalten und erforschen‘, das wäre ja auch ein Ort, ein Kontext, in dem man noch mal die gendergerechte Gestaltung von Lernprozessen zum Beispiel betrachten könnte. Oder in diesem Modul ‚Diagnostik‘ kann man sich natürlich auch mit den Leistungsunterschieden zwischen Jungen und Mädchen noch mal beschäftigen. Und wie die eigentlich zustande kommen. Oder Lernmotivation und Beratung. Also, es ist im Grunde genommen durch diese breiten Themenfelder, die die vier [erziehungswissenschaftlichen; d.A.] Module haben, in jedem Modul wäre das denkbar, auch genderspezifische Aspekte einzubinden und anzusprechen. [...] Aber es hat dann, es ist immer mit Gefahr auch verknüpft, dass es in allen Modulen vielleicht auch vergessen wird." [110929EE3]

Die Dozentin weist in ihren Ausführungen zu Geschlecht als Querschnittsaufgabe auf die vielfältigen Anknüpfungspunkte im Studium und in den Lehrinhalten des Studiums hin, um dieses Potential dann anschließend auch als problematisch auszuweisen. Diese „Gefahr des Vergessens" wird durch Interviewpassagen mit anderen Dozent*innen bestätigt, die klar formulieren, dass sie in ihren Lehrveranstaltungen Geschlecht nicht thematisieren (auch wenn sie an anderer Stelle formulieren, dass sie es prinzipiell für relevant im Lehramtsstudium und in der späteren Berufsausübung als Lehrperson erachten). Anknüpfend an die Querschnittszuweisung wird meist ein Zusammenhang mit dem Themenkomplex ‚Heterogenität‘ oder mit weiteren Ungleichheitsdimensionen hergestellt. Dies kann damit erklärt werden, dass Heterogenität als Sammelbegriff[6] für zahlreiche Aspekte gebraucht wird, die im Studium thematisiert werden sollen. Geschlecht wird als eine Dimension von Heterogenität formuliert. So dominiert unter den Dozent*innen aus den erziehungswissenschaftlichen Studienanteilen die Aussage, dass Heterogenität im Klassenzimmer auch Gender umfasst. Eine Dozentin bringt dies wie folgt auf den Punkt:

> „Also, wir [im Modul; d.A.] versuchen jetzt nicht unbedingt spezifisch auf die Genderthematik, das hatte ich ja auch schon gesagt. Aber wir versuchen einfach sozusagen über Heterogenität auch zu reflektieren." [111123EE2]

Die Dozentin betont hier, dass eine Auseinandersetzung mit Geschlecht nicht explizit vorgesehen ist, sondern dies im Rahmen der Behandlung des Themenkomplexes Heterogenität erfolgt. Geschlecht muss also in das umfassende Thema eingebunden sein und dort mitbehandelt werden. Damit wird Geschlecht – analog zu theoretischen Konzepten der Intersektionalität – in eine Reihe mit weiteren Ungleichheitsdimensionen gestellt. Durch die Betonung, dass Heterogenität als Komplex aus verschiedenen Ungleichheitsdimensionen stärker fokussiert wer-

---

6 Zu Problematiken der Verwendung der Begriffe Heterogenität und Intersektionalität vgl. bspw. die Beiträge in Budde, 2013; Rentdorff & Kleinau, 2012.

den sollte, verliert die einzelne Dimension wie beispielsweise Geschlecht an Bedeutung. Auch andere Befragte äußern sich in ähnlicher Weise. Häufig werden zudem
konkrete Bezüge zu weiteren Ungleichheitsdimensionen wie Behinderung, Migrationshintergrund und Herkunft hergestellt. Oftmals relativieren die Befragten dabei
Genderaspekte, wie im Folgenden deutlich wird:

> „Und was jetzt halt kommen wird, dadurch dass eben die Behindertenrechts-
> konvention hier in Deutschland auch ratifiziert wurde, ist, dass der erzie-
> hungswissenschaftliche Anteil dahingehend umgebaut werden sollte, dass
> Heterogenität im Sinne von Inklusion behinderter Menschen oder behinder-
> ter Schüler mehr in den Fokus gerät. Deshalb würde ich jetzt auch für die
> Perspektive der Genderkompetenz, die würde ich eher pessimistisch ein-
> schätzen, weil ich denke, erst mal wird man sich darauf konzentrieren, die-
> se Inklusion in den Kanon oder ins Curriculum reinzukriegen. Und als zwei-
> tes Thema, was hier ja jetzt schulpolitisch auch viel dringlicher erst mal ist
> als Gender, die Integration von Schülern mit Migrationshintergrund, oder die
> Förderung von Schülern mit Migrationshintergrund. Also da, ich [sehe] das
> ein bisschen so, dass es Themen gibt, die sind da einfach bildungspolitisch im
> Moment vordringlicher als Genderkompetenz, und das spiegelt sich dann ir-
> gendwie am Ende auch im Curriculum wider." [110929EE3]

Hier werden durch eine Hierarchisierung der Ungleichheitskategorien der Migrationshintergrund der Schüler*innen sowie das Thema Inklusion über die Thematisierung von Geschlecht gestellt. Die Verzahnung beispielsweise von Migrationshintergrund und Geschlecht hingegen wird nicht als Option angeführt. Da die
Befragte zudem einen Bezug zu Heterogenität eröffnet, wird erneut deutlich: Der
Begriff Heterogenität wird hier nicht als ein alle Aspekte umfassender Ansatz verwendet, sondern als Überschrift für die Auseinandersetzung mit darunter zu fas-
senden Einzelaspekten. Das Abhandeln im Themenkomplex Heterogenität kann
also u.U. zu einer Nicht-Thematisierung und Verdrängung von Geschlechterthemen führen.

4.   Fazit

Die Beispiele weisen auf Probleme bei der Thematisierung von Geschlecht in pädagogischen Kontexten hin, beide Wege – die explizite oder querschnittliche Thematisierung – scheinen nicht dazu zu führen, dass Geschlecht in herrschaftskriti-
scher, reflexiver Weise bearbeitet werden kann. Zumindest so, *wie* die Wege derzeit
gegangen werden.

Anhand des Beispiels der expliziten Thematisierung durch geschlechtshomogene Angebote lässt sich ableiten, dass die Bedeutung von Geschlecht für die
Schüler*innen nicht vorausgesetzt werden darf, sondern vielmehr im Prozess zu
rekonstruieren ist. Einer der Standards für geschlechtsbezogene Pädagogik ist somit
die Annahme der Subjektorientierung, also an den Interessen der Kinder und
Jugendlichen anzusetzen. Wenn dies ernst genommen wird, dann gehört zu der
fachlichen Bestimmung sicherlich auch eine theoretische Neukonzeptionierung,

denn die Subjektorientierung gerät ja häufig in Konflikt mit normativen Zielvorstellungen der Professionellen. Dazu zählt, die Lebenslagen der Adressat*innen in Bezug auf ihre Geschlechterkonzeptionen tatsächlich kennen zu lernen – gesellschaftliche und normative Leitbilder helfen da nicht weiter. Der Eindruck, dass Jungen und Mädchen heute bisweilen ‚weiter' sind in Richtung Geschlechteregalität – vielleicht auch einfach noch unbefangener –, sollte Anlass sein, über bisherige Vorstellungen nachzudenken. Mädchen, die mit Emanzipationsrhetorik nichts anfangen können und von einem Leben als Hausfrau und Mutter träumen, sind nicht unbedingt renitent, sondern können ebenfalls kompetent in Bezug auf ihre individuelle Lebensrealität sein – auf jeden Fall sind sie mit politisch unterlegter pädagogischer Belehrung kaum zu Reflexivität zu bewegen.

Zum zweiten suspendiert das Beispiel aber auch den Bezug auf eine eindimensionale bipolare Geschlechterordnung – problematisch ist es, wenn die Pädagog*innen von „gesellschaftlichen Geschlechtervorstellungen" ausgehen und diese zu Seminarinhalten machen, ohne einzubeziehen, dass diese ja höchst komplex sind. Selbstverständlich kann der Übung „typisch männlich/typisch weiblich" mit ausgefeilter Methodenkritik zu Leibe gerückt und können Varianten vorgeschlagen werden, die das Dilemma feinsinniger bearbeiten etc. Das Problem für die pädagogische Handlungsrealität liegt u.E. in der Komplexität, die sich bspw. auf der gesellschaftlichen Ebene in mittlerweile mehr als *einem* dominanten Lebensmuster festmachen lässt, das sich je nach Milieu, Alter etc. (intersektional) unterschiedlich (wenngleich sicherlich nicht als beliebig viele) ausgestaltet. Diese Komplexität problematisiert die Rede von *den* gesellschaftlichen Geschlechterstrukturen und multipliziert die potentiellen Antworten.

Werden die Ergebnisse der Befragung von Universitätsdozent*innen zusammengefasst, dann ist zur Beantwortung der Ausgangsfrage, ob und wie Geschlecht in Pädagogik eingebunden sein soll, folgendes beizutragen: Zunächst ist festzustellen, dass Geschlecht und insbesondere Genderkompetenz (aus Sicht von universitären Akteur*innen der Lehrer*innenbildung) *durchaus als relevant* und damit bedeutsam für das pädagogische Handeln von Lehrpersonen angesehen wird. Neben klaren Hinweisen auf die Notwendigkeit der Problematisierung zeigt sich bei Teilen der angehenden Lehrpersonen und ihren Dozent*innen ein deutlicher Problematisierungswillen. In der Frage, wie die angehenden Lehrpersonen produktiv mit Geschlecht in Kontakt kommen sollen, werden eine *Querschnittslösung* gegenüber einer expliziten Abhandlung präferiert und dafür zahlreiche Anknüpfungspunkte gefunden. Dabei ist vor allem das Label Heterogenität bedeutsam, da es die Notwendigkeit der Auseinandersetzung mit Ungleichheitskategorien aufgreift und versucht, daraus resultierende Herausforderungen an das pädagogische Handeln zu bündeln. Doch besonders hier liegt die Problematik: Geschlecht als Querschnittsaufgabe unter dem Deckel der Heterogenität bietet großes Potential, „*vergessen*" zu werden. Dazu tragen der unreflektierte Umgang mit Sammelbegriffen sowie die bestehenden Unklarheiten darüber, wie verschiedene Ungleichheitskategorien miteinander verbunden und voneinander getrennt werden sollten, bei. Dies führt so zu einer starken Reduktion der bestehenden Komplexität von Ungleichheitsmechanismen. Doch gerade diese gilt es aufzulösen, um die jeweilige Bedeutsamkeit von Ungleichheitsdimensionen in der Anknüpfung an einzelne Aspekte des pädagogischen Handelns zu verdeutlichen.

Soll Geschlecht nun in pädagogischen Kontexten thematisiert werden, und wenn ja, in welcher Weise könnte dies vor dem Hintergrund der skizzierten Einwände und Beispiele geschehen? U.E. ist eine explizite Thematisierung von Geschlecht nach wie vor (auch entgegen der anfangs aufgeführten Einwände) unerlässlich: Sowohl die subjektive Bedeutsamkeit für viele Adressat*innen pädagogischer Angebote als auch die spezifische, paradigmatische Struktur als soziale Ungleichheitskategorie erfordern eine Berücksichtigung. Explizit sollte diese sein, weil in der Querschnittsthematisierung das Thema in der bisherigen Umsetzung unterzugehen droht. Allerdings ist es weiter notwendig, diese expliziten Thematisierungen in einen größeren, individuellen wie gesellschaftlichen Kontext einzustellen. Denn das Risiko, durch die besondere Privilegierung von Geschlecht zu Dramatisierung und Reifizierung beizutragen, besteht ebenso. In der Konzeptionierung als explizites Thema in thematisch weiter gefassten pädagogischen Kontexten könnte so einer Dramatisierung von Geschlecht entgegengewirkt werden, ohne die Kategorie dem „Vergessen" anheim zu geben. Dadurch wäre es auch möglich, stärker an geforderte Subjektorientierung anzuschließen, denn die persönlichen und gesellschaftlichen Verstrickungen der Adressat*innen pädagogischer Angebote selbst sind zu vielschichtig, als dass sie mit nur einer Kategorie zu beschreiben wären. Geschlecht hier als einen Ausgangspunkt festzusetzen erscheint in Anbetracht der Wirkungsmacht dieser Ungleichheitskategorie notwendig, produktiv und sinnvoll. Bedeutsamer als die Organisationsform erweist sich dabei jedoch die Zielrichtung des Angebotes: Je nachdem, ob es beispielsweise um die Thematisierung sozialer Ungleichheit mit Jugendlichen, um die Analyse von Konstruktionsprozessen von Differenzkategorien oder um biographische Aspekte in der Weiterbildung geht, liegt die Herausforderung an die Pädagog*innen in der Verknüpfung von professionell-reflexiven, theoretisch fundierten sowie subjekt- und adressat*innenorientierten Perspektiven. Was jeweils ‚obenauf' liegt, sollte sich vom jeweiligen Gegenstand und vom Bildungskontext her definieren.

Literatur

Blasse, N. (2012). *Genderkompetenz im Lehramtsstudium. Ein Problemaufriss und eine explorative Studie*. Unveröffentliche Magistraarbeit, Humboldt-Universität zu Berlin.

Budde, J. (Hrsg.). (2013). *Unscharfe Einsätze: (Re-)Produktion von Heterogenität im schulischen Feld*. Wiesbaden: VS Verlag für Sozialwissenschaften.

Budde, J., Debus, K. & Krüger, S. (2011). „Ich denk nicht, dass meine Jungs einen typischen Mädchenberuf ergreifen würden." Intersektionale Perspektiven auf Fremd- und Selbstrepräsentationen von Jungen in der Jungenarbeit. *Gender, 3* (1), 119–127.

Budde, J. & Krüger, S. (2010). Mehrperspektivische Evaluationsstudie: Jungenförderung durch das bundesweite Projekt Neue Wege für Jungs. *Zeitschrift für Evaluationsforschung, 9* (1), 125–136.

Budde, J., Scholand, B. & Faulstich-Wieland, H. (2008). *Geschlechtergerechtigkeit in der Schule. Eine Studie zu Chancen, Blockaden und Perspektiven einer gender-sensiblen Schulkultur.* Weinheim: Juventa.

Budde, J. & Venth, A. (2009). *Genderkompetenz für lebenslanges Lernen. Bildungsprozesse geschlechterorientiert gestalten.* Bielefeld: W. Bertelsmann Verlag.

Busche, M., Maikowski, L., Pohlkamp, I. & Wesemüller, E. (Hrsg.). (2010). *Feministische Mädchenarbeit weiterdenken. Zur Aktualität einer bildungspolitischen Praxis.* Bielefeld: Transcript Verlag.

Foucault, M. (1976). *Überwachen und Strafen. Die Geburt des Gefängnisses.* Frankfurt am Main: Suhrkamp.

Foucault, M. (1995). *Die Sorge um sich* (Sexualität und Wahrheit 3) (4. Auflage). Frankfurt am Main: Suhrkamp.

Glaser, B. G., Strauss, A. L. & Paul, A. T. (2008). *Grounded theory. Strategien qualitativer Forschung* (1. Nachdruck der 2., korrigierten Auflage). Bern: Huber.

Heimvolkshochschule „Alte Molkerei Frille" (1988). *Parteiliche Mädchenarbeit und antisexistische Jungenarbeit. Abschlußbericht des Modellprojektes „Was Hänschen nicht lernt, … verändert Clara nimmer mehr!".* Frille.

Helsper, W. (1996). Antinomien des Lehrerhandelns in modernisierten pädagogischen Kulturen: Paradoxe Verwendungsweisen von Autonomie und Selbstverantwortlichkeit. In A. Combe & W. Helsper (Hrsg.), *Pädagogische Professionalität. Untersuchungen zum Typus pädagogischen Handelns* (S. 521–569). Frankfurt am Main: Suhrkamp.

KMK (Sekretariat der Ständigen Konferenz der Kultusminister der Länder in der Bundesrepublik Deutschland) (2004). *Lehrerbildung in Deutschland – Standards und inhaltliche Anforderungen.* Verfügbar unter: http://www.kmk.org/bildung-schule/allgemeine-bildung/lehrer/lehrerbildung.html.

KMK (Sekretariat der Ständigen Konferenz der Kultusminister der Länder in der Bundesrepublik Deutschland) (2008). *Ländergemeinsame inhaltliche Anforderungen für die Fachwissenschaften und Fachdidaktiken in der Lehrerbildung.* Verfügbar unter: http://www.kmk.org/bildung-schule/allgemeine-bildung/lehrer/lehrerbildung.html.

Meuser, M. & Nagel, U. (1991). Experteninterview und der Wandel der Wissensproduktion. In A. Bogner, B. Littig & W. Menz (Hrsg.), *Experteninterviews. Theorien, Methoden, Anwendungsfelder* (S. 35–60). Wiesbaden: VS Verlag für Sozialwissenschaften.

Rentdorff, B. & Kleinau, E. (Hrsg.). (2012). *Differenzen – Diversity – Heterogenität in erziehungswissenschaftlichen Diskursen.* Opladen/Farmington Hills: Barbara Budrich.

Stuve, Olaf (o.J.). Angriffe auf die Zweigeschlechtlichkeit. Gender und queer in die politische Bildung. In B. zur Nieden & S. Veth (Hrsg.), *feministisch – geschlechterreflektierend – queer? Perspektiven aus der Praxis politischer Bildungsarbeit* (S. 41–48). Berlin: Rosa Luxemburg Stiftung. Verfügbar unter: www.rosalux.de/fileadmin/rls_uploads/pdfs/Gender/Bildungsbroschuere_queer.pdf.

Winker, G. & Degele, N. (2009). *Intersektionalität. Zur Analyse sozialer Ungleichheiten.* Bielefeld: Transcript Verlag.

Necla Kelek

Der Einfluss soziokultureller Faktoren auf den Bildungserfolg – was können Lehrkräfte tun?

Integration durch Qualifizierung – Theorie und Praxis

Vortrag auf dem 3. Gender-Schule-Symposium – „Es lebe der (kleine) Unterschied!? Bildung durch Gender- und Diversitätskompetenz individualisieren" – am 14. Juni 2013 in Marburg. Das Symposium wurde von der Philipps-Universität Marburg und dem Landesschulamt Hessen veranstaltet. Gefördert wurde es vom Programm XENOS – Integration und Vielfalt – und aus Mitteln des Bundes und der Länder im Rahmen des Professorinnenprogramms.

Sehr geehrte Damen und Herren,
herzlichen Dank für die Einladung, hier über den Zusammenhang von Integration und Bildung sprechen zu dürfen. Bevor ich meine Vorstellungen zum – wie es in der Ankündigung heißt – „Einfluß soziokultureller Faktoren auf den Bildungserfolg" erläutere und Ihnen meine Überlegungen darlege, was Lehrkräfte tun können, lassen Sie mich kurz darstellen, welchen theoretischen Ansatz ich in dieser Auseinandersetzung benutze und welche „Zielgruppe" ich meine.

1. Soziale und kulturelle Grundlagen

Wenn man den Mainstream der Veröffentlichungen der universitären Migrationsforschung verfolgt und die Äußerungen der Politiker und die Programme der Parteien ansieht, wird nicht von Integration oder gar Assimilation von Einwanderern gesprochen, sondern von Vielfalt oder Diversität oder Partizipation. Diese Begriffe und politischen Zielvorstellungen folgen der deutschen Migrationsforschung mit der Grundannahme der „Kultur als Differenz".

Während eine Wertegemeinschaft wie die deutsche Gesellschaft politisch, rechtlich und bildungspolitisch bisher für sich von einer „Kultur des Konsens" ausging und alle Integrations- und Bildungsbemühungen darauf zielten, für alle Bürgerinnen und Bürger gleiche Voraussetzungen, Bedingungen und Rechte zu gewährleisten, geht der Kulturbegriff der „Vielfalt" von Differenzen, also von dem gleichberechtigten Nebeneinander verschiedener Kulturen und damit Identitäten, Welt- und Menschenbildern aus. Vor einigen Jahren nannte man das noch „Multikulturalismus". Obwohl diese Vokabel durch die soziale Realität verschlissen wurde, der Ansatz dieser Politik als gescheitert betrachtet werden musste, wurde nicht etwa ein anderer Politik- und Forschungsansatz gewählt, sondern weitergemacht wie bisher, nur gibt es jetzt den alten Wein in neuen Schläuchen, sprich ein neues Vokabular.

Die „Kultur des Konsens", also die Kultur gemeinsamer Werte, einer nationalen oder europäischen Identität gilt allgemein als überholt. Im Gegensatz zu allen Untersuchungen über die Identität unserer Gesellschaft, die sich sehr wohl in ihrer übergroßen Mehrheit mit diesem Land, seiner Verfassung und einer deutschen Identität verbunden fühlt, reden Migrationsforscher und selbst Politiker von einem überholten Konzept.

Nach der Theorie der „Kultur als Differenz" sollen kulturelle Identitäten, das heißt nationale Zugehörigkeit, Ethnien, Religion, Geschlecht als Unterscheidungs- oder Untersuchungsmerkmal nicht vorkommen. Sie sollen sich im Prozess der Modernisierung und Urbanisierung in der sogenannten „Global City" auflösen. So ist zum Beispiel im „Diversitätskonzept" der Stadt Frankfurt gar nicht mehr vorgesehen, dass bestimmte statistische Erhebungen gemacht werden. Es gibt nur noch Menschen, oder wie die SPD-Migrationsexpertin es in einem Buchtitel formulierte, man soll „Viele Welten leben." Und damit das Sinn macht, spricht man auch davon, dass es so etwas wie einen Gründungsmythos, eine Meistererzählung über Deutschland und Europa gar nicht gäbe.

Aus meiner Sicht ist diese Annahme eine Fehlleistung der Migrationsforschung und -praxis und der Politik der letzten Jahre. Der eine Grund meiner Skepsis: Wenn ich bestimmte Charakteristika und Eigenschaften nicht genau definiere, Untersuchungseinheiten, Gesamtheiten und Teilmengen nicht klar zuordnen kann, kann ich kein genaues Ergebnis erzielen. Ein Beispiel: Wenn wir über Bildungserfolge sprechen und nicht nach sozialer Lage, Alter, Geschlecht, Ethnie, Religion, Kultur etc. fragen dürfen, werden wir nie erfahren, warum vietnamesische Mädchen derselben sozialen Gruppe oft erfolgreicher in der Schule sind als ein kurdisches Mädchen. Den Schaden haben zunächst die kurdischen Mädchen, weil ihnen nicht geholfen werden kann, weil nicht deutlich wird, worin bei ihnen die Hindernisse für den Bildungserfolg bestehen.

Dieser Ansatz ist auch aus einem zweiten Grund fatal: Wer Vielfalt als Tatsache setzt und darüber hinaus keine Gemeinschaft anstrebt, deutet schlicht das Staatsziel einer Bürgergesellschaft um. Wenn nicht emanzipierte Bürgerinnen und Bürger die Gesellschaft bilden, sondern viele Welten, können parallel nebeneinander existierende Gruppen und Communities sich gegebenenfalls nach internen Regeln entwickeln. So müssen wir damit rechnen, dass der Ansatz der „Kultur als Differenz" die Entstehung von Parallel- und Gegengesellschaften fördert.

Ich meine, dass eine sinnvolle und tragfähige Integrationspolitik eine andere Basis und andere Ziele braucht. Wir stehen heute vor der Tatsache, dass sich europäische Gesellschaften schwertun, bestimmte Gruppen von Migranten in die gesellschaftlichen wie wirtschaftlichen Prozesse zu integrieren. Wenn wir nicht herausbekommen, nach welchem Welt- und Gesellschaftsbild rumänische Roma- und Sinti-Mädchen und -Jungen erzogen werden, wird es nicht mit allem Geld der EU gelingen, diese Menschen zu emanzipieren.

Die Mehrheitsgesellschaft klagt seit langem u.a. über mangelnde Integrationsbereitschaft der Migranten, ganz besonders der muslimischen Einwanderer. Muslime

dagegen fühlen sich ausgegrenzt, benachteiligt, unverstanden. Die Ursachen werden – je nach politischer Verortung – in den politischen, sozialen, ökonomischen
oder kulturell-religiösen Gegebenheiten gesehen.

2. Worüber ich spreche

Auch ich spreche von Differenz, von einer Kulturdifferenz, die zwischen bestimmten Migrantengruppen und dem bisherigen Commonsense oder – wenn Sie so wollen – der gesellschaftlichen Übereinkunft der Mehrheitsgesellschaft besteht. Ich
stelle Fragen an die verschiedenen Traditionen, Sitten, moralischen Vorstellungen,
das Welt- und Gesellschaftsbild, um herauszubekommen, ob diese Vorstellungen
ihnen bei der Integration in eine Bürgergesellschaft nützen oder sie behindern.
Mein Ziel ist es, die sozialen und gesellschaftlichen Hindernisse zu erkennen, die
Mitglieder unserer Gesellschaft daran hindern, selbstständig und selbstverantwort-
lich sich am gesellschaftlichen Leben zu beteiligen.

Dass es sich dabei nicht nur abstrakt um „andere Kulturen", sondern konkret
um Verhaltensweisen und Kontrollmechanismen handelt, dass dabei kulturelle und
religiöse Vorstellungen eine Rolle spielen, liegt in der Natur der Sache. Worüber
ich heute spreche, sind die aus dem muslimischen Kulturkreis stammenden Jungen und Mädchen im Alter zwischen 14 und 24 Jahren. Es ist, wenn man den Sta-
tistiken glauben darf, eine Gruppe von etwa 500.000 Personen. Die überwiegende
Mehrzahl ist türkischstämmig. Die türkischstämmige Gruppe ist dann aber noch
weiter zu differenzieren. Die Mehrheit stammt aus der anatolischen, meist kurdischen und oft religiös-konservativen Landbevölkerung. Auch gibt es innerhalb der
traditionellen Muslime ganz unterschiedliche Bezugsgruppen, zum Beispiel die
sunnitisch-konservativen Gläubigen, die den Großteil der Moscheegänger ausmachen. Die religionsfernen Kemalisten oder westlich und aufstiegsorientierten Bil-
dungsbürger sind in meine Überlegungen nicht einbezogen. Daneben gibt es noch
die eher weltlich und bildungsorientierten Aleviten, eine nur am Rande zum Islam
zu rechnende Religionsgemeinschaft, die in Deutschland eine fast 800.000 Menschen zählende Gemeinschaft umfasst; auch diese Gruppe geht einen eigenen,
erfolgreichen Weg.

Wenn ich in diesem Zusammenhang vom Islam rede, spreche ich von der „Kultur des Islam", nicht von religiösen Überzeugungen. Der Islam ist nicht nur eine
Religion im Sinne von Glauben, sondern auch ein Lebenskonzept, eine Zivilisation. Er beinhaltet eine bestimmte Ethik, gibt Verhaltens- und Essensvorschriften,
hat eine eigene Rechtsphilosophie und -praxis. Dieses islamische Welt- und Menschenbild hat zum Beispiel die türkische Gesellschaft nachhaltig geprägt, aber ganz
besonders die aus Anatolien stammenden Bürgerinnen und Bürger. Viele Sitten
und Traditionen werden von ihnen immer noch religiös begründet und legitimiert.

In der „Vielfalt"-Debatte soll nach dem Willen ihrer Verfechter einerseits die
Religion, also der Islam keine Rolle spielen. Verhalten wie die Verheiratung von
Jungen und Mädchen, Beschneidung oder die Kontrolle der Mädchen hat im Zwei-
fel mit dem Islam nichts zu tun oder ist, um es mathematisch zu sagen, „vor die

Klammer" zu setzen. Andererseits fordern dieselben Verfechter ein „kultursensibles" Verhalten oder Rechte und eine besondere Sprache ein. Da darf es keine Mettwurst in der Schulkantine geben und die deutschen Männer sollen endlich lernen, dass sie einer Frau, die Kopftuch trägt, nicht die Hand geben dürfen.

3.   Besonders sichtbar ist die Situation in den Schulen

In einigen Stadtgebieten, besonders in den Großstädten, hat die Entwicklung der Schulen mit dem gesellschaftlichen Wandel nicht Schritt gehalten. Der Grund ist auch die rasche Verschiebung des Migrantenanteils. Durch den angespannten Wohnungsmarkt haben sich die Segregationsprozesse in den Vierteln in ungewöhnlicher Geschwindigkeit beschleunigt, so dass es heute eine Reihe von Schulen gibt, in denen Kinder mit muslimischem Migrationshintergrund die überwältigende Mehrheit bilden. In den Kollegien herrschen trotz guten Willens Resignation und Überforderung. Die Schulergebnisse sind alarmierend. Viele Eltern, die in der deutschen Gesellschaft erfolgreich sein wollen, wandern ab.

Dieses abrupt entstandene Mehrheitsmilieu lässt die Kinder in einer Art Gegenkultur aufwachsen. Die Lehrer berichten übereinstimmend, dass Sprachkompetenz und andere Überlebenstechniken unserer Gesellschaft einbrachen, als die Mehrheit kippte. Es wird berichtet, dass die Übergangsquoten dieser Schüler in qualifizierte Bildungswege auf niedrigstem Niveau seien.

Die Kollegien ihrerseits sind mit der fremden Kultur nicht vertraut; sie haben subjektiv den Eindruck, weder die Kinder noch die Eltern zu erreichen, sie sind verunsichert durch die offensichtliche soziale Benachteiligung des Milieus. Es reicht auch nicht mehr aus, Verständnis für Migrantenschicksale zu haben. Zur Verständnisbereitschaft müsste nun Verstehen hinzukommen, um Ansatzpunkte zur Erfüllung des Schulauftrages zu finden, damit nach dem Schulabschluss auch eine Qualifizierung durch eine Ausbildung hinzukommen kann.

Ganz besonders fällt es den muslimischen Mädchen schwer, den Weg in die Ausbildung und zu einem eigenständigen Leben zu gehen. Besonders traditionelle Familien, die patriarchalisch strukturiert sind, achten darauf, dass ihre Töchter in der Familie bleiben und möglichst traditionell heiraten. Eine Ausbildung ist für sie nicht vorgesehen.

Aber ohne die Integration der muslimischen Frauen kann keine Integration gelingen. Unsere Bürgergesellschaft wird von Frauen wie Männern getragen. Wir müssten folgenden Fragen nachgehen:
- Welche Rolle spielen für muslimische Mädchen Gleichberechtigung und Selbstständigkeit?
- Wie verläuft die geschlechtsspezifische Sozialisation muslimischer Mädchen in Deutschland und welchen Einfluss üben deutsche Einrichtungen, wie die Schule, auf diese Mädchen aus?
- Die Mädchen befinden sich oft in einem Spannungsverhältnis zwischen Selbstständigkeit, Neugierde, vor allem in Bezug auf Sexualität, Partnerschaft und

mädchenspezifische Wünsche, und den Tabus der traditionellen türkisch-muslimischen Gesellschaft.

Zunächst sollten wir uns über die Begriffe verständigen. Was ist Integration?
Integriert ist derjenige, der die Gesetze kennt und danach handelt, der sich in deutscher Sprache verständigen kann, der weiß, in was für einem Land er lebt und welche Gepflogenheiten gelten. Er muss dafür nicht die Staatsbürgerschaft haben. Es geht in Sachen Integration um den Prozess der Vermittlung und Aneignung nicht nur von Sprache, Bildung, Rechten und Pflichten (der Rechtsordnung), sondern auch der Kultur und Geschichte, also um die Vermittlung und Aneignung von Werten der Gesellschaft.

Die historische und ethische Dimension, die Kultur, der Zivilisationsgrad einer Gesellschaft drücken sich in der Rechtsordnung aus, beschränken sich aber nicht auf sie. Montesquieu nannte dies auch den „Geist der Gesetze": Ihm liegen in besonderem Maße Erfahrungen aus der Geschichte und ethische Grundsätze zugrunde, die den Charakter, das „Ungefragt-Gegebene" einer Gesellschaft ausmachen. Die Grundrechte gehören ebenso dazu wie die Freiheitsrechte, der Schutz des Individuums, Meinungsfreiheit, Rechtssicherheit und Gerechtigkeit, die Sorge um körperliche Unversehrtheit, das Gesundheitswesen, die soziale Sicherheit, kostenlose Bildung. Sie sind – bei aller Verbesserungswürdigkeit – die Grundlagen, auf die sich die Gesellschaft verständigt hat und die sie auch den Zugewanderten zugänglich macht. Dass dies eine Gesellschaft leistet, ist nicht selbstverständlich. Denn dies ist nicht kostenlos, sondern eine Gemeinschaftsanstrengung, woran alle beteiligt sind. Auch die Eingewanderten. Diese Kultur des gemeinsamen Gestaltens muss bereits in den Kitas wie Grundschulen beginnen.

Für die übergroße Mehrheit der Zugewanderten ist diese Kulturleistung eine einmalige Chance und bietet ihnen Rechte und Möglichkeiten, die sie in den Herkunftsländern niemals hätten. So gelten die universalen Menschenrechte in muslimischen Ländern nur für Muslime, können Nichtmuslime in der säkularen Türkei z.B. bestimmte Berufe nicht ausüben. Ich bin für diese Chancen und Rechte jedenfalls dankbar und glaube, dass wir auf unseren demokratischen Rechtsstaat als Wertegemeinschaft stolz sein dürfen und die Verantwortung haben, diese Freiheiten und Erfolge zu bewahren und mit den Eingewanderten zu teilen.

4. Die wirtschaftliche und kulturelle Lage der Zuwanderer

In den ersten zehn Jahren bis 1973 waren die „Gastarbeiter" politisch kein Thema und es hat keine eigenständige deutsche „Ausländerpolitik", geschweige denn Integrationspolitik gegeben. Das ist noch freundlich formuliert, denn man tat schlicht nichts und die Bedingungen, unter denen die zugewanderten Männer und Frauen in Deutschland „ganz unten" lebten, kümmerten vielleicht die Gewerkschaften, sonst aber niemand.

Die nachhaltigste Wirkung auf die Integration hatte nach dem Anwerbungsstopp im Jahr 1973 die Heiratsmigration. Die einzige Möglichkeit, nach Beendigung des

Anwerbeabkommens nach Deutschland zu kommen, war als Asylbewerber oder durch Heiratsmigration. Familien verheiraten ihre Töchter und Söhne mit Partnern – oft aus der Familie oder dem Heimatdorf. Hierin liegt einer der größten Gründe für die Misserfolge der Integration von bestimmten türkisch-kurdisch-arabisch-muslimischen Einwanderergruppen. Denn mit den Bräuten kam immer wieder auch das anatolische Dorf. Der Bezug zur alten Heimat riss nie ab, wurde immer wieder erneuert und durch die entstehenden Großfamilien und Clans manifestiert. Heute mit Skype, Facebook und Handy ist diese Verbindung stärker denn je.

Über eine halbe Million – meist Frauen – kamen im Laufe der Jahre so nach Deutschland. Sie kannten meist weder die Sprache noch mussten sie Deutsch lernen, denn in den Familien war vom Essen bis zur Kindererziehung alles türkisch. Ihre Kinder lernten kein Deutsch. Auch hier gab es keine Integrationskonzepte. Von keiner Partei. Auch die Ausländerinitiativen, Vereine, machten auf die wachsenden Probleme besonders für Frauen und Kinder nicht aufmerksam. Die Familien wurden alleingelassen.

Gleichzeitig entstand in der türkischen Community so etwas wie eine ökonomische Eigendynamik. Es gibt inzwischen in Deutschland über 80.000 türkischstämmige Selbstständige, die nach Angaben des Verbandes der türkischen Unternehmer in Deutschland etwa 380.000 Jobs geschaffen haben. Darunter sind große Unternehmen wie der Reiseveranstalter Öger, der Lebensmittelproduzent Gazi oder der Großhändler Sahin, die auf dem deutschen Markt erfolgreich sind. Die meisten anderen Unternehmen sind im Bereich des Handels und der Dienstleistungen erfolgreich, d.h. meist ist dafür keine qualifizierende Ausbildung erforderlich und man arbeitet mit Niedriglöhnen. Oft sind es Familienunternehmen, wo Familienangehörige meist ohne Sozialversicherung oder auch ohne Lohn mitarbeiten. Der Sohn oder die Tochter sitzen an der Kasse oder füllen Ware auf, wohnen in der Familienwohnung, erhalten vielleicht ein Taschengeld und heiraten dann – der Vater hat die Aufsicht, zahlt eine große Hochzeit mit einem Cousin oder einer Cousine aus der Türkei, die dann auch im Geschäft zur Hand gehen. Neben allem anderen, was die Situation dieser „mithelfenden Familienmitglieder" sonst noch ausmacht, führt dies oft zu vollständiger Abhängigkeit und Unselbstständigkeit. Von Protesten der Parteien oder der Gewerkschaften zu diesen Zuständen habe ich noch nie irgendetwas gehört. Aber gerade die Kinder und Jugendlichen, die in diesen Kreisen aufwachsen, brauchen unsere Unterstützung und Hilfe, damit sie in der Schule erfolgreich sind.

Nicht zu unterschätzen ist im wirtschaftlichen Sektor auch der Einfluss der Islamverbände und Moscheevereine. Denn Moscheen sind nicht nur Orte spiritueller Erbauung und religiöser Riten, sondern oft auch die Zentren der sozialen wie auch Wirtschaftsstrukturen. Im Umfeld der Moscheen wird von Halal-Lebensmitteln und Brautmoden bis zum Beerdigungsverein, von der Versicherung über die Bank bis zum Mekka-Reisebüro eine Rundum-Versorgung angeboten. Somit entstehen kleine Medinas. Es gibt inzwischen Stadtteile wie in Berlin-Neukölln oder Duisburg-Marxloh, deren Infrastruktur vom Abschleppdienst bis zum Zahnarzt in türkisch-muslimischer Hand ist. In dieser traditionellen Welt wird nach altem Muster, patriarchalisch und kollektiv gelebt.

5. Erziehungskonzept und Erziehungsziele traditioneller, religiöser türkisch-muslimischer Eltern und Familien

5.1 Die Sozialisation von Mädchen und Jungen

Bereits vor der Geburt des Kindes beginnt in muslimischen Familien die Sozialisation nach Geschlechtern. Für Kinder beider Geschlechter gelten jeweils unterschiedliche Werte und Erwartungen. Sie lernen von Geburt an Respekt vor Autoritäten, Ehrenhaftigkeit, Zusammengehörigkeit. In der unterschiedlichen Wertevermittlung an die Geschlechter ist das Lernen des „Gehorchens" das oberste Gebot.

In der *frühkindlichen Phase* zwischen ein und drei Jahren werden beide Geschlechter in gleicher Weise beaufsichtigt und versorgt. Die Mitglieder der meisten Großfamilien versorgen die Kinder gemeinsam. Ab dem dritten Lebensjahr kommen geschlechtsspezifische Erziehungsziele dazu:

5.1.1 Mädchenerziehung

Zwischen dem dritten und sechsten Lebensjahr (*Vorschulalter*) hält sich das Mädchen weiterhin in der Nähe der Mutter und der Schwester und der weiblichen Mitglieder der Großfamilie auf. Der räumliche Bezug ist das Haus. Sie kommt mit der Mutter nach draußen, wenn die Mutter die Verwandten besucht oder zur Nachbarin geht. Sie lernt, mit kleinen Hilfsarbeiten der Mutter und den anderen Frauen im Haushalt zu helfen. Weiter lernt sie von der Mutter, in Anwesenheit anderer sich zurückhaltend zu verhalten. Zudem wird dem Mädchen die Fürsorge für jüngere Geschwister übertragen.

In der *mittleren Kindheit* zwischen dem sechsten und dem zwölften Lebensjahr werden die Hausarbeiten ausgedehnt. Sie muss nach der Schule gleich nachhause. Sie bleibt mit der Mutter und den anderen Frauen im Haus, sie empfangen gemeinsam Gäste, die oft zum Nachmittagstee kommen. Sie entwickelt durch die Treffen mit den anderen Müttern und ihren Töchtern ein Gemeinschafts- und Zusammengehörigkeitsbewusstsein.

Es wird ihr in dieser Zeit bedeutet, dass die Öffentlichkeit nicht zu ihrem Leben gehören darf und dass sie, wenn sie die Öffentlichkeit betritt, nicht den fremden Männern auffallen sollte. Strenge Muslime wollen, dass ihre Töchter bereits ab dem 6. Lebensjahr Kopftuch tragen. Alle Bereiche in der Öffentlichkeit, wo sie von einem fremden Mann gesehen werden oder auffallen könnte, sollen gemieden werden. Dazu gehört z.B. auch, in der Schule nicht mitzuschwimmen oder am Sportunterricht teilzunehmen. Auch bei getrennt stattfindendem Sport hat die Schule dafür zu sorgen, dass die Hallentüren geschlossen sind, damit sie in Sportkleidung auch von Reinigungskräften nicht gesehen werden kann. Klassenfahrten, auf denen niemand von der Familie sie beaufsichtigen kann, sind ihr nicht erlaubt. Sie kann zur Schule gehen, aber außerhalb der Schule sollte sie nicht unkontrolliert in der Öffentlichkeit sich aufhalten.

Ab dem 12. Lebensjahr ist sie in der *Pubertät* und sollte ihre Rolle in der Familienhierarchie erlernt und übernommen haben. Denn spätestens ab dem 18. Lebensjahr kommt sie in das heiratsfähige Alter. Meist beginnt hier ein Konflikt zwischen ihren individuellen Wünschen nach Ausbildung und Selbstständigkeit und der Heirat. Denn die Familie, in die sie einheiratet, erwartet eine tadellose, ehrenhafte Erziehung von ihr und dass sie eine Jungfrau ist.

5.1.2 Jungenerziehung

In der *Vorschulkindphase* (drei bis sechs Jahre) wird der Junge von der Mutter bei der Orientierung am männlichen Geschlecht ohne Strenge positiv unterstützt. Er wird in der Obhut eines älteren männlichen Verwandten nach draußen geschickt. Bereits ab dem 3. Lebensjahr lernt der Junge, dass seine Bezugsgruppe die Gruppe der Jungen ist, die mit ihm die Straße teilen. Von den älteren Jungen lernt er, wie er sich auf der Straße behaupten muss. In dieser Phase wird er auch beschnitten. Mit einer großen Beschneidungsfeier, als Prinz verkleidet und mit Geschenken überhäuft, wird er in die islamische Männerwelt aufgenommen. Die Mutter und seine Schwestern versuchen, ihm seine Wünsche zu erfüllen, sobald er das Haus betritt.

Nachdem er in der *mittleren Kindheit* (sechs bis zwölf Jahre) als Schulkind eingeschult worden ist, dehnt er seine Rolle als Sohn soweit aus, dass er als Beschützer gegenüber seinen Schwestern auftritt und in Abwesenheit des Vaters und der Mutter als ihr Vertreter dient. Er wird von jeglicher Hausarbeit ferngehalten und lernt, den weiblichen Angehörigen Befehle zu erteilen. Er begleitet, wenn die Familienmitglieder praktizierende Muslime sind, in dieser Phase den Vater, die Brüder oder Onkel in die Moschee, hilft im Geschäft oder in anderen Arbeitsbereichen. Oft findet er dann kaum Zeit und Raum für seine Schulaufgaben. Die wenigste Zeit verbringt er zuhause; er hat kaum Kontakt zum weiblichen Geschlecht.

Während und nach der *Pubertät* (13. bis 21. Lebensjahr) wird er *Delikanlı*, „verrücktes Blut", genannt. Er lernt, die Ehre seiner Familie zu schützen, falls nötig auch mit Gewalt. Entsprechend wird seine Männlichkeit innerhalb der Community geprüft. Er darf sich körperlich austoben, mit Sport, Bodybuilding, Schwimmen, und lernt, seine Umgebung mit seinen „Kumpels" zu erobern. Auch darf er Kontakte zu nicht-muslimischen Mädchen haben. Diese Phase wird von der Familie geduldet, bis zur Hochzeit mit einem „reinen Mädchen" möglichst aus der Bekanntschaft oder aus der Verwandtschaft (Toprak, 2005, 44f.).

5.2 Welche Möglichkeiten gibt es für die Lehrerin oder den Lehrer, auf die besondere Situation dieser Kinder einzugehen?

Drei Beispiele für Integrationsprobleme in der Schulpraxis:
1. Beispiel: Muslimen ist es verboten, Schweinefleisch zu essen.
2. Beispiel: Mädchen tragen Kopftuch im Unterricht.
3. Beispiel: Dürfen Mädchen schwimmen?

Wichtig wäre, anhand konkreter Schulsituationen Hintergründe aufzuzeigen und mit dem Verstehen auch differenzieren zu lernen. Was sagt der Koran, die Hadithe? Aber was sagt das Schulgesetz? Wie erkenne ich kulturelle Integrationshemmnisse?

Drei mögliche Ziele im Umgang mit Migrantenkindern in der Schule:
1. Beobachtung: Weggucken (der Lehrer) – Ziel sollte sein: „hingucken, erziehen".
2. Beobachtung: Scheitern (der Kinder) – Ziel sollte sein: „erfolgreich lernen, motivieren".
3. Beobachtung: Absenken der Standards – Ziel sollte sein: „emanzipierter deutscher Staatsbürger mit türkischen Wurzeln".

Was wollen *wir* für die Kinder erreichen, was wollen wir für die Schule erreichen (erfolgreichen Unterricht, effektive Unterstützung von außen [Eltern, Jugendamt, Unternehmen etc.], Arbeitserleichterung [durch Verstehen und Handlungsfähigkeit])?

5.3 Entwicklung von Themen, die das Verhältnis Eltern-Schule bestimmen

5.3.1 Input: Erziehungskonzept und Sozialisierungsgeschichte der Jugendlichen

Ziel ist es, die unterschiedlichen Erziehungskonzepte zu verstehen und Ansatzpunkte für das Gespräch mit den Eltern zu finden. Dazu sind einzelne Themen zu betrachten und ihre Auswirkungen auf beide Geschlechter, die Erziehung der Jungen und die Erziehung der Mädchen:
Erziehungskonzept am Beispiel: Die Ehre
Erziehungskonzept am Beispiel: Familie, Gesellschaft, Staat
Erziehungskonzept am Beispiel: Getrennte Leben von Mann und Frau

Das islamische Erziehungskonzept sieht ein geschlechterspezifisches Rollenbild vor. *Beide Geschlechter* erfahren von der Familie eine Erziehung zum Gehorsam: Dienen und Gehorchen; Taqlit: das Konzept der Nachahmung des Verhaltens Älterer; Respekt gegenüber Älteren (die Jüngeren gehorchen den Älteren, die Älteren beschützen die Jüngeren gegenüber Fremden) nach der patrilinearen Familienstruktur.

Die Erziehung der Jungen: Beschneidung, das Verhältnis zum Opfern, das Verheiratetwerden, Aufsicht und Vormundschaft über die weiblichen Familienmitglieder (manchmal auch über die eigene Mutter), er ist draußen, ihm gehört die Straße, er ist die Öffentlichkeit und hat keinen Platz in der Wohnung.

Die Erziehung der Mädchen: Gehorsam gegenüber Älteren und den männlichen Familienmitgliedern, Kopftuch, Jungfrausein, sie ist die Privatheit der Familie, sie bleibt in der Wohnung.

Aber auch:

- Bildungsauftrag im Koran – „Lies!", so fängt der Koran an. Bildung und Wissen haben einen hohen Stellenwert und werden an den Deutschen bewundert.
- Leistungsmotivation aus angestrebter gesellschaftlicher Stellung als „Bey" (Herr). Viele Migranten haben das Ziel, anerkannte Teile der Gesellschaft zu werden.
- Verantwortung, die Vater und Mutter von Gott für die Kinder übertragen ist.

Gruppendiskussion in der Klasse – Themen, in denen die kulturelle Differenz sichtbar wird: Ablösung, Sexualität/Homosexualität, Hygiene, Ernährung, Medienkonsum, Gewalt, Leistung, Schulpflicht (Ordnung, Pünktlichkeit, Schultasche), Arbeitsplatz zu Hause, Beruf, Sprache.

5.3.2 Organisation der Elternarbeit. Wie müsste man es machen? Wie werden wir zu Erziehungspartnern?

Einwand: Viele Migranten verweigern sich. Die Erfahrung der Schule zeigt: Zugang hauptsächlich in Krisenfällen, nicht bei Erziehungsthemen (Beispiel: Themenelternabend noch wirkungsloser als normale Elternabende). Aber: wichtige Themen könnten die Schullaufbahn und die Zukunft der Kinder sein.

Strategische Ansätze der Migrantenarbeit:

- Modernitätsrückstandsthese: Hilfe zum Anschlussfinden an Modernität (Verständnis für rückständiges [anatolisches] Bewusstsein, Verständnis, dass Schwache den Starken [Deutschen] gegenüberstehen, Förderung, Betreuung).
- Kulturelle-Differenz-These: Respekt vor der anderen Identität und Stärkung der Potentiale unter Inkaufnahme unvereinbarer Wertvorstellungen.
- Teilhabethese: Fördern und Fordern mit dem Ziel der Teilhabe an der deutschen Gesellschaft (Auseinandersetzung mit unvereinbaren Wertvorstellungen [als Integrationshindernisse] und Anknüpfung an kompatible Einstellungsmuster [als Integrationshelfer] wie beispielsweise das Ziel der Teilhabe [so erfolgreich sein wie die Deutschen]).

Ziele der Elternarbeit: Geeignete und ungeeignete Formen; Erreichbarkeit, Formen der Ansprache; schulinterne Organisation; Instrumente: Elternkurse, Beteiligung, erste Ansprache, freundliche Aufnahme, Absprache/Elternvertrag.

Produkt: Konzept für die Elternarbeit mit Migranten. Gegliedert nach

- Zielen: Erleichterung des Unterrichts, Erziehungspartnerschaft, Überwindung von Integrationshemmnissen,
- „vertrauensbildenden Themen" (Feste, praktische Lebenshilfe, Sprachlernprogramme),
- „integrationsfördernden Themen" (Wissen über Deutschland und die Stadt, Teilhabe an der Schule, Aufgabenübernahme im Gebiet),
- Themen der Erziehungspartnerschaft.

5.3.3 Lernen einzugreifen: Schüler mit Integrationsdefiziten

Wie erreichen Schüler mit Migrationshintergrund gleiche Augenhöhe?
Input: Kulturelle Wertvorstellungen über Männlichkeit, der innerfamiliäre Dominanzanspruch der Männer, ökonomische, gesellschaftliche und religiöse Rahmenbedingungen der Kultur der Ehre und warum bestimmte ethnische Gruppen noch heute stark an derartigen Normen festhalten. Die Frau ist die Ehre des Mannes. Eine Ehre kann man nicht erwerben, nur verlieren. Die Frau hat keine eigene Ehre. Die Männer sind abhängig von ihrem Verhalten/Benehmen in der Öffentlichkeit und müssen auf ihre Frauen aufpassen, damit sie das Gesicht gegenüber ihren männlichen Gesinnungsbrüdern nicht verlieren (hierzu ein Text vielleicht von Schiffauer, 1983, „Die Gewalt der Ehre").

Einstieg in die Debatte: Fragebogen, durch die Lehrer auszufüllen (zwei Gruppen, eine: eigene Vorstellungen, die andere: vermutete Schülerantworten).

5.3.4 Erziehungsziele und Verhaltenskodex der Lehrer

Input: Drei typische pädagogische Situationen (Schulbeispiele):
1. Beispiel: Fasten,
2. Beispiel: Bruder bestraft die Schwester,
3. Beispiel: Segregation.

Beispiel: In der Klasse findet Segregation statt: Jungen sitzen nicht mehr neben Mädchen, Mädchen ohne Kopftuch nicht mehr neben Mädchen mit Kopftuch. Der Grund: Nicht nur die beiden Geschlechterwelten spielen hier eine Rolle, sondern auch die religiös vermittelte Vorstellung von „rein" und „unrein". Mit Kopftuch wie mit anderen Symbolen fühlt sich das Mädchen gottgefällig und aufgewertet. Das Mädchen ohne Kopftuch fühlt sich stigmatisiert, wird als „unrein" bezeichnet und muss sich gegen die islamische Leitkultur und den Gruppenzwang behaupten.

Aber: Wenn wir das Kopftuch zum Beispiel generell aus der Schule verbannen würden, könnten wir sehr viel einfacher das Recht auf Kindheit durchsetzen. Das gleiche gilt für Klassenfahrten und den Schwimmunterricht. Die Bundesregierung verkündete vor zwei Jahren dieses Problem als nicht mehr existent. Nur 7 % der muslimischen Mädchen würden nicht am Schwimmunterricht teilnehmen, nur 10 % nicht auf Klassenfahrten mitreisen. Diese Zahlen mögen stimmen, sind aber nur ein Teil der Wahrheit, denn auf meine Nachfragen in einigen Schulen war es so, dass in solchen Klassen, die mehrheitlich muslimische Kinder beschulen, Schwimmunterricht gar nicht angeboten wird und Klassenfahrten, wie man sagt „aus finanziellen Gründen", nicht stattfinden. Man hat das Problem für gelöst erklärt, weil man die Ursache, hier den Schwimmunterricht, abgeschafft hat.

Fragen/Diskussion: Brainstorming für weitere Beispiele aus der eigenen Erfahrung. *Produkt:* Formulierung verschiedener pädagogischer Verhaltensrichtlinien als ein Teil des Schulprogramms.

5.3.5 Mut zur Erziehung – Schüler werden zu Staatsbürgern

5.3.5.1 Identität, Verantwortung, Respekt

Input: Ist Deutschland meine Heimat? Von Migrantenkindern wird oft gesagt, dass sie zwischen den Welten stehen, in keiner zuhause sind. Was geschieht eigentlich in der Schule, was die Identität des Lebens in Deutschland/in der jeweiligen Stadt stärken könnte? Ziel ist es, Arbeitsfelder der Schule zu beschreiben, auf denen die Schüler Verantwortung zu übernehmen lernen, eine Beziehung zum Land, in dem sie leben, aufbauen und die Auseinandersetzung mit ihrer Herkunft betreiben.

Fragen und Diskussion: Was heißt hier Fördern und Fordern? Bietet die Schule ein Alternativprogramm zum Druck der muslimischen Gruppierungen? Was kann man von den Schülern erwarten?

Themen für den Unterricht/Strategien der Schulorganisation: Formen der Übernahme von Verantwortung: Streitschlichter als Basis, Formen positiver Identifikation mit erfolgreichen Immigranten, Formen positiver Identifikation mit Deutschland/der Stadt/dem Dorf.

5.3.5.2 Wenn wir von Integration reden, müssen wir auch von Heimat reden

Wann wird ein Land, ein Ort, Heimat? „Heimat ist da, wo die Erinnerungen wohnen." Die meisten türkischen Schülerinnen und Schüler sind in Deutschland geboren, bekommen aber vom Elternhaus das Herkunftsland der Großeltern als Heimat vermittelt. Sie lernen die Stadt, in der sie leben, nicht kennen. Meine Liebe zu Deutschland begann vom ersten Tag an, in der Graf-Wilhelm-Grundschule. Unsere Lehrerin liebte das Weserbergland und bei schönem Wetter wanderten wir gemeinsam mit der Klasse durch die Landschaft und die Orte, durch Schlösser und Museen. Ich lernte den Namensgeber und den Bezug zu unserer Schule kennen. Ich lernte Deutsch, die Namen der Bäume und Pflanzen, ich lernte „mein" Deutschland beim Wandern kennen.

6. Zum Schluss

Die Schule ist eine der stärksten Institutionen, die auf die Integration positiv wirken können. Sie soll Kenntnisse, Fähigkeiten, Fertigkeiten und Werthaltungen vermitteln, die die Schülerinnen und Schüler in die Lage versetzen, ihre Entscheidungen selbstständig zu treffen und selbstständig weiterzulernen, um berufliche und persönliche Entwicklungsaufgaben zu bewältigen, das eigene Leben aktiv zu gestalten, verantwortlich am sozialen, gesellschaftlichen, kulturellen und wirtschaftlichen Leben teilzunehmen und die Zukunft der Gesellschaft mitzuformen. Die Schulen sind Agenturen der Integration. Wir müssen hier sehr viel gezielter vor allem die Mädchen unterstützen, damit sie sich zu selbstständigen Personen entwickeln können, dürfen dabei aber die Jungen nicht vergessen.

Literatur

Kelek, N. (2005). *Die fremde Braut. Ein Bericht aus dem Inneren des türkischen Lebens in Deutschland.* Köln: Kiepenheuer & Witsch.

Kelek, N. (2006). *Die verlorenen Söhne. Plädoyer für die Befreiung des türkisch-muslimischen Mannes.* Köln: Kiepenheuer & Witsch.

Schiffauer, W. (1983). *Die Gewalt der Ehre. Erklärungen zu einem türkisch-deutschen Sexualkonflikt* (suhrkamp taschenbuch 894). Frankfurt am Main: Suhrkamp.

Toprak, A. (2005). *Jungen und Gewalt. Die Anwendung der Konfrontativen Pädagogik in der Beratungssituation mit türkischen Jugendlichen.* Herbolzheim: Centaurus.

Nurgül Altuntas

Menschen sind nicht gleich, aber gleich wert!
Geschlechtergerechtigkeit und interkulturelle Kompetenz[1]

1. Diversitätspädagogik

1.1 Die Wandlung der Begriffe – Heterogenität – Integration – Differenzierung

Heterogenität und Umgang mit Diversität haben im Bildungswesen und im Schulunterricht eine bedeutende Relevanz erhalten. Ein bewusster Umgang mit Diversität und eine pädagogische Auseinandersetzung sowie Aufbereitung erfolgen in der Lehrerbildung und in der Unterrichtspraxis in einer besonderen Weise. Die Wahrnehmung und Anerkennung der Diversitätsfrage wird in vielen Grundschulen und Gesamtschulen thematisiert und behandelt. Meist ist sie Bestandteil des Schulprogramms. Die Lehrkräfte stellen sich darauf ein, dass sie keine homogenen Lerngruppen unterrichten, sondern mit unterschiedlichen Lernvoraussetzungen ihrer Schülerinnen und Schüler umgehen lernen müssen. Das bedeutet, dass die Lehrkräfte die vorhandene Vielfalt nicht nur anerkennen und berücksichtigen, sondern auch analysieren müssen, welche Diversitätsdimensionen für das Unterrichtsgeschehen Relevanz besitzen. Deshalb ist es wichtig, folgende pädagogische Begriffe und Maßnahmen mit kurzen Pointierungen hervorzuheben und den Begriff der Diversität zu klären:

Heterogenität ist nicht immer positiv besetzt: *Heterogenität* bedeutet oft „Abweichung" von einer Norm, *Integration* bedeutet oft Einbeziehung des „Andersartigen", *Differenzierung* bedeutet oft „besondere Maßnahmen im Vergleich zur Normgruppe". Verstehen wir unter „Normalität" dagegen, dass jeder Mensch einzigartig ist (und in diesem Sinne immer anders ist), dann meint *Heterogenität* schlicht „Unterschiedlichkeit", *Integration* bedeutet „Gemeinsamkeit", *Differenzierung* bedeutet „Raum für die Individualität aller" (Brügelmann, 2001, zit. nach Schneider, Tanzberger & Traunsteiner, 2011, S. 48).

---

1 Dieser Beitrag geht in den ersten beiden Abschnitten auf zwei frühere Aufsätze zurück. Der eine ist unter dem Titel „Die Unterschiedlichkeit der Menschen als Voraussetzung für die Schule anerkennen" 2012 erschienen in der *SchulVerwaltung Hessen/Rheinland-Pfalz. Zeitschrift für Schulleitung und Schulaufsicht 17* (12), 325–327, der andere 2007 unter dem Titel „Fremden begegnen – Sachunterricht Interkulturelles Lernen" (verfasst zusammen mit Henning Unglaube) in *Grundschule Sachunterricht* (34), 2–6. Nachdruck mit freundlicher Genehmigung der Wolters Kluwer Deutschland GmbH, Kronach, und der Friedrich Verlag GmbH, Velber-Seelze.

Diversität stellt den einzelnen Menschen in seiner Einzigartigkeit in den Mittelpunkt und versucht diesen gegenüber der Vielfalt seiner Mitmenschen in seinen Unterschieden zu erfassen. Der Begriff Diversität, als etymologische Ableitung aus dem Adjektiv „divers" zu dem lateinischen Verb „divertere" (auseinandergehen, voneinander abweichen), bedeutet als Fremdwort im Deutschen zunächst so viel wie Vielfalt, Vielfältigkeit, Verschiedenartigkeit und Mannigfaltigkeit (Kluge, 1999, S. 186; Duden, 1997, S. 200). Die Dimensionen von Diversität sind Geschlecht, Herkunft, Sprachen, Begabungen und spezielle Bedürfnisse. Menschen können auf unterschiedliche Weise Differenzen aufweisen. Im Folgenden werden die Bedeutungen der Dimensionen genauer ausgeführt.

1.2 Erscheinungsformen von Differenz

Wenn über Differenz nachgedacht wird, ist die erste Frage, was different oder abweichend ist. Im Folgenden werden blitzlichtartig Begriffe zusammengestellt, die Menschen untereinander in ihrer Unterschiedlichkeit erkennen lassen.

Größe	Haarfarbe	Vorlieben	Bräuche	Speisen
	Gewicht	Abneigungen		Schwächen
Geschlecht	Meinungen		Augenfarbe	Herkunft
	Religion		politische Überzeugungen	
Gewohnheiten		sexuelle Orientierung		Sitten
	Begabungen		Stärken	Kraft
Sprache	Können		Bildung	Kleidung
	Lebensweisen	Geschmack	Ansichten	Abneigungen

Diversitätsdimensionen: Im zweiten Schritt werden diese unterschiedlichen Merkmale, die zu einem Menschen gehören, in Dimensionen zusammengefasst und eine kategoriale Zuordnung vorgenommen. In unterrichtlichen Lehr- und Lernprozessen können diese Kategorien relevant für den Erfolg schulischen Lernens werden. Zu berücksichtigen ist jedoch, dass durch die Kategorienbildung nicht Unterschiede festgelegt werden, sondern die Multidimensionalität zu erkennen ist. Für das Konzept des individualisierten Lernens ist hervorzuheben, dass die Konstruktion von Gruppenidentitäten hierbei nicht favorisiert wird, wie z.B. „die Muslime", „die Türken", die „Frauen".

Hierfür zur Klärung ein Beispiel: Was haben die muslimischen Ethik-Schülerin einer Kleinstadt, die Gymnasiastin am Lycée Français, das lesbische Maschinenbautechnik-Lehrmädchen in der Berufsschule, die Sonderschülerin aus einem Arbeiterbezirk und die rollifahrende Volksschülerin mit Geburtsort im Kosovo gemeinsam? Sie werden alle unter „Schülerinnen" subsumiert und haben doch ganz unterschiedliche Ausgangsbedingungen (strukturelle Vorgaben) und sind mit unterschiedlichen gesellschaftlichen Erwartungshaltungen/Annahmen/Vorurteilen konfrontiert (Schneider et al., 2011, S. 50).

Für einen guten, bewussten Umgang mit Vielfalt ist die Analyse von Schule und schulischen Strukturen notwendig, damit Vielfalt in der Organisation und Struktur der Schule die Schülerinnen und Schüler sowie ihre weiteren Mitglieder nicht als „anders", „besonders" und „defizitär" bestimmen lässt. Nach Stroot (2007, S. 58) würde häufig eine dominante homogene Gruppe, die die Werte, Normen und Regeln bestimmt, die Schule führen.

In der Fachliteratur werden verschiedene Dimensionen von Diversität zwischen Menschen benannt. Dazu zählen ethnische und kulturelle Herkunft, Geschlecht, Gesundheit/Behinderung, sexuelle Orientierung und Alter.

Diversitätsdimensionen:

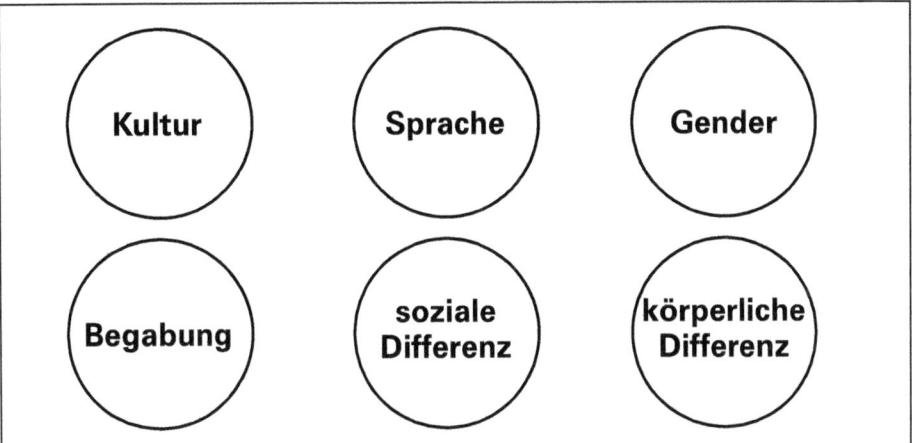

Häufig treten Diversitätsdimensionen in Abhängigkeit zueinander auf. Aufgabe der Schule ist es, durch Differenz verursachte Benachteiligungen zu erkennen und ihnen entgegenzuwirken.

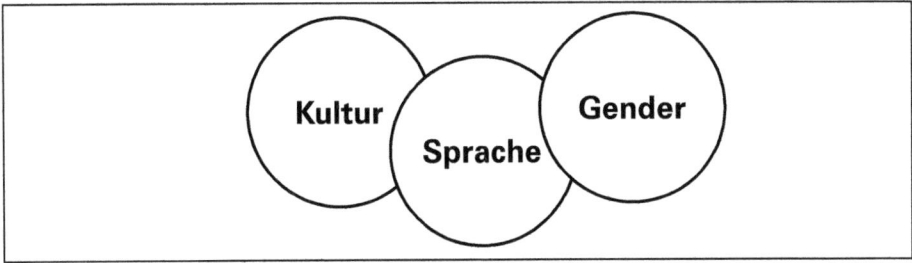

1.3 Die Erkenntnisse der Diversitätspädagogik: Wie kann ich mich als Lehrkraft und als Ausbilder/in dafür sensibilisieren?

Kompetenzen im Umgang mit Differenz: Im Umgang mit Heterogenität ist es unausweichlich, dass zwei Bedingungen erfüllt sind. Erstens die Einstellung und Haltung der Lehrkräfte, zweitens aber auch eine veränderte didaktisch-methodische Unterrichtsgestaltung. Anregungen zum Erwerb dieser Kompetenzen werden in den Studienseminaren vorwiegend mit einer veränderten Lernkultur: Individualisierung und Differenzierung in den Modulen angeboten.

Der Ansatz der Diversitätspädagogik geht davon aus, dass wir alle unterschiedliche Identitäten besitzen, als Personen sehr „divers" sind:
„Wir haben

1. eine individuelle Persönlichkeit,
2. ein bestimmtes Geschlecht,
3. eine Religionszugehörigkeit (oder keine),
4. ein bestimmtes Alter,
5. einen bestimmten kulturellen Hintergrund,
6. eine sexuelle Orientierung,
7. eine Staatsangehörigkeit.
8. Wir werden in eine bestimmte soziale Schicht hineingeboren,
9. wir sprechen bestimmte Sprachen und Dialekte.
10. Wir verfügen über eine Ausbildung und Berufserfahrung,
11. wir arbeiten in einem bestimmten Arbeitsfeld mit einem bestimmten Einkommen in einer beruflichen Hierarchie,
12. wir bewegen uns in Netzwerken (oder auch nicht)
13. und vieles mehr ..." (Schneider et al., 2011, S. 50).

Unterschiedliche Diversitätsdimensionen können im schulischen Kontext, also in der Organisation, unterschiedlich relevant sein. Einige erleichtern es in der Schule, erfolgreich zu sein, und andere bewirken das Gegenteil. Wie sind ihre Querverbindungen zu sozialer Schicht, kultureller Herkunft und Lernschwierigkeiten?

Die Konzeption der Pädagogik der Diversität legt fest, dass soziale Rollen, Zugehörigkeit zu Gruppen bzw. Kategorien, die verschiedenen Diversitätsdimensionen bewusst gemacht werden sollen. Die Wertschätzung der Vielfältigkeit und die Besonderheit der Unterschiede sollen in der Schule im pädagogischen Kontext herausgestellt werden. Die Konstruktion von Gruppenidentitäten wird gemieden, wie z.B. die Muslime, die Mädchen, die Eltern. Nur in bestimmten Situationen wird nach Kategorisierungen gefragt (siehe oben).

Diversitygerechte Didaktik und diversitygerechter Unterricht: Die unten zusammengestellten Kriterien finden auch Anwendung in den Lernstandserhebungen und sind Bestandteile der allgemeinen fachdidaktischen Prinzipien. Diese werden in der diversitygerechten Didaktik zu Recht sehr hoch angesiedelt, weil sie die effektivsten und erfolgreichsten Strategien darstellen. Sie

• knüpfen an individuelle Vorerfahrungen an,
• gehen von Stärken der Lernenden in ihren Lernstrategien aus,

- bauen diese zu bewussten Kompetenzen aus,
- ermöglichen das Erweitern von Handlungsspielräumen,
- ermöglichen den Lernenden, ihre persönlichen Lernstrategien, -geschwindigkeiten, -wege und -ziele mitzubestimmen und in die Gruppe einzubringen.

In der Anerkennung von Vielfalt liegt die Aufgabe darin, dass Stereotypisierungen bewusst gemacht und durchbrochen werden: Kinder gerade *nicht* auf wenige Merkmale, z.B. ein Kopftuch, oder auf eine Herkunftsidentität zu reduzieren. Ein Kopftuch lässt uns andere Menschen in Bruchteilen von Sekunden als Fremde erkennen und unser Verhalten ihnen gegenüber bestimmen. Mit Blick auf die Herkunft wird meist die Frage gestellt: „Wie macht man das bei euch in der Türkei?", obwohl das Kind das Herkunftsland nur von Erzählungen und von Urlauben kennt, aber nicht die Repräsentantenrolle für eine ganze Nation übernehmen kann. Die Aufgabe der Lehrkräfte liegt darin, die Kinder nicht „herauszuzupfen" und auszugrenzen, weil sie dazugehören und nicht anders sein wollen.

Hervorzuheben ist, dass das „Abstempeln" darin besteht, dass die Botschaft „du bist anders als wir" im Unterricht vermittelt wird. Mit einem Unterton, „das müsstest du als Wissensrepertoire über deine Andersartigkeit besitzen". Um dieses zu vermeiden, müssen individuelle Ressourcen erkannt und für die Gesamtheit der Klasse genutzt werden, denn jedes Kind kann zum Gemeinsamen etwas beitragen. Die Kinder sollen Ayse nicht in der Art wahrnehmen, dass sie als Türkin fremd in Deutschland ist, sondern weil sie in einem bestimmten Lernprozess eine bestimmte Rolle innehat.

Der schulische Alltag bietet vielfältige Ansatzpunkte für die Auseinandersetzung mit fremden Kulturen, Sprachen, Begabungen und mit dem Anderssein. Jede Schule hat ihr eigenes Bedingungsfeld für das Diversitätslernen. Dennoch stellt sich für jede Schule diese Aufgabe als Teil des allgemeinen Bildungs- und Erziehungsauftrages. Dies setzt gute Kenntnisse des kulturellen, sozialen Umfeldes der Schule und die Bereitschaft, sich mit eigenen pädagogischen Schwerpunkten auseinanderzusetzen, voraus. Hierbei wäre es von Bedeutung, dass die Schule ihre Ausgangsbedingungen mit folgenden Fragen erfasst: „Gibt es Schülerinnen und Schüler mit Zuwanderungsgeschichte an unserer Schule; gibt es an unserer Schule Sprachkurse für Deutsch, wie sind diese organisiert, arbeiten sie erfolgreich, welche Probleme gibt es; haben wir schon einmal im Rahmen einer Konferenz das Lernen mit heterogenen Gruppen erörtert ...?" Eine Schule, die ihre Lernenden unabhängig von ihren schulischen Vorerfahrungen und ihren körperlichen sowie psychischen Einschränkungen behandelt, orientiert sich an der Gleichbehandlung und der Diskriminierungsfreiheit.

Für die Studienseminare ist die Diversitätspädagogik von Bedeutung, weil sie nach den pluralen Sichtweisen fragt und so eine Fülle von Perspektiven auf die sogenannten Diversitätsdimensionen eröffnet. Zu diesem Zweck fasst die Diversitätspädagogik die Ergebnisse der Geschlechterpädagogik und der interkulturellen Pädagogik sowie der Integrativen Pädagogik zusammen, die jeweils eine oder mehrere Diversitätsdimensionen in den Blick nehmen, aufgreifen und sie miteinander verbinden.

2. Was bedeutet interkulturelle Kompetenz? Was heißt Interkulturelles Lernen?

Leben wie ein Baum,
einzeln und frei,
und brüderlich wie ein Wald,
das ist unsere Sehnsucht.
Nazim Hikmet

In der Bundesrepublik Deutschland leben Menschen unterschiedlicher Herkunft, Sprache und Religion. Man begegnet ihnen auf der Straße, in der Schule und in anderen öffentlichen Räumen, aber nur selten entstehen private Beziehungen untereinander. Begegnungen zwischen den unterschiedlichen Bevölkerungsgruppen sind in der Regel durch gegenseitige Vorurteile und Ablehnung gekennzeichnet und verlaufen häufig konflikthaft. Schule kann durch das Interkulturelle Lernen einen Beitrag zum gegenseitigen Verstehen und einer gemeinsamen gesellschaftlichen Praxis leisten.

Aufgabe des Interkulturellen Lernens ist die Rekonstruktion und die Erklärung von Weltbildern, Moralmaßstäben und Handlungslogiken. Die Zuschreibung von Bedeutung und Bewertung, von Gefühlen, Mentalitäten und Moralvorstellungen aus heutiger Sicht sollte mit dem Wissen verbunden sein, dass kulturelle Standards das Denken und Urteilen der Menschen prägen.

Interkulturelles Lernen ist ein allgemeiner Lernbereich und eine fachübergreifende Erziehungsaufgabe. Deshalb wendet sich dieses Konzept an Lehrerinnen und Lehrer aller Schulformen, Schulstufen und Fachrichtungen. Im Allgemeinen wird unter Lernen eine Veränderung im Erleben und Verhalten von Personen verstanden. Für unseren Gegenstand bedeutet dies, dass ein aktiver Austausch mit der Fremdkultur angestrebt wird. Damit dieser Austausch gelingt, müssen die Menschen zur kultursensiblen Interaktion mit Angehörigen anderer Kulturen fähig sein. Dazu soll die Schule einen Beitrag leisten, doch dem stehen in der Lebenswirklichkeit Widerstände entgegen, die berücksichtigt werden müssen.

Stereotypisierungen bewusst machen und durchbrechen: Wir alle bewältigen große Teile unseres Alltags unter der Zuhilfenahme kultureller Muster und Bedeutungsperspektiven, die uns entlasten und Beurteilungen von Situationen und Menschen erleichtern. Wenige im gesellschaftlichen Diskurs hervorgehobene Merkmale dienen uns dazu, Fremde in wenigen Bruchteilen von Sekunden als solche zu erkennen und unser Verhalten ihnen gegenüber abzustimmen. So genügt das Bild einer Frau mit Kopftuch, diese wenn nicht sofort als türkisch zu identifizieren, sie doch dem islamischen Glauben zuzuordnen und darüber eine Assoziationskette in Gang zu bringen, die ihre Unterdrückung durch ihren Mann als selbstverständlich einschließt, ihr mindestens sieben Kinder anhängt, ihr die Beherrschung der deutschen Sprache abspricht und ihr Analphabetentum zumindest in Betracht zieht. Obwohl wir dies alles nicht wissen können, bringen wir ihr die Haltung entgegen, die diesem zugeschriebenen Bild entspricht, und verhalten uns so.

Dass diese kulturellen Muster nicht gegeben sind, sondern erlernt werden, macht ein Beispiel deutlich: Pervin ist eine junge gebildete Frau, die ein erfolgreiches Studium an der Uni Frankfurt absolviert hat und Mutter von zwei Kindern ist. Aufgrund ihrer Erfahrungen als Kind in Deutschland hat sie immer Wert darauf gelegt, ihren Kindern *nicht* zu verstehen zu geben, dass sie in einem fremden Land aufwachsen und Türken sind. Als ihr ältester mit drei Jahren in den Kindergarten kam, unter anderem in der Absicht, dass er seine Deutschkenntnisse verbessern solle, stellte der Kleine am 3. Tag seines Lebens als Kindergartenkind seiner Mutter die Frage: „Anne, ,*Türke*' nedir?" „Mama, was ist eigentlich ein Türke?" Ganze drei Tage hatte es gedauert, bis die anderen Kinder im Kindergarten ihn mit Hilfe ihrer Eltern als Türken identifiziert hatten und ihm ein Etikett anhefteten, von dem er selbst nicht wusste, was darauf stand.

Berührungsängste abbauen und Begegnungen ermöglichen: Es gibt zahlreiche Menschen, die scheinbar offen sind für fremde Kulturen, Verhaltensmuster und Wertmaßstäbe, und doch fehlt ihnen die eigene Erfahrung, weil die wirkliche Begegnung mit den Fremden nicht stattgefunden hat. Ohne die tatsächliche Begegnung aber bleibt ihre Offenheit eine intellektuelle Attitüde, die die eigene Lebenswirklichkeit nicht verändert.

Damit interkulturelles Lernen nicht zum einseitigen Anpassungstraining gerät, benötigt es mindestens zwei Menschen. Nur der Dialog in einer gemeinsamen Sprache zwischen diesen kann einen grenzüberschreitenden und transformativen Lernvorgang anstoßen, aus dem beide nicht so hervorgehen, wie sie hineingegangen sind.

Ein solcher Prozess muss nicht unbedingt als beglückend erlebt werden. Er kann Verunsicherungen auslösen, weil eigenes Liebgewonnenes oder als selbstverständlich Betrachtetes in Zweifel gezogen wird, die eigene Wertorientierung ins Wanken gerät oder unter Umständen das eigene Weltbild als brüchig erscheint. Sich auf ein solches Wagnis einzulassen, fällt in sich gefestigten Personen leichter als solchen, die noch nach sich selbst auf der Suche sind. Interkulturelles Lernen bedeutet demzufolge, auch die Personen zu stärken und ihre Fähigkeit zur Reflexion zu entwickeln.

Interkulturelles Lernen ist kein schulisches Fach. Interkulturelles Lernen kann überall dort stattfinden, wo Begegnung möglich ist. Schule aber ist ein einzigartiger Ort der Begegnung und für viele Kinder und Heranwachsende oftmals die einzige Möglichkeit, mit anderen Kulturen in Kontakt zu kommen. In der Schule werden alle Kinder einer Generation unabhängig ihrer Herkunft zusammengefasst. Die Möglichkeit, in dieser Intensität die Unterschiedlichkeit der Menschen kennen zu lernen, wird im späteren Leben niemals wieder so groß sein.

Interkulturelles Lernen zielt auf Persönlichkeitsbildung. Dies geschieht aber nicht zweckfrei, sondern hat aus politischer Sicht die Aufgabe, den Umgang unterschiedlicher Gruppen der Gesellschaft miteinander so zu gestalten, dass sie in ihren verschiedenen Bereichen nicht in ihrer Funktionalität beeinträchtig wird.

Drei Ebenen des interkulturellen Lernens: Das Gelingen einer konstruktiven Auseinandersetzung mit dem Fremden und der Reflexion über das Eigene ist geknüpft an Voraussetzungen in der eigenen Person: die Fähigkeit zum Perspektivwechsel, die Fähigkeit zur Empathie und das notwendige Sachwissen um das jeweilig Fremde.

Perspektivwechsel: Unabhängig von der kulturellen Herkunft wird das Leben einzelner Menschen oder Gruppierungen von Menschen unterschiedlich erfahren, bewertet und interpretiert. Wenn es um die Beurteilung von Lebenssituationen geht, so ist der Perspektivwechsel notwendig, um zu erkennen, dass sie immer abhängig davon geschieht, welche Folgen für die eigene Person daraus erwachsen. Der Perspektivwechsel erlaubt die Frage: „Was bedeuten die von mir als gut oder schlecht, gerecht oder ungerecht erlebten Bedingungen für andere Menschen in einer anderen Situation?"

Sachwissen: Der Perspektivwechsel gelingt umso besser, je vertrauter mir die Lebensumstände anderer Menschen sind oder je mehr ich darüber weiß. Oft hindern uns das fehlende Wissen oder die notwendigen Kenntnisse, einen anderen Blick auf die Lebensverhältnisse anderer Menschen zu gewinnen.

Empathie bedeutet die Fähigkeit, sich in die gefühlsmäßige Verfassung eines anderen Menschen zu versetzen. Sie unterscheidet sich vom Mitgefühl durch den Versuch des auf Sachwissen gegründeten Perspektivwechsels, sich in das Fühlen eines anderen Menschen hineinzuversetzen, um auf der Gefühlsebene ein Verständnis der Situation zu erfahren.

Erfolgreiches Interkulturelles Lernen hängt in entscheidender Weise davon ab, inwieweit es gelingt, die drei Ebenen entsprechend des jeweiligen Sachverhalts aufeinander zu beziehen und miteinander zu verknüpfen.

Interkulturelle Erziehung als schulische Aufgabe: Die Anlage von Werten, Haltungen und Einstellungen oder, kurz gesagt, politische Prägungen erfolgen in ihren Grundpositionen bereits vor dem Eintritt in das Grundschulalter durch die familiäre Sozialisation und verfestigen sich mit zunehmenden Alter. Aus diesem Grunde ist es von Bedeutung, Kinder frühzeitig mit außerhalb des Elternhauses vertretenen Meinungen und Auffassungen zu konfrontieren. Für die interkulturelle Erziehung ist die Grundschule ein besonderer Ort, da sie im Unterschied zu allen weiteren Schulformen die einzigartige Situation herstellt, in der alle Kinder aus allen Schichten und Gruppierungen der Gesellschaft an einem Ort für zumeist vier Jahre zusammengefasst sind, um die Grundsteine ihrer weiteren Bildung zu legen. Daraus erwächst der Grundschule die besondere Aufgabe, Schule für alle Kinder zu sein: Nämlich neben der Einführung in das Lesen, Schreiben, Rechnen, als notwendige Basis für alles Weitere, die Kinder mit den grundlegenden Wertauffassungen und den daraus resultierenden Vorstellungen des Zusammenlebens innerhalb unserer Gesellschaft vertraut zu machen und sie in deren Spielregeln einzuüben. Soweit dies als allgemeiner Erziehungsauftrag an die Schule formuliert ist, sind alle Fächer in gleicher Weise angesprochen, diesen Auftrag umzusetzen. Dieser Unterricht soll den Kindern dabei helfen, diese Welt zu verstehen, zu hinterfragen und kompetent in ihr zu handeln.

Interkulturelle Erziehung – Was sollen die Schülerinnen und Schüler lernen? In den Kerncurricula der einzelnen Bundesländer und der Kultusministerkonferenz ist festgelegt, dass die Schülerinnen und Schüler interkulturell lernen sollen. Unsere Schüler sollen zu mündigen, selbständigen, verantwortungsbewussten, respektvollen, toleranten, solidarischen, engagierten, gebildeten, gesunden, leistungsfähigen, konfliktfähigen und zivilcouragierten Menschen für das Leben und den Beruf erzogen werden.

Diese zwölf Zielsetzungen beinhalten auch Charaktertugenden. Nur lässt Tugend sich nicht lehren. Aber Begegnungssituationen lassen sich schaffen und auffinden, in denen die Welt aus einer anderen Perspektive erzählt wird. Diese Begegnungen mit Menschen aus anderen Ländern und Kulturbereichen können die Sichtweise der Schülerinnen und Schüler erweitern und sie neugierig machen auf diese Lebensweisen, Länder und Mentalitäten.

Bei der inhaltlichen Auswahl sollte man als Lehrerin aufpassen, dass man Themen auswählt, die zeigen, dass Bilder über das Fremde in unseren Köpfen konstruiert sind, dass diese Konstruktionen uns helfen zu systematisieren, zu katalogisieren, aber auch uns eine innerliche Sicherheit für unsere selbst aufgebaute Weltordnung geben. Denn wenn unsere Weltordnung gestört oder hinterfragt wird, kommen wir in Argumentationsnot. Wir müssen wieder alles von neuem versuchen zu verstehen, zu erklären und wieder neu konstruieren. Dies ist mühsam, zumal unsere Bilder und Vorstellungen, die unser Denken und Handeln bestimmen, nicht zufällig entstanden sind. Sie sind im Wesentlichen durch den gesellschaftlichen Diskurs geprägt, der zu einem Problem oder Themenkreis in der Öffentlichkeit und das heißt heutzutage in den Medien transportiert und dargestellt wird.

Bestimmte Slogans, die sich in Meinungsbildern etabliert haben, wie z.B. „Das Boot ist voll" – „Deutschland ist faktisch ein Zuwanderungsland!", markieren die gesellschaftlich akzeptierten Eckpunkte der Auseinandersetzung und grenzen extreme fremdenfeindliche Auffassungen aus, indem sie sich auf die rechtsstaatliche Ordnung beziehen. Egal welche Auffassung in dieser Frage vertreten wird, geht sie am Kern des Problems vorbei. Fremdenfeindlichkeit hat nichts mit der Zahl oder dem Verhalten der „Fremden" zu tun, sondern mit uns selbst und unserer Fähigkeit zur Alltagsbewältigung. Die Konstruktionen von Fremden sind das Ergebnis von Zuschreibungen und Etikettierungen, denn Fremdheit ist kein Wesensmerkmal einer Person.

Themen, die die Frage nach dem Fremden im Unterricht aufgreifen, werden von einigen Lehrkräften immer noch im Sinne der so genannten Ausländerpädagogik erarbeitet. Kennzeichen dieses didaktischen Ansatzes aus den siebziger Jahren des vergangenen Jahrhunderts ist eine Sichtweise des Fremden, die gegenüber der eigenen Defizite aufweist und durch kompensatorische Arbeit bemüht ist, den erkannten erforderlichen Ausgleich herzustellen. Dabei wird die eigene Kultur zur Norm erhoben, an die die Anderen bzw. deren Kinder angepasst werden sollten. Dem liegt ein besonderes Kulturverständnis zu Grunde.

Der pädagogische Kulturbegriff hat zum Ausgangspunkt, dass die Kultur sich permanent durch das Individuum und die Individuen verändert. In der Unterscheidung zu den beiden vorgenannten Begriffen ist er ein dynamischer Begriff von Kultur. Dynamisch in dem Sinne, dass Kultur in Organisationen, in sozialen Beziehungen, Institutionen erzeugt, ausgedrückt und immer wieder neu verhandelt wird. Wenn Menschen unterschiedlicher Herkunft aufeinandertreffen, verfügen sie über einen Sinn und eine Bedeutung von Kultur. Dies beruht auf subjektivem Erleben, Erfahren und Handeln.

In dieser sozialen Interaktion muss in gegenseitigem Verständnis der Kulturbegriff neu definiert und in einem Kulturkonsens, wenn sie es wollen, wieder ausgehandelt werden. Kultur ist nicht mehr das Gegebene, Tradierte, Normierte, das die Denkweisen, Handlungen und Lebensumstände beeinflusst, sondern wird produziert im sozialen Austausch, der Kommunikation im täglichen Leben. Dynamische Kultur bedeutet auch, dass der Mensch in einem direkten Austausch mit der Umwelt steht, er lebt nicht in einer Welt der Fakten, sondern er führt einen ständigen Diskurs mit sich selbst. Der Mensch verändert und gestaltet zu jeder Zeit auch gleichzeitig seine Kultur. In diesem Verständnis ist jeder Mensch Träger seiner eigenen Kultur.

Interkulturelles Lernen bedeutet ein Einüben von Perspektivenwechsel, Rollenübernahme und Wechseloptik. Das heißt die Ambivalenzen der Thematik erkennen:

- „Der Fremde im Kopf": Umgang mit Vorurteilen und Klischees,
- Auseinandersetzung mit unterschiedlichen Kultur- und Integrationsbegriffen,
- Empathiefähigkeit,
- Gemeinsamkeit und Differenz,
- die Wahrnehmung des „Fremden im Eigenen" und des „Eigenen im Fremden".

Das Interkulturelle Lernen befasst sich grundsätzlich mit der Beurteilung von Situationen und Menschen. Die Vielfalt unterschiedlicher Menschen und möglicher Lebensformen bietet von sich aus keine Übersichtlichkeit, keine einheitliche Struktur, keine Normen und keine festgelegten Werte, ermöglicht dadurch Pauschalisierungen, die Bildung von Vorurteilen und bildet die Grundlage von Ängsten vieler Menschen. Für Lehrerinnen und Lehrer bedeutet dies, dass die Grundsätze von Werten, Normen und Erziehungsmaßstäben nicht gegeben sind, sondern ständig analysiert, hinterfragt und ausdiskutiert werden müssen. Der Diskursanalyse kommt in diesem Zusammenhang eine wesentliche Rolle zu.

Die Frage nach dem „Eigenen" (Vertrauten) und dem „Fremden" (Unbekannten) in menschlichen Beziehungen und Begegnungen erfordert eine Einordnung in die persönlichen Vorstellungen, wie man leben will, und ist ein konstitutives Moment in der Persönlichkeitsbildung und damit Teil der schulischen Erziehungsaufgabe. Um dieser Aufgabe gerecht werden zu können, müssen Lehrerinnen und Lehrer sich des eigenen Verhaltens bewusst sein. Dies lässt sich nur durch das Hinterfragen der eigenen Lebensvorstellungen und Wahrnehmungsmuster erreichen.

3. Gender – Diversity

Diskriminierung durch Sprache: Unser Bewusstsein wird im Wesentlichen durch die Sprache geschaffen. Trotz des bestehenden Gleichheitsgrundsatzes ist aber unsere sprachliche Welt geschlechtlich differenziert. Sprache bildet einerseits die Wirklichkeit ab, schafft aber andererseits auch Realitäten – und damit unter Umständen

Ungleichheiten. Des Weiteren kommen in der Sprache gesellschaftliche Norm- und Wertvorstellungen sowie Machtansprüche zum Ausdruck. Wie Menschen miteinander oder übereinander sprechen, zeigt, wie sie einander wahrnehmen, bewerten und ihre Beziehung zueinander gestalten. Die Sprache prägt die Wahrnehmung, das Denken und Handeln der Sprechenden. Wie wir die Welt sehen, hängt entscheidend davon ab, wie wir sie sprachlich strukturieren.

Freilich sind Veränderungen in unserem Sprachgebrauch eingetreten, die bewusst die Gleichwertigkeit der Geschlechter betonen. Es ist z.B. mittlerweile üblich, die weibliche Form der Anrede, „Lehrerinnen und Lehrer" – „Schülerinnen und Schüler", zu gebrauchen. Dies dient zwar der „political correctness", trägt aber wenig zur Veränderung der Beziehungen zwischen den Geschlechtern bei. So bestehen bestimmte Rollenzuschreibungen von Frauen und Männern nach wie vor:

- Ableitungen von weiblichen Bezeichnungen scheinen Männern nicht zumutbar zu sein. Oder kennen Sie einen „Krankenbruder" oder – außer vielleicht in Österreich – einen „Zimmerburschen"?
- Am markantesten ist immer noch der Vergleich mit sogenannten weiblichen Eigenschaften, die für Männer abwertend wirken: „Er heult wie ein Weib".
- Werden Frauen mit Männern gleichgesetzt, so bedeutet dies jedoch eine Aufwertung: „ein weiblicher Picasso".
- Das traditionelle hierarchische Gefüge zwischen Frauen und Männern wird festgeschrieben durch gängige Redewendungen wie: „Sie steht ihren Mann." „Er benimmt sich wie eine Frau." „Frau Schneider ist unser bester Fahrer" (nach Schneider et al., 2011, S. 63–64).

Laut Veronika Merz machen viele Frauen mit der Sprache und durch die Sprache Erfahrungen von Diskriminierung. Das generische Maskulinum wird nicht geschlechtsneutral interpretiert, sondern verstärkt die Assoziation „männlich" (zit. nach Schneider et. al., 2011, S. 64).
Weiterhin die Unterscheidung zwischen Mädchen und Jungen im Unterricht:

Mädchen:
- Schlimme Buben werden zwischen Mädchen gesetzt.
- Mädchen werden mehr für Versagen als für Stören kritisiert und
- eher für Fleiß und für Sauberkeit gelobt.

Jungen:
- Werden öfter aufgerufen und erhalten mehr Redezeit,
- ziehen die Aufmerksamkeit öfter auf sich (unterbrechen, stören, rufen in die Klasse, blödeln) und
- nehmen im Allgemeinen auch mehr Raum ein (vgl. Thies & Röhner, 2000, zit. nach Schneider et al., 2011, S. 14).

In diesen Zusammenhang gehört auch ein Begriff, der seiner Herkunft nach dem muslimischen Kulturraum entstammt, aber zunehmend zur Beschreibung bestimmten männlichen Verhaltens herangezogen wird und häufig in Lehrerzim-

mern fällt, wenn es um die Beschreibung eines Schülers geht. „Er ist ein Pascha!"
Ganz schnell glaubt jeder oder jede zu wissen, was hier gemeint ist, um welchen
Typ von Jungen es sich handelt. Es existieren gemeinsame Vorstellungen darüber,
was ein „Pascha" ist und woran man ihn erkennt. Dass der Begriff „Pascha" etwas
anderes bedeutet, als was er in westlichen Fantasien nach der Lektüre von 1001
Nacht verstanden wird, wird übersehen.

Der Pascha-Begriff ist in der türkischen und arabischen Welt positiv besetzt.
Im Gegensatz zur westlichen Auslegung wird unter diesem Begriff etwas anderes
verstanden. Unter "Pascha" werden im westlichen Verständnis männliche Verhaltensweisen zusammengefasst wie: Er lässt sich bedienen, er befiehlt, er trifft
die Entscheidungen, er betrachtet die Frauen als ihm untergeben. Dem steht der
osmanische Titel „Pascha" gegenüber, verstanden als das Oberhaupt einer größeren
Gemeinschaft, für die es Verantwortung trägt und die ihm gehorcht.

Dies bedeutet aber nicht, dass alle türkischen oder muslimisch erzogenen Jungen sich so verhalten wie im westlichen Verständnis beschrieben, sondern dass die
traditionelle Rollenzuschreibung von ihnen erwartet, sich als Oberhaupt zu verstehen und so zu handeln, wie es von einem Mann erwartet wird. Letztendlich ist es
häufig der Druck der kulturellen Gemeinschaft, der, aller schulischen Bildung und
westlichen Rollenvorbildern zum Trotz, obsiegt und das männliche Rollenverständnis bestimmt.

Im türkischen Sprachgebrauch ist „Pascham" übrigens auch ein Kosewort. Mittlerweile wird dieser Begriff im Kontext der Genderdebatte aber auch dort hinterfragt und kritisch betrachtet.

Was Mädchen erlaubt ist und Jungen dürfen!

> „Bisweilen wird sogar unauffälligeres Verhalten der Mädchen als aufsässiger
> und schlimmer bewertet: Die Jungen spielen in der Pause am Gang Fußball,
> machen einen Riesenlärm, nehmen den ganzen Platz ein und ruinieren da-
> bei die Deckenkonstruktion; die Schülerinnen der Mädchenklasse sitzen vor
> ihrer Klasse am Boden, ein kleiner Platz, der ihnen noch geblieben ist. Da
> die Klassentür neben der Lifttür liegt, sitzen sie also auch vor dem Lift. Das
> löst große Aufregung aus, die Mädchen blockieren angeblich den Lift, sie
> werden in die Klasse geschickt, ihnen wird verboten, vor ihr zu sitzen, und
> sie bekommen eine Standpauke einer Lehrerin. Nicht, dass das Verhalten der
> Jungen auch nur irgendjemandem auffällt" (Schneider, 2002, S. 19).

Erziehung in muslimischen Elternhäusern: Etwas für die Mädchen erlauben bedeutet, dass diese bei allem fragen müssen, was sie tun wollen und wie sie gedenken zu
handeln.

Muslimische Jugendliche in Deutschland: Nach Einschätzung von Lamya Kaddor
(2010) werden die unterschiedlichen Geschlechterrollen in manchen Elternhäusern mit der Muttermilch aufgesogen. Jungen würden in die Rolle des Familien-
oberhaupts hineinwachsen, Mädchen in die Rolle der Hausfrau. Jungen würde man
schon als Kleinkindern mehr Freiheiten als Mädchen gewähren – nicht unbedingt
bewusst, sondern ganz instinktiv. In traditionellen Familien bemühe sich ein Sohn
auch heute um das gute Ansehen der Familie. Und manchmal scheine es, als würde

das machohafte Verhalten der Jungen von den Eltern geradezu gefördert. Die Jungen dürften Freundinnen haben, Mädchen aber keine Freunde. Jungen dürfen länger bei Freunden bleiben als Mädchen. Jungen werden für fehlerhaftes Verhalten nicht bestraft, Mädchen aber schon. Die Jungen scheint das nicht zu stören, aber die Mädchen! Sie müssen mit ansehen, wie ihre männlichen Verwandten völlig anders erzogen werden.

Als Muslimin oder Muslim wächst man in Deutschland mit ähnlichen psychischen Herausforderungen und Problemen auf wie andere Jugendliche auch. Identitätssuche und -findung durch Abgrenzung und Zugehörigkeitsgefühl stehen im Mittelpunkt der Pubertät eines jeden Menschen. Bei muslimischen Jugendlichen kommen oft weitere Faktoren hinzu, die sich von dem Üblichen unterscheiden: Religion, Sprache, Wertvorstellungen des Elternhauses, Traditionen. Sie befinden sich in der Konfrontation mit widersprüchlichen Rollenbildern, wodurch die Identitätsbildung erschwert wird, wenn nicht gar nur bruchstückhaft gelingt.

Heterogenität in der Schule: Im Zusammenhang mit der Fragestellung nach herkunfts- und geschlechtsbezogenen Zuschreibungen wird die Definition Ethnizität in einem erweiterten Verständnis aufgefasst: Ethnizität bezeichnet nicht nur den subjektiven Glauben an die eigene Abstammungsgemeinschaft, sondern auch Differenzkonstruktionen, nach denen andere Menschen fremden ethnischen Gruppen mit entsprechenden kulturellen Merkmalen zugeordnet werden.

Auch wenn Geschlecht eine biologische Tatsache ist, wird die Geschlechterdifferenz als System der Zweigeschlechtlichkeit sowohl in alltäglichen Interaktionen als auch in sozialen Institutionen hergestellt. Aus der Perspektive der hier vorgestellten Beispiele aus dem schulischen Alltag werden die herkunfts- und geschlechtsbezogenen Zuschreibungen vorgenommen. Im alltäglichen Leben in der Schule werden Geschlechterdifferenzen im Zusammenhang mit Ethnisierungsprozessen konstruiert (Weber, 2003):

13. Klasse: „Im Biounterricht hat der Lehrer mit vielen Fremdwörtern geredet, also mit biologischen Fachwörtern. Dann nach ein paar Nachfragen hieß es: ‚Die haben es ja wieder nicht verstanden.‘ Damit meinte er die Ausländer.“

Studentin: „Auf dem Gymnasium meinte ein Lehrer, es würde sich für ein türkisches Mädchen nicht lohnen, Abitur zu machen, denn sie würde sowieso nach dem Abitur gleich heiraten, ein Kind bekommen und Hausfrau werden.“

13. Klasse: „Wenn ich sage, ich will studieren, habe ich schon von mehreren Lehrern gehört: ‚Oh, finde ich ja toll, dass du das zuhause durchkriegst. Du solltest ja eh eigentlich mit 16, 17 heiraten und mit 19 allerspätestens schon dein erstes Kind haben. Wenn du das bei deinen Eltern durchsetzt, dass du Abi machst und dann studieren kannst, finde ich das toll.‘“

13. Klasse: „Wenn man keine Lust hat, auf die Klassenreise mitzufahren, musst du dich als ausländisches Mädchen besonders rechtfertigen. Deutsche können einfach sagen, dass sie keine Lust haben. Wir sollten an die Ostsee fahren. Ich hatte echt tatsächlich keinen Bock auf die Gegend, ich war da schon so oft. Was soll ich da noch? Aber das wird dir dann nicht abgenommen. Bei türki-

schen Mädchen heißt es dann: ‚Du darfst sicherlich nicht, du würdest ja eigentlich doch ganz gerne. Du darfst bestimmt nicht'" (ebd., S. 23ff.).

Aussagen wie die obigen sind sicherlich nicht repräsentativ, aber sie sind ein Ausschnitt von realen Biographien. Sie zeigen auf, wie Vorurteile im Alltag wirksam
werden, indem sie diskriminierend und abwertend die betroffenen Schülerinnen
und Schüler verunsichern und keine Hilfe im Sinne einer Orientierung bieten.

Gendersensibles Arbeiten in der Schule lässt sich auf vier Ebenen realisieren:
- auf der Ebene der Unterrichtsinhalte, der ausgewählten Lehr- und Lernmittel,
  die abweichend von der tradierten männlichen Norm beiden Geschlechtern,
  Mädchen und Jungen, gemäß ihren Interessen und unterschiedlichen Vorerfahrungen entsprechen, die ihre jeweiligen Stärken wertschätzen und Mädchen wie
  Jungen einen Zugang zu bislang Ungewohntem und Neuem eröffnen,
- auf der Ebene der Interaktion zwischen Lehrpersonen und Schülerinnen und
  Schülern, aber auch der Mädchen und Jungen untereinander,
- auf der Ebene der Organisation des Unterrichts – insbesondere durch phasen-
  weises Einrichten von geschlechtshomogenen Unterrichts-, Arbeits- und Lerngruppen,
- auf der Ebene der Institution Schule in Form einer Genderanalyse der formalen
  Strukturen und der informellen Organisationskulturen.

4.   Wo liegen die Problemstellen, wenn Interkulturelles Lernen auf die Genderfrage trifft?

Die Stellung der Frau in den muslimischen Gesellschaften: Die tatsächliche soziale
Stellung der Frau hängt weniger von der Religion ab, sondern vom sozialen Milieu
und kulturellen Umfeld. Was in Istanbul, in Kairo oder in Marrakesch erlaubt und
üblich ist, kann im ländlichen Milieu verpönt sein.

Fazlur Rahman stellt fest, „dass der Koran den Status der Frau in mehrere Rich-
tungen gewaltig verbessert, aber grundlegend ist die Tatsache, dass er der Frau eine
voll anerkannte Persönlichkeit zusprach" (Küng, 2010, S. 671).

Nach dem Koran ist der Mensch ein zwiespältiges Wesen mit Wahlfreiheit, das
von Vergesslichkeit und Entschlusslosigkeit geprägt ist und der Rechtleitung bedarf.
Der Mensch steht in Verantwortung: „Was dich an Gutem trifft, kommt von Gott,
was dich an Schlimmem trifft, kommt von dir selber." Somit beschränkt sich die
Rolle der Frau im Islam wie im traditionellen Christentum in der Regel auf ihre
Rolle als Ehepartnerin, Hausfrau, Mutter und Erzieherin der Kinder. Im Islam werden die Ehe und Familie, die Großfamilie als Zelle der Gesellschaft, außerordent-
lich hoch geschätzt (ebd., S. 672).

In der europäischen und amerikanischen Frauenbewegung werden Untersuchungen angestellt, inwiefern im Islam bestimmte Aussagen zur Stellung der Frau
als „ur-islamisch" zu betrachten sind und welche kulturabhängigen Ursprungs sind.
Diese Forschungen bedienen sich eines ähnlichen Instrumentariums wie das, mit

dessen Hilfe die Stellung der Frauen in den antiken Kulturen erforscht wurde. Einige Frauen sehen aufgrund erster Ergebnisse im Koran eine Hauptstütze zur Verbesserung ihrer Stellung.

Riffat Hassan hat sich mit der Stellung der Frau im Koran auseinandergesetzt und macht die Hadithen-Literatur und die patriarchalischen Juristen dafür verantwortlich, dass koranische Aussagen über die Gleichberechtigung der Frau in den Hintergrund gedrängt und bestimmte Koranverse als Zeugnisse für die Superiorität des Mannes in den Vordergrund gerückt wurden (ebd., S. 674).

Das Aufeinandertreffen verschiedener Kulturen bezüglich der Moderne und der Tradition erfordert ein Nachdenken über die gemeinsamen Grundlagen der abrahamitischen Religionen. Für das Zusammenleben im 21. Jahrhundert ist es eine besondere Herausforderung, dass es im Trialog zu einer Verständigung über gemeinsame Grundwerte bezüglich des Geschlechterverhältnisses kommt.

Literatur

Dovermann, U. & Reiberg, L. (Red.). (2000). *Interkulturelles Lernen. Arbeitshilfen für die politische Bildung.* Bonn: Bundeszentrale für politische Bildung.

Duden, Bd. 5 (1997). *Das Fremdwörterbuch* (6., auf der Grundlage der amtlichen Neuregelung der deutschen Rechtschreibung überarbeitete und erweiterte Auflage). Mannheim/Wien/Zürich: Dudenverlag.

Herbert, U. (2001). *Geschichte der Ausländerpolitik in Deutschland. Saisonarbeiter, Zwangsarbeiter, Gastarbeiter, Flüchtlinge.* München: C.H. Beck.

Holzbrecher, A. (2000). *Wahrnehmung des Anderen: Zur Didaktik interkulturellen Lernens* (Schule und Gesellschaft 14). Opladen: Leske + Budrich.

Kaddor, Lamya (2010). *„Muslimisch, weiblich, deutsch!" Mein Weg zu einem zeitgemäßen Islam.* München: C.H. Beck.

Kluge, S. (1999). *Empirisch begründete Typenbildung. Zur Konstruktion von Typen und Typologien in der qualitativen Sozialforschung.* Opladen: Leske und Budrich.

Küng, H. (2010). *Der Islam – Geschichte, Gegenwart, Zukunft* (4. Auflage). München: Piper.

Schneider, A. (2002). *Erfahrungen in und Erkenntnisse aus der Mädchenklasse Rahlgasse. Pro und Contra Koedukation.* Fachbereichsarbeit in Psychologie/Philosophie, Bundesgymnasium Rahlgasse, Wien. Verfügbar unter: www.ahs-rahlgasse.at/archiv/www.ahs-rahlgasse.at/comenius/texte/pdf/fba_annaschneider.pdf.

Schneider, C., Tanzberger, R. & Traunsteiner, B. (2011). *Unterrichtsprinzip „Erziehung zur Gleichstellung von Frauen und Männern". Informationen und Anregungen zur Umsetzung ab der 5. Schulstufe* (3., überarbeitete Auflage). Wien: Bundesministerium für Unterricht, Kunst und Kultur. Verfügbar unter: http://www.eduhi.at/dl/UP_5_Schulstufe_gesamt.pdf.

Stroot, Th. (2007). Vom Diversity-Management zu „Learning Diversity". Vielfalt in der Organisation Schule. In S. Boller, E. Rosowski & Th. Stroot (Hrsg.), *Heterogenität in Schule und Unterricht. Handlungsansätze zum pädagogischen Umgang mit Vielfalt* (S. 52–64). Weinheim/Basel: Beltz.

Thies, W. & Röhner, Ch. (2000). Mädchen und Jungen im Werkunterricht. In W. Thies & Ch. Röhner, *Erziehungsziel Geschlechterdemokratie* (S. 123–140). Weinheim/München: Juventa.

Weber, M. (2003). *Heterogenität im Schulalltag. Konstruktion ethnischer und geschlechtlicher Unterschiede.* Opladen: Leske + Budrich.

Olga Zitzelsberger

„Was sagst Du als Marokkanerin dazu?"
Zum Umgang mit Heterogenität im Schulalltag

1. Vorbemerkung

Zunehmend wurde in den letzten Jahren – nicht nur innerhalb der Pädagogik – danach gefragt, „wer über was spricht, sprechen kann und darüber hinaus wer gehört wird". Diese Kritik am dominanten Diskurs hat in treffender Weise Ende des letzten Jahrhunderts Gayatri Chakravorty Spivak (1999) formuliert. Insbesondere für Fragen der Bildung gibt es noch immer einen – gerade auch wissenschaftlichen – Diskurs, der nahezu ausschließlich von Bildungsbürger_innen geführt wird. Wissenschaftler_innen, die vorwiegend aus bildungsnahen Familien stammen und erfolgreich das Bildungssystem bis hin zu den entsprechenden wissenschaftlichen Abschlüssen durchlaufen haben, äußern sich über die Misere des Bildungssystems, welches ihnen selbst – neben anderem – eine erfolgreiche Positionierung innerhalb der Gesellschaft ermöglichte. Dies trifft auch auf die Verfasserin der folgenden Ausführungen zu, die ebenfalls über die Privilegien der Weißen[1] zu ihrer gesellschaftlichen Position gelangte. Es ist wesentlich, dass die Privilegierten ihr Gewordensein reflektieren, um dieses nicht ungebrochen als Ansprüche der Leistungsbereitschaft auf andere zu projizieren. Die andere Seite ist das Gehörtwerden. Auch hier ist zu konstatieren, dass insbesondere die etablierten Vertreter_innen zitiert werden und sich auf diese bezogen wird. In diesem Kontext ist daher die Forderung zu erheben, gezielt nach Stimmen der Subalternen[2] zu suchen, um ihre Stimme zu Gehör zu bringen, und diese so zu fördern, dass sie ihre Stimme erheben können. Dieser Artikel versteht sich als Beitrag hierzu im Kontext von Schule und Unterricht.

---

1 Die Begriffe Schwarz und Weiß werden im Sinne der Critical Whiteness Studies als politische Standorte gefasst, die wirkmächtig in gesellschaftliche Zuschreibungs- und Zugehörigkeitsoptionen eingreifen. Sie kennzeichnen unterschiedliche Privilegien und Dominanz, gesellschaftliche (Diskriminierungs-)Erfahrungen und Zugang zu Ressourcen (vgl. Eggers, Kilomba, Piesche & Arndt, 2006; Rommelspacher, 1995).
2 Subalterne wird von einer Reihe von Autor_innen zur Selbstpositionierung genutzt. Dabei beziehen sich diese auf Antonio Gramsci, der den Begriff zur Kennzeichnung von Gesellschaftsgruppen prägte, denen der Zugang zu hegemonialen Teilen der Gesellschaft verwehrt wird.

2. Historische Kontextualisierung

Heterogenität[3] gehört seit der Aufklärung und dem Beginn der bürgerlichen Pädagogik zu einer ihrer zentralen Herausforderungen, wobei sich die Fokussierung einzelner Aspekte entsprechend den gesellschaftlichen Verhältnissen der jeweiligen historischen Epoche veränderte. Mit Jan Amos Comenius (1592–1670) liegen erste Zeugnisse einer dezidierten Formulierung der Notwendigkeit der Bildung aller Menschen vor. Die Gründe liegen dabei für Comenius offen zutage:

> „Wer sich daher nicht ernstlich wünscht, daß es der ganzen Menschheit gut gehe, der vergeht sich an ihr. Er ist aber auch kein wahrer Freund seiner selbst, wenn er sich wünscht, als Gesunder unter Kranken, als Weiser unter Dummen, als Guter unter Schlechten, als Glücklicher unter Elenden zu leben. Und das wäre nun einmal so, wenn er es sich selbst zwar wünschte, weise, gut und glücklich zu sein, nicht aber auch den anderen" (Comenius, 1965, S. 23).

Entsprechend dieses fundamentalen Anspruchs auf Bildung für alle, unter Absehung von Geschlecht, sozialer, kultureller und/oder regionaler Herkunft, kann das Ziel von Bildung nahezu zwangsläufig nur als „Befähigung aller Menschen zur allgemeinen Beratung über die Verbesserung der menschlichen Angelegenheiten" (Comenius, 1965) formuliert werden. Dem Frühaufklärer folgte im 18. Jahrhundert eine Vielzahl von – aus heutiger Perspektive – Klassikern der Pädagogik, die sich mit Fragen der Pädagogik und Erziehung beschäftigten. Wie an anderer Stelle umfassend ausgeführt (vgl. Zitzelsberger, 2007, S. 69f.), entwickelt sich die bürgerliche Pädagogik als Reaktion auf historische Umstände (Kritik am Feudalismus, Anspruch einer „neuzeitlichen Wissenschaft" und kapitalistischer Produktionsweise, bürgerliche Familie und Kindheit) und der Einsicht in diese Umstände. Bürgerliche Bildungstheorie, die in dieser Zeit entsteht, fragt nach dem Subjekt und ist damit unweigerlich aufgefordert, die gesellschaftliche Stellung aller Menschen innerhalb der Gesellschaft in ihre Bildungskonzepte aufzunehmen. Mit Zuversicht wird zu Beginn auf die Entfaltung der Vernunft der Menschen durch Bildungsprozesse vertraut, die *Dialektik in der Aufklärung*[4] noch lange nicht erkannt. Pädagogik hat an der Durchsetzung der kapitalistischen Produktionsweise ebenso wie am Anspruch der Einrichtung menschlicher Verhältnisse für alle Menschen wesentlichen Anteil. Bildung zielt auf Integration[5] und Überschreitung zugleich – befindet sich somit im Widerspruch von Integration und Subversion (Koneffke, 1969).

Die Entwicklung des Schulwesens im 19. Jahrhundert lässt sich in wesentlichen Strukturelementen noch im heutigen Schulsystem wiederfinden: Hierzu zählen die frühe Selektion der Schüler_innen nach der meist vierjährigen Grundschule, eine mittelschichtsorientierte Vermittlung von Bildungsinhalten und eine sozial-strukturelle Zusammensetzung der Lehrkräfte aus insbesondere Beamten_innen-Haushalten. Im Rahmen der Bildungsexpansion der 1970er Jahre konnten insbesondere

---

3 Ich werde im Folgenden Heterogenität, Verschiedenheit und Diversität synonym verwenden, da dies in diesem Kontext ohne Verlust von Prägnanz in der Begrifflichkeit möglich ist.
4 Hier wird auf die fast gleichnamige Veröffentlichung von M. Horkheimer und Th. W. Adorno (1947) verwiesen.
5 Vgl. hierzu auch *Integration* von Astrid Messerschmidt in Dzierzbicka & Schirlbauer, 2006.

Kinder der mittleren Schichten sowie Mädchen profitieren, die nun verstärkt ein Gymnasium besuchten, während Kinder aus sozio-strukturell schwachen Elternhäusern bis heute nicht angemessene Bildungsabschlüsse erzielen (vgl. Autorengruppe Bildungsberichterstattung, 2012).

3. Pädagogische Perspektiven auf Verschiedenheit

Stellen Sie sich folgende Situation vor: Sie sitzen in einem Klassenzimmer mit Schüler_innen der Sek. II. Die Schüler_innen sind heterogen hinsichtlich vieler Aspekte. Es findet eine Unterrichtsstunde im Fach Politik/Wirtschaft statt. Behandelt wird die europäische Außenpolitik im Kontext der politischen Ergebnisse der letzten Jahre in den Maghrebstaaten und aktuell in Syrien. Innerhalb einer interaktiven Sequenz mit den Schüler_innen spricht die Lehrkraft direkt Noura an: „Und was sagst Du als Marokkanerin dazu?“[6] Die Situation kann vielfältig gedeutet werden, einige Möglichkeiten möchte ich im Folgenden vorstellen.

Die Beharrlichkeit der ungleichen Verteilung von Bildungsoptionen wird innerhalb der Pädagogik dahingehend reflektiert, inwieweit durch Unterscheidungspraktiken selbst deren Reproduktion mit gewährleistet wird. Dies trifft auch für die Thematisierung von Heterogenität im schulischen Kontext zu. Zu reflektieren ist daher stets, aufgrund welcher Diskurse, Machtzuschreibungen und Interessen bestimmte Markierungen, Eigenschaften, Herkunft oder Orientierungen machtvoll benannt und unterschieden werden, während andere nicht thematisiert werden. Birgit Rommelspacher benannte in ihrer Veröffentlichung „Dominanzkultur“ (1995) prägnant, dass Unterscheidungspraktiken in hierarchischen Strukturen nicht wertfrei sind, sondern gesellschaftliche Positionierungen (mit-)bestimmen. „Was sagst Du als Marokkanerin dazu?“ Durch die Benennung als Marokkanerin und die damit einhergehende Hervorhebung als Andere wird ihr die selbstverständliche Zugehörigkeit als Deutsche verweigert und darüber hinaus eine differente Sichtweise bezüglich des Unterrichtsthemas erwartet. Diversität im schulischen Kontext verweist auf den nicht realisierten Anspruch bürgerlicher Erziehung ebenso wie auf gesellschaftliche Individualisierungs- und spezifische Immigrationsprozesse nach Deutschland. Aktuelle Herausforderungen sind Resultate sowohl der Durchsetzung als auch des Scheiterns von Herrschaft, Ausgrenzung und Integration. Sie sind Ergebnisse politischer und pädagogischer Entwicklungsprozesse[7].

---

6 Ähnliche Anrufungen sind in der Literatur von Wissenschaftler_innen mit Migrationshintergrund zuhauf zu finden (vgl. Rose, 2012; Badawia, 2002; Terkessidis, 2010; Dörsam & Zitzelsberger, 2010), aber auch in Gesprächen mit Schüler_innen und mit migrationsanderen Studierenden über deren Schulerfahrungen. Für diesen Text wurden bewusst der Singular und die weibliche Ansprache gewählt.

7 Vor diesem Hintergrund sind die Begriffe Diversität, Heterogenität, Vielfalt oder Verschiedenheit nicht wertfrei, sondern verweisen auf machtvolle Unterscheidungen. Meist beziehen sich die genannten Bezeichnungen auf folgende Aspekte: Körperlichkeit (Hautfarbe, physische Konstitution usw.), Geschlecht, Alter, Leistungsfähigkeit (u.a. Gesundheit), sozialer, familiärer, ökonomischer und kultureller Hintergrund, biografische Erfahrungen, Lerntyp, Sprachkompetenz, Interessen, Begabungen und motivationale Orientierungen, Selbstwirksamkeitsüberzeugungen (vgl. Wischer, 2009).

Dass nicht immer und überall im schulischen Kontext in gleicher Weise mit einer zunehmenden Heterogenität von Schüler_innen und Lehrkräften umgegangen wird, zeigen nicht zuletzt die PISA-Ergebnisse der letzten Jahre. Sie verweisen sehr eindringlich darauf, dass in Deutschland in Bezug auf konstruktive und chanceneröffnende Bildungsprozesse für Schüler_innen Potenziale brachliegen. Notwendig erscheint neben der Schaffung gesellschaftlicher Rahmenbedingungen die Entwicklung eines pädagogischen Blicks auf Schüler_innen, der diese als Subjekte mit individuellen Besonderheiten anerkennt. Dies erfordert, die mit Heterogenität verbundenen Chancen im produktiven Sinne wahrzunehmen und Lernzugänge zu eröffnen, die das Lernangebot stärker als bislang in differenzierender Weise auf die unterschiedlichen Lernvoraussetzungen und Entwicklungspotenziale der Schüler_ innen einer Lerngruppe hin gestalten. Die Formel „Unterricht auf die Mittelköpfe kalkulieren" (E. Christian Trapp, 1745-1810) ist endlich ins Historische zu verweisen.

Innerhalb der Erziehungswissenschaft können mehrere Bereiche der Wahrnehmung von Heterogenität / Diversität benannt werden: Mehrheit und Minderheit (z.B. Behinderung, sexuelle Orientierung, Herkunft), genderreflektierende sowie migrationspädagogische Ansätze. Aus der Vielfalt der möglichen Perspektiven möchte ich mich im Folgenden auf Pädagogik in der Migrationsgesellschaft und die genderreflektierenden Praxen in Schulen konzentrieren. Diese Auswahl ist den eigenen Forschungsschwerpunkten geschuldet.

3.1 Schlechterstellung von Migrationsanderen[8]

Annedore Prengel veröffentlichte im Jahre 1993 das Buch „Pädagogik der Vielfalt" und erreichte damit eine bundesweite Aufmerksamkeit für diese Thematik. Obwohl bereits seit Beginn der bürgerlichen Pädagogik im Gepäck, wird mit dieser Veröffentlichung eine neue Welle der Beschäftigung mit den Fragen der Diversität von Schüler_innen ausgelöst. Annedore Prengel thematisiert hierbei die drei großen Bereiche der Migration, der geschlechtlichen Verortung sowie körperlicher und geistiger Beeinträchtigungen und plädiert in einer weiteren Veröffentlichung 2004 gemeinsam mit Rita Casale für eine Perspektive, welche Heterogenität zwischen Menschen weder hierarchisch noch identifizierend vereinnahmt. In der Kritik an der identifizierenden Ausländerpädagogik der 1970er Jahre werden seit den 1980er Jahren und mit Prengel zunehmend Positionen innerhalb der Erziehungswissenschaft entwickelt, die sich als Interkulturelle Pädagogik (Georg Auernheimer) bzw. als reflexive Interkulturelle Pädagogik (Franz Hamburger) benennen lassen. Paul Mecheril entwickelt entlang einer stärker machtdekonstruktiven Perspektive den Begriff der Migrationspädagogik. Einig mit Astrid Messerschmidt (2009)

---

8   „In diesem Zusammenhang ist der methodologische Hinweis wichtig, dass ‚Migrationsandere' gewissermaßen durch den migrationspädagogischen Blick entstehen. Es gibt sie nicht als solche, vielmehr entstehen sie unter den für dieses Buch bedeutsamen natio-ethnokulturellen Zugehörigkeitsordnungen" (Mecheril, 2004, S. 24). Bei meinen Ausführungen verwende ich die Begriffe Migrationsandere und Menschen mit Migrationshintergrund synonym.

sehe ich Bildung in der Migrationsgesellschaft als zielführende Benennung an, um damit den Tatbestand, dass Deutschland ein Migrationsland ist, anzuerkennen.

Dies beinhaltet auch, Identitätskonstruktionen und Dominanzstrukturen zu hinterfragen (vgl. beispielsweise Rommelspacher, 1995; Hormel & Scherr, 2004). Während wir sehr selbstverständlich von Individualisierungsprozessen in modernen Gesellschaften sprechen, werden Menschen mit Migrationshintergrund häufig sehr homogen vorgestellt. Dies ist mitnichten der Fall. Spätestens seit der Sinus-Studie zu Migrantenmilieus in Deutschland ist auch mit empirischem Material belegt, dass Migrationsandere ebenso verschieden sind, wie dies für Menschen ohne Migrationshintergrund außer Frage steht (vgl. Sinus Sociovision, 2008). Wesentliches Ergebnis der Studie für den Kontext von Heterogenität und Diversität ist, dass sich Migrationsandere in nahezu allen gesellschaftlichen Positionen wiederfinden, von soziologisch niedriger bis zur oberen Hälfte der mittleren Gesellschaftsschicht. Häufig haben Menschen mit demselben Migrationshintergrund bezüglich der Herkunftsregion, aber aus unterschiedlichen sozialen Schichten weniger miteinander zu tun als Menschen mit unterschiedlichem regionalen Migrationshintergrund aus derselben Gesellschaftsschicht. Bestimmte Werte, Normen, Riten, Religion und ein Zugehörigkeitsgefühl zum „Herkunftsland" werden zwar von vielen Migrationsanderen wertgeschätzt, jedoch sind diese nicht zwangsläufig die Ursache für die Positionierung in einem bestimmten Milieu. Für viele Migrationsandere seien Bildungsabschlüsse der Schlüssel für die erfolgreiche Positionierung, so ein weiteres Ergebnis der Studie. Hierzu seien einerseits deutsche Sprachkenntnisse wesentlich, aber auch das Recht auf gleichberechtigte Teilhabe an allen gesellschaftlichen Belangen und Selbstbestimmung in der eigenen Lebensgestaltung, so die Aussagen der Befragten, insbesondere jener, die der mittleren und oberen mittleren Sozialschicht zugerechnet werden können.

Doch zurück zur Schule: Im schulischen Kontext erfährt die Veröffentlichung „Institutionelle Diskriminierung" von Mechthild Gomolla und Olaf Radtke (2009, Erstveröffentlichung 2002) eine ungebrochen hohe Aufmerksamkeit. Daneben sind die Veröffentlichungen von Paul Mecheril zur Migrationspädagogik im Zentrum der deutschsprachigen Rezeption. In beiden Zugängen wird die Möglichkeit der Legitimation der Diskriminierung von Schüler_innen mit Migrationshintergrund behandelt. Die Ergebnisse können als sich ergänzend interpretiert werden. Während Gomolla und Radtke insbesondere die Institution und ihre Routinen in den Blick nehmen, werden bei Paul Mecheril darüber hinaus sowohl die Interaktion zwischen Lehrkräften und Schüler_innen als auch die Thematik von Zuschreibung und Zugehörigkeit behandelt. Beiden Ansätzen liegt die Annahme zugrunde, dass Rassismus/Diskriminierung in Deutschland als Wirklichkeit vorhanden ist und dies Migrationsandere negativ tangiert. Daher müsse jegliche Debatte zu schulischen Bildungsverläufen sich mit Rassismus auseinandersetzen, eine Tabuisierung oder Banalisierung verkenne die Konsequenzen von Rassismus sowohl für die Rassist_innen als auch die Diskriminierten[9].

---

9   Es müsse daher auch als Mangel in der Aufarbeitung kolonialer Geschichte begriffen werden, dass fortwährend ein populäres Bedürfnis bestehe, rassistisch zu sprechen, z.B. durch den Gebrauch der N-Wörter und M-Wörter.

In der Schule können mindestens drei Formen des Umgangs mit migrationsanderen Schüler_innen festgestellt werden: ignorieren, integrieren und inkludieren[10].

Die Unterschiedlichkeit von Schüler_innen kann ignoriert werden, indem von einem „Normalschüler" hinsichtlich der Herkunft aus einer bürgerlichen Kleinfamilie (Eltern + 2 Kinder ähnlichen Alters), guter finanzieller Ausstattung der Familie, qualifizierter Hausaufgabenbetreuung in der Familie sowie einer dem Lebensalter entsprechenden körperlichen und geistigen Entwicklung, Lernmotivation und Lernkompetenz ausgegangen wird. An diesen „Normalschüler" richten sich der Unterricht und die Erwartungen der Lehrkraft. Klaus-Jürgen Tillmann (2007) formuliert hierzu: „Vom ersten Schultag an greifen in unserem Schulsystem institutionelle Maßnahmen, die auf die Sicherung einer fiktiven Homogenität ausgerichtet sind. Die meisten dieser Maßnahmen funktionieren als Ausschluss der jeweils Leistungsschwächeren" und parallel hierzu mindestens entlang der Linie „Migrationshintergrund", Leistungsniveau der/des einzelnen Schüler_in.

Unterschiedliche Schüler_innen können integriert werden unter der Perspektive der gezielten Förderung einzelner Schüler_innen bzw. spezifizierter Gruppen mit ausgeprägten Lern- und Arbeitsschwierigkeiten. Hierzu werden die Schüler_innen zunächst identifiziert und dann erfahren sie als Konsequenz eine Sonderbehandlung, die nur zum Teil zum gewünschten Erfolg führt. Sehr dezidiert konnten Gomolla und Radtke nachweisen, dass Zurückstellung von der Einschulung, Überweisung an Sonderschulen oder Klassenwiederholung nicht zu verbesserten Schulleistungen und in der Folge zu einer Gymnasialempfehlung führen. Vielmehr sei zu konstatieren, dass die positiv gemeinten Fördermaßnahmen häufig zu enttäuschenden Ergebnissen bezüglich der Schulleistungen führen und darüber hinaus die Betroffenen demotivieren. Durch Integration werden die gesellschaftlich dominierenden Leistungs- und Nützlichkeitsvorstellungen im Bildungssystem nicht in Frage gestellt, sondern die Anpassung aller gefordert. Weiterhin wird an einer klassischen Fixierung auf bürgerliche Bildung festgehalten, ohne die Folgen der Globalisierung im Hinblick auf Sprachen, Geschichtsperspektiven oder einen Wissenskanon zu bedenken.

Unterschiedliche Schüler_innen werden inkludiert, wenn Vielfalt als Potenzial für schulische Lernprozesse für alle Beteiligten gewertet und gelebt wird. Heterogenität der Schüler_innen kann dann als Entwicklungschance für Lehrende wie Lernende produktiv werden. Bei einer Inklusion könnten diskriminierungskritische Perspektiven in den Blick kommen und das Schulsystem nachhaltig verändern. Dies formuliert auch Jörg Hagedorn: „Offenbar kann z.B. die bewusste Erhöhung von Heterogenität in einer Klasse durch organisatorische Maßnahmen wie der Einführung der Jahrgangsmischung dazu führen, dass Lehrerinnen und Lehrer obsolet gewordene Vorstellungen von Unterricht aufgeben und aktiv eine andere Haltung einnehmen" (2010, S. 329). Die Schüler_innen lernen mit Diversität in Lernkontexten konstruktiv umzugehen und gute Lernergebnisse zu erzielen. Vielleicht schre-

---

10 Die unterschiedlichen Formen des Umgangs mit Heterogenität sind dem Vortrag von Andrea Wolffram am 28.2.2013 in Darmstadt entlehnt und von mir auf den schulischen Kontext übertragen worden.

cken gerade hiervor manche Bildungspolitiker_innen, aber auch Eltern und Lehrkräfte zurück.

3.2 Genderreflektierender Unterricht

Nicht zuletzt aufgrund des jahrhundertelangen Ausschlusses von Mädchen aus Bildungsinstitutionen und dem damit verbundenen Kampf um Zugang zum Studium gilt es bis heute, Zuschreibungen von geschlechtstypischen Begabungen und Interessen entgegenzutreten. Es ist davon auszugehen, dass Subjektivierungsprozesse dazu führen, dass sich weiblich und männlich sozialisierte Schüler_innen unterschiedlich verhalten. Entsprechend den Überlegungen von Judith Butler in der Veröffentlichung „Körper von Gewicht" (1995) erfolgt nach der Zuschreibung eines Geschlechts eine geschlechtliche „Zurichtung des Körpers", so dass die Körper nicht nur Träger geschlechtlicher Merkmale sind, sondern Kinder ihr Geschlecht – ganz im Sinne von Unterwerfung und Handlungsfähigkeit – leben. Der geschlechtliche Körper selbst wird durch geschlechtliche Erfahrungen geformt. Die Wahrnehmung des geschlechtlichen Körpers beeinflusst Denken und Handeln und umgekehrt. Die Biologin Anne Fausto-Sterling (2002) schlägt hierfür den Begriff Embodiment vor. Diese Forschungen erlauben es, Körper und Geschlecht dergestalt zu begreifen, dass Männlichkeit und Weiblichkeit formbar sind und variable Netzwerke in Natur und Kultur entwickeln (Schmitz, 2011, S. 15). Diese Perspektive betont die Wechselwirkung zwischen Biologie und gesellschaftlichen Subjektivierungsprozessen. Schmitz zieht aus diesen Erkenntnissen den Schluss, dass die verkürzten biologistischen Argumentationen über unterschiedliche Begabungen von Mädchen und Jungen erst ein Umfeld schaffen, welches den Frauen den Zugang zu den natur- und ingenieurwissenschaftlichen Fächern erschwere. Ein verheerender Effekt hiervon ist auch, dass bereits Mädchen und junge Frauen ihre eigenen Kompetenzen und Fähigkeiten geringer einschätzen[11], insbesondere in den naturwissenschaftlichen Fächern, und dies unabhängig von den Zensuren bzw. den Rückmeldungen der Lehrkräfte (vgl. Budde, Faulstich-Wieland & Scholand, 2006).

In verschiedenen Untersuchungen konnte belegt werden, dass allein andere Themen im Unterricht das Interesse und die Leistungen von einer Gruppe von Mädchen steigern können, z.B. Kosmetik im Chemieunterricht. In diesen Untersuchungen wurde nicht davon ausgegangen, dass unterschiedliche Begabungen vorliegen, sondern dass verschiedene Themen auf unterschiedliches Interesse bei den Schüler_innen stoßen. Zu bedenken ist hierbei, dass hierdurch an den geschlechtsspezifischen Zuschreibungen angesetzt wird. Dies kann dazu führen, dass sich geschlechtsspezifische Zuschreibungen für Mädchen und Jungen verfestigen, insbesondere dann, wenn Lehrkräfte diese Thematik einleiten mit dem Verweis, dass sich nun auch die Mädchen am Unterricht mehr beteiligen mögen. Im Gegensatz hierzu wird u.a. von der Forscherinnengruppe um Hannelore Faulstich-Wieland an der Universität Hamburg für die Behandlung von „noch nicht geschlechtlich konnotierten Themen" plädiert, z.B. Fotografie im Physikunterricht (Willems, 2007).

---

11 Vgl. http://www.timss.mpg.de/TIMSS_im_Ueberblick/TIMSSIII-Broschuere.pdf.

Dies würde den Schülerinnen und Schülern in der Klasse einen geschlechtsneutra-
len Zugang ermöglichen (Faulstich-Wieland, Willems, Feltz, Freese & Läzer, 2008).
Insgesamt sind in den Diskursen zu einer geschlechtsreflektierenden Schulpraxis
Zurückweisungen von starren und vereindeutigenden (Geschlechter)-Identitäten
dominante Positionen. Diese gehen mit queertheoretischen Einsprüchen einher, die
sich zunehmend auch mit Fragen der Intersektionalität unterschiedlicher Perspektiven beschäftigen und damit die Verwobenheit unterschiedlicher Verschiedenheit
fokussieren (vgl. Lutz & Wenning, 2001; Walgenbach, Dietze, Hornscheidt & Palm,
2007). Praxen der Aneignung, Umwertung, Unterwanderung oder Überschreitung
von Bedeutungen und Normen begrenzen und ermöglichen gleichzeitig Subjektivierungsprozesse von Schüler_innen und Lehrkräften.

3.3 Subjektivierungsprozesse: „Was sagst Du als Marokkanerin dazu?"

Das bisher Formulierte führt nahezu zwangsläufig zu den Subjekten und deren
Wahrnehmung. Subjektivierungsprozesse sind zentraler Gegenstand erziehungs-
wissenschaftlicher Reflexionen. Sie verweisen auf die Notwendigkeit jeder/jedes
Einzelnen, im Prozess des Heranwachsens sich im familiären, schulischen oder
auch gesellschaftlichen Kontext zu positionieren. Dabei kann mit Nadine Rose
an die Überlegungen von Judith Butler angeknüpft werden, dass das „Subjekt vor
allem als normiertes Subjekt [zu verstehen ist], als Subjekt, das (vor jeder Wahl-
möglichkeit und jenseits aller Intentionalität) gezwungen ist, den diskursiven Normen zu folgen, welche die Sozialität strukturieren, in denen es sich situiert (findet)" (Rose, 2012, S. 142). Diese Grundüberlegung können wir im Alltag ständig
antreffen, wenn wir andere in einer bestimmten Weise ansprechen, ihnen gesellschaftliche und individuelle Positionierungen zuschreiben und umgekehrt ebenfalls
in dieser Weise angesprochen und situiert werden. Judith Butler verdeutlicht dies
am Beispiel eines Babys unmittelbar nach der Geburt mit der Anrufung „Es ist ein
Mädchen!" Dieser eine Satz legt für das neugeborene Kind – wenn nicht lebens-
lang, so doch für lange Zeit – fest, wie es von seiner Umwelt positioniert wird und
sich selbst im Rahmen dessen identifiziert und selbst positioniert. „Butler weist uns
darauf hin, dass Subjekte in ihrem (Selbst-)Verständnis und ihrer Körperlichkeit
maßgeblich von Diskursen orientiert werden, die über die Subjekte selbst hinaus-
weisen, die ihnen vorgängig sind und in die sie hineingerufen und durch die sie
angerufen werden" (Rose 2012, S. 142).

Konkretisiert werden kann dies nicht nur am Beispiel der geschlechtlichen
Zuweisung, sondern auch an einer migrationsspezifischen Verortung. Mit der
Anrufung „Was sagst du als Marokkanerin dazu?" wird die Schülerin zunächst als
nicht-deutsch und weiblich verortet. Dadurch entsteht eine Abgrenzung von Noura
zum Rest der Klasse: Noura ist nicht wie wir, sie ist Marokkanerin.

Die Anrufung als Marokkanerin kann Noura dergestalt interpretieren, dass sie
nicht dazugehört, ggf. trotz deutscher Staatsbürgerschaft Marokkanerin bleibt und
mit dieser Zuschreibung weitere Zuschreibungen – unterdrückte Frau, muslimi-

scher Glaube – aktiviert werden. Darüber hinaus wird sie aufgefordert, als Repräsentation dieses Landes zu sprechen, welches sie ggf. nur von Erzählungen und einigen Urlaubsaufenthalten kennt. Noura wird hierdurch in eine spannungsreiche Positionierung verwiesen: Soll sie der Aufforderung der Lehrkraft Rechnung tragen und sich selbst als Marokkanerin identifizieren und versuchen, ein in sich ebenfalls heterogenes islamisches Land als Schülerin zu repräsentieren? Eine andere Möglichkeit wäre, die Anrufung zu ignorieren oder sich dieser Zuschreibung der Lehrkraft zu widersetzen und ggf. dadurch herkunftsgeschichtliche Wurzeln zu verleugnen.

Das Kind, die/der Schüler_in hat nur wenig Chancen, sich dem zu widersetzen, sich anders zu verhalten und einzuordnen. Selbst in der Opposition gegen diese Zurichtung muss sich das Individuum auf die Norm beziehen. Unterwerfung und Handlungsfähigkeit sind beides Effekte desselben Normierungsprozesses, „die das Subjekt begrenzen und ermöglichen" (Rose, 2012, S. 144).

4. Professionalität und strukturelle Veränderungspotenziale

Alle in Deutschland waren mal in der Schule, sind derzeit in der Schule oder werden demnächst eingeschult. Entsprechend zentral ist die Organisation Schule für die Entwicklung der Gesellschaft. Wie Schule gestaltet ist, wirkt sich erheblich darauf aus, wie Subjektivierungsprozesse stattfinden können. Schule hat die Chance und die Verpflichtung, Kindern und Jugendlichen Bildungsprozesse zu ermöglichen, die diese qualifizieren, verantwortungsbewusst – ganz im Sinne von Comenius – die Verbesserung der menschlichen Angelegenheiten voranzutreiben. Entsprechend essentiell sind schulische Organisationsstrukturen und die Professionalität der Lehrkräfte, der Schulsozialarbeit und der Schulleitung bis hin zu den Kulturbürokratien. Im Folgenden werde ich mich auf die Professionalität von Lehrkräften und die strukturellen Veränderungspotenziale bzw. Notwendigkeiten beschränken.

Professionalität von Lehrkräften bezieht sich sowohl auf das fachliche Wissen als auch die persönliche Haltung, die im Unterrichtsgeschehen und in den Interaktionen Lehrkraft – Schüler_in – Schüler_innen zum Ausdruck kommt. Ein bloßer Appell an Lehrkräfte, doch bitte alle gleich zu behandeln und bestmöglich zu fördern, reicht sicherlich nicht aus. Es bedarf der Anstrengung für Lehrkräfte, den eigenen Subjektivierungsprozess bewusst zu reflektieren, negative Gefühle ins Bewusstsein und damit in ihre Bearbeitbarkeit zu holen. Dieser Prozess sollte im Studium beginnen und sich kontinuierlich über die Zeit der Lehrtätigkeit in der Schule fortsetzen. Was in nahezu allen sozialen Berufen zwischenzeitlich selbstverständlich ist – Fall- und Teamsupervision – fehlt im schulischen Kontext bisher nahezu vollständig. Lehrkräfte schließen die Klassentüren und werden in der Folge mit dem Unterrichtsgeschehen und der eigenen Inszenierung allein gelassen. Dies fördert ein Sich-Einrichten in Gewohnheiten, um den stressigen Schulvormittag zu überstehen und erlittene und erteilte Verletzungen zu verdrängen. Es wird deutlich,

wie selbstverständlich Lehrkräfte im Unterrichtsalltag unreflektiert die Unterscheidung von Wir und Anderen reproduzieren und damit in vielen Fällen gerade das
Othering produzieren, statt konsequent von einem Wir in der Klassengemeinschaft
und in der jungen Generation auszugehen. In einem Forschungsprojekt von Mar-
tina Weber (2007) an einem Gymnasium kommt dieser Sachverhalt prägnant zum
Ausdruck. Interviewausschnitt mit einem Oberstufenkoordinator:

> „Also wir haben hier zwei Mädchen aus Pakistan, das geht dann da soweit,
> die sind also total verschleiert, die geben dem Lehrer, wenn er ihnen zum
> Abitur gratuliert, nicht die Hand, weil sie keinen Männern die Hand geben
> dürfen. Und die lernen natürlich hier bei uns in der Philosophie universa-
> listische Denkweisen kennen und kommen natürlich in Konflikt mit sich
> selber dadurch schon, wenn sie es wirklich an sich ranlassen. Und die las-
> sen dann das an sich heran und verarbeiten dies dann ganz so für sich in-
> tern, das ist natürlich schwierig, gerade wenn sie mit den Fragen im wei-
> testen Sinne von moralischen Entscheidungen, also eigenständigen mora-
> lischen Entscheidungen konfrontiert werden, dann merken sie, dass ihre
> Entscheidungen immer schon vorgedacht sind. Das hat der Koran schon so
> oder der Ausleger, der Hodscha hat das schon so für mich, wie ich mich da
> zu entscheiden habe, die haben gar kein Dilemma" (Weber, 2007, S. 94).

Der Oberstufenkoordinator bringt hier auf den Punkt, mit welchen Zuschreibungen Lehrkräfte operieren und hierdurch vielen migrationsanderen Schüler_innen
nur radikal opponierend eine Chance zur Subjektivierung lassen. „Die Strukturka-
tegorien Gender/Geschlecht und Ethnizität verstärken sich in der Verzahnung und
können dann um so mehr zur Legitimation einer auf sozialer Ungleichheit basie-
renden Ordnung herangezogen werden" (vgl. Diehm, 1999, S. 194, zitiert nach
Munsch, Gemende & Weber-Unger Rotino, 2007, S. 10). Dies widerspricht grundlegend einer pädagogischen Haltung, die allen Menschen die Vernunftfähigkeit
zuspricht. Der Oberstufenkoordinator und viele andere Lehrkräfte behindern in
der Konsequenz diese Schüler_innen in ihrer Entwicklung der Urteilskraft.

Lehrkräfte an deutschen Schulen gehören immer noch einer sehr homogenen
Gruppe an, die einen sehr ähnlichen kulturellen Hintergrund hat. Diese spie-
gelt nicht die Vielfalt der Bevölkerung in Deutschland wider. In diesem Kontext
ist positiv auf die vielfältigen Maßnahmen, Migrationsandere als Lehrkräfte zu
gewinnen, hinzuweisen. Migrationsandere Lehrkräfte können explizit als Vorbilder wirken (vgl. Messerschmidt, 2009; Rose, 2012). Sie wirken aber auch implizit,
indem sie bei Schüler_innen weniger / keine Energien für das Opponieren gegen
pauschalisierende Zuschreibungen binden. Darüber hinaus bilden sie ein Korrek-
tiv innerhalb des Kollegiums bezüglich einer unreflektierten Praxis von Pauscha-
lierungen im Diskurs. Belinda Bustos Flores und Ellen Riojas Clark konnten in
ihren Untersuchungen in den USA feststellen, dass sich viele angehende Lehrkräfte
nicht hinreichend für den Unterricht in Klassen mit Migrationsanderen vorbereitet sehen (mehr als 50 % der Befragten), während migrationsandere Lehramtsstudierende ihre ethnische Identität als „self-conceptualization factor" (Clark &
Flores, 2001, S. 72) explizit reflektieren und in ihre Lehrhaltung einbeziehen. In
Deutschland befragten Hallitzky und Schliessleder (2008) in ihrer Studie „Welche

pädagogischen Leitbilder haben Lehramtsstudierende in Bezug auf den Umgang mit ‚besonderen' Kindern?" 45 Lehramtsstudierende (33 Grundschul-, 12 Real- und Gymnasial-Lehramtsstudierende) nach deren Selbsteinschätzungen bezüglich der erwarteten Probleme im Umgang mit den ‚besonderen' Kindern. Hierbei wurden mehrheitlich Probleme assoziiert, wobei dies ggf. auf die Fragestellung zurückzuführen ist, da hier explizit nach Problemen und z.B. nicht nach Potenzialen gefragt wurde (vgl. Winheller, Müller, Hüpping, Rendtorff & Büker, 2012). Bei der Frage nach den bisher erworbenen Kompetenzen bezüglich der künftigen Lehrtätigkeit im Umgang mit ‚besonderen Kindern' wurde sehr allgemein geantwortet, auf das Hauptfach Deutsch, eigene Sprachkenntnisse und Auslandserfahrungen verwiesen. Ohne dass dies die Studierenden geäußert haben, drängt sich hier die Vermutung auf, dass keine reflektierten Haltungen und kein handlungsbestimmendes Professionswissen vorhanden sind. Die Studierenden verlassen die Universität im besten Fall mit gutem Willen, aber ohne das entsprechende Handwerkszeug. Es ist zu befürchten, dass auch der gute Wille nach den ersten Erfahrungen des Scheiterns aufgrund mangelnden Reflexionsvermögens (vgl. Bernhard, 2011, S. 202ff.) verlorengeht. Daher ist es fahrlässig, angehende Lehrkräfte ohne angemessenes Professionswissen, welches während des Studiums zu erwerben wäre, unterrichten zu lassen und im Folgenden die Unterrichtspraxis nicht systematisch einer kollegialen Reflexion zu unterziehen. Mit Annita Kalpaka (2006, S. 293f.) und Beate Wischer (2009) stimme ich überein, dass sich das Unterrichtsgeschehen erst dann grundlegend ändern wird, wenn Lehrkräfte Heterogenität der Schülerschaft als Normalfall wahrnehmen und dies positiv bewerten.

Eine veränderte Anrufungspraxis der migrationsanderen Schüler_innen kann dazu beitragen, dass diese erweiterte Möglichkeiten der Subjektivierung erfahren jenseits von pauschalen Zuschreibungen anhand der Kategorien Geschlecht, Glaube, vermeintliche Herkunft usw.

Im Unterricht selbst erfordert dies eine andere Lehr- und Lernkultur. Dies betrifft zuallererst die Unterrichtsinhalte selbst. So sollte der Zugriff auf Geschichte mehrere Perspektiven erhalten. Die „Kreuzzüge" werden beispielsweise in der Türkei, in Syrien, Palästina und Israel deutlich anders rezipiert als in Deutschland/ Europa. Den Schüler_innen und ihren Familien könnte hierdurch mehr Anerkennung widerfahren. Ähnliches gilt für Deutsch. Auch hier könnten Aspekte der Weltliteratur behandelt werden, sie würden auch eine Abkehr von der bisherigen Fixierung auf Bürgerlichkeit bedeuten. In der Lektüre sollten der zeithistorische Kontext des Kolonialismus / Rassismus als grundlegender gesellschaftlicher Nährboden der europäischen Schriftsteller_innen[12] herausgearbeitet und so geschichtliche Kontinuitäten – wenn nicht gebrochen, so doch – dekonstruiert werden. Prinzipiell gilt die Notwendigkeit der Revision der Unterrichtsinhalte für alle Fächer. Hinzukommen müssten weitere Elemente des aktiven Einbezugs der Schüler_innen in das Unterrichtsgeschehen. In dieser Hinsicht gibt es bereits zahlreiche Anregungen, so dass dieser Aspekt hier nicht weiter ausgeführt wird. Es dürfte hierbei allen Beteiligten klar sein, dass diese Veränderungen nur Schritt für Schritt

---

12 Z.B. in den Veröffentlichungen von Wilhelm Busch, Astrid Lindgren und vielen anderen.

umgesetzt werden können. Entsprechend notwendig ist es, keine weitere Zeit mit dem Beginn der Veränderungen zu verlieren.

Bereits zu Beginn des Abschnitts wurde die Notwendigkeit einer kontinuier-lichen Reflexionsmöglichkeit des Unterrichtsgeschehens hervorgehoben, anhand derer Lehrkräfte ihre eigenen Verstrickungen mit ausgrenzenden Machtverhältnis-sen in der Sphäre der Schule reflektieren könnten. Dies kann nur durch struktu-relle Veränderungen in der Organisation Schule ermöglicht werden. Die grundle-gende Bedingung hierfür sind die Schaffung von Arbeitsplätzen für die Lehrkräfte in den Schulen und eine erweiterte Anwesenheit der Lehrkräfte. Der Lehrberuf ist kein Lehrauftrag, sondern eine Vollzeitbeschäftigung, die weit mehr Aspekte als den Unterricht beinhaltet. Hierdurch könnten eine erweiterte Rhythmisierung des Unterrichts erfolgen und zusätzlich Zeitfenster für andere Aktivitäten an Schulen geschaffen werden, die zur Verbesserung der Förderung aller Schüler_innen beitra-gen. Hierbei sind die Schulleitungen gefordert, die Schulorganisation den Bedürf-nissen einer heterogenen Schüler_innenschaft anzupassen. Als Ziel sollte hierbei eine barrierefreie Institution angestrebt werden (vgl. hierzu beispielsweise Terkes-sidis, 2010; Villa 2011), denn Institutionen werden auch durch Diskurse geformt. In Schulen sind Lehrkräfte in der Position, sprechen zu können und gehört zu wer-den. Wir sollten „den besseren Zustand aber denken als den, in dem man ohne Angst verschieden sein kann" (Adorno, 1951, S. 116).

Literatur

Adorno, Th. W. (1951). *Minima Moralia. Reflexionen aus dem beschädigten Leben.* Frankfurt: Suhrkamp.

Autorengruppe Bildungsberichterstattung (2012). *Bildung in Deutschland 2012. Ein indikatorengestützter Bericht mit einer Analyse zur kulturellen Bildung im Lebens-lauf.* Bielefeld: Bertelsmann. Verfügbar unter: www.bildungsbericht.de/daten2012/ bb_2012.pdf.

Badawia, T. (2002). *Der dritte Stuhl.* Frankfurt. IKO-Verlag für Interkulturelle Kom-munikation.

Bernhard, A. (2011). *Allgemeine Pädagogik auf praxisphilosophischer Grundlage.* Balt-mannsweiler: Schneider Verlag Hohengehren.

Budde, J., Faulstich-Wieland, H. & Scholand, B. (2006). Geschlechtergerechtigkeit in der Schule. Ein Forschungsprojekt. In D. Fischer & V. Elsenbast (Hrsg.), *Zur Gerechtigkeit im Bildungssystem* (S. 145–150). Münster: Waxmann.

Butler, J. (1995). *Körper von Gewicht. Die diskursiven Grenzen des Geschlechts.* Berlin: Berlin Verlag.

Clark, E. & Flores, B. (2001). Who am I? The social construction of ethnical iden-tity and self-perceptions in Latino preservice teachers. *The Urban Review, 33* (2), 69–86.

Comenius, J. A. (1965). *Pampaedia, lateinischer Text und deutsche Übersetzung* (Origi-nal 1646). Heidelberg: Quelle & Meyer.

Dörsam, M. & Zitzelsberger, O. (2010). *Rassismus an deutschen Schulen? Ein Projekt des Praxislabors am Institut für Allgemeine Pädagogik und Berufspädagogik der TU*

Darmstadt in Zusammenarbeit mit der Bertolt Brecht Schule Darmstadt. Manuskript. Verfügbar unter: http://www.pl.abpaed.tu-darmstadt.de/media/arbeitsbe reich_allgemeine_paedagogik_und_erwachsenenbildung/rassismus_schulen.pdf.

Dzierzbicka, A. & Schirlbauer, A. (Hrsg.) (2006). *Pädagogisches Glossar der Gegenwart. Von Autonomie bis Wissensmanagement.* Wien: Löcker.

Eggers, M. M., Kilomba, G., Piesche, P. & Arndt, S. (2006). *Mythen, Masken und Subjekte. Kritische Weißseinsforschung in Deutschland.* Münster: Unrast Verlag.

Elverich, G., Kalpaka, A. & Reindlmeier K. (Hrsg.). (2006). *Spurensicherung. Reflexion von Bildungsarbeit in der Einwanderungsgesellschaft.* Frankfurt am Main/London: IKO-Verlag für Interkulturelle Kommunikation.

Faulstich-Wieland, H., Willems, K., Feltz, N., Freese, U. & Läzer, K. L. (2008). *Genus – geschlechtergerechter naturwissenschaftlicher Unterricht in der Sekundarstufe I.* Bad Heilbrunn/Obb.: Klinkhardt.

Fausto-Sterling, A. (2002). Gender identification and assignment in intersex children. *Dialogues in Pediatric Urology, 25* (6), 4–5.

Foucault, M. (1992). *Was ist Kritik?* Berlin: Merve.

Gogolin, I. (2006). Mehrsprachigkeit und die Chance auf Bildungserfolg. Über Ansprüche an das Lehren von Sprache, nicht nur im Deutschunterricht. In H.-J. Krumm & P. R. Portmann-Tselikas (Hrsg), *Begegnungssprache Deutsch – Motivation, Herausforderung, Perspektiven. Schwerpunkt: Sprachenpolitik und fachbezogene Grundsatzfragen* (S. 95–106). Innsbruck: Studienverlag.

Gomolla, M. (2003). Fördern und Fordern allein genügt nicht! Mechanismen institutioneller Diskriminierung von Migrantenkindern und -jugendlichen im deutschen Schulsystem. In G. Auernheimer (Hrsg.), *Schieflagen im Bildungssystem. Die Benachteiligung der Migrantenkinder* (S. 97–135). Opladen: Leske + Budrich.

Gomolla, M. (2005). Institutionelle Diskriminierung im Bildungs- und Erziehungssystem. In R. Leiprecht & A. Kerber (Hrsg.), *Schule in der Einwanderungsgesellschaft* (S. 97–109). Schwalbach/Ts.: Wochenschau-Verlag.

Gomolla, M. (2009). Heterogenität, Unterrichtsqualität und Inklusion. In S. Fürstenau & M. Gomolla (Hrsg.), *Migration und schulischer Wandel: Unterricht* (S. 21-43). Wiesbaden: VS Verlag für Sozialwissenschaften.

Gomolla, M. & Radtke, F.-O. (2009). *Institutionelle Diskriminierung. Die Herstellung ethnischer Differenz in der Schule* (3. Auflage). Wiesbaden: VS Verlag für Sozialwissenschaften.

Gutiérrez Rodríguez, E. & Steyerl, H. (Hrsg.). (2003). *Spricht die Subalterne deutsch? Migration und postkoloniale Kritik.* Münster: Unrast Verlag.

Hagedorn, J., Schurt, V., Steber, C. & Waburg, W. (Hrsg.). (2010). *Ethnizität, Geschlecht, Familie und Schule: Heterogenität als erziehungswissenschaftliche Herausforderung.* Wiesbaden: VS Verlag für Sozialwissenschaften.

Horkheimer, M. & Adorno, Th. W. (1969). *Dialektik der Aufklärung. Philosophische Fragmente.* Frankfurt am Main: Fischer. Erstveröffentlichung 1947.

Hallitzky, M. & Schliessleder, M. (2008). Welche pädagogischen Leitbilder haben Lehramtsstudierende in Bezug auf den Umgang mit migrationsbedingter Heterogenität? In J. Ramseger & M. Wagener (Hrsg.), *Chancenungleichheit in der Grundschule. Ursachen und Wege aus der Krise* (S. 267–270). Wiesbaden: VS Verlag für Sozialwissenschaften.

Hamburger, F. (2009). *Abschied von der interkulturellen Pädagogik. Plädoyer für einen Wandel sozialpädagogischer Konzepte.* Weinheim/München: Juventa.

72 Olga Zitzelsberger

Hormel, U. & Scherr, A. (2004). *Bildung für die Einwanderungsgesellschaft. Perspektiven der Auseinandersetzung mit struktureller, institutioneller und interaktioneller Diskriminierung.* Wiesbaden: VS Verlag für Sozialwissenschaften.

Kalpaka, A. (2006). „Hier wird Deutsch gesprochen" – Unterschiede, die einen Unterschied machen. In G. Elverich, A. Kalpaka & K. Reindlmeier (Hrsg.), *Spurensicherung. Reflexion von Bildungsarbeit in der Einwanderungsgesellschaft* (S. 263–297). Frankfurt am Main/London: IKO-Verlag für Interkulturelle Kommunikation.

Koneffke, G. (1969). Integration und Subversion. *Das Argument, 11* (54), 389–430.

Lang, E., Grittner, F., Rehle, C. & Hartinger, A. (2009). Das Heterogenitätsverständnis von Lehrkräften im jahrgangsgemischten Unterricht der Grundschule. In J. Hagedorn, V. Schurt, C. Steber & W. Waburg (Hrsg.), *Ethnizität, Geschlecht, Familie und Schule. Heterogenität als erziehungswissenschaftliche Herausforderung* (S. 315–331). Wiesbaden: VS Verlag für Sozialwissenschaften.

Larcher, D. (1991). *Fremde in der Nähe. Interkulturelle Bildung und Erziehung im zweisprachigen Kärnten, im dreisprachigen Südtirol, im vielsprachigen Österreich.* Klagenfurt: Drava.

Löser, M. J. (2010). *Der Umgang mit kultureller und sprachlicher Vielfalt an Schulen. Ein Vergleich zwischen Kanada, Schweden und Deutschland.* Frankfurt am Main: Brandes & Apsel.

Lutz, H. & Wenning, N. (Hrsg.). (2001). *Unterschiedlich verschieden. Differenz in der Erziehungswissenschaft.* Opladen: Leske + Budrich.

Mecheril, P. (2004). *Einführung in die Migrationspädagogik.* Weinheim: Beltz.

Mecheril, P. (2010). Migrationspädagogik. Hinführung zu einer Perspektive. In P. Mecheril, M. do Mar Castro Varela, I. Dirim, A. Kalpaka & C. Melter, *Migrationspädagogik* (S. 7–22). Weinheim: Beltz.

Messerschmidt, A. (2006). Integration. In A. Dzierzbicka & A. Schirlbauer (Hrsg.), *Pädagogisches Glossar der Gegenwart. Von Autonomie bis Wissensmanagement* (S. 154–161). Wien: Löcker.

Messerschmidt, A. (2009). *Weltbilder und Selbstbilder. Bildungsprozesse im Umgang mit Globalisierung, Migration und Zeitgeschichte.* Frankfurt am Main: Brandes & Apsel.

Munsch, C., Gemende, M. & Weber-Unger Rotino, S. (Hrsg.). (2007). *Eva ist emanzipiert, Mehmet ein Macho. Zuschreibung, Ausgrenzung, Lebensbewältigung und Handlungsansätze im Kontext von Migration und Geschlecht.* Weinheim/München: Juventa.

Niehoff, M. & Üstün, E. (Hrsg.). (2011). *Das globalisierte Klassenzimmer. Theorie und Praxis zeitgemäßer Bildungsarbeit.* Immenhausen: Prolog-Verlag.

Prediger, S. (2003). *Heterogenität macht Schule – Herausforderungen und Chancen.* Verfügbar unter: www.mathematik.uni-dortmund.de/~prediger/publikationen.htm.

Prengel, A. (1993). *Pädagogik der Vielfalt. Verschiedenheit und Gleichberechtigung in Interkultureller, Feministischer und Integrativer Pädagogik.* Opladen: Leske + Budrich.

Prengel, A. & Casale, R. (2004). Geschlechtererziehung in der Schule. In R. W. Keck, U. Sandfuchs & B. Feige (Hrsg.), *Wörterbuch Schulpädagogik* (2., völlig überarbeitete Auflage) (S. 176–177). Bad Heilbrunn: Klinkhardt.

Rommelspacher, B. (1995). *Dominanzkultur. Texte zu Fremdheit und Macht.* Berlin: Orlanda.

Rose, N. (2012). *Migration als Bildungsherausforderung. Subjektivierung und Diskriminierung im Spiegel von Migrationsbiografien.* Bielefeld: transcript.

Schmitz, S. (2011). Genderforschung und Naturwissenschaften: eine Einführung am Beispiel „Gehirn und Geschlecht". In B. Rendtorff, C. Mahs & V. Wecker (Hrsg.), *Geschlechterforschung. Theorien, Thesen, Themen zur Einführung* (S. 14–27). Stuttgart: Kohlhammer.

Sinus Sociovision (2008). *Zentrale Ergebnisse der Sinus-Studie über Migranten-Milieus in Deutschland.* Verfügbar unter: http://www.sinus-institut.de/uploads/tx_mpdownloadcenter/MigrantenMilieus_Zentrale_Ergebnisse_09122008.pdf.

Spivak, G. (1999). *A critique of post-colonial reason: Toward a history of the vanishing present.* Cambridge, Mass.: Harvard University Press.

Terkessidis, M. (2004). *Banalität des Rassismus.* Bielefeld: transcript.

Terkessidis, M. (2010). *Interkultur.* Berlin: edition suhrkamp.

Tillmann, K.-J. (2007). *Kann man in heterogenen Lerngruppen alle Schülerinnen und Schüler fördern? Der Blick der Bildungsforschung in das Regelschulsystem.* Verfügbar unter: http://bildungsserver.berlin-brandenburg.de/fileadmin/bbb/schulqualitaet/lehren_und_lernen/schulanfang/tillmann07heterogenitaet_selektion_auch_GSOR071230__1_.pdf.

Villa, P.-I. (2011). *Sexy Bodies. Eine soziologische Reise durch den Geschlechtskörper* (4. Auflage). Wiesbaden: VS Verlag für Sozialwissenschaften.

Walgenbach, K., Dietze, G., Hornscheidt, A. & Palm, K. (2007). *Gender als interdependente Kategorie. Neue Perspektiven auf Intersektionalität, Diversität und Heterogenität.* Opladen: Barbara Budrich.

Weber, M. (2007). Das sind Welten. Intrageschlechtliche Differenzierungen im Schulalltag. In C. Munsch, M. Gemende & S. Weber-Unger Rotino (Hrsg.), *Eva ist emanzipiert, Mehmet ein Macho. Zuschreibung, Ausgrenzung, Lebensbewältigung und Handlungsansätze im Kontext von Migration und Geschlecht* (S. 91–102). Weinheim/München: Juventa.

Willems, K. (2007). *Schulische Fachkulturen und Geschlecht.* Bielefeld: transcript.

Winheller, S., Müller, M., Hüpping, B., Rendtorff, B. & Büker, P. (2012). *Professionalisierung von Lehrkräften für einen reflektierten Umgang mit Ethnizität und Geschlecht in der Grundschule. Ausgewählte Daten, Skalen und Ergebnisse.* Verfügbar unter: http://www.uni-paderborn.de/fileadmin/plaz/PLAZ-Organisation/PLAZ-Forum/ProLeg_Skalendokumentation_-_1863-1533__Internetversion_.pdf.

Wischer, B. (2009). *Umgang mit Heterogenität im Unterricht – Das Handlungsfeld und seine Herausforderungen.* Verfügbar unter: http://www.teachers-ipp.eu/handbuch.html/2.%20Umgang%20mit%20Heterogenitaet%20-%20DE.pdf.

Zitzelsberger, O. (2007). Subversion in der Integration? Bildungsprozesse in Selbstorganisationen von Migrantinnen. In H. Bierbaum, P. Euler, K. Feld, A. Messerschmidt & O. Zitzelsberger (Hrsg.), *Nachdenken in Widersprüchen. Gernot Koneffkes Kritik bürgerlicher Pädagogik* (S. 69–79). Wetzlar: Büchse der Pandora.

Yalız Akbaba

Interkulturelle Kompetenz im Lehrerzimmer

Im Kontext Schule wird Migration oft defizitorientiert thematisiert, etwa wenn der Migrantenanteil einer Schule dazu herangezogen wird, um damit besonders problematische Bedingungen zu belegen. Ist die Rede von LehrerInnen mit Migrationshintergrund, kehrt sich die Problematisierung des Migrationshintergrunds in eine Ressourcensicht um. Der Beitrag argumentiert, dass der Hervorhebung und Idealisierung von LehrerInnen mit Migrationshintergrund die gleiche Abwertungsstruktur zugrunde liegt, die aus der gängigeren Problematisierung von SchülerInnen mit Migrationshintergrund bekannt ist. Ob Problematisierung oder Idealisierung, ob Abwertung oder Wertschätzung, den Gegensätzen ist gemeinsam, dass keine Begegnung auf Augenhöhe stattfindet, weil dem Gegenüber Gleichheit verwehrt bleibt. Wie können nun LehrerInnen mit der omnipräsenten Zuschreibungspraxis von Migrationshintergrund als sozialer Kategorie im Lehrerzimmer umgehen? Der Beitrag diskutiert Interkulturelle Kompetenz als Fähigkeit von LehrerInnen, mit kulturalisierenden Sichtweisen reflexiv umgehen zu können.

Der Aufsatz ist in zwei Sinnabschnitte gegliedert. Als erstes werden Problematisierung und Abwertungsstruktur dargestellt, die der Problemanalyse über den fehlenden Bildungserfolg von SchülerInnen mit Migrationshintergrund zugrunde liegen. Bei genauerer Betrachtung der Idealisierung und betonten Wertschätzung der LehrerInnen mit Migrationshintergrund stellt sich dann heraus, dass die Ressourcensicht auf sie die gleichen Abwertungsstrukturen aufweist (Abschnitt 1). Als zweites folgt eine Diskussion darüber, wie interkulturelle Kompetenz von LehrerInnen aussehen kann, um mit den omnipräsenten Zuschreibungspraxen umgehen zu können (Abschnitt 2).

Die Autorin versteht die Bezeichnung „mit Migrationshintergrund" nicht als Beschreibung einer Gruppe, sondern als Zuschreibung von Bildern von außen. Dennoch wird im Beitrag die diffuse Kategorisierung nicht umgangen, da genau jene Umstände betrachtet werden, in denen sie ihre symbolischen Bedeutungen bereits zur Geltung gebracht hat. Der Begriff wird benutzt, um die Kategorie zu entkleiden, auch wenn die Gefahr besteht, ihn samt der Bilder, die er reproduziert, mit dem Beitrag zu verfestigen.

1. In der Ressourcensicht auf LehrerInnen mit Migrationshintergrund steckt die gleiche Abwertungsstruktur wie in der Problemsicht auf SchülerInnen mit Migrationshintergrund

In der Diskussion um Schule und Migration sind es oft SchülerInnen mit Migrationshintergrund, die eine kollektive Abwertung erfahren. Unhinterfragt oft ist eine quantitative Angabe zum Anteil der MigrantenschülerInnen an einer Schule ausschlaggebender Gradmesser für Schwierigkeiten, ein niedriges Leistungsniveau und Konfliktpotenzial durch deviantes soziales Verhalten. ‚Bei uns an der Schule gibt es 60 % Migrantenanteil‘ kann dann noch in Quartett-Manier getoppt werden mit einem ‚bei uns sind es fast 80 %!‘ Je höher der genannte Anteil, desto weniger begründungspflichtig scheinen die Berichtenden zu sein, die tatsächlich konfliktträchtigen Ursachen darzulegen.

Der Migrationshintergrund in der deutschen Gesellschaft ist längst von einer demografischen Beobachtungsgröße zur Chiffre für das Andere, das Fremde, das Problematische und Abzulehnende geworden. Um Bildungsbenachteiligung zu erklären, wird die Integrationsbereitschaft von Familien problematisiert. Um auftretende Konflikte zu erklären, werden Argumente aus dem „Elendsdiskurs" bemüht, die über Familien mit Migrationshintergrund in einem defizitorientierten und abschätzigen Ton urteilen (vgl. Hamburger, 2009, S. 77f.).

Wenn Bildungsbenachteiligung über kulturbezogene Merkmale der Schülerschaft erklärt wird, handelt es sich um kulturalistische Deutungen. Kulturalismus ist die reduktionistische Rückführung von Problemen auf Kultur. Problematisierungen von SchülerInnen mit Migrationshintergrund verschleiern bekanntlich soziale und gesellschaftspolitische Probleme, die sich in der Schule wiederspiegeln. Bildungsbenachteiligung erklärt sich hauptsächlich über sozio-ökonomische Faktoren der Herkunftsfamilie von SchülerInnen und wird durch institutionelle Diskriminierung verstärkt. Dazu zählen der monolinguale Habitus der mittelschichtsorientierten Schule und ihrer Lehrerschaft und Übergangsentscheidungen an den Gelenkstellen des Schulsystems (vgl. Diefenbach, 2010; Gomolla & Radtke, 2009; Auernheimer, 2006). Der kulturalistische Blick auf Schule hält sich aber in alltagstheoretischen Betrachtungen hartnäckig und wird auch wissenschaftlich vertreten, wenn Bildungsmisserfolg auf „fremdkulturelle" Verhaltensmuster zurückgeführt wird, etwa wenn das Verhalten vieler Migrantenkinder als „irritierend, befremdlich und sozial unerwünscht" beschrieben und Schülergruppen zu sozial devianten stigmatisiert werden (vgl. El-Mafaalani & Toprak, 2011).

Die reduktionistische Sicht auf Probleme „einer Kultur" ist deshalb so problematisch, weil sie für die Hierarchisierung von Kulturen anfällig ist, meist mit der Folge der Abwertung von „Kulturen", die Minderheiten zugewiesen werden. So entstehen und verfestigen sich schnell Bilder, wie wir sie häufig antreffen: Türken würden Frauen nicht respektieren, und türkische Frauen erzögen ihre Kinder auch noch schlecht. Kulturalisierende Sichtweisen sind Nährboden für Stereotype, Vorurteile und Feindbilder und damit anschlussfähig für viele Formen des Rassismus.

Nachdem die zu einer Gruppe stilisierten SchülerInnen mit Migrationshintergrund als so problematisch und defizitär gezeichnet werden, kann es doch eigentlich nur erfreuen, dass nun *LehrerInnen* mit Migrationshintergrund eine große Wertschätzung erfahren. Zwischen LehrerInnen und SchülerInnen mit Migrationshintergrund zu vermitteln (vgl. VBE, 2006) und die Unterrichtsqualität durch die besonderen „interkulturellen Kompetenzen" zu verbessern (vgl. Die Bundesregierung, 2007, S. 117), Rollenvorbilder und wertvolle Brückenbauer zu sein scheint doch eine besondere und ehrenwerte Position[1]. Was gäbe es also weiteres dazu zu sagen, als dass einfach das Positive und Nützliche einiger besonderer LehrerInnen hervorgehoben wird? Im Folgenden argumentiere ich entlang von vier Thesen dafür, dass die Umkehrung der Problemsicht in eine Ressourcensicht die ausgrenzende und abwertende Haltung gegenüber Personengruppen, denen der Migrationshintergrund zugeschrieben wird, – wenn auch unbewusst – fortführt.

1. These: Die Hervorhebung von LehrerInnen mit Migrationshintergrund verstärkt Ausgrenzungsmechanismen gegenüber Minderheiten und festigt das ‚weiße Lehrerzimmer' als Normvorstellung.

Im sozialen Miteinander treffen wir ständig Unterscheidungen. Sie dienen uns dazu, die unübersichtliche Komplexität der Welt zu reduzieren, was uns den Umgang mit ihr und in ihr erleichtert. Im Lehrerzimmer werden LehrerInnen nach ihren Fächern, ihrem Alter, den Dienstjahren, nach Frühaufstehern, Kaffeetrinkern, Raucherinnen, ReferendarInnen, Studienräten und Oberstudienräten etc. unterschieden. Worin liegt also das Problem, wenn auch zwischen LehrerInnen mit und ohne Migrationshintergrund unterschieden wird?

Es liegt darin, dass mit der Unterteilung der Lehrerschaft in LehrerInnen mit und ohne Migrationshintergrund eine Unterscheidungskategorie bedient wird, die einem *machtasymmetrischen Grunddualismus* unterliegt (vgl. Lutz & Wenning, 2001, zit. nach Huxel, 2012, S. 26). Das bedeutet, dass Zugehörigkeit zu gewissen Differenzen darüber mitentscheidet, welchen gesellschaftlichen Platz die Person zugewiesen bekommt. Zu diesen gesellschaftlichen Platzanweisern gehören die Grunddualismen männlich/weiblich, reich/arm und deutsch/nicht-deutsch. Unterschiedliche Dimensionen von Ungleichartigkeit sind also nicht gleichzusetzen. Anders als das bei Lehrertypen, Fachzugehörigkeiten oder persönlichen Eigenarten der Fall ist, ist neben sozio-ökonomischen Differenzen und dem sozialen Geschlecht eben auch die ethnisch-kulturelle Zugehörigkeit strukturell wirksam und mithin ungleichheitsgenerierend (vgl. Huxel, 2012, S. 26). Migrationshintergrund ist eine Differenzlinie, die „nicht ‚einfach' Ungleichartigkeit (darstellt), sondern [...] sozial vermittelte Ungleichheit und [...] über Ein- und Ausschlüsse (entscheidet)" (ebd.). Durch die Hervorhebung von LehrerInnen mit Migrationshintergrund werden auf der einen Seite diese LehrerInnen marginalisiert. Auf der anderen Seite baut die dominante Gruppe so ihre eigene Vormachtstellung aus. Je mehr Besonderung diskursiv hergestellt wird, desto mehr verstärkt sich die Machtasymmetrie zwischen LehrerInnen mit und ohne Migrationshintergrund. Die The-

---

1 Für eine Zusammenschau der positiven Erwartungen vgl. Akbaba, Bräu & Zimmer, 2013, S. 41f.

matisierung der besonderen Rolle von LehrerInnen mit Migrationshintergrund baut also auf einer Machtungleichheit auf und hilft, sie zu verfestigen.

Herstellung von Fremdheit trägt demnach dazu bei, dass die vorherrschende und dominante Ordnung aufrechterhalten wird. In dieser Ordnung sind die Privilegierten diejenigen, die zur jeweiligen Normalität gehören. Die Hervorhebung nimmt der einzelnen Lehrkraft die selbstverständliche Präsenz und macht sie zur Ausnahme. Die Betonung stärkt das Bild des ‚weißen Lehrerzimmers‘ als existente Normvorstellung. Das ist paradox: Soll doch mit der Betonung der Präsenz im positiven Sinne diese wertgeschätzt und gefördert werden, erfolgt zugleich ein Verweis auf die normative Ordnung, deren Veränderung damit erschwert wird: Denn *eigentlich* sind LehrerInnen ja Deutsche. Diese Paradoxie zu erkennen und in angemessener Weise mit ihr umzugehen, würde interkulturelle Kompetenz ausmachen.

Die in der Debatte vorgetragene Logik stärkt die Positionen derjenigen, die über gesellschaftliche Zugehörigkeit und Nicht-Zugehörigkeit, über Einschluss und Ausschluss bestimmen[2]. Der marginalisierende Effekt auf diejenigen, die einen Platz außerhalb der Norm zugewiesen bekommen, ist paradox und kontraproduktiv zum inszenierten Tenor der Beiträge rund um LehrerInnen „mit Migrationshintergrund" als Wunsch von und Streben nach Vielfalt.

Die Struktur der Ausgrenzung in der Debatte um den Migrationshintergrund von LehrerInnen verläuft dabei analog zum Ausgrenzungsduktus über SchülerInnen mit Migrationshintergrund. Während er bei der Schülerschaft, als Gemeinplatz akzeptiert, sehr offen verläuft, wird er über die Lehrerschaft latent unter dem Deckmantel von Wertschätzung geführt, einer kaum anfechtbaren persönlichen Anerkennungsform in pädagogischem Gewand.

Zwischen der Abwertung von SchülerInnen und der Ressourcensicht auf LehrerInnen gibt es Analogien, die in den folgenden Thesen formuliert werden.

2. These: Die Idee von LehrerInnen mit Migrationshintergrund als ‚Kulturbrücken‘ lenkt den Blick wieder auf kulturell bedingte Problemursachen und führt Stigmatisierungen von Minderheitsangehörigen fort.
Die problematisierte ‚Kultur‘ im Zusammenhang mit SchülerInnen mit Migrationshintergrund scheint sich in der idealisierenden Betrachtung der LehrerInnen mit Migrationshintergrund als ‚Kulturbrücken‘ in eine positive Sicht auf Migrationshintergrund umzukehren. Die Idee der Kulturbrücke unterliegt allerdings den gleichen Kurzschlüssen, denen auch die Kulturkonflikttheorie (vgl. Fechler, 2003) unterliegt. Diese beruht auf einem verkürzten Kulturverständnis, das letztlich von grundsätzlich unterschiedlichen und miteinander nicht zu vereinbarenden Kulturen ausgeht. So wie die Kulturkonflikttheorie ‚die Kultur‘ für Missverständnisse und Konflikte verantwortlich macht, so macht die Idee der ‚Kulturbrücke‘ Kultur zu dem, was dem gegenseitigen Verständnis im Weg steht. Sie wird verantwortlich für Verständnis und Missverständnis und zur tragenden Komponente für die zwischenmenschlichen Beziehungen zwischen LehrerInnen und SchülerInnen.

---

2   Ausführlich wurde dies von Akbaba et al. (2013) entlang der Argumentationslinien von vereinfachtem Kulturverständnis, Aktualisierung stereotypischer Vorstellungen über Migrationsandere und Differenz als Strukturmerkmal der Debatte gezeigt.

Eine alternative Betrachtung von interkulturell interpretierten Konflikten bietet Fechler (2003) mit dem Modell „Kampf um Anerkennung". Diese Perspektive auf Konflikte berücksichtigt diejenigen Faktoren, die den Personen Anerkennung verwehren. Im Falle von SchülerInnen mit Migrationshintergrund können dies rechtliche, politische und soziale Aspekte der Schlechterstellung und daraus resultierende institutionelle Diskriminierung sein. Soziale Probleme deuten nach dieser Perspektive auf einen Kampf in der Verteilung von Ressourcen hin. In der Schule kann es sich bei Konflikten zwischen LehrerInnen und SchülerInnen aber auch schlicht um Generationenkonflikte handeln, die kulturell aufgeladen werden, wenn SchülerInnen Selbst- und Fremdethnisierungen strategisch einsetzen.

Dass die Vorstellung von LehrerInnen als ‚Kulturbrücken' sozial und institutionell verursachte Probleme ignoriert und geschaffene Ungleichheit legitimiert, wurde ausführlich in Akbaba et al. (2013, S. 49f.) dargestellt. Wenn strukturelle Probleme in der Schule kulturalisiert werden, Kultur also lediglich als Deckmantel dient, dann ist skeptisch zu betrachten, dass sie durch Bezüge zu ‚Kulturverwandtschaften' gelöst werden könnten. Eher noch verfestigt dieser vermeintliche Lösungsansatz kulturalisierte Sichtweisen und erschwert die Entwirrung der tatsächlich konfliktträchtigen Themen.

Deswegen ist auch die rechnerische Lösung, dass „je höher der Migrantenanteil an einer Schule, desto mehr Lehrkräfte mit Zuwanderungsgeschichte [...] gebraucht (werden)" (Altuntas, 2011, S. 171), ein zu entzaubernder Trugschluss. Das Schulsystem scheint sich hier bequem seiner Verantwortung entziehen zu können: Analog zu dem Phänomen, dass die Probleme einer Schule umso weniger begründungspflichtig sind, je höher der genannte Migrantenanteil ist, scheint nun die Logik zu greifen, dass eine Schule mit steigendem Anteil an LehrerInnen mit Migrationshintergrund im Lehrerzimmer umso legitimer gegen Bildungsungerechtigkeit aufgestellt sei. Mit dieser Zauberformel wird verschleiert, dass SchülerInnen aus Familien mit niedrigem sozio-ökonomischen Kapital systematisch Schulformen mit niedrigsten Schulabschlüssen und entsprechenden Beteiligungsmöglichkeiten auf dem Arbeitsmarkt zugeteilt werden. So betrachtet ist es zynisch, LehrerInnen mit Migrationshintergrund als Vorbilder zu inszenieren, um strukturell erzeugte Haupt- und FörderschülerInnen zu motivieren.

3. These: Die mit Wertschätzung verbundene Ressourcensicht auf LehrerInnen wertet sie ab.
Die Wertschätzung von LehrerInnen mit Migrationshintergrund scheint wie das Gegenstück des Blicks auf SchülerInnen mit Migrationshintergrund im „Elendsdiskurs": Ist dort der Blick verächtlich, mitleidig und aufgeladen mit negativen Bildern auf eine unterlegene Gruppe, steckt in der Wertschätzung wörtlich die instrumentelle Schätzung des Wertes einer Gruppe, die nur unter der Bedingung als zugehörig angesehen wird, dass sie einen Mehrwert in die Schule trägt. Diese Wert-Schätzung von multi-nationalen Zugehörigkeiten bestätigt letztlich das mono-nationale Bewusstsein schulischer Institutionen in Deutschland (vgl. oben zum ‚weißen Lehrerzimmer' als Normvorstellung).

Dass LehrerInnen mit multi-nationalen Zugehörigkeiten unter ökonomischer Perspektive betrachtet werden und sie die Profitrate steigern könnten (und sollen), sei mit dem Blick einer Ausbildungsleiterin eines Studienseminars illustriert. Im Titel ihres Artikels zum Thema heißt es: „Wie können sie [LehrerInnen mit Zuwanderungsgeschichte] für die Schulen und für die Schulleitung nützlich sein?" (Altuntas, 2011, S. 171). Die triviale Antwort auf diese triviale Frage in Bezug auf alle LehrerInnen lautet, dass sie in ihrer Arbeit als LehrerInnen nützlich sein sollen. In Bezug auf LehrerInnen mit Migrationshintergrund wird von „Funktionen der Lehrkräfte mit Zuwanderungsgeschichte" gesprochen, und es werden die Vorstellungen aus dem bildungspolitischen Diskurs zitiert. Man stelle sich vor, jemand spräche von den „Funktionen von Frauen im Lehrerberuf". Wie wäre die Reaktion, wenn von Frauen zusätzliche Arbeit gefordert werden würde, denn sie seien schließlich in einer besonderen Position, der nachfolgenden Generation vorzuleben, dass auch neben einem Familienleben ein Berufsleben möglich ist? Wie wäre eine Reaktion auf die besondere Verwertung von FachlehrerInnen, wenn es hieße „die Funktionen von Physiklehrern"?

Der Wert von LehrerInnen mit Migrationshintergrund steht unter Beobachtung. Dass der Wert von Nicht-Migranten nicht geschätzt wird, bestätigt die Vormachtstellung der dominanten Gruppe, an die keine rechenschaftspflichtigen Ansprüche gerichtet werden können. Messerschmidt (2013) bezeichnet die ökonomische Wert*ein*schätzung, wenn Migration positiv besetzt als ‚Bereicherung' beschrieben wird, als im radikalen Sinn inhuman.

4. These: LehrerInnen mit Migrationshintergrund bleibt Gleichheit genauso verwehrt wie SchülerInnen mit Migrationshintergrund.
Mit der vermeintlichen Wertschätzung werden LehrerInnen nicht nur abgewertet. Die Wertschätzung wird zur Grundlage einer erhöhten Leistungsanforderung. In der Rede vom „effektiven Einsatz der Lehrkräfte mit Zuwanderungsgeschichte und deren Besonderheiten bezüglich der Frage nach Bildungsgerechtigkeit" (Altuntas, 2011, S. 172) wird dies deutlich. Augenscheinlich werden interkulturelle Kompetenzen von allen LehrerInnen eingefordert, tatsächlich spricht die Ausbildungsleiterin aber nur von den Zusatzleistungen, die bestimmte LehrerInnen erbringen sollen, wenn es darum geht, „hierbei [...] zu unterscheiden, was [...] die Lehrkräfte mit Zuwanderungsgeschichte mit(bringen) und was [...] sie noch leisten (müssen), um die Erwartungen, aber auch die Qualifikationen, die an sie gestellt werden, erfüllen zu können" (ebd.). Der Migrationshintergrund von LehrerInnen wird zur Grundlage dafür, dass sie sich im Gegensatz zur restlichen Belegschaft durch einen Mehrwert auszeichnen müssen. Das Gleiche gilt auch für „Migrantenjugendliche", die, überproportional in sozial niedrigeren Schichten vertreten, beispielsweise für die Empfehlung auf ein Gymnasium bessere Leistungen erbringen müssen als Kinder aus höheren sozialen Schichten (vgl. Ditton, 2010, S. 262).

Mit den idealisierenden Bildern von LehrerInnen als interkulturell Kompetente, als Sprach- und Kulturvermittler werden sie zu etwas Besonderem stilisiert, sodass sie möglicherweise auch das Gefühl bekommen, etwas Besonderes leisten zu müssen, so wie es SchülerInnen nichtdeutscher Herkunft aus eigener Erfahrung berich-

ten (vgl. Terkessidis, 2004, S. 197). Ihre ohnehin schon fragwürdige Funktionali-
sierung und Instrumentalisierung schlägt hier noch in die Gefahr um, dass sie an
den überhöhten Erwartungen als Super-LehrerInnen leicht scheitern können (zu
„pädagogischen Omnipotenzfantasien" vgl. Rotter, 2012b). Das erhöht das Druck-
gefühl, das dem Lehrerberuf ohnehin schon eigen ist. Werden SchülerInnen mit
Migrationshintergrund diskriminiert, weil ihre Leistungsfähigkeit fehleingeschätzt
wird, so werden LehrerInnen mit Migrationshintergrund diskriminiert, wenn von
ihnen Mehrleistungen erwartet werden.

Nun mag man die Ausführungen als allzu theoretisch für den Schulalltag nicht
zutreffend finden. Es ist ja auch nicht von der Hand zu weisen, dass es zwischen
Nationen kulturelle Unterschiede gibt, die eine Übersetzungsleistung zwischen zwei
Denk- und Handlungsmustern erfordern können. Man denke etwa an das freundliche Nicken eines Inders, der auch bei nicht verstandener Frage nach dem Weg
dem Fremden lächelnd Gewissheit simuliert, den Weg aber gar nicht kennt. Oder
an den Franzosen, der sich auf die Ampelhörigkeit von Fußgängern in Deutschland keinen Reim machen kann. Was ist also so abwegig an dem Gedanken, dass
LehrerInnen mit ihrem „zuwanderungsspezifische[n] kulturelle[n], soziale[n] und
sprachliche[n] Kapital, das sich von ,urdeutschen Lehrkräften' unterscheidet" (Altuntas, 2011, S. 171), mit Übersetzungsleistungen zwischen Handlungsmustern für
eine bessere Verständigung in der Schule sorgen?

In der Migrationsgesellschaft kann Kultur nicht in erster Linie als Gemeinsamkeit von Werten und Bedeutungen verstanden werden. Kultur als integrativen Kitt
der Gesellschaft zu sehen, ist für gesellschaftliche und schulische Analysen nicht
gewinnbringend. Zum einen ist es zweifelhaft, ob es einen Konsens in Wert- und
Bedeutungsfragen innerhalb von ,Kulturen' gibt, die vielmehr durch Widersprüche
und Gruppenkulturen gebrochen sind. Zum anderen ist für kulturelle Begegnungen
und Konflikte viel wichtiger, dass sie in Zusammenschlüssen stattfinden, die durch
Machtverhältnisse nach „Lebensform, Klasse, Geschlecht, Alter und ethnischer
Zugehörigkeit differenziert [...] und hierarchisiert" sind (Kalpaka, 2005, S. 389).
Interkulturalität *innerhalb* einer Gesellschaft ist nicht ohne den Kontext von Macht-
und Repräsentationsverhältnissen zu sehen. Diese sind auf allen gesellschaftlichen
Ebenen des Zusammenlebens zu finden (vgl. ausführlich Scharathow, 2012). Inner-
halb von strukturellen Ungleichheiten zwischen ethnischen Minderheiten und der
ethnokratischen Mehrheit etablieren sich Fremdbilder und Vorurteile, meist zu
Ungunsten von Minderheiten.

Wie sieht es konkret aus, wenn kulturalisierende Differenzkonstruktionen
Abwertung, Ausgrenzung und Ungleichheit schaffen? Die zunächst sehr theoretische Perspektive lässt sich schnell veranschaulichen, spricht man mit LehrerInnen
oder ReferendarInnen, die von immer wiederkehrenden Fragen und Vorurteilen
berichten, mit denen sie im Lehrerzimmer konfrontiert werden.

2. Interkulturelle Kompetenz im Lehrerzimmer

‚Interkulturelle Kompetenz' ruft offensichtlich Bejahung und Einigkeit hervor, weshalb die Bezeichnung so gängig benutzt wird. ‚Kompetenz' hört sich immer gut an und ‚interkulturell' scheint das Gegenteil von verbohrt und nationalistisch zu sein, also eine gute Sache. Als Gemeinplatz bleibt der Begriff aber substanzlos, oder noch schlimmer, kann er als stets zustimmungsfähiges Label beliebig gefüllt werden. Lediglich als Chiffre für ‚das Richtige' lässt ‚Interkulturelle Kompetenz' auch sehr widersprüchliche Bedeutungen zu: Mit dem Wunsch nach Aufklärung von Kulturunterschieden wird Interkulturelle Kompetenz zur Aufforderung zu kulturalistischen Deutungen von Realität, statt die Deutungen selbst zu reflektieren. Mitunter irritiert die Bezeichnung ‚interkulturell', die zum einen mit ‚kulturell' zu einfachen Kulturverständnissen einlädt und zum anderen mit ‚inter' festlegbare Räume zwischen Kulturen suggeriert. Die Vorstellung erzeugt die Hoffnung, dass hier Kulturunterschiede erläutert und Vorurteile aufgeklärt werden. Dann kommen noch die ebenfalls ehrenwert klingende ‚Offenheit' und das ‚Interesse an anderen Kulturen' dazu, und der Anschein ist gewahrt, dass hier Nützliches im Umgang mit der ‚immer bunter' werdenden Gesellschaft und Schülerschaft getan wird.

In diesem Aufsatz ist mit interkultureller Kompetenz ein reflexiver Umgang mit kulturalisierenden Sichtweisen gemeint. Nicht das Gewahrwerden von Kulturunterschieden, sondern das Gewahrwerden von Konstruktionsprozessen von Gruppen und ihren sozialen Auswirkungen ist das Thema. Interkulturelle Kompetenz meint eine pädagogische Haltung, in der zum einen *Wissen* zur Geltung kommt und zum anderen *Selbstreflexion*. Das Wissen ist über Wissensbestände lernbar und bezieht sich auf Konzepte, Mechanismen und Strukturen: Was ist Kultur im erweiterten Begriffsverständnis (Konzepte), wie und zu welchem Zweck verlaufen Abgrenzungen (Mechanismen), und welche Machtasymmetrien wirken in Institutionen, in der Gesellschaft und in Interaktionen (Strukturen)? Selbstreflexion ist weniger über Wissensbestände als über eine kritische Haltung und Auseinandersetzung mit eigenen *Vor*-Wissensbeständen zu entwickeln. Dazu ist notwendig, dass die eigene Haltung wahrgenommen wird. Erkenne ich meine Sichtweise auf Kultur? Wie bestimmen meine Erfahrungen mit dem Fremden meinen Blick auf das Fremde?

Im Folgenden führe ich ein Beispiel aus dem ersten Arbeitstag eines Lehrers an einer Realschule an. Es soll illustrieren, wie kulturalisierende Sichtweisen im Lehrerzimmer aussehen können und was so problematisch an ihnen ist. An passenden Stellen werden Erfahrungen und Perspektiven von LehrerInnen aus Workshops eingebracht, die als realitätsnahe Illustrationen aus dem Lehreralltag die Ausführungen ergänzen sollen. Ziel ist, Aspekte von interkultureller Kompetenz aufzuzeigen, die einen Umgang im Lehrerzimmer auf Augenhöhe ermöglichen.

„Könnten Sie mal in meine Klasse kommen, Herr Öztürk?"
Der neue Vertretungslehrer Erol Öztürk wird im Lehrerzimmer herzlich willkommen geheißen und gleich an seinem ersten Tag ereignet sich folgender Dialog mit einer Lehrerin: „Schön, dass Sie da sind, Herr Öztürk. Ich habe ein Problem, bei dem Sie mir behilflich sein könnten. Ich habe ein paar türkische Jungs in

der Klasse. Vielleicht könnten Sie mal in die Klasse kommen und mit ihnen reden, damit die sich benehmen." Herr Öztürk erwidert daraufhin: „Ja, kann ich gerne machen."

Die Lehrerin wünscht sich Hilfe von einem neuen Kollegen, dessen türkisch anmutender Name (und vielleicht auch sein Aussehen) sie hoffen lässt, dass sich die Disziplinprobleme, die sie mit einigen ihrer türkischen Schüler hat, durch seine Vermittlungstätigkeit beheben lassen. Hinter ihrer Bitte stecken die Vorstellungen der Bildungspolitik und der Öffentlichkeit zu LehrerInnen mit Migrationshintergrund als Vermittler zwischen zwei Kulturen und der Idee, die Integrationschancen von Migrantenjugendlichen ins deutsche Schulsystem zu erhöhen. Wie ist die Interaktion zwischen der Lehrerin und dem neuen Lehrer vor dem Hintergrund der Vorstellung von interkultureller Kompetenz als Wissen zu Konzepten, Mechanismen, Strukturen und eigener Selbstreflexion zu bewerten?

2.1 Kulturkonzepte: Eindimensionales vs. dynamisches Kulturverständnis

Die Lehrerin weist die Disziplinschwierigkeiten Schülern zu, die sie zur Problembeschreibung als männliche ethnische Gruppe markiert. Einfache Erklärungen dieser Art bestechen im Alltag, jedoch ist das ‚schlechte Benehmen' der türkischen Schüler nicht auf kulturelle Verhaltensmuster zurückzuführen, genauso wenig, wie das Benehmen der restlichen SchülerInnen auf deren deutsche oder bosnische oder portugiesische Kultur zurückzuführen sein kann. Das Kulturverständnis der Lehrerin erweist sich als ein stark verkürztes und eindimensionales. Zielperspektive für interkulturelle Kompetenz ist die Auseinandersetzung mit dem eigenen Verständnis von Kultur und die Vergegenwärtigung von dynamischen und erweiterten Konzepten von Kultur. Die Zuschreibung der Lehrerin geht einher mit öffentlichen Zuschreibungen von Migrantenjugendlichen, wie sie auch im wissenschaftlichen Kontext immer wieder reproduziert werden. In einer kritischen Rezension zu einer Studie, die stereotype Männlichkeitsbilder von türkischen Migrantenjungen hervorbringt, heißt es: „Das Handeln und die Kommunikation von Menschen sind kaum erklärbar durch kulturelle oder ethnische Zugehörigkeit, sondern werden maßgeblich bestimmt durch Alter, Geschlecht, Gesundheitszustand, Habitus, Milieuzugehörigkeit, sozialräumliche Herkunft, sozioökonomische Positionierung, soziale Vernetzung, Bildung, Mediensozialisation, biographische Erfahrung, kognitive und sprachliche Kompetenz etc. Diesen Sachverhalt sollte eine Pädagogik (der Differenz) berücksichtigen. Andernfalls beteiligt sich die Wissenschaft und pädagogische Praxis an der derzeit so populären Reproduktion einer Kulturalisierung des Sozialen" (Spetsmann-Kunkel, 2009).

Im obigen Beispiel bleibt es nicht bei der Kulturalisierung des Schülerverhaltens, auch der Lehrer wird als türkischstämmiger Lehrer adressiert. Das Herausheben der ethnischen Herkunft als vordergründiges Merkmal einer Person nennt man Ethnisierung. In Workshops berichten LehrerInnen immer wieder, dass sie es als problematisch empfinden, von außen durch die einseitige Perspektive der

„Kultur"-Brille definiert zu werden. Ein selbstbestimmter Umgang mit Ethnizität und Selbstbildern dazu wird durch die Überbetonung von vorbestimmten Fremdbildern stark erschwert. Ethnisierungen sind paradox zur propagierten Vielfalt im Lehrerzimmer.

Die gegenläufige Orientierung zur Kulturalisierung ist eine multiperspektivische Sichtweise. Diese zieht in Betracht, dass wir, unser Denken und Handeln von verschiedenen Bezugssystemen innerhalb kollektiver Zugehörigkeiten geprägt sind. Zu diesen Bezugssystemen gehören neben ethnischer, Staats- und Sprachzugehörigkeit auch Parameter wie Milieuzugehörigkeit, Geschlecht, Alter, Generation, Berufsgruppen etc. (vgl. Nohl, 2010, S. 151f.). Die multiperspektivische Sicht zieht auch in Betracht, dass Gruppen sich ins Verhältnis zu sozialen Zuschreibungen und Erwartungen setzen (vgl. Auernheimer, 2007, S. 15).

Oben war die Rede von der weit verbreiteten Kulturkonflikttheorie. Ein so geleiteter Blick auf das Schülerverhalten impliziert feststehende Kulturdifferenzen, ist instrumentalisierungsfreundlich für die Hierarchisierung von Kulturen und übersieht die relative Bedeutungslosigkeit von Kultur als handlungsleitende und einstellungsgenerierende Größe. Das Problem als kulturelles zu betrachten und das abweichende Verhalten als unüberwindbaren Kulturunterschied zu sehen bietet außerdem keine andere Handlungsmöglichkeit, als ‚die türkischen Schüler' zwanghaft ‚den deutschen Regeln' unterwerfen zu müssen. Andernfalls müsste man sich selbst der Situation ergeben. Die Lösungsperspektiven sind beide strukturell auf Gewinner vs. Verlierer bzw. Überlegene vs. Unterlegene angelegt. Dies sind keine guten Voraussetzungen für die Beilegung von Konflikten auf Augenhöhe und ohne die Gefahr für eine Partei, ihr Gesicht zu verlieren.

2.2 Mechanismen: Wie verlaufen Abgrenzungen und wozu dienen sie?

Für einen analytisch aufklärenden Blick auf die Situation mit den Schülern sind Kenntnisse darüber hilfreich, wie und zu welchem Zweck Abgrenzungen verlaufen. Die Lehrerin erkennt zum einen nicht, dass *sie* durch eine kulturalistische Sicht auf das Verhalten der Schüler die Gruppen „Wir und die Anderen" konstruiert. Die Kompetenz hier wäre das Wissen darum, wann und inwiefern man selbst in die Konstruktion von sozial wirksamen Differenzen eingebunden ist (vgl. Huxel, 2012, S. 26). Sie delegiert ihr Problem dann noch auf den neuen Kollegen als ‚Kulturbrücke', was den Eindruck verfestigt, dass die Probleme zwischen Lehrerin und Schülern kultureller Natur seien. Das stellt auch eine Abgrenzung zwischen ihr und dem neuen Lehrer dar: Der Lehrer, jetzt auch in der Verantwortung, wird so Teil der stigmatisierten Gruppe.

Des Weiteren ist ein Blick dafür hilfreich, zu welchem Zweck die *Schüler* Abgrenzungen vornehmen. Abgrenzungen können unterschiedlichen Motiven folgen. SchülerInnen grenzen sich generational motiviert von LehrerInnen oder vom System Schule ab, dem gegenüber sie strategisch mannigfaltige Oppositionshaltungen finden. Schule wird mit Schulpflicht, reguliertem Alltag und oftmals

wenig partizipativen Strukturen zu einem Setting, innerhalb dessen sich SchülerInnen subversiv oder offen oppositionell Freiräume schaffen. Eine identitätsbil-
dende Motivation kann sein, sich als männliche peer-group zu inszenieren. Nun
aber angenommen, die Schüler inszenieren sich im Zuge des ‚Nichtbenehmens' als
türkische Schüler. Dann handelt es sich möglicherweise um eine strategisch eingesetzte Selbstethnisierung, eine exklusive Möglichkeit für eine Schülergruppe also,
sich abzugrenzen. Die Inszenierung als türkische Schülergruppe kann als Verweis
auf gesellschaftliche Zuschreibungsmechanismen und Diskriminierungsstrukturen
gedeutet werden, mit denen speziell Schüler mit Migrationshintergrund strukturell
konfrontiert sind (vgl. Abschnitt 1).

Denkbar ist allerdings, dass die Kollegin bei aller Konstruktion von Differenz
ihre Ratsuche als aufrichtige Anerkennung gegenüber dem Kollegen versteht, den
sie als Experten für den Umgang mit SchülerInnen „mit Migrationshintergrund"
sieht. Interkulturelle Kompetenz würde hier bedeuten, zu erkennen, dass die eigene
gute *Absicht* von der *Wirkung* der Fragen abweichen kann. Was gut oder neutral
gemeint ist, kann zuschreibend und abwertend wirken (zur Diskrepanz zwischen
Absicht und Wirkung vgl. Weiß, 1998). Wie sachlich lässt sich z.B. die Frage an
den türkischstämmigen Kollegen verstehen, ob seine Frau ein Kopftuch tragen
müsse? Auf Fortbildungen berichten LehrerInnen, dass sie sich als Projektions-
fläche für die Angst vor Andersartigkeit und Fremdheit verstehen. Sie empfinden
sich als Fläche für die Abarbeitung von Vorurteilen. Ein interkulturell kompetentes
Lehrerkollegium stellt sich der Herausforderung, diese Formen von Alltagsdiskri-
minierung wahr- und ernst zu nehmen. Hier stellt es eine Herausforderung dar,
Betroffene nicht als überempfindlich abzutun oder zu Opfern zu stilisieren, aber
auch andere nicht als Diskriminierende anzuklagen.

Wenn der Kollege nicht als Kollege mit Migrationshintergrund gesehen werden kann, ohne dass die Gefahr von Zuschreibungen besteht, als was soll er denn
gesehen werden? Das Gegenteil von Kulturalisierung wäre, dass die/der Einzelne
über die eigene Zugehörigkeit entscheidet. Der Zweiteilung der Lehrerschaft in
Gruppen, die einen oder keinen Migrationshintergrund haben sollen, liegt auch
zugrunde, dass eine Entscheidung abverlangt wird, zum Einen oder zum Anderen
zu gehören. Eine festgelegte Entscheidung treffen zu müssen ist aber ein Mythos.
Interkulturelle Kompetenz im Sinne von Ambiguitätstoleranz würde hier bedeuten,
auf Kategorisierungssicherheiten zu verzichten und stattdessen Mehrfachzugehörigkeiten in ihrer Uneindeutigkeit und damit eigene Unsicherheit und eigenes Nicht-
wissen auszuhalten. Neben Mehrfachzugehörigkeiten sollen aber auch klare Selbst-
positionierungen unhinterfragt bleiben können.

2.3 Strukturen – Machtasymmetrien in Institutionen, Gesellschaft und Interaktion

Im Gespräch zwischen der Lehrerin und dem neuen Kollegen spielen Machtasymmetrien auf drei Ebenen eine Rolle: auf *institutioneller* Ebene, auf *gesellschaftlicher*
Ebene und auf *Interaktionsebene*.

Nehmen wir an, der Zusammenschluss der Schüler ist als Reaktion auf erfah-
rene Ausgrenzung zu deuten. In diesem Fall würde es von interkultureller Kompetenz zeugen, die Asymmetrien innerhalb der *Institution* Schule zu kennen und
dieses Wissen etwa um institutionelle Diskriminierung (vgl. Abschnitt 1) in Inter-
aktionsbeziehungen zu berücksichtigen. Auf *gesellschaftlicher* Ebene wirkt die Lehrerin bei der Konstruktion einer Asymmetrie mit, die auf dem machtasymmetrischen Grunddualismus von ethnischen Gruppierungen basiert (vgl. 1. These oben).
Mit der Einordnung der türkischen Schüler als Problemschüler grenzt die Lehrerin
sich und die ‚deutschen' SchülerInnen von den türkischen Schülern ab. Das positive Selbstbild der eigenen Gruppe zeichnet die Lehrerin in den Zuschreibungen
als rationale Gruppe: Als Deutsche benimmt man sich eben. Die auf der Gegenseite
konstruierte Gruppe wird zum unerwünschten Fremden und zum „Kultur- und
Gesellschaftsrisiko" (Bukow, 2007, S. 98) stilisiert: Sie benehmen sich nicht, gefähr-
den ihren Unterricht und ziehen womöglich die anderen in der Klasse in Mitlei-
denschaft. Das Rationale wird gegen das Kulturrisiko aufgestellt, wobei die Zuweisung entsprechender VertreterInnen eindeutig zugunsten der Mehrheitsgesellschaft
verläuft. Die Zuschreibung ist mit Macht und Anspruchssicherung verbunden,
„indem es opportun erscheint, den anderen nicht nur zum Fremden, sondern
zugleich auch zum Modernitätsrisiko zu stilisieren. Und das betrifft dann nicht nur
den anderen als Person, sondern auch als Repräsentanten eines ganzen Lebens-
zusammenhanges" (ebd., S. 96). Für die Lehrerin sind es also nicht Schüler, mit
denen sie Probleme hat, sondern Schüler aus türkischem Lebenszusammenhang.
Damit bemüht sie ein Stereotyp über Türken in Deutschland, das dazu einlädt, eine
Gruppe sozial zu diffamieren.

Diese Dynamik im spezifischen Umgang mit dem Anderen wird in der Literatur auch als rassistisch motiviert beschrieben. Bukow analysiert, dass „bei der Bearbeitung des Zusammenhanges zwischen ‚dem Wir und den Anderen' seit langem
eine kolonial bzw. rassistisch motivierte Übertragung und Gegenübertragung eine
zentrale Rolle spielen. Man drängt den anderen in eine bestimmte Situation, in der
er sich nicht mehr anders zu helfen vermag, als diesem Drängen nachzugeben, was
dann wiederum dazu führt, dass man sich in der Einschätzung des anderen auch
noch bestätigt sieht" (ebd., S. 95). Gerieren sich die Schüler in dieser Klasse also
tatsächlich als türkische Schüler ohne Benehmen, dann kann das auch als Ergebnis
von vorgängigen Rassismuserfahrungen gesehen werden, auf die die Schüler reagieren, in dem sie das Bild der wilden Türken bestätigen.

Ziel interkultureller Kompetenz ist es also, einen dominanzsensiblen Blick in
Bezug auf Selbst- und Fremdbilder zu entwickeln. Das Machtgefälle in Beziehungen zu Mitmenschen ist besonders dann zu reflektieren, wenn in ihnen ausgrenzende Zugehörigkeitsdefinitionen wirken. Das ist gerade dann der Fall, wenn es
sich um lang-tradierte und wohl-etablierte Wir-Die-Konstruktionen handelt, die
machtsymmetrisch auf gesellschaftlicher Ebene abgesichert sind und dadurch
selbstverständlich und unhinterfragt bleiben. Im dargestellten Fall erfolgt keine
Reflexion dieses Machtgefälles. Stattdessen verstärkt die Lehrerin die Machtasymmetrie auf der *Interaktionsebene*, indem sie Herrn Öztürk innerhalb ihres Bil-
des von ‚Rationalität gegen Vormoderne' in die ‚Vormoderne' verweist: Er, selbst

Abkömmling der abzulehnenden Kulturrisikogruppe, soll und kann als Einziger die Disziplinierung übernehmen. Der gönnerhafte Unterton dabei lautet, dass er nun ihre Modernität erreicht hat, allerdings erst nach einer Reparationsleistung seiner Erblasten als neuer Kollege akzeptiert wird. Über Ein- und Ausschluss entscheidet hier die Lehrerin aus der Mehrheitsgesellschaft.

Nun berichten manche LehrerInnen in der Tat davon, dass der Migrationshintergrund ihnen zum Beziehungsvorteil gereicht, etwa wenn SchülerInnen sie als „eine/n von uns" zu Verbündeten machen. Vor dem Hintergrund sozio-ökonomischer Faktoren für Bildungsungleichheit besteht das Kunststück in schulischen Beziehungen darin, SchülerInnen als *Individuen zu motivieren,* ohne die *strukturellen Probleme zu individualisieren,* die auf sie als Mitglieder einer benachteiligten Gruppe wirken.

2.4 Selbstreflexion

Interkulturelle Kompetenz beinhaltet die Auseinandersetzung mit den eigenen Denkstrukturen, ihrer Entstehung und ihren Auswirkungen auf die Deutung von Realitäten. Dazu bedarf es der Wahrnehmung der eigenen Haltung. Auf das obige Beispiel bezogen heißt das: Welches Bild habe ich von meinen türkischstämmigen Schülern? Inwiefern stelle ich Hierarchien zwischen ‚Kulturen‘ her? Was steckt hinter meiner Vorstellung, dass der ‚türkische Lehrer‘ meine ‚türkischen Jungs‘ schon zurechtweisen wird?

Über Kulturalisierung und damit einhergehende Abwertung von kollektivierten Anderen wird von LehrerInnen aus Workshops immer wieder berichtet. Einem Lehrer wird im Lehrerzimmer immer wieder die Frage gestellt, ob denn seine Frau Kopftuch trage. Die Fragenden heben die Sachlichkeit der Frage hervor und sprechen von Offenheit, mit der sie ihr Wissen über „andere Kulturen" erweitern wollen. Aus Sicht der oben dargelegten Machtmechanismen zwischen Gruppen der Mehrheits- und Minderheitsgesellschaft stehen sich hier Ausfragende und Ausgefragte gegenüber: „‚Wissende‘ definieren die soziale Wirklichkeit der Betroffenen und erklären diese mit dem ‚Kulturkonflikt‘, der ‚untergeordneten Rolle der türkischen Frau‘ oder ‚kulturellen Anpassungsschwierigkeiten‘" (Mecheril, 2010, S. 29). Hinter dem wohlwollenden Verstehen-Wollen steckt die „Gefahr der Vereinnahmung" (ebd.). Eine Möglichkeit, sich interkulturell zu schulen, wäre demnach, sich mit der eigenen „Kompetenzlosigkeitskompetenz" (ebd.) anzufreunden. Das bedeutet unter anderem, sich über die Grenzen des Wissens über und Verstehens des Gegenübers bewusst zu sein und darüber, dass Wissen in Machtverhältnisse und Ungleichheit eingebunden ist. „Die Berücksichtigung von Nicht-Wissen fordert zur Reflexion des je spezifischen Verhältnisses von Erkenntnis, Handlung und Macht auf. Welche sozialen Konsequenzen – so kann hier allgemein gefragt werden – gehen mit dem Einsatz von Wissens- und Erkenntnisweisen einher?" (ebd.) Die in der Interaktion mit anderen anzuwendende Kompetenz wäre hier, die Wirkung der wenn auch aufrichtig gemeinten Fragen im Sinne einer Ermächtigung „des Anderen" einschätzen zu können. Wenn es nicht um Ermächtigung, sondern um

Perspektivenerweiterung geht, könnte sich ein interkulturell kompetentes Lehrerzimmer fragen, wie Kolleg/innen mit migrationsgesellschaftlichen Erfahrungen auf
Augenhöhe andere oder neue Blicke auf die Dinge einbringen können. Könnte es
die Frage sein, wo aus ihrer Sicht an der eigenen Schule diskriminiert wird?

Die Konsequenz aus der kulturalismus-belasteten Thematik ist also nicht, dass
mannigfaltig vorhandene Kompetenzen von LehrerInnen nicht in die Schule eingebracht werden sollen. Differenzbezogene Kompetenzen sind allerdings nur dann
thematisierbar, wenn sich Gleiche gegenüberstehen. Stehen sich aber Ungleiche
gegenüber, verstärkt die Betonung von Differenzen die vorhandenen Ungleichheiten. Wenn LehrerInnen Positionen implizit abgesprochen werden (‚Das ist aber
mal toll, dass wir eine Lehrerin mit Migrationshintergrund haben!‘), wenn sie
mehr leisten sollen als andere, wenn sie in Zuschreibungsprozessen permanent
Rechtfertigung, Erläuterung und Expertenwissen als Erwartung erfüllen müssen,
potentiell also immer wieder auf dem Prüfstand stehen, dann besteht eben noch
keine Gleichheit im Lehrerkollegium. Diese herzustellen gilt es auf interpersonel-
ler Ebene. Gelingen kann das, wenn eigene Dialogstrukturen reflektiert werden,
eigene Erwartungen, Vorurteile, Selbst- und Fremdbilder offengelegt werden. Dazu
bedarf es Vorurteilsbewusstseins[3]. Das bedeutet unter anderem, dass die eigenen
ethnozentrischen und interessengeleiteten Fremd- und Selbstbildkonstruktionen
selbstkritisch reflektiert werden. Vorurteilsbewusstsein zu schulen betrifft alle LehrerInnen. Aber diejenigen, die mit Kulturalisierungen adressiert werden, müssen
darüber hinaus Haltungen entwickeln, wie sie mit den impliziten und expliziten
Erwartungen an die eigene Person umgehen wollen (für internalisierte Erwartungen vgl. Rotter, 2012a). Und ob und wie sie über mögliche Empfindlichkeiten reden
wollen. Hier ist interessant, dass auch im *Umgang* mit Zuschreibungen die Gefahr
von Dominanzwirkungen nicht ausgeräumt ist: Werden Betroffene mit dem Vor-
wurf konfrontiert, sie reagierten gar zu empfindlich, ist nämlich wieder Macht im
Spiel, diesmal in Form einer Autorität: Wer bestimmt, was ein legitimes Thema ist?
Wer bestimmt, dass Fragen und Ausfragen sachlich sind, ein Hinterfragen dessen
aber empfindlich?

Nun könnte man einwenden, dass die Lehrerin doch so falsch nicht lag, Herrn
Öztürk als Hoffnungsträger für ein besseres Verhalten ihrer Schüler um Hilfe
zu bitten, schließlich kam er ihrer Bitte doch nach. Wozu also so viele kritische
Gedanken über etwas, was hier im Einvernehmen geschieht? Hinter dem Einver-
nehmlichen stecken wiederum Bedingungen der Ungleichheit. Zum einen ist der
neue Kollege ein Vertretungslehrer und hat gegenüber festangestellten LehrerInnen einen niedrigeren Status. Zum anderen ist er neu, was es brisant macht, in der

---

3   Ganz selbstverständlich und unhinterfragt bemerkt Thomas de Maizière im Bundeswei-
    ten Integrationsprogramm: „Lehrende aus Migrantenfamilien sollen auch ‚Vorbehalten
    in Lehrerkollegien entgegenwirken und interkulturelle Perspektiven auf Schule und Un-
    terricht eröffnen‘“ (Goddar, 2010, S. 35). So eingängig und logisch dieser Wunsch auch
    rezipiert wird, so ironisch ist er auch: LehrerInnen sollen Vorbehalten entgegenwirken,
    werden aber im Gegenteil selbst mit Vorbehalten konfrontiert (vgl. Kul, 2013, die in einer
    qualitativen Studie offene und latente Diskriminierungen von ReferendarInnen aufdeckt;
    vgl. Karakaş, 2011, die über Erfahrungen von türkischen LehrerInnen u.a. mit fremden-
    feindlichen Witzen im Lehrerzimmer berichtet).

ersten Unterhaltung mit einer Kollegin sofort einen Gefallen abzuschlagen. Würde Herr Öztürk in Frage stellen, dass das Verhalten der SchülerInnen mit dem Türkischsein zu erklären ist, und damit auch infrage stellen, dass sie mit ihrer Bitte bei ihm an der richtigen Adresse ist, käme das einer Auflehnung gleich und wäre kein guter Start am ersten Tag seines neuen Jobs. Die Auflehnung gälte auch gegenüber einem Commonsense in der Gesellschaft, kein Vorhaben, dass so schnell Erfolg verspricht. Eine Infragestellung der kulturalistischen Annahmen der Lehrerin würde außerdem bedeuten, sie stark in eine Begründungspflicht zu nehmen. Wie kommt sie denn auf die Idee, dass Türken sich nicht benähmen und sich nur durch andere Türken disziplinieren ließen? Diese Fragen beinhalten starkes Irritationspotenzial und ziehen eine Auseinandersetzung nach sich. Dieser Auseinandersetzung wiederum mit Sachargumenten standzuhalten bedarf eigener Reflexionsleistungen, die für den neuen Vertretungslehrer genauso anspruchsvoll zu erwerben sind wie für die Lehrerin. Dass Herr Öztürk die Bitte der Lehrerin nicht abschlägt, ist vor dem Hintergrund dieser Interpretationen also äußerst verständlich. Interessant ist, dass die fehlende Auseinandersetzung mit kulturalisierenden Sichtweisen und Machtungleichheit herstellenden Interaktionen auf Kosten des Lehrers „mit Migrationshintergrund" geht, nicht aber auf die der ebenso unwissend agierenden Lehrerin aus der Mehrheitsgesellschaft. Die Unterstellungen der Lehrerin diskreditieren nämlich den Lehrer, der ja als türkischstämmiger angesprochen wird, und stellen seine Einstellung an der Schule stark infrage: Denn was hat ein Lehrer an einer Schule zu suchen, der aus einer Kultur mit fragwürdigem Disziplinverständnis kommt?

3. Fazit

Die Wertschätzung von LehrerInnen mit Migrationshintergrund kann aus Sicht der vorgetragenen Thesen und Analysen als Fortführung des Ausgrenzungsdiskurses über Migrationsandere verstanden werden. Der Exotenstatus, der in der Rhetorik von Vielfalt und Interkulturalität ‚als Bereicherung' den Migrationsanderen zuteilwird, ist die Fortführung vom Verachtungsdiskurs. ‚Du bereicherst mich' ist die bloße Umkehrung von ‚du bist ein Problem'. Andere und ihr Wert werden aus einer machtvolleren Position heraus beurteilt. So ist der Gedanke um Vielfalt im Lehrerzimmer als Bereicherung nicht weit entfernt von verachtenden Denk- und Machtstrukturen, aus denen der Diskurs über Minderheiten gespeist ist. Wenn die Einteilung der Menschen in unterschiedliche Hierarchien im Gewand von Komplimenten oder in Chancen- und Bereicherungs-Rhetoriken erscheint, bleibt es schwer, sie aufzudecken oder sich dagegen zu wehren. ‚Vielfalt' fungiert dann als Deckmantel für herrschende und unhinterfragte Normvorstellungen.

Entlang der Systematik Konzepte/Mechanismen/Strukturen/Selbstreflexion wurden einige wesentliche Aspekte zum interkulturell kompetenten Umgang im Lehrerzimmer diskutiert. Ein harmlos wirkendes und alltägliches Beispiel sollte dazu dienen, kulturalisierende Zuschreibungspraxen in ihrer ungleichheitsstiftenden, abwertenden und stigmatisierenden Wirkung zu reflektieren. Im Sinne der vorgetragenen Perspektive auf interkulturelle Kompetenz erweist sich die Szene aus dem Lehrerzimmer als Gegenteil von pädagogischer Professionalität in der Migrationsgesellschaft. Positive Zuschreibungen kritisch zu reflektieren wird an vielen Stellen als luxuriöses Problem abgelehnt, das man sich bei den vielen vordergründig zu lösenden Problemen nicht leisten könne. Der Beitrag ist als Widerspruch zu dieser Sichtweise zu verstehen. Nun gibt es tatsächlich positive Wirkungen zwischen einzelnen LehrerInnen und SchülerInnen, wie LehrerInnen mit Mehrfachzugehörigkeit berichten. Besonders gut gelingende Lehrer-Schüler-Beziehungen stellen eine Entwicklungsaufgabe für pädagogische Professionalität dar. Aus Sicht interkultureller Kompetenz stellt sich die Frage, wie personelle Ressourcen dafür genutzt werden können, wann aber ein vorstrukturierter Blick das Gegenüber entindividualisiert, als Mittel zum Zweck instrumentalisiert, entstehende Stigmatisierungen verschleiert und Dominanzverhältnisse zu verhärten droht.

Auch wenn die besondere Wirkung von LehrerInnen mit Migrationshintergrund nicht über vereinfachte Kulturkonzepte, sondern über Diskriminierungs- und Migrationserfahrungen begründet wird, die LehrerInnen mit SchülerInnen womöglich teilen, sollte sich die Schule als Institution eher der Analyse und Behandlung von Diskriminierungsstrukturen annehmen, als einer allzu bequemen Vorstellung von Selbsthilfegruppen unter Migrationsschülerschaft und -lehrerschaft zu unterliegen.

Literatur

Akbaba, Y., Bräu, K. & Zimmer, M. (2013). Erwartungen und Zuschreibungen. Eine Analyse und kritische Reflexion der bildungspolitischen Debatte zu Lehrer/innen mit Migrationshintergrund. In K. Bräu, V. B. Georgi, Y. Karakaşoğlu & C. Rotter (Hrsg.), *Lehrerinnen und Lehrer mit Migrationshintergrund. Zur Relevanz eines Merkmals in Theorie, Empirie und Praxis* (S. 37–58). Münster: Waxmann.

Altuntas, N. (2011). Lehrkräfte mit Zuwanderungsgeschichte und der Wunsch nach mehr Bildungsgerechtigkeit. *SchulVerwaltung Hessen/Rheinland-Pfalz. Zeitschrift für Schulleitung und Schulaufsicht, 16* (6), 171–173.

Auernheimer, G. (Hrsg.). (2006). *Schieflagen im Bildungssystem. Die Benachteiligung der Migrantenkinder.* Wiesbaden: VS Verlag für Sozialwissenschaften.

Auernheimer, G. (2007). Interkulturelle Kompetenz revidiert. In H. Antor (Hrsg.), *Fremde Kulturen verstehen – fremde Kulturen lehren. Theorie und Praxis der Vermittlung interkultureller Kompetenz* (S. 11–28). Heidelberg: Universitätsverlag Winter.

Bukow, W.-D. (2007). Vom interkulturellen Lernen zum lebenspraktischen Umgang mit Differenzen. In H. Antor (Hrsg.), *Fremde Kulturen verstehen – fremde Kulturen lehren. Theorie und Praxis der Vermittlung interkultureller Kompetenz* (S. 91–110). Heidelberg: Universitätsverlag Winter.

Die Bundesregierung (2007). *Der Nationale Integrationsplan. Neue Wege. Neue Chancen.* Verfügbar unter: http://www.osnabrueck.de/images_design/Grafiken_Inhalt_ Familiesoziales/2007-07-12-NIP.pdf.

Diefenbach, H. (2010). *Kinder und Jugendliche aus Migrantenfamilien im deutschen Bildungssystem: Erklärungen und empirische Befunde.* Wiesbaden: VS Verlag für Sozialwissenschaften.

Ditton, H. (2010). Der Beitrag von Schule und Lehrern zur Reproduktion von Bildungsungleichheit. In W. Becker & W. Lauterbach (Hrsg.), *Bildung als Privileg? Erklärungen und Befunde zu den Ursachen der Bildungsungleichheit* (S. 247–275). Wiesbaden: VS Verlag für Sozialwissenschaften.

El-Mafaalani, A. & Toprak, A. (2011). *Muslimische Kinder und Jugendliche in Deutschland. Lebenswelten – Denkmuster – Herausforderungen.* Berlin: Konrad-Adenauer-Stiftung.

Fechler, B. (2003). Dialog der Anerkennung – Möglichkeiten und Grenzen der Mediation bei „interkulturellen" Konflikten an der Schule. In U. Kloeters, J. Lüddecke & Th. Quehl (Hrsg.), *Schulwege in die Vielfalt. Handreichung zur Interkulturellen und Antirassistischen Pädagogik in der Schule* (S. 103–148). Frankfurt/M.: IKO – Verlag für Interkulturelle Kommunikation.

Goddar, J. (2010). Multikulturelle Lehrerzimmer: noch ein weiter Weg. *Erziehung und Wissenschaft* (10), 35.

Gomolla, M. & Radtke, F.-O. (Hrsg.). (2009). *Institutionelle Diskriminierung. Die Herstellung ethnischer Differenzen in der Schule* (3. Auflage). Wiesbaden: VS Verlag für Sozialwissenschaften.

Hamburger, F. (2009). *Abschied von der interkulturellen Pädagogik. Plädoyer für einen Wandel sozialpädagogischer Konzepte.* Weinheim: Juventa.

Huxel, K. (2012). Lehrerhandeln im sozialen Feld Schule. Beispiele für den Umgang von Lehrkräften mit Geschlecht und Ethnizität. In S. Fürstenau (Hrsg.), *Interkulturelle Pädagogik und Sprachliche Bildung* (S. 25–39). Wiesbaden: VS Verlag für Sozialwissenschaften.

Kalpaka, A. (2005). Pädagogische Professionalität in der Kulturalisierungsfalle – Über den Umgang mit ‚Kultur' in Verhältnissen von Differenz und Dominanz. In R. Leiprecht & A. Kerber (Hrsg.), *Schule in der Einwanderungsgesellschaft. Ein Handbuch* (S. 387–405). Schwalbach/Ts.: Wochenschau-Verlag.

Karakaş, N. (2011). Benachteiligungs- und Diskriminierungserfahrungen. In V. B. Georgi, L. Ackermann & N. Karakaş (Hrsg.), *Vielfalt im Lehrerzimmer. Selbstverständnis und schulische Integration von Lehrenden mit Migrationshintergrund in Deutschland* (S. 214–241). Münster: Waxmann.

Kul, A. (2013). „Jetzt kommen die Ayşes auch ins Lehrerzimmer und bringen den Islam mit." Subjektiv bedeutsame Erfahrungen von Referendarinnen und Referendaren im Rassismuskontext. In K. Bräu, V. B. Georgi, Y. Karakaşoğlu & C. Rotter (Hrsg.), *Lehrerinnen und Lehrer mit Migrationshintergrund. Zur Relevanz eines Merkmals in Theorie, Empirie und Praxis* (S. 157–174). Münster: Waxmann.

Mecheril, P. (2010). „Kompetenzlosigkeitskompetenz". Pädagogisches Handeln unter Einwanderungsbedingungen. In G. Auernheimer (Hrsg.), *Interkulturelle Kompetenz und pädagogische Professionalität* (S. 15–34). Wiesbaden: VS Verlag für Sozialwissenschaften.

Messerschmidt, A. (2013). *Migrationsgesellschaftliche pädagogische Professionalisierung.* Vortrag auf der Tagung: Pädagogische Professionalität in der Migrationsgesellschaft. Bremen, 21. 4. 2013. Verfügbar unter: http://mlecture.uni-bremen.de/ml/index.php?option=com_mlplayer&mlid =2467&template=ml2.

Nohl, A.-M. (2010). *Konzepte interkultureller Pädagogik: eine systematische Einführung.* Bad Heilbrunn: Klinkhardt.

Rotter, C. (2012a). Lehrkräfte mit Migrationshintergrund: individuelle Umgangsweisen mit bildungspolitischen Erwartungen. *Zeitschrift für Pädagogik, 58* (2), 204–221.

Rotter, C. (2012b). Lehrkräfte mit Migrationshintergrund. Konsequenzen für die Lehrerausbildung. *journal für lehrerinnen- und lehrerbildung, 12* (1), 61–69.

Scharathow, W. (2012). ‚... weil ich für die irgendwie anders bin.' Zur subjektiven Bedeutsamkeit alltäglicher Differenzierungspraxen in der Migrationsgesellschaft. *Zeitschrift für Sozialpädagogik, 10* (1), 19–40.

Spetsmann-Kunkel, M. (2009). Ein weiterer wissenschaftlicher Beitrag zur Kulturalisierung des Sozialen. Rezension zu Birol Mertol: Männlichkeitsbilder von Jungen mit türkischem Migrationshintergrund. Ansätze interkultureller Jugendarbeit. Berlin: LIT Verlag, 2008. *querelles-net, 10* (1). Verfügbar unter: http://www.querelles-net.de/index.php/qn/rt/printer Friendly/705/713.

Terkessidis, M. (2004). *Die Banalität des Rassismus: Migranten zweiter Generation entwickeln eine neue Perspektive.* Bielefeld: Transcript-Verlag.

VBE (Verband Bildung und Erziehung e.V.) (2006). *Positionspapier vom 11.11.2006: Interkulturellen Herausforderungen pädagogisch begegnen.* Verfügbar unter: http://www.vbe.de/meinung/positionen/interkulturelle-herausforderungen.html.

Weiß, A. (1998). Antirassistisches Engagement und strukturelle Dominanz. Was macht weißen Deutschen die Auseinandersetzung mit Rassismus so schwer? In: M. d. M. Castro Varela, S. Schulze, S. Vogelmann & A. Weiß (Hrsg.), *Suchbewegungen. Interkulturelle Beratung und Therapie* (S. 275–285). Tübingen: DGVT-Verlag.

Melanie Bittner und Alexander Lotz

Vielfalt an Schulen! Vielfalt *in* Schulen?
Zur Sichtbarkeit von lesbischen, schwulen und bisexuellen Lebensweisen in Schule und Unterricht

Ziel dieses Beitrags ist es aufzuzeigen, wie Schule die derzeitigen gesellschaftlichen Normen von Heterosexualität und Zweigeschlechtlichkeit reproduziert und dadurch eine gleichberechtigte psycho-soziale Entwicklung von lesbischen, schwulen und bisexuellen Jugendlichen hemmt. Dazu wird zunächst eine Analyse der derzeitigen Situation von Lesben, Schwulen und Bisexuellen in der Schule vorgenommen. Dazu werden auch die Ergebnisse einer exemplarischen Untersuchung von aktuellen Schulbüchern zu Geschlechterverhältnissen und der Darstellung von lesbischen, schwulen, bisexuellen, trans* und inter* Lebensweisen dargestellt. Schulbücher haben durch ihre hohe Legitimation eine stark normative Wirkung. Da sie auch rechtlichen Regelungen zur Gleichstellung und zur Antidiskriminierung unterliegen, sind sie ein Politikum für die Umsetzung von Chancengleichheit für Schüler_innen und Lehrer_innen – unabhängig von deren sexueller Identität.

Es zeigt sich, dass der Umgang mit lesbischen, schwulen und bisexuellen Lebensweisen im Kontext Schule derzeit immer noch ein „heißes Eisen" ist und von Normalisierung im Sinne von Alltäglichkeit, Gleichberechtigung und Wertschätzung noch lange keine Rede sein kann. Das häufig einzige Sichtbarwerden von Homo- und Bisexualität im Rahmen der Sexualerziehung im Biologieunterricht ist in der Regel verbunden mit einer starken Biologisierung und Sexualisierung und akzentuiert diese Formen sexueller Orientierung als eine Abweichung von Heterosexualität und Zweigeschlechtlichkeit als unterhinterfragte Normen. Dies verstärkt und zementiert die bestehende Ungleichheit hinsichtlich Sichtbarkeit, Wahrnehmung und Partizipation von Lesben, Schwulen und Bisexuellen an Unterricht, Schule und Bildungsprozessen. Anknüpfend an einen Forderungskatalog der AG LesBiSchwule Lehrer_innen in Hessen werden konkrete Schritte vorgestellt, wie auf verschiedenen Ebenen von Schul- und Unterrichtsorganisation nachhaltige Veränderungen angestoßen und implementiert werden können.

1. „Es könnte doch so einfach sein!" Lesben, Schwule und Bisexuelle in Schulen

Es könnte so einfach sein. Lea ist 16 Jahre alt und besucht ein Gymnasium in einer deutschen Großstadt. Sie entspricht in vielerlei Hinsicht dem, was sich viele Menschen unter einem typischen Mädchen vorstellen. Zu Hause gibt es kaum Probleme, in der Schule auch nicht. Lea würde sich so gerne wie viele ihrer Klassenkamerad_innen[1] in jemanden aus der Schule verlieben. Nur leider macht es ihr die Schule dabei nicht unbedingt leicht. Lea weiß, seit sie zwölf Jahre alt ist, dass sie lesbisch ist. Aus vagen Vermutungen ist inzwischen Gewissheit geworden. Einige ihrer Mitschülerinnen findet sie interessant. Aber wie bei vielen lesbischen, schwulen und bisexuellen Jugendlichen ist es für Lea nahezu unmöglich, eine Beziehung mit einer Mitschülerin zu führen. Zum einen liegt das daran, dass sie gar keine anderen lesbischen Mädchen an der Schule kennt, und zum anderen hätte sie auch große Bedenken, ihre Liebe dann auch offen auszuleben. Zu groß ist die Angst vor Beschimpfungen und Anfeindungen. Grund dafür gibt es genug. Kein Schimpfwort ist an Leas Schule so beliebt wie „schwule Sau". Über Lesben und Schwule wird an Leas Schule nicht geredet. Und wenn doch, dann nur in negativ besetzten Zusammenhängen. Lea fühlt sich durch diese Umstände sehr belastet.

Es könnte so schön sein. Markus ist seit fünf Jahren Lehrer an der Schule, an der auch Lea unterrichtet wird. Der junge Mathematik- und Sportlehrer hat erst im Studium gemerkt, dass er sich wohl doch eher zu Männern als zu Frauen hingezogen fühlt. Seit drei Jahren ist er mit Michael zusammen. Die beiden wohnen auch zusammen. Doch Markus möchte nicht, dass in der Schule bekannt wird, dass er schwul ist. Von den Kolleg_innen wissen es einige bestimmt, Andeutungen hat er ja genug gemacht. Und ganz zu verbergen geht es ja dann auch nicht. Aber Michael zu einem Schulkonzert mitzunehmen? Undenkbar! Oder sich von ihm morgens zum Bus bringen zu lassen, wenn es auf Klassenfahrt geht? Auf keinen Fall! In der Schule kennt Markus keine weitere offen lesbische Kollegin oder einen schwulen Kollegen. Bei der einen oder dem anderen hat er so gewisse Vermutungen. Aber darüber wird nicht gesprochen. Das andere Kolleg_innen offen mit ihren Schüler_innen auch über ihr Privatleben sprechen, ist auch an Markus' Schule nichts Ungewöhnliches. Von vielen seiner Kolleg_innen wissen die Schüler_innen, dass sie verheiratet sind und auch Kinder haben. Einige bringen ihre Partner_innen auch zu offiziellen Anlässen wie Schulkonzerten oder Theateraufführungen mit. Markus erlebt, dass es für viele seiner Kolleg_innen Teil ihrer pädagogischen Authentizität ist, auch über ihr Privatleben mit den Schüler_innen zu sprechen. Markus hat oft das Gefühl, dass er nicht so authentisch sein kann, wie er es gerne hätte. Im Sommer wird Markus seinen Michael heiraten, also mit ihm eine eingetragene Lebenspartnerschaft begründen. Markus weiß noch nicht, wie er damit in der Schule umgehen will. Kann er den Ring tragen? Was passiert, wenn er sich outet oder gar durch Dritte geoutet wird? Steht das Kollegium zu ihm? Wird ihn die Schulleitung unterstützen? Was könnten die Eltern sagen? Wie würden die Schüler_innen reagieren? Gerade bei ihm als Sportlehrer.

Es könnte so einfach sein. Betül geht in die fünfte Klasse und wird von Markus in Mathematik unterrichtet. Lea ist ihre Mentorin, also eine ältere Schülerin, die sich um die jüngeren Kinder kümmert und ihnen zur Seite steht und Orientierung

---

1 Im Folgenden wird im Sinne einer geschlechtergerechten Sprache der Gender Gap als ein Mittel der sprachlichen Darstellung aller sozialen Geschlechter und Geschlechtsidentitäten verwendet. Der Unterstrich bietet die Möglichkeit, durch den Zwischenraum einen Hinweis auf diejenigen Menschen zu geben, welche nicht in das ausschließliche Frau/Mann-Schema hineinpassen oder nicht hineinpassen wollen.

im Schulleben geben soll. Alle an der Schule glauben, dass Betül von ihrer Mutter Zeynap alleine groß gezogen wird. Aber das stimmt nicht. Betül lebt bei zwei Müttern. Zeynap ist Betüls leibliche Mutter. Betül sagt zur ihr Mama. Zeynap lebt mit Ilona zusammen, zu der Betül Mami sagt. Es gibt auch einen Papa. Das ist Carsten, Betüls biologischer Vater, der aber nicht in ihrer Wohnung lebt. Im Unterricht wird viel über Familie gesprochen. Aber Betül findet sich da nie wieder. Es gibt meistens Mutter, Vater und mehrere Kinder. Manchmal auch alleinerziehende Mütter. Aber die werden meist bemitleidet. Die Jungen in Betüls Klasse beschimpfen sich oft mit „du schwule Sau", obwohl sie anders als Betül gar nicht wissen, was das bedeutet. Betül hat Angst, dass sie ausgelacht werden könnte, wenn sie sagt, dass sie zwei Mütter und einen Papa hat.

In der Bundesrepublik Deutschland hat sich in den vergangenen Jahrzehnten die rechtliche und gesellschaftliche Situation von Lesben, Schwulen und bisexuellen Menschen erheblich verbessert. Bis zum Jahr 1969 war männliche Homosexualität nach dem § 175 StGB noch strafbar. Seine endgültige Streichung erfolgte erst im Jahr 1994 – vier Jahre nachdem die Weltgesundheitsorganisation Homosexualität aus ihrem Diagnoseschlüssel für Krankheiten entfernt hatte. Seit 2001 besteht mit dem Lebenspartnerschaftsgesetz erstmals für lesbische und schwule Paare die Möglichkeit, ihre Partnerschaften in einer eheähnlichen Gemeinschaft staatlich anerkannt zu schützen. Mit dem Eingehen einer Eingetragenen Lebenspartnerschaft sind zwar gleiche Pflichten wie in einer heterosexuellen Ehe, jedoch weniger Rechte verbunden. Bis heute kam es zwar zu einer sukzessiven Angleichung, jedoch nicht zu einer vollständigen Gleichstellung. Insbesondere im Adoptionsrecht und im Steuerrecht sind Lesben und Schwule in Lebenspartnerschaften immer noch heterosexuellen Eheleuten gegenüber benachteiligt. Die derzeitige gesellschaftliche, politische und rechtliche Debatte lässt hoffen, dass es auch in Deutschland in Bälde zu einer vollkommenen rechtlichen Gleichstellung kommen wird[2].

Der rechtliche und gesellschaftliche Wandel hatte und hat immer noch zur Folge, dass Homo- und Bisexualität im Lebensalltag vieler Menschen zunehmend sichtbarer werden. Inzwischen sind viele Politiker_innen, Journalist_innen und Moderator_innen geoutet. Viele Menschen kennen Lesben und Schwule in ihrem persönlichen Lebensumfeld als Nachbar_innen, Kolleg_innen, Freund_innen oder Vereinsmitglieder. Man sollte meinen, dass man diese zunehmende Sichtbarkeit auch in der Schule wiederfindet, dem Ort, an dem Kinder und Jugendliche die meiste Zeit ihres Tages verbringen. Doch Fehlanzeige! Im Schulalltag sind lesbische, schwule und bisexuelle Lebensweisen wie eh und je versteckt. Homosexualität wird im Kontext Schule entweder gar nicht, häufig nur problembehaftet oder unter Umständen sogar negativ besetzt dargestellt.

Anders als Lesben, Schwule und Bisexuelle sind trans* und inter* Personen[3] im gesellschaftlichen und politischen Leben wesentlich unsichtbarer. Durch das Per-

---

2 Vgl. hierzu http://www.planet-schule.de/wissenspool/entscheide-dich/inhalt/hintergrund/die-geschichte-der-homosexuellen-bewegung.html.

3 Mit dem Begriff trans* werden Personen bezeichnet, deren soziales Geschlecht sich nicht den traditionellen Vorstellungen von Männlichkeit oder Weiblichkeit zuordnen lässt, während sich der Begriff inter* auf Personen bezieht, deren biologisches Geschlecht nicht als eindeutig männlich oder weiblich bestimmt werden kann.

sonenstandgesetz und das Transsexuellengesetz werden diese Menschen weiterhin benachteiligt und pathologisiert. Von Anerkennung, Respekt und Wertschätzung kann in Bezug auf den Umgang mit trans* und inter* Lebensweisen in Deutschland keine Rede sein. Diese Unsichtbarkeit und Pathologisierung ist entsprechend im schulischen Kontext zu finden (Haeberle, 2005, S. 8, 19, 31).

Im Folgenden wird deshalb vor allem dargestellt, in welcher Situation sich lesbische, schwule und bisexuelle Schüler_innen und Lehrkräfte an Schulen befinden und welche Folgen dies für das psychosoziale Wohlbefinden und den Lernerfolg dieser Schüler_innen hat. Die Betrachtung der Situation von trans* und inter* Lebensweisen ist von daher kein zentraler Gegenstand des vorliegenden Beitrags. Zum einen liegt das daran, dass trans* und inter* Personen in Gesellschaft und Schule zum Teil gänzlich anderen Unsichtbarkeits- und Ausgrenzungsmechanismen unterliegen, die sich vorwiegend auf die sexuelle Identität beziehen und noch einmal grundsätzlich anders gelagert sind als die, denen Lesben, Schwule und Bisexuelle unterliegen. Zum anderen ist das derzeitige empirische Wissen um die Situation von trans* und inter* Lebensweisen um ein Vielfaches geringer als das um Lesben, Schwule und Bisexuelle.

Aufbauend auf die Analyse der spezifischen Situation von Lesben, Schwulen und Bisexuellen im Kontext Schule werden Strategien vorgestellt, welchen Beitrag die unterschiedlichen Akteur_innen im Kontext Schule (Lehrkräfte, Schulgemeinde, Schulleitung, Schulverwaltung und Bildungspolitik) zur Sichtbarkeit und Normalisierung von lesbischen, schwulen, bisexuellen (im Folgenden kurz: lsb) Lebensweisen im Sinne von Alltäglichkeit leisten können und somit Einfluss auf den Bildungserfolg von lsb Schüler_innen nehmen können.

2. „Schwule und Lesben gibt es nur in Berlin!"[4] Zur Situation von lesbischen, schwulen und bisexuellen Schüler_innen

Geht man davon aus, dass fünf bis zehn Prozent der Bevölkerung (Sielert, 2005, S. 87) lesbisch, schwul oder bisexuell veranlagt sind, dann bedeutet das bezogen auf eine typische Mittelstufenklasse zum Beispiel an einem Gymnasium, dass es in jeder Schulklasse mindestens eine lesbische Schülerin und einen schwulen Schüler gibt. Dieser Anteil an Schüler_innen in einer Klasse entspricht ungefähr dem an Linkshänder_innen. An einem durchschnittlichen Gymnasium mit ungefähr 1000 Schüler_innen gibt es demnach 50 bis 100 Schüler_innen, die nicht heterosexuell leben oder dies im Laufe ihres Lebens tun werden. Das entspricht je nach Rechnung bis zu drei Schulklassen. Damit befinden sich lsb Schüler_innen zwar zahlenmäßig in einer deutlichen Minderheit. Aber im Vergleich zu anderen Minderheiten wie zum Beispiel solchen auf Grund einer bestimmten (zugeschriebenen oder tatsächlichen) ethnischen oder religiösen Zugehörigkeit sind diese Schüler_

---

4   Aussage eines Schulleiters gegenüber einem schwulen Kollegen in einer Stadt im Rhein-Main-Gebiet.

innen bezüglich eines ihrer wichtigsten Identitätsmerkmale in der Regel vollkommen unsichtbar: Es steht ihnen nicht auf die Stirn geschrieben[5]. Nicht nur, dass auf Grund heteronormativer Vorstellungen von vielen an Schule Beteiligten stillschweigend davon ausgegangen wird, dass alle Schüler_innen zu jedem Zeitpunkt heterosexuell empfinden, stellt eine Ursache für die dadurch entstehende Benachteiligung dar. Auch die Tatsache, dass lsb Lebensweisen in der Regel nur in sexualisierten, problembehafteten oder diskriminierenden Kontexten sichtbar werden, fördert diese Jugendlichen hinsichtlich einer auf Ich-Stärke und Selbstannahme ausgerichteten positiven Identitätsbildung nicht. Da der Schulunterricht ein stark biologisiertes Bild von menschlicher Sexualität und einen von heteronormativer Zweigeschlechtlichkeit geprägten Familienbegriff vermittelt, wirken nichtheterosexuelle oder auch trans* und inter* Personen stets als Abweichung von der Norm, die im Falle von Homo- und Bisexualität eventuell noch zu integrieren ist und im Falle von trans* und inter* Identitäten sogar noch als medizinisch behandelbar und behandlungsbedürftig aufgefasst wird. In der Regel werden diese Lebensweisen nicht als selbstverständlicher und akzeptierter Teil einer von Vielfalt geprägten Norm gesehen und dargestellt, der eine inklusive Vorstellung zu Grunde liegt.

Wissenschaftlich ist derzeit nur wenig über die psycho-soziale Situation von lsb Schüler_innen bekannt. Dieser Befund allein spricht schön Bände dafür, wie wenig sensibel Schule, Unterricht sowie Bildungsverwaltung und -politik für die Situation dieser Schüler_innen sind. In nur wenigen Bundesländern wie zum Beispiel Berlin haben Bildungspolitik und Bildungsverwaltung überhaupt ein Interesse daran, darüber etwas zu erfahren, um in einem nächsten Schritt möglicherweise etwas zu unternehmen bzw. diesbezüglich politisch aktiv zu werden[6]. Die wenigen Daten, die über die psycho-soziale Situation von lsb Schüler_innen, die Einstellung von Schüler_innen zu lsb und die Darstellung und Wahrnehmung von lsb Personen in Schulbüchern vorliegen, unterstreichen den dringenden Handlungsbedarf.

Die derzeit aktuellsten Daten stammen aus einer repräsentativen Studie von Klocke et al. (2012), die im Jahr 2009 im Rahmen eines Beschlusses des Abgeordnetenhauses zur Initiative *„Berlin tritt ein für Selbstbestimmung und Akzeptanz sexueller Vielfalt"* von der Senatsbildungsverwaltung in Auftrag gegeben wurde. Einer der Hauptbefunde dieser Untersuchung ist, dass homophobes Verhalten bei Schüler_innen weit verbreitet ist. Gleichzeitig werden lsb Lebensweisen im Unterricht nur selten im Sinne einer Selbstverständlichkeit thematisiert. Die Studie kam u.a. zu dem Ergebnis, dass 62 % aller Sechstklässler_innen und 54 % aller Neunt- und Zehntklässler_innen in den letzten Monaten vor der Befragung nach Angaben von Mitschüler_innen „schwul" oder „Schwuchtel" als Schimpfwort verwendeten. „Lesbe" wurde von 40 % der Sechstklässler_innen und 22 % aller Neunt- und Zehntklässler_innen benutzt. Dabei gehört „schwul" offenbar als Schimpfwort so zur wahrgenommenen Normalität der Schüler_innen, dass es selbst von nicht-hete-

---

5　Dieser Vergleich ist insofern unter Umständen nicht stimmig, da durch die einseitige Betrachtung eines einzelnen Identitätsmerkmales leicht die Mehrdimensionalität von Identität und der daraus resultierenden Mehrfachdiskriminierung ausgeblendet wird. Vgl. hierzu auch: Intersektionalität.

6　Vgl. http://bildungsserver.berlin-brandenburg.de/sexuelle_vielfalt.html.

rosexuellen Schüler_innen nicht als Abwertung der eigenen Gruppe wahrgenommen wird. 54 % der Sechstklässler_innen und 62 % der Neunt- bzw. Zehntkläss-
ler_innen wäre es unangenehm, Kontakt zu Lesben und Schwulen zu haben. Auch
Bernd Simon (2008) kam vor einigen Jahren u.a. zum Ergebnis, dass die Mehrheit
der Berliner Gymnasiast_innen und Gesamtschüler_innen deutliche homophobe
Einstellungen artikuliert.

In einer Befragung des Beratungsprojektes Maneo für schwule Männer aus Berlin
gaben 56 % der teilnehmenden Schüler an, dass es an ihrer Schule besser wäre, die
eigene Homosexualität zu verheimlichen (Lippl, 2008). 90 % der Befragten gab an,
dass der schwerwiegendste Vorfall in den vergangenen 12 Monaten (zu 43 % eine
Form von Bedrohung) sicher bis sehr sicher homophob motiviert gewesen ist. 44 %
aller bis 18-Jährigen äußerte, dass sie sich gar nicht bzw. eher nicht akzeptiert fühlen im Vergleich zu anderen Mitschüler_innen (Gymnasium: 35 % der Befragten).
Nur 28 % aller befragten Schüler gab an, dass an ihrer Schule darauf geachtet wird,
dass sich niemand über Schwule, Bi- und Transsexuelle lustig macht. 53 % äußerten, dass Lehrer_innen nicht eingreifen, wenn schlecht über Schwule geredet wird.

Bereits 2001 wurden Studienergebnisse der Senatsverwaltung für Schule, Jugend
und Sport in Berlin veröffentlicht (Senatsverwaltung, 2001), aus denen hervor-
geht, dass das klassische Coming-Out-Alter von lesbischen und schwulen Jugendlichen zwischen 14 und 19 Jahren und somit mitten in der (Ober-)Schulzeit liegt.
Die meisten Mädchen (27 %) outen sich demnach im Alter von 16 bis 17 Jahren,
die meisten Jungen (28 %) mit 14 bis 15 Jahren. Da die innere Coming-Out-Phase
meist mehrere (bis überwiegend fünf) Jahre dauert, kann davon ausgegangen werden, dass ein erstes vages Bewusstsein über die eigene Homosexualität bereits im
Grundschulalter (9 bis 10 Jahre) möglich ist.

Die Leiterin des Beratungszentrums für Lesben und Schwule in Köln, Karola
Berlage, fasst zusammen: „Wir sind noch weit davon entfernt, dass Homosexualität
eine willkommene Selbstverständlichkeit ist" (zitiert nach Pluwatsch, 2009). Bodo
Lippl resümiert sogar, dass bei lesbischen und schwulen Jugendlichen in der Schule
„Phasen der Entwicklung zu einer selbstbewussten schwulen Identität [...] in Frage
gestellt oder unterbrochen [werden] durch erlebte Hassgewalt" (2008). Infolge-
dessen kommt es bei diesen Jugendlichen zu einer unterdrückten Persönlichkeitsentwicklung durch ein ständiges Gefühl des „Falschseins", der Angst, sich gegenüber anderen nicht öffnen zu können bzw. zu dürfen, und fehlende Alltagsvorbil-
der. Häufig resultiert daraus auch eine schulische Leistungseinschränkung oder gar
-unfähigkeit, die vom Rückzug aus dem Schulalltag bis hin zum Schulabbruch reichen kann. Es ist zudem bekannt, dass lsb Jugendliche einem vier- bis siebenmal
erhöhten Suizidrisiko im Vergleich zu ihren heterosexuellen Altersgenoss_innen
ausgesetzt sind[7]. In das öffentliche Bewusstsein gerückt wurde dieser Umstand
durch den Suizid des 17-jährigen Michael Schmidpeter aus Oberbayern, der sich
2006 während seines Coming Out das Leben nahm (vgl. Sonnabend, 2012).

„Anstatt Schüler in ihrer sexuellen Orientierungsphase zu unterstützen oder
zumindest nicht zu beeinträchtigen, werden Schulen für mehr als die Hälfte der
schwulen und bisexuellen Schüler als Orte wahrgenommen, an denen es nicht

---

7   Vgl. http://www.coming-out-day.de/informationen/fakten.html.

möglich ist, sich offen und ehrlich zur eigenen sexuellen Orientierung zu bekennen" (Lippl, 2008). Ihre Angst vor Diskriminierung ist wie oben beschrieben häufig
nicht unbegründet: In den seltenen Fällen der Sichtbarkeit erleben sie (bei anderen) durchaus offen verbale und leider auch körperliche Gewalt. Gleichzeitig haben
diese Jugendlichen in ihrem schulischen Umfeld keine Vorbilder: Sie kennen in der
Regel weder andere lsb Mitschüler_innen noch Lehrkräfte. Die in den Studien konstatierte seltene Thematisierung von lsb Lebensweisen im Unterricht lässt sich auch
auf fehlende Kompetenzen diesbezüglich bei den Lehrkräften zurückführen. Diese
Unzulänglichkeit zeigt sich bereits darin, dass nur ein Drittel von ihnen überhaupt
von den Rahmenrichtlinien zur Sexualerziehung im Land Berlin weiß, in denen die
Thematisierung von sexueller Orientierung und sexueller Identität im Unterricht
als Querschnittthema fast schon vorbildlich geregelt ist (vgl. Klocke et al., 2012, S.
89). Auch im Schulprogramm finden sich lsb Schüler_innen kaum wieder: Viele
Schulen treten zwar inzwischen durchaus auch dort schriftlich fixiert gegen Diskriminierung und Mobbing ein, allerdings immer sehr allgemein. Lsb als explizit
benanntes Diskriminierungsmerkmal und gewünschte Lebensweise zur Bereicherung der Vielfalt an Schulen kann bereits schon zu einer Verbesserung der Situation von lsb Schüler_innen führen. Leider findet dies derzeit wohl in keinem
Schulprogramm Erwähnung. Das verstärkt das bereits vorhandene Gefühl des
„Nicht-Dazu-Gehörens" bei lsb Schüler_innen.

3. „Im Laufe der Zeit entsteht aber ein natürliches Verhältnis zum anderen Geschlecht."[8] Homosexualität und Heteronormativität in Schulbüchern

Angesichts der Tatsache, dass Homophobie ein alltägliches Problem in Schulen
darstellt, ist auch ein Blick in Schulbücher aufschlussreich. Schulbücher bereiten
die Lerninhalte und den angestrebten fachlichen wie überfachlichen Kompetenzerwerb, die von den Bildungsministerien der Länder vorgegeben werden, didaktisch
auf. Sie spielen im Schulalltag eine wichtige Rolle, denn in fast allen Schulformen,
Jahrgangsstufen und Fächern werden sie regelmäßig verwendet und prägen den
Unterricht grundlegend (Lässig, 2010). Geschlecht und Sexualität spielen in Schulbüchern nicht nur dann eine Rolle, wenn explizit Sexualerziehung zum Thema
gemacht wird. Auch im Englischbuch wird am Beispiel der jugendlichen Prota-
gonist_innen dargestellt, wie sich Jungen und Mädchen in der Pubertät verhalten.
Familien und Paare werden in Fächern wie Sozialkunde oder Religion abgebildet,
aber möglicherweise auch in der Rechenaufgabe im Mathebuch. Schulbücher konstruieren also (wahrgenommene) Wirklichkeit und vermitteln gewisse Normen: Wie
sehen Mädchen aus? Für wen schwärmen Jungen? Welche Konflikte treten in Familien oder Beziehungen auf?

---

8   Beyer, Remé & Steinert, 2008, S. 151.

Neben diesen fachbezogenen Bestimmungen gelten für Schulbücher weitere rechtliche Rahmenbedingungen. So regeln u.a. die UN-Frauenrechtskonvention, das Grundgesetz und die Schulgesetze der Bundesländer, dass Schulbücher nicht diskriminieren dürfen und tatsächliche Gleichstellung fördern müssen. Schulische Bildung und damit auch Schulbücher sollen allen Schüler_innen gleiche Bildungschancen ermöglichen und deren individuelle Entfaltung fördern.

Die nicht sehr umfangreiche Schulbuchforschung zum Thema zeigt allerdings, dass Homosexualität darin auch heute noch weitgehend ausgeblendet und häufig sexualisiert wird (Autonomes Lesben- und Schwulenreferat, 2011; Ziemen, 2010; Finsterwald & Ziegler, 2007; Markom & Weinhäuptl, 2007; Hunze, 2003).

In der aktuellsten Studie, die von der Max-Traeger-Stiftung in Auftrag gegeben wurde[9], wurden Geschlechterkonstruktionen und die Darstellung von Lesben, Schwulen, Bisexuellen, Trans* und Inter* in 19 Schulbüchern für die Fächer Englisch und Biologie analysiert. In der exemplarischen Untersuchung, aus der einige für die Situation homosexueller Schüler_innen besonders relevante Ergebnisse im Folgenden dargestellt werden, wurden ausschließlich aktuelle Bücher für die Sekundarstufe I, verschiedene Schulformen und unterschiedliche Bundesländer berücksichtigt.

In den Englischbüchern für fünfte Klassen war der Untersuchungsgegenstand die Alltagsdarstellungen von Personen: Alle dargestellten Kinder haben heterosexuelle Eltern und alle Darstellungen von Flirts oder Paaren sind heterosexuell konnotiert. Damit sind diese Englischbücher heteronormativ, das heißt, sie stellen Heterosexualität als einheitliche Norm dar. Homosexualität wird unsichtbar gemacht und so keineswegs als gleichwertige Form der sexuellen Orientierung dargestellt. Schwule und lesbische Schüler_innen, Schüler_innen mit zwei Müttern oder Vätern, einem schwulen Patenonkel oder einer lesbischen Nachbarin gibt es in der Welt dieser Englischbücher nicht.

Biologie wurde als zweites Schulfach ausgewählt, weil in diesem Fach in allen Bundesländern explizit Sexualerziehung vorgesehen ist. Hier ist grundsätzlich zu kritisieren, dass Homo- und Bisexualität in vielen Büchern für fünfte und sechste Klassen überhaupt nicht thematisiert werden, obwohl Unterkapitel zu Pubertät, Verlieben, Sexualität etc. vorhanden sind. Außerdem wird, wenn sexuelle Vielfalt angesprochen wird, Heterosexualität mindestens implizit zur Norm gemacht, was sich beispielsweise daran erkennen lässt, dass im Register manchmal zwar der Begriff „Homosexualität" erklärt wird, „Heterosexualität" jedoch nicht. Auch die Definitionen von „Geschlechtsverkehr" und „Pubertät" sind heteronormativ: „Beim Geschlechtsverkehr gleitet der Penis in die Scheide" (Budde, 2011, S. 302). „Jungen beginnen sich für Mädchen zu interessieren und umgekehrt" (ebd., S. 394). Durch die bildliche Darstellung wird weiterhin eine Assoziation von „homosexuell = schwul" gefördert, denn auf nur zwei von sieben Bildern mit homosexuellen Paaren sind lesbische Paare abgebildet. Lesben werden durch diese Form der Darstellung

---

9   Die Studie „Geschlechterkonstruktionen und die Darstellung von Lesben, Schwulen, Bisexuellen, Trans* und Inter* (LSBTI) in Schulbüchern. Eine gleichstellungsorientierte Analyse von Melanie Bittner im Auftrag der Max-Traeger-Stiftung" kann unter http://www.gew.de/Gleichstellungsorientierte_Schulbuchanalyse.html heruntergeladen werden.

marginalisiert. Auch durch Bildunterschriften wird Heteronormativität reproduziert: In einem Biologiebuch hat ein Bild eines heterosexuellen Paars die Bildunterschrift „Die große Liebe", unter dem Bild eines schwulen Paars direkt daneben steht „Gleichgeschlechtliches Paar" (Arnold, 2010, S. 486). Immer wieder wird in Biologiebüchern Toleranz gegenüber homosexuellen Menschen gefordert, tatsächliche Diskriminierung wird jedoch – genau wie auch das rechtliche Verbot dieser Diskriminierung – äußerst selten benannt.

Die Untersuchung der Konstruktion von Gender und des Umgangs mit Geschlechterstereotypen in Schulbüchern zeigte sich als sehr ambivalent. Grundsätzlich kann positiv bewertet werden, dass Stereotype durchaus regelmäßig thematisiert werden, in Biologiebüchern meistens in Unterkapiteln wie „Typisch männlich – Typisch weiblich?". So gibt es Schulbücher, in denen Stereotype deutlich in Frage gestellt werden: „Viele Menschen haben eine genaue Vorstellung davon, was typisch für Jungen und was typisch für Mädchen ist oder sein sollte. Häufig sind diese Vorstellungen jedoch von Vorurteilen belastet und werden nicht auf die Wirklichkeit hin überprüft. In diesem Fall bezeichnet man diese Vorstellungen als Klischee. Menschen, die nicht dem gängigen Klischee entsprechen, bekommen deshalb häufig Probleme" (Grimm, 2010, S. 75).

Leider gibt es auch Beispiele, in denen Stereotype unkritisch reproduziert werden. Dies ist dann der Fall, wenn Lust, Erregung oder Masturbation nur in Bezug auf Jungen thematisiert werden, während der weibliche Körper viel funktionaler dargestellt wird. Auch was Arbeitsteilung anbelangt, werden problematische Normen reproduziert: „Welche Spiele werden gerne von Mädchen, welche häufig von Jungen gespielt? Welche dieser Spiele haben etwas mit den späteren Aufgaben von Frauen und Männern zu tun?" (Jütte & Kähler, 2008, S. 259).

Auf den ersten Blick mag das mit der Situation homosexueller Schüler_innen nicht besonders viel zu tun haben. Normative Vorstellungen von Mädchen und Jungen beinhalten jedoch immer auch die Norm der Heterosexualität oder zugespitzt formuliert: „Richtige" Frauen und Männer sind heterosexuell.

4. „Sie überfordern die Kinder, wenn Sie ihnen derart private Sachen über sich erzählen."[10] Zur Situation und zur Rolle von lsb Lehrer_innen

„Offen homosexuell lebende Lehrkräfte und deren Akzeptanz im Kollegium tragen zu einer schulischen Atmosphäre bei, die die sexuelle Identitätsentwicklung von Schülerinnen und Schülern erleichtert" (Senatsverwaltung für Schule, Jugend und Sport, 1999, S. 7). Die Bedeutung von offen lesbisch, schwul oder bisexuell lebenden Lehrkräften für die psycho-soziale Entwicklung von nicht-heterosexuellen Jugendlichen und die Sichtbarkeit in der Schule dürfen demnach nicht unterschätzt

---

10 Rückmeldung eines Elternteils gegenüber einem offen schwulen Kollegen, der an einem Gymnasium in einer Großstadt unterrichtet.

werden, wenngleich dies nur einer von vielen Faktoren sein dürfte (vgl. auch Klocke et al., 2012, S. 92).

Während inzwischen wenige empirische Daten zur psycho-sozialen Situation von lsb Jugendlichen an Schulen vorliegen, ist die Datenlage bezüglich der Situation von lsb Lehrkräften wesentlich dünner gesät. Die Erfahrung der LesBiSchwulen Lehrer_innengruppen in der Gewerkschaft Erziehung und Wissenschaft (GEW) zeigt, dass nur ein geringer Teil der Kolleg_innen, die sich in den Gruppen engagieren, in der Schule sowohl bei den Kolleg_innen als auch bei den Schüler_innen geoutet ist. Von daher ist auch davon auszugehen, dass insgesamt nur wenige Kolleg_innen in den Schulen als lsb geoutet sind. Im Rahmen seiner Masterarbeit an der Universität Oldenburg hat Arne Müller (zitiert nach Mayus, 2011) herausgefunden, dass nur fünf Prozent der befragten schwulen und bisexuellen Lehrer weder privat noch beruflich geoutet sind. Über 90 % der befragten Kollegen sind zumindest privat geoutet. Von diesen wiederum ist nur ein Viertel auch vor ihren Schüler_innen geoutet. „Diese Anzahl dürfte relativ deutlich geringer sein, da fast 40 Prozent der schwulen Lehrer angeben, ihr Schwulsein niemals angesprochen zu haben. Sie vermuten lediglich, dass dies allseits bekannt sei" (zitiert nach Mayus, 2011).

Es ist demnach davon auszugehen, dass die überwiegende Mehrheit der lsb Kolleg_innen entweder überhaupt nicht am Arbeitsplatz geoutet ist – also weder den Kolleg_innen noch den Schüler_innen gegenüber. Oder die Kolleg_innen legen zumindest dem ganzen oder Teilen des Kollegiums gegenüber ihre sexuelle Orientierung offen, während diese den Schüler_innen gegenüber verborgen bleibt. Diese gehen im Allgemeinen davon aus, dass ihre Lehrer_innen heterosexuell sind. In ihrem Ratgeber „Raus aus der Grauzone – Farbe bekennen" kommt die GEW zum Schluss, dass diese Strategie im Umgang mit der sexuellen Orientierung viele psycho-soziale Nachteile für die Kolleg_innen mit sich bringt (vgl. Gewerkschaft Erziehung und Wissenschaft, 2012, S. 57). Zur Wahrung der heterosexuellen Fassade besteht ein ständiger Aufmerksamkeitsdruck. Die Kolleg_innen „dürfen keine ‚falschen' Informationen preisgeben. Sie müssen häufig Ausreden erfinden. Oft wird eine Scheinrealität inszeniert" (ebd.). Es kann zu erheblichen Spannungen kommen, die zum einen ausgelöst werden durch die Gefahr des Outings durch Dritte und zum anderen durch den Erwartungsdruck aus der lsb Community oder den eigenen Wunsch, offen zu seiner Sexualität zu stehen. Gleichzeitig hat ein Verstecken den Vorteil, dass man bei guter Inszenierung keinen persönlichen homophoben Anfeindungen ausgesetzt sein dürfte. Ungeoutete Kolleg_innen müssen auch damit rechnen, dass über sie gemunkelt und getuschelt wird und sie vor allem den Schüler_innen gegenüber den Eindruck erwecken, dass eine nichtheterosexuelle Orientierung oder sexuelle Identität immer noch etwas ist, worüber man nicht spricht und wofür man sich evtl. schämt. Das wiederum erhöht den Druck auf das Outing. Wer hingegen geoutet ist, muss stets damit rechnen, dass es zu homophoben Anfeindungen kommt. Gleichzeitig ist das Versteckspiel dadurch aber auch beendet, was viele geoutete Kolleg_innen geradezu als Befreiung erleben. Müller kommt zum Schluss, dass offen schwule Lehrer offenbar gesünder leben als ungeoutete (zitiert nach Mayus, 2011). „Schlaflosigkeit, Depressionen, Kopfschmerzen bis hin zu Angststörungen sind Symptome und Krankheiten, die häufig von den schwulen Kollegen genannt werden und von denen mehr als die Hälfte glaubt oder es nicht ausschließt, dass sie dies nicht hätten, wenn sie heterosexuell wären" (Gewerkschaft Erziehung und Wissenschaft, 2012, S. 56).

Vertreter_innen der LesBiSchwulen Lehrer_innengruppen innerhalb der GEW berichten, dass es immer noch sehr häufig vorkommt, dass heterosexuelle Kolleg_innen ihre lsb Kolleg_innen tolerieren und akzeptieren, aber gleichzeitig auch der Meinung sind, „das Privatleben habe in der Schule nichts zu suchen" (Mayus, 2011). Lsb Lehrer_innen – egal ob geoutet oder nicht – müssen sich demnach mehr Gedanken darüber machen, was sie aus ihrem Privatleben erzählen, als heterosexuelle, was man als „Minority-Stress" bezeichnet. Lsb Kolleg_innen erleben häufig, dass zum Beispiel das Erwähnen des Partners oder der Partnerin als permanentes Outing gegenüber anderen erlebt und somit als etwas völlig anderes als bei Heterosexuellen angesehen wird: Es wird sexualisiert wahrgenommen. Und den Kolleg_innen, die zum Beispiel von ihren Partner_innen erzählen oder diese mit in die Schule bringen, wird unterstellt, „mit ihrer Sexualität hausieren zu gehen". Gleichzeitig sind lsb Lehrer_innen auch häufig die einzigen, die sich der schulischen Bearbeitung dieser Thematik annehmen, was zum einen die Sichtbarkeit fördert und deshalb ungemein wichtig ist. Zum anderen besteht die Gefahr, dass ihr Engagement dann als eines aus persönlicher Betroffenheit wahrgenommen wird. Das kann zur Folge haben, dass sich wiederum die heterosexuellen Kolleg_innen nicht mit der Thematik pädagogisch auseinandersetzen und identifizieren und die lsb Kolleg_innen in ihrer Person mit dem Thema verknüpft werden. Dadurch werden lsb Lebensweisen als „Betroffenheitsthema" manifestiert und gelangen nicht in den „Mainstream" des Unterrichtsalltags. Ein Kollege aus Hessen berichtet sogar, dass ihm sein Schulleiter rückmeldete, dass er wieder nur „Anhänger gewinnen wolle". Ein Teufelskreis!

Die psychosoziale Belastung für ungeoutete Kolleg_innen mag zwar auf den ersten Blick nur wenig mit den Schüler_innen zu tun haben. Auf den zweiten Blick zeigt sich jedoch, dass diese Situation sekundär auch dazu beiträgt, dass lsb Lebensweisen in der Schule weitestgehend unsichtbar sind oder nur in negativen Kontexten in Erscheinung treten. In beiden Fällen ist die primäre Ursache der Unsichtbarkeit die gleiche: Ein homophobes Umfeld in der Schule. Das ist insofern problematisch, als es dadurch den Schüler_innen an wichtigen Rollenvorbildern fehlt. Weder die lsb Schüler_innen erleben erwachsene Menschen, mit deren sexueller Identität bzw. Orientierung auch sie sich identifizieren können, noch erleben die heterosexuellen Jugendlichen, dass lsb etwas ganz Normales und Alltägliches ist, zu dem Menschen als einem selbstverständlichen Teil ihres Lebens stehen und womit andere Menschen tolerant umgehen und Wertschätzung zeigen.

5.   „,Bildungsland Hessen' – das muss auch für lesbische und schwule Schüler_innen gelten!"[11] Wie kann mehr Sichtbarkeit und Akzeptanz für lsb Lebensweisen in Schule und Unterricht erreicht werden?

Es könnte so einfach sein. Auf dem Schulhof gibt es nicht nur heterosexuelle, sondern auch gleichgeschlechtliche Pärchen zu sehen und niemand wird deshalb als „schwule Sau" beschimpft. Kolleg_innen, die sich im Kollegium und vor ihren Schüler_innen outen, werden in ihrer Entscheidung und in ihrem Handeln nicht in Frage gestellt, sondern unterstützt und wertgeschätzt. In der Mehrzahl der Unterrichtsfächer werden lsb Themen sachlich und angemessen thematisiert und dadurch wird lsb unaufgeregt sichtbar. Wenn sich jemand nicht „wie ein Junge" oder „wie ein Mädchen" benimmt, wird dies weder derart benannt noch gibt es ein Gekicher oder gar blöde Sprüche. Noch ist das alles eine Vision!

Im Folgenden werden Vorschläge gemacht, wie die verschiedenen an Schule und Unterricht beteiligten Akteur_innen – Lehrkräfte und Schulleitungen, Schulgemeinde, Ausbilder_innen, Schulaufsichtsbeamt_innen und Bildungspolitiker_innen – etwas dafür tun können, dass lsb Lebensweisen in der Schule sichtbarer und dadurch zunehmend normaler im Sinne von alltäglicher werden können. Ziel muss es sein, den bisher verkrampften Umgang zu entspannen und zu einer Gelassenheit und Selbstverständlichkeit zu gelangen. Lsb soll in der Schule genauso selbstverständlich lebbar sein wie Heterosexualität. Dazu bedarf es Anstrengungen in der Unterrichtsgestaltung, der Schulprogrammarbeit, der Aus- und Fortbildung von Lehrkräften, der Schulqualitätsentwicklung, der Lehrplanarbeit und in der politischen Willensbildung. Die Vorschläge bauen auf den Erfahrungen der Kolleg_innen auf, die sich bundesweit in den Arbeitsgemeinschaften LesBiSchwuler Lehrkräfte in der Gewerkschaft Erziehung und Wissenschaft (GEW) engagieren. Zum Teil existieren bereits konkrete Beispiele zur Umsetzung aus einzelnen Bundesländern, die im Folgenden ebenfalls dargestellt werden.

5.1   „Ich möchte nicht, dass ihr euch diskriminierend über Lesben und Schwule äußert." Möglichkeiten für Lehrkräfte, lsb Lebensweisen positiv und selbstverständlich in den Unterricht einzubinden

Die gesetzlichen Bestimmungen in der Bundesrepublik (Grundgesetz, AGG) und in den Bundesländern (Landesverfassungen und Schulgesetze) verbieten jegliche Form von Diskriminierung und Benachteiligung auch in der Schule. Eine wichtige pädagogische Maxime für Unterricht und Erziehung besteht darin, jede_n Schüler_in individuell und bestmöglich in der persönlichen Entwicklung und im fachlichen wie überfachlichen Kompetenzzuwachs zu fördern. Dass dies auch für Schü-

---

11 Forderung einer Vertreterin aus dem Hauptpersonalrat der Lehrerinnen und Lehrer in Hessen.

ler_innen gilt, die nicht-heterosexuell leben (werden), wird allzu häufig aus den oben beschriebenen Gründen von Lehrkräften in deren pädagogischen Handeln nicht berücksichtigt. Zur Erreichung eines Zustands einer tatsächlichen Gleichbehandlung und Chancengleichheit für lsb Schüler_innen bedarf es demnach mehr als gesetzlicher Vorgaben: Lehrkräfte müssen entsprechend kompetent sein, um derart pädagogisch sehen und handeln zu können.

Das Wichtigste im Handeln von Lehrkräften ist es, eine offene, wertschätzende Haltung gegenüber lsb einzunehmen. Dazu ist es notwendig, sich über das Thema lsb Lebensweisen zu informieren[12]. In diesem Zusammenhang sollten Lehrkräfte ihre eigenen Vorstellungen zu lsb Menschen klären und sich zunächst ihre persönliche Einstellung zur Sichtbarkeit und zur Gleichstellung klarmachen. Mit Hilfe des erworbenen Wissens zu lsb kann dann diese eigene Position reflektiert und daraus eine pädagogisch wirksame Haltung entwickelt werden, die den Bedürfnissen der Jugendlichen in der Schule gerecht wird und sich von der persönlichen Einstellung der Lehrkräfte abhebt und emanzipiert. In Berlin bietet das von der Senatsbildungsverwaltung geförderte Projekt queerformat[13] spezielle Workshops bzw. Fortbildungen an. Im Rahmen solcher Fortbildungsveranstaltungen werden die Teilnehmer_innen u.a. angeleitet, Anknüpfungspunkte für dieses Thema im eigenen Unterricht zu finden. Neben einer Analyse der curricularen Vorgaben wie zum Beispiel der Lehrpläne zur Sexualerziehung und der Vorgaben für die eigenen Unterrichtsfächer soll der eigene Unterricht unter der Fragestellung „Wo wurde lsb bisher noch nicht mitgedacht?" reflektiert werden, um dann entscheiden zu können, wie dies geschehen soll. Dazu gehört auch das Beobachten der eigenen Sprache, um heteronormative Formulierungen zu überwinden. Dadurch lernen die Lehrkräfte beim pädagogischen Handeln mit den Jugendlichen immer davon ausgehen, dass es auch lsb Schüler_innen in den Lerngruppen gibt bzw. mit einer Haltung den Schüler_innen gegenüberzutreten, dass sich nicht jede_r von ihnen heterosexuell entwickeln wird.

Eine Analyse von Schulbüchern hinsichtlich der dort dargestellten Vielfalt von Menschen im Sinne von Diversity kann auch für den Unterricht fruchtbar gemacht werden, indem gemeinsam mit den Schülern die dort dargestellte Heteronormativität hinterfragt und kritisiert wird.

Lsb Lebensweisen werden zunehmend Alltag in Deutschland und sollten dementsprechend auch so im Unterricht dargestellt werden. Als besonders wirksam hinsichtlich der Etablierung eines möglichst alltäglichen Umgangs mit lsb in der Schule hat sich erwiesen, bei Unterrichtsthemen wie Familie, Sexualität, Pubertät, Liebe, Glück und Partnerschaft, aber auch Verfolgung, Diskriminierung, Mobbing, Gewalt und Menschenrechten lsb Lebensweisen nicht einfach nur „anzuhängen", sondern stets von Beginn an zu integrieren. Dadurch kann zum einen erreicht werden, dass lesbisch, schwul oder bisexuell schlicht als Möglichkeiten der sexuellen Identität wahrgenommen werden, und zum anderen aber auch, dass Heterosexualität nicht selbstverständlich auf jeden Menschen zutrifft. Unterstützung bei der Umsetzung finden Lehrkräfte inzwischen auf den Bildungsservern einiger Bundes-

---

12 http://www.queerformat.de/fileadmin/user_upload/news/HR_Schule_Teil_3.pdf.
13 Siehe http://www.queerformat.de/schule/angebote/.

länder[14] oder der Vielzahl LesBiSchwuler Aufklärungsprojekte[15]. Die regelmäßige
Einbindung solcher Projekte hat sich ebenfalls sehr bewährt. Anerkennung für eine
derartige Arbeit erhalten Lehrkräfte zum Beispiel auch, wenn sie auf Elternabenden
eine ähnlich offene Haltung einnehmen und offen lsb lebende Lehrkräfte angesprochen werden, wie man sie unterstützen kann.

5.2 „Lesben und Schwule sind in unserer Schule jederzeit willkommen."[16] Möglichkeiten für die Schulgemeinde (Gesamtkonferenzen und Schulkonferenzen)

Neben den oben beschriebenen Möglichkeiten einzelner Lehrkräfte auf Grund
ihrer sensibleren und offeneren Haltung lsb Lebensweisen in der Schule gegenüber kann von einer die gesamte Schulgemeinde betreffenden Sensibilität eine Signalwirkung ausgehen, die sowohl nach innen auf Lehrkräfte, Schüler_innen und
Eltern wirkt als auch nach außen bezüglich der Wahrnehmung der Schule in der
Öffentlichkeit und in der Bildungsverwaltung einen Effekt hat. Auf dieser Ebene
von Schule und Unterricht geht es vor allem um eine institutionalisierte Verankerung des Bestrebens der Beteiligten nach Sichtbarkeit und Wertschätzung. So sollte
im Schulprogramm zum Beispiel lsb explizit als einer der Gründe für Mobbing
benannt werden, gegen die man sich als Schule ausspricht. Diese Vorgehensweise
kann erweitert werden auf die Darstellung von Vielfalt, Antidiskriminierung und
Demokratie im Schulprogramm oder auch in Erziehungsvereinbarungen zwischen
Lehrkräften, Schüler_innen und Eltern. Diese Maßnahme sollte auch ein kritisches
Hinterfragen von ausschließenden Formulierungen im Schulprogramm oder anderen offiziellen schulischen Schriftstücken umfassen.

Die Lehrkräfte können im Schulcurriculum festschreiben, dass im Unterricht
eines jeden Faches Anknüpfungspunkte für die Einbindung von lsb Lebensweisen
gefunden werden sollen und darauf aufbauend verbindliche Unterrichtsbausteine
entwickelt und durchgeführt werden. Dazu kann das gesamte Kollegium an einer
Fortbildung teilnehmen, die entweder von der für die Schule zuständigen Bildungsverwaltung oder freien Trägern der lsb Aufklärungs- und Bildungsprojekte angeboten wird.

Die Vertretung der Schüler_innen kann initiieren, dass die Schule selbstver-
pflichtend an Antidiskriminierungsprojekten wie „Schule ohne Rassismus – Schule
mit Courage"[17] oder „Schule ohne Homophobie – Schule der Vielfalt"[18] teilnimmt.
Ebenso kann eine Kooperation mit den örtlichen LesBiSchwulen Aufklärungspro-
jekten eingegangen werden. Aber auch die Organisation von Ausstellungen und
die Berücksichtigung von lsb bei Schulaktionen wie zum Beispiel zum Valentinstag

---

14 Zum Beispiel http://bildungsserver.berlin-brandenburg.de/unterrichtsmaterial.html.
15 Eine Liste ist unter http://www.schwulelehrer.de/cms-assets/documents/71974-185158.
    aufklarungsprojekte-1.pdf zu finden.
16 Motto des Projektes „Schule ohne Homophobie – Schule der Vielfalt" in Nordrhein-West-
    falen.
17 http://www.schule-ohne-rassismus.org/.
18 http://www.schule-der-vielfalt.de/ (bisher nur in Nordrhein-Westfalen).

oder Tanzveranstaltungen sind kleine, aber wirksame Möglichkeiten, zu einem all-täglichen Umgang mit lsb an der eigenen Schule zu gelangen.

Die Schulleitung kann sich sensibilisieren, indem sie die Vielfältigkeit der eige-nen Schule abfragt und darauf aufbauend Maßnahmen ergreift, die lsb Jugendliche und Lehrkräfte unterstützen[19]. Möglicherweise ist es sogar sinnvoll, eine Funktions-stelle für Diversity an der Schule einzurichten.

5.3 In jeder Klasse gibt es so viele Lesben und Schwule wie Linkshänder_innen. Möglichkeiten zur Förderung der Sensibilität von Lehrkräften gegenüber lsb im Rahmen der Ausbildung

Bisher spielt das Feld lsb Lebensweisen in Schule und Unterricht im Studium und im Vorbereitungsdienst (Referendariat) von Lehrkräften eine eher randständige Rolle[20]. Im Land Berlin hat man gute Erfahrungen damit gemacht, einzelne Bau-steine in der Ausbildung von Lehrer_innen im Vorbereitungsdienst zu entwickeln, an denen die Referendar_innen dann verpflichtend teilnehmen. Dazu kann zum Beispiel auch ein Besuch bei einem LesBiSchwulen Aufklärungsprojekt gehören oder die Planung einer konkreten Unterrichtsreihe im Seminar, die dann im eigen-verantwortlichen Unterricht erprobt wird. Neben der bereits weiter oben beschrie-benen Sensibilisierung der angehenden Lehrer_innen leisten mit Sicherheit auch inhaltliche Inputs zur Geschichte der Lesben- und Schwulenbewegung und zur sexuellen Orientierung und zur geschlechtlichen Identität einen wichtigen Beitrag zur Kompetenzentwicklung.

Es ist vor allem darauf hinzuwirken, dass in den Kompetenzbeschreibungen für den Vorbereitungsdienst, also den Könnens-Erwartungen an künftige Lehrkräfte, ein professioneller Umgang mit Vielfalt auch konkret bezogen auf sexuelle Vielfalt Berücksichtigung findet.

5.4 Akzeptanz von sexueller Vielfalt ist ein Qualitätsmerkmal von Schule und Unterricht. Möglichkeiten für Schulverwaltung und Bildungspolitik

Die Bildungsverwaltung und die auf sie einwirkenden Akteur_innen in der Bil-dungspolitik können das Bestreben nach mehr Selbstverständlichkeit und Alltäg-lichkeit im Umgang mit lsb Lebensweisen in der Schule ebenfalls nachdrücklich unterstützen. So sollten die Fortbildungsinstitute für Lehrkräfte in den Bundeslän-

---

19 Zum Beispiel Checkliste für Schulleitungen: http://www.queerformat.de/fileadmin/user_ upload/documents/110722_Infoblaetter_Web_A4.pdf und http://www.queerformat.de/ fileadmin/user_upload/news/Handlungsoptionen_Schule.pdf.

20 http://www.berlin.de/imperia/md/content/lb_ads/gglw/isv/final_mzk_ma__nahmenpa-ket_bek__mpfung_homophobie_mit_tabelle_bf.pdfstart&ts=1309359982&file=final_mzk_ ma__nahmenpaket_bek__mpfung_homophobie_mit_tabelle_bf.pdf (hier Seite 2).

dern regelmäßig Fortbildungen zu diesem Thema anbieten und sich die dazu notwendige Kompetenz bei den entsprechenden Trägern einholen. Dazu gehört auch,
wissenschaftliche Untersuchungen durchführen zu lassen, die Daten über die Situation von lsb Menschen an Schulen erheben und auswerten, um den genaueren
Handlungsbedarf zu bestimmen und zu optimieren. Die in der Bildungsverwaltung für Schulqualität verantwortlichen Abteilungen sollten Handreichungen für
Lehrkräfte entwickeln lassen, die diese bei der Planung von entsprechenden Unter-
richtsbausteinen unterstützen und sie auch gleichzeitig über lsb informieren. Als
wirksam erweist sich auch, wenn in Lehrplänen oder anderen curricularen Vorgaben verbindlich festgelegt ist, an welchen Stellen im Unterricht über lsb zu sprechen ist. Das schafft vor allem auch ein Gefühl der Rechtssicherheit bei den Lehrkräften. Wünschenswert ist ebenso, dass in den von den Ländern formulierten Kriterien für Unterrichts- und Schulqualität verbindlich festgeschrieben wird, dass
sich Schule und Unterricht auch an ihrer Offenheit und ihrem Willkommen für lsb
Lebensweisen als ein Teil von Vielfalt messen und beurteilen lassen müssen.

Die Bildungsverwaltungen der Bundesländer können auch auf die Gestaltung
von Schulbüchern Einfluss nehmen, indem sie in ihren Vorgaben zur Schulbuch-
gestaltung von den Schulbuchverlagen fordern, stärker als bisher lsb Lebensweisen bei der Entwicklung von Lehrwerken zu berücksichtigen. Eine derartige Maßnahme hätte eine starke Signalwirkung, weil viele Lehrkräfte bei der Planung und
Gestaltung ihres Unterrichtes auf Lehrbücher zurückgreifen und diese regelmäßig
in den Mittelpunkt des Unterrichtes rücken. Lehrbücher werden als Legitimation für die Inhalte des eigenen Unterrichtes den Schüler_innen und ihren Eltern
gegenüber gesehen.

Manche Bildungsverwaltungen haben bereits dafür gesorgt, dass in den Schulen vor Ort Lehrkräfte als Ansprechpartner_innen für Diversity benannt und entsprechend fortgebildet werden. So gibt es in Berlin der Planung nach inzwischen
an jeder Schule Ansprechpartner_innen für sexuelle Vielfalt. Dort, wo dies nicht
möglich ist, könnten die Vertrauens- bzw. Verbindungslehrkräfte entsprechend
sensibilisiert und fortgebildet oder aber auch Gleichstellungsbeauftragte ein-
gerichtet werden, die darauf achten, dass es zur Entwicklung von Diversity in der
Schule kommt. Der Umgang mit lsb Lebensweisen sollte ein integraler Baustein
davon sein. Eine entsprechende Sensibilisierung der Schulsozialarbeiter_innen bzw.
-psycholog_innen würde die Arbeit dieser Lehrkräfte sinnvoll ergänzen.

Wenn die Bildungsverwaltungen wie in Berlin oder in Nordrhein-Westfalen innerhalb ihrer Behörden dann noch eine Stelle einrichten, die die gesamten
Maßnahmen bündelt und Ansprechpartner_in für alle Beteiligten darstellt, dann
ist es möglich, eine Umsetzung und nachhaltige Implementierung der genannten
Maßnahmen zu fördern und sicherzustellen. Damit verbunden sein sollte auch die
finanzielle wie auch administrative Förderung von Schulaufklärungsprojekten und
Antidiskriminierungsprojekten wie Schule ohne Homophobie – Schule der Vielfalt.

Literatur

Arnold, K. (2010). *Fokus Naturwissenschaften Gymnasium 5/6.* Berlin: Cornelsen.

Autonomes Lesben- und Schwulenreferat an der Universität zu Köln (2011). „Und das ist Homostadt." Schwullesbische Lebensweisen in NRW's Schulbüchern. Eine Studie im Rahmen der Aktionswoche gegen Sexismus und Homophobie an der Universität zu Köln. Köln. Verfügbar unter: http://archiv.lusk.de/wp-content/uploads/2011/02/studie-schulbucher.pdf.

Beyer, I., Remé, R. & Steinert, C. (2008). *Natura 1 Biologie für Gymnasien. Ausgabe A.* Stuttgart: Klett.

Budde, J. et al. (2011). *Natur und Technik Biologie 7-10. Differenzierende Ausgabe. Nordrhein-Westfalen G.* Berlin: Cornelsen.

Finsterwald, M. & Ziegler, A. (2007). Geschlechtsrollenerwartung vermittelt durch Schulbuchabbildungen der Grundschule. In P. Ludwig & H. Ludwig (Hrsg.), *Erwartungen in himmelblau und rosarot. Effekte, Determinanten und Konsequenzen von Geschlechterdifferenzen in der Schule* (S. 117–143). Weinheim: Beltz Juventa.

Gewerkschaft Erziehung und Wissenschaft (GEW) (Hrsg.). (2012). *Raus aus der Grauzone – Farbe bekennen. Lesben, Schwule und Trans-Lehrkräfte in der Schule.* Frankfurt.

Grimm, S. et al. (2010). *Biosphäre 1. Gymnasium Baden-Württemberg.* Berlin: Cornelsen.

Haeberle, E. J. (2005). *dtv-Atlas Sexualität.* München: dtv.

Hunze, A. (2003). Geschlechtertypisierung in Schulbüchern. In M. Stürzer, H. Roisch, A. Hunze & W. Cornelißen, *Geschlechterverhältnisse in der Schule* (S. 53–81). Opladen: Leske + Budrich.

Jütte, M. & Kähler, H. (2008). *Biologie heute entdecken 1.* Braunschweig: Schrödel.

Klocke, U., Kölle, B., Dressel, M., Groß, S., Hausmann, I., Hildebrandt, T., Janitzki, L., Liepe, A., Sohège, A.-R., Vogel, L. & Wießner, J. (2012). *Olle Schwuchtel, blöde Lesbe. Eine Studie zur Akzeptanz sexueller Vielfalt an Berliner Schulen.* Berlin: Senatsverwaltung für Jugend, Bildung und Wissenschaft. Verfügbar unter: http://bildungsserver.berlin-brandenburg.de/forschung_fakten.html.

Lässig, S. (2010). Wer definiert relevantes Wissen? Schulbücher und ihr gesellschaftlicher Kontext. In E. Fuchs, J. Kahlert & U. Sandfuchs (Hrsg.), *Schulbuch konkret. Kontexte – Produktion – Unterricht* (S. 199–215). Bad Heilbrunn: Klinkhardt.

Lippl, B. (2008). Zwei Schritte vor, ein Schritt zurück. Hasskriminalität gegenüber bisexuellen und schwulen Jugendlichen im Coming-Out. *Impuls. Die MANEO-Fachzeitschrift zu Homophobie und Hate-Crime,* (02), 16–20.

Markom, Ch. & Weinhäuptl, H. (2007). *Die Anderen im Schulbuch: Rassismen, Exotismen, Sexismen und Antisemitismus in österreichischen Schulbüchern.* Wien: Braumüller Universitäts-Verlagsbuchhandlung.

Mayus, G. (2011). Berufsrisiko schwul! Sind schwule Lehrer besonders gefährdet? *Queer-Format. Gewerkschaftsmagazin für Lesben, Schwule, Bisexuelle und transgender,* (24/11), 6. Verfügbar unter: http://regenbogen.verdi.de/report_new/data/queer_Format-24-2011.pdf.

Pluwatsch, P. (2009). Kleine Freiheit. *Berliner Zeitung,* Nr. 256 vom 3. 11. 2009, 3.

Senatsverwaltung für Schule, Jugend und Sport (Hrsg.). (1999). *Rahmenplan für Unterricht und Erziehung in der Berliner Schule. Allgemeiner Teil. AV 27. Sexualerziehung.* Berlin.

Senatsverwaltung für Schule, Jugend und Sport (Hrsg.). (2001). *Sie liebt sie. Er liebt ihn. Eine Studie zur psychosozialen Situation junger Lesben, Schwuler und Bisexueller in Berlin.* Berlin: Kästner Druck.

Sielert, U. (2005). *Einführung in die Sexualpädagogik.* Weinheim/Basel: Beltz.

Simon, B. (2008). Einstellungen zur Homosexualität. Ausprägungen und psychologische Korrelate bei Jugendlichen mit und ohne Migrationshintergrund (ehem. UdSSR und Türkei). *Zeitschrift für Entwicklungspsychologie und Pädagogische Psychologie, 40* (2), 87–99.

Sonnabend, L. (2012). *Wenn Homosexualität auf dem Lehrplan steht.* Verfügbar unter: http://www.sueddeutsche.de/muenchen/unterricht-ueber-homosexualitaet-ausgegrenzt-auf-dem-schulhof-1.1278788.

Ziemen, D. (2010). *Die Darstellung vielfältiger Lebensweisen im Politikunterricht. Eine heteronormativitätskritische Analyse ausgesuchter Unterrichtsmaterialien.* Unveröffentlichte Diplomarbeit, Dresden: Technische Universität Dresden.

Jörg Rüger und Silke Schwarz

Sachunterricht und Gender – eine Selbstverständlichkeit!?

„Im Sachunterricht der Grundschule geht es darum, Kinder darin zu bilden, die Welt zu begreifen. Diese Aufgabe ist nicht ohne. Schon Comenius hatte sie im Sinn: Kindern die ganze Welt in ihren wesentlichen Verhältnissen aufzuschließen, sie darin zugleich in ihrem ganzen Wesen, in allen ihren Kräften herauszufordern. Wer sich dieser Aufgabe stellt, muss von den Lern- und Entwicklungsprozessen der Kinder her denken, von ihren anthropologischen, ökologischen, soziokulturellen Voraussetzungen her" (https://www.ph-ludwigsburg.de/2774.html). Der Sachunterricht in der Grundschule versucht dabei, insgesamt etwa 8 Fächer bzw. Fachdidaktiken miteinander zu vereinen. Diese lassen sich im Perspektivrahmen Sachunterricht (Gesellschaft für Didaktik des Sachunterrichts, 2002, S. 3) unter folgenden fünf Perspektiven subsumieren:

- Sozial- und kulturwissenschaftliche Perspektive
- Raumbezogene Perspektive
- Naturwissenschaftliche Perspektive
- Technische Perspektive
- Historische Perspektive

Mädchen und Jungen beschreiten innerhalb dieser Perspektiven höchst differenzierte Lernwege, bringen unterschiedliche Kompetenzen und Vorerfahrungen ein, benötigen dementsprechend einen bedarfsorientierten Kompetenzerwerb abweichend der tradierten Kompetenzbereiche sowie geschlechtstypische Zugangs- und Identifikationsmöglichkeiten. Dabei sollte sehr sensibel mit dieser Thematik umgegangen werden, um einerseits Klischeebildungen zu vermeiden und andererseits Geschlechtsunterschiede nicht weiter zu verstärken.

Folgende Fallschilderung zeigt exemplarisch die Bedeutsamkeit angemessener Berücksichtigung von Genderaspekten innerhalb der Unterrichtspraxis auf:

Im Rahmen einer Projektwoche zum Thema „Steinzeit" konnten die Kinder an 12 Stationen arbeiten. Diese wurden von Mädchen und Jungen höchst unterschiedlich genutzt: Während die Mädchen kochten, Schmuck herstellten oder Körbe flochten, stellten die Jungen Waffen her, bauten einen Steinzeitofen, bestimmten Tierspuren und machten Jagdspiele. Keiner der Jungen hatte z.B. Schmuck hergestellt bzw. keines der Mädchen eine Jagdwaffe gebaut. Die für die Projektgruppe zuständige Lehrkraft im Vorbereitungsdienst (LiV) war verunsichert und ratlos. Sie thematisierte ihre Beobachtungen im Sachunterrichtsmodul. In nachfolgenden, lebhaft geführten Diskussionen wurde gemeinsam über mögliche Ursachen dieses Verhaltens nachgedacht. Es wurde deutlich, wie wenig die Genderperspektive bislang innerhalb der Planungen dieser LiV Berücksichtigung fand. Letztendlich war diese Begebenheit ein Auslöser für die LiV, Lernprozesse auch gendersensibel zu planen und die differenzierten Bedürfnisse und Erwartungen von Mädchen und Jungen an einen kompetenzorientierten Sachunterricht dezidiert zu berücksichtigen.

Die Geschlechterdifferenzen im Sachunterricht sind vielfältig, wobei die folgenden Aussagen nicht pauschalisierend zu verstehen sind: Mädchen verfügen demnach eher über kommunikative und soziale Kompetenzen, zeigen Interesse an Themenbereichen der belebten Natur, an Informationsgewinnung und Textproduktion. Jungen zeigen häufig einen Vorsprung in naturwissenschaftlich-technischen Kompetenzbereichen. Dies wurde durch mehrere Schulleistungsstudien belegt (TIMSS, PISA, IGLU).

Interessant ist in diesem Kontext der Zusammenhang zwischen Interesse und Motivation der Lernenden. Das Fach Sachunterricht genießt bei Jungen und Mädchen insgesamt eine hohe Akzeptanz. Jedoch nur durch das Generieren intensiver Alltagsbezüge und Sinnzusammenhänge (Wodzinski, 2010), durch Möglichkeiten zur Partizipation sowie individuelle Schwerpunktsetzungen innerhalb der Lernarrangements lassen sich wirkungsvolle Zugänge eröffnen, die die Lernerträge steigern.

Das Zutrauen in die eigenen Leistungsfähigkeiten (Selbstkonzept) ist bei Mädchen im Bereich der unbelebten Natur eher geringer als bei Jungen. Diese leichte Selbstüberschätzung von Jungen wirkt sich durchaus positiv auf ihr Lernverhalten aus.

Des Weiteren spielen Vorerfahrungen von Jungen und Mädchen und Rollenerwartungen der Familie (Peers, Ethnie) eine wichtige Rolle. Jungen zeigen mehr Interesse an Reparaturen im Haus, Aufgaben der Mädchen hingegen folgen eher tradierten Mustern, bei Mädchen muslimischen Glaubens lässt sich diese Tendenz noch verstärkt beobachten.

Auch die Denkmodelle der Mädchen und Jungen sind unterschiedlich. Dies wird u.a. in den Fabrikbildern A. Kaisers (2003, S. 12ff.) deutlich. Jungen favorisieren demnach eher technisch-naturwissenschaftliches Denken, was in den von ihnen gezeichneten hochtechnisierten Arbeitsplätzen deutlich wird, Mädchen sind eher ästhetisch veranlagt und arbeiten lieber in Teams. Diese unterschiedlichen Denkmodelle können z.B. Konsequenzen für den Zugang zum Unterrichtsgegenstand nach sich ziehen oder aber nutzbar gemacht werden, um Mädchen und Jungen Alternativen abweichend von tradierten Geschlechterpfaden aufzuzeigen.

Die Lernstrategien von Jungen und Mädchen weisen Unterschiede auf: Mädchen nutzen häufiger Wiederholungsstrategien, Jungen eher Elaborationsstrategien (Klieme, 2010). Innerhalb der Unterrichtspraxis könnten z.B. diese differenten Lernstrategien und Lernwege in ihrer Unterschiedlichkeit wertfrei thematisiert bzw. ausprobiert werden.

Außerdem weisen die jeweiligen Spielkulturen der Geschlechter Unterschiede auf: Jungen spielen eher zu zweit, betreiben Wettkämpfe, bauen und konstruieren. Mädchen spielen eher in Gruppen, bevorzugen Regelspiele und Rollenspiele. Auch hier kann sich bei der Planung der Lernarrangements ein sachunterrichtlicher Blick

„über den Tellerrand" der Geschlechterperspektive im Sinne des Voneinander- und Miteinander-Lernens lohnen.

In der Regel haben Mädchen und Jungen unterschiedliche Zukunftsvorstellungen (Berufswahl, Familienstrukturen): Mädchen favorisieren eher sozial-pflegerische Berufe, Arbeit mit Tieren, Tätigkeiten im Erziehungs- und Bildungsbereich, in der Öffentlichkeit (z.B. Model). Jungen hingegen bevorzugen eher Berufe aus den Bereichen Technik, Maschinenbau, IT oder KFZ-Gewerbe bzw. Arbeit, die machtorientiert ist (Polizei, Feuerwehr, Militär etc.). Außerdem begeistern sich Jungen häufig für Karrieren im Sport (Bundesministerium für Familie, Senioren, Frauen und Jugend, 2007). Der Sachunterricht ist hierbei in besonderem Maße zum Aufzeigen alternativer Berufs- und auch Rollenbilder geeignet. Auch eine Kooperation mit der Elternschaft wirkt sich hier förderlich aus, da häufig innerhalb des Umfeldes der Lernenden (Familie, Peers, Ethnie) diese klassischen Bilder, teils unwissentlich, noch verstärkt werden.

Eine bedarfsorientierte, kumulativen Lernertrag ermöglichende kompetenzorientierte Unterrichtsplanung ist ohne Berücksichtigung der Genderperspektive nicht möglich. Die verstärkte Verankerung des Gendergedankens in den verschiedenen Referenzsystemen aller Bundesländer trägt dieser Aussage längst Rechnung.

Hieraus ergeben sich u.g. mögliche Konsequenzen für die *Planung, Durchführung und Reflexion* von Sachunterricht. Diese können gendergerecht vor dem Hintergrund der Reflexiven Koedukation entwickelt werden. Das bedeutet, sämtliche Handlungen sollten dahingehend überprüft werden, ob sie bestehende Geschlechterverhältnisse eher verstärken oder ob sie zu einer kritischen Auseinandersetzung hiermit beitragen können (Faulstich-Wieland, Weber & Willems, 2009).

What works:
- Lernbedingungen auch unter der Dimension Geschlecht erheben – Differenzierung nach Geschlecht, Interesse, Lernstrategien anstreben
- Anknüpfen an Kompetenzen von Mädchen und Jungen – keine Verstärkung der Differenzen
- Individualisiertes und personalisiertes Lernen anlegen
- Kumulativer Kompetenzaufbau in „geschlechtsuntypischen" Bereichen:
  Mädchen: Technikinteresse / naturwissenschaftliches Denken / Durchsetzungsvermögen → Selbstkonzept stärken
  Jungen: Soziale und kommunikative Kompetenzen / Textkompetenz / emotionale Erlebnisfähigkeit
- Partizipation – Bedürfnisse, Erwartungen beider Geschlechter berücksichtigen
- Intensive Sinnzusammenhänge und Alltagsbezüge herstellen
- Offene Unterrichtsformen – Kooperatives Lernen anstreben (Green, 2012)
- Jungenstunden – Mädchenstunden (Kaiser, 2001), geschlechtshomogene Gruppen
- „Echte" Problemorientierung bzw. Conceptual Change initiieren
- Behandlung geeigneter Vorbilder für Mädchen und Jungen
- Rollenklischees kritisch hinterfragen (z.B. durch Philosophieren im Sachunterricht)

- Geschlechtergerechte Unterrichtssprache verwenden
- Selbstreflexion der Lehrkraft: Welche Erwartungen habe ich an die Geschlechter? Welches ist meine eigene Rolle?
- Eigene Aufmerksamkeitsverteilung evaluieren

Genderkompetentes pädagogisches Handeln ist in der Ausbildung der Lehrkräfte, in Schule und Unterricht unverzichtbar. Für die Ausbildung der Lehrkräfte im Vorbereitungsdienst ergeben sich demnach folgende Konsequenzen, die nicht nur für den Sachunterricht relevant sind:

- *Sachkompetenz*:
  LiV erfassen, strukturieren und nutzen Wissen zum Gender Mainstreaming.
- *Methodenkompetenz*:
  LiV gestalten ihren Unterricht zielgruppenorientiert, offen, methodisch vielfältig und diagnosefreundlich unter Genderaspekten.
- *Selbstkompetenz*:
  LiV entwickeln die Fähigkeit zur kritischen Selbsteinschätzung und Reflexion der eigenen Person und Geschlechterrolle.
  LiV entwickeln die Fähigkeit, Unterricht gendersensibel einzuschätzen und zu reflektieren.
- *Sozialkompetenz*:
  LiV werden sich ihrer Modellfunktion bewusst und initiieren sinnstiftende, reflexive und gendersensible Kommunikation.
  LiV vollziehen Perspektivenwechsel auch unter Genderaspekten.
  LiV kooperieren konstruktiv geschlechterübergreifend.

Die Anbahnung von Genderkompetenz ist kein einfacher und auch kein unmittelbar wirksam werdender Prozess. Rezepte gibt es keine, gute Gründe in Fülle.

„Im Sachunterricht der Grundschule geht es darum, Kinder darin zu bilden, die Welt zu begreifen. Diese Aufgabe ist nicht ohne" (https://www.ph-ludwigsburg. de/2774.html). Diese Aufgabe ist tatsächlich nicht ohne – und nicht ohne sensible Berücksichtigung der Geschlechterperspektive leistbar!

Im Sachunterricht der Grundschule lassen sich nur so die Welten eröffnen, die den Erwartungen und Bedürfnissen der Mädchen und Jungen gerecht werden.

Literatur

Bundesministerium für Familie, Senioren, Frauen und Jugend (Hrsg.). (2007). *Mädchen und Jungen in Deutschland. Lebenssituationen – Unterschiede – Gemeinsamkeiten*. Berlin: Bundesministerium für Familie, Senioren, Frauen und Jugend.
Faulstich-Wieland, H., Weber, M. & Willems, K. (2009). *Doing Gender im heutigen Schulalltag: Empirische Studien zur sozialen Konstruktion von Geschlecht in schulischen Interaktionen* (2. Auflage). Weinheim: Juventa.
Gesellschaft für Didaktik des Sachunterrichts (GDSU) (2002). *Perspektivrahmen Sachunterricht*. Bad Heilbrunn: Klinkhardt.

Green, N. & Green, K. (2012). *Kooperatives Lernen im Klassenraum und im Kollegium. Das Trainingsbuch* (7. Auflage). Seelze-Velber: Kallmeyer.

Kaiser, A. (Hrsg.). (2001). *Praxisbuch Mädchen- und Jungenstunden*. Baltmannsweiler: Schneider Verlag Hohengehren.

Kaiser, A. (2003). *Projekt geschlechtergerechte Grundschule. Erfahrungsberichte aus der Praxis*. Opladen: Leske + Budrich.

Klieme, E. (Hrsg.). (2010). *PISA 2009: Bilanz nach einem Jahrzehnt*. Münster: Waxmann.

Wodzinski, R. (2010). Mädchen, Frauen und Physik – wie kann Unterricht Einfluss auf das Interesse von Mädchen an Physik nehmen? In D. Kröll (Hrsg.), *„Gender und MINT". Schlussfolgerungen für Unterricht, Beruf und Studium* (S. 37–51). Kassel: Kassel University Press. Verfügbar unter: http://www.uni-kassel.de/upress/online/frei/978-3-89958-974-0.volltext.frei.pdf.

Meike Aßmus

„Ich konnte Mathe super – bis die Worte dazukamen": Förderung von Lesekompetenz im Mathematikunterricht in einer Klasse Fünf

1. Die Fragestellung

Der Mathematikunterricht soll eine vielfältige mathematische Bildung ermöglichen, die H. Winter (1995, S. 37–46) zu drei Grunderfahrungen zusammengefasst hat: Die Schülerinnen und Schüler, im Folgenden mit SuS abgekürzt, sollen Erscheinungen aus Natur, Gesellschaft und Kultur in einer für die Mathematik typischen Weise wahrnehmen und verstehen können, weiterhin sollen sie mathematische Gegenstände und Sachverhalte, die in Sprache, Symbolen, Bildern und Formeln auftreten, kennen lernen und begreifen und in der Auseinandersetzung mit Aufgaben sollen sie drittens vertiefte Problemlösefähigkeiten erwerben. Das Medium, das die von Winter genannten Grunderfahrungen im Zusammenhang ermöglicht, ist die Textaufgabe.

Generell stellen Texte das zentrale Medium jedes Unterrichts dar. Fächerübergreifend kommt kaum eine Stunde ohne Lehrbuchtexte, Aufgaben und Arbeitsblätter aus, die verstanden werden müssen, um ein erfolgreiches Abschneiden in der Schule zu ermöglichen. Gerade im Fach Mathematik ist es aber für viele SuS ein beinahe zentrales Problem, Aufgaben mit Text, Textaufgaben, zu verstehen: Die Ergebnisse der PISA-Studie 2000, 2003 und 2006[1] haben gezeigt, dass ein Viertel aller fünfzehnjährigen SuS eine im Vergleich mit anderen Ländern unterdurchschnittliche Leseleistung[2] erbringt. Wissenschaftler der Universität Kassel haben herausgefunden, dass *„eine überdurchschnittlich hohe Korrelation zwischen Lese- und Mathematikleistungen"* (Schukajlow & Leiss, 2008) bei Textaufgaben besteht. Daraus ergibt sich die zentrale praktische Problemstellung dieses Textes: Wie lässt sich die Lesekompetenz von SuS in Bezug auf mathematische Textaufgaben verbessern bzw. fördern?

---

1 2006 legt Deutschland im Vergleich zum OECD-Trend bei den Ergebnissen Lesekompetenz und mathematische Kompetenz erstmalig zu.

2 Die PISA-Studie hat ins Bewusstsein gerückt, dass Lesen mehr ist als eine elementare Kulturtechnik. Unter *Leseleistung/Lesekompetenz* versteht PISA die Fähigkeit, geschriebene Texte unterschiedlicher Art in ihren Aussagen, ihren Absichten und ihrer formalen Struktur zu verstehen und sie in einen größeren sinnstiftenden Zusammenhang einzuordnen sowie in der Lage zu sein, Texte für verschiedene Zwecke sachgerecht zu nutzen. Diese Auffassung von *Lesekompetenz* kann als eine Form der Handlungskompetenz bezeichnet werden, denn sie enthält nicht nur die kognitive Leistungskomponente, sondern auch Haltungen, Einstellungen und förderliche Strategien und Routinen, die einen aktiven Leser auszeichnen (Baumert, 2001). Wird im Folgenden der Begriff *Lesekompetenz* verwendet, so soll er auf diese Weise verstanden werden.

Ich möchte anhand der nachfolgend skizzierten Unterrichtseinheit zur Erhöhung des Verständnisses von Textaufgaben die mathematische Kompetenz *Kommunizieren* fördern, indem die SuS sich in altersgemäßer Weise Bearbeitungsstrategien bedienen können: Diese Aktivitäten des Präzisierens, Ordnens, Klassifizierens, Definierens, Strukturierens, Verallgemeinerns, mündlich und schriftlich Ausdrückens, Reflektierens usw. sind elementar wichtige mathematische Fähigkeiten und greifen in alle Kompetenzbereiche hinein, weshalb beim Verstehens- und Lösungsprozess von Textaufgaben in der dargestellten Unterrichtseinheit neben *Kommunizieren* auch die weiteren mathematischen Kompetenzen gefordert und gefördert werden.

2. Theoretischer Hintergrund

2.1 Lesen mathematischer Fachtexte

Lesen und Verstehen sind zentrale soziale, emotionale und kognitive Voraussetzungen, um Schule zu nutzen und sie erfolgreich bestehen zu können. Die SuS zu kompetenten Lesern (von Sachtexten) zu machen, kann nicht die alleinige Aufgabe des Deutschunterrichts sein, denn die Fähigkeit, lesen zu können und das Gelesene zu verarbeiten und bearbeiten zu können, ist auch in anderen Fächern essentiell.

Die Richtung, aus der die Leseforschung auf den Mathematikunterricht blickt, hilft den Lehrkräften, die Probleme der Texte neu zu betrachten (Eikenbusch, 2007). Dadurch entwickelt sich für die Lehrenden die Möglichkeit, ein tieferes Verständnis für die Schwierigkeiten der SuS zu entwickeln und darauf aufbauend neue Lösungsansätze zu entwickeln oder auszuprobieren.

In Fachtexten bereiten Fachbegriffe aufgrund ihrer definierten Bedeutung häufig Schwierigkeiten. Die Sprachstrukturen und die sprachliche Gestaltung der Aufgaben sind den Lernenden teilweise vertraut, in der hoch verdichteten Gedankenführung, ggf. gespickt mit Fachbegriffen, sind sie für die lesenden SuS aber oft wenig verständlich.

Auch für den Fall, dass die SuS die auftretenden Begriffe verstanden haben, bleibt es eine weitere Aufgabe, den Gesamtzusammenhang zu verstehen. Wichtig ist in jedem Fall das Bewusstsein der unterrichtenden Lehrkraft, dass nicht nur die sprachliche, sondern auch die inhaltliche Seite nötigenfalls erarbeitet werden muss.

Aufgrund dieser zu überwindenden Hindernisse entstehen für die Leser Lücken, Leerstellen und Brüche in der Argumentation und der logischen Struktur, die sie selbständig schließen müssen. Das wiederum geht nur durch den Rückgriff auf Vorwissen, das unter Umständen noch nicht ausreichend vorhanden oder gefestigt ist, oder durch die Auswahl aus einer Vielzahl von Wissensstrukturen, die für die Lösung der Aufgabe relevant sind. Somit sind viele SuS überfordert (Leisen, 2006 und 2007a; Grassmann, 2008). In der Konsequenz glauben die SuS, das Gelesene gar nicht zu verstehen, und blocken ab.

Um herauszufinden, ob die SuS der fünften Klasse, die ich unterrichtet habe, tatsächlich Probleme auf dieser Ebene haben, habe ich den Leseverständnistest ELFE 1-6 (Lenhard & Schneider, 2006) durchgeführt.

Spezielle mathematische Texte haben oftmals etwas Ausgrenzendes: „Wer sie ein bisschen versteht, der versteht sie eigentlich gar nicht" (Bergunde, 2008). Treten Probleme auf der Textverständnisebene auf, „kann die Lehrkraft dieses zu verhindern versuchen, indem sie entweder defensiv handelt und den Leser durch Verzicht, Vorentlastung, Textvereinfachung vor derartigen Schwierigkeiten bewahrt" (Leisen, 2007b). Sie kann aber auch offensiv handeln und den Leser im Umgang mit derartigen Texten durch Lesestrategien und durch Lesetraining kompetent machen. Um dem Leser langfristig die Kompetenz zu vermitteln, (mathematische) Texte eigenständig zu erschließen, bedarf es eines gezielten Trainings von Methoden, auf die der Leser jederzeit zurückgreifen kann.

Zum offensiven Handeln der Lehrkraft gehört es auch, sich geschlechtsspezifischer Merkmale und Unterschiede der SuS bewusst zu sein und ggf. darauf einzugehen: Es ist erwiesen, dass Mädchen mehr lesen als Jungen (Hurrelmann, 2004; Rosebrock, 2003; Gilges, 1992) und dass sie vor allem andere Texte lesen[3]. Darüber hinaus gibt es eine geschlechtsspezifische Herangehensweise an Textaufgaben: Metz-Göckel, Frohnert & Hahn-Mausbach (1991) fanden mit Hilfe von Videoaufzeichnungen aus dem Mathematikunterricht heraus, dass Mädchen versuchen, zunächst die Aufgabenstruktur zu erfassen, und abwarten, während Jungen nach dem „trial and error"-Prinzip vorgehen und unbedarft Lösungsversuche unternehmen. Solche Beobachtungen machte ich ebenfalls in meiner fünften Klasse. Es gilt, diesen geschlechtsspezifischen Herangehensweisen Rechnung zu tragen und den Mädchen eine Strategie anzubieten, die es ihnen ermöglicht, schrittweise an Aufgaben heranzugehen und „sich zu trauen". Auch den Jungen kann über eine solche Strategie geholfen werden, ihre „unbedarften Lösungsversuche" zu strukturieren und zu reflektieren. Auf diese Art wird nicht zuletzt den geschlechtsspezifischen Lesepräferenzen Rechnung getragen, denn die Fachtexte mögen auf diese Weise etwas von ihrer abschreckenden Wirkung auf die Mädchen verlieren. In der von mir durchgeführten Unterrichtseinheit habe ich anhand der verwendeten und nachfolgend beschriebenen Methoden versucht, auch auf diese Aspekte einzugehen. Wichtig für den Umgang mit den Ergebnissen der Gender-Forschung bleibt aber immer das Bewusstsein für die Tatsache, dass nicht jeder in die Kategorien der geschlechtsspezifischen Rollenzuteilung passt. Eine genaue Beobachtung und individuelle Beurteilung bleiben essentiell.

Die Auseinandersetzung mit Texten lässt sich als eine Art Bedeutungsgenerierung verstehen, bei der das Vorwissen der Leser und die Textvorgabe interagieren. Die Effizienz der Interaktion hängt von den Lern- und Verarbeitungsstrategien der Lesenden ab (Baumert, 2001, S. 71). Möchte man die Lesekompetenz erhöhen, so erscheint es sinnvoll, die Effizienz der Interaktion zwischen Leser und Text zu

---

3 Pauschal formuliert: Jungen interessieren sich vermehrt für Sach- und Fachliteratur, Mädchen lesen eher Romane. Neuere Studien belegen, dass die Mädchen sich immer stärker an die männlichen Leseinteressen anpassen, der umgekehrte Fall jedoch nicht zutrifft (Leisen, 2007a).

erhöhen. Da diese abhängig ist von den Lern- und Verarbeitungsstrategien, müsste dementsprechend ein Bewusstwerden über mögliche Lern- und Verarbeitungsstrategien eine Erhöhung der Lesekompetenz zur Folge haben. M. Bostelmann (2009) konstatiert hierzu: *„Wichtig für eine nachhaltige [...] Lesekompetenz ist es, solche Strategien* (Anm. der Autorin: Gemeint sind Lesestrategien) *zu erkennen und den Lernern durch Metareflexion bewusst zu machen. Nur so kann im Laufe der Zeit ein heuristischer Werkzeugkasten entstehen."* In der beschriebenen Unterrichtseinheit geht es um das Erlernen von (fachspezifischen) Lesestrategien, welche das sprachliche und inhaltliche Bearbeiten eines Textes integrieren, sowie um die sukzessive Anleitung, über das eigene Vorgehen zu sprechen und es zu reflektieren.

2.2 Das Konzept des dialogischen Mathematikunterrichts

Um konkret mathematische Fachtexte erschließen zu können, muss ein Leser eine Vielzahl von Aspekten implizit oder explizit berücksichtigen.

In der von mir durchgeführten Unterrichtseinheit habe ich es mir zur Aufgabe gemacht, diejenigen Methoden, die zum Verständnis eines Textes notwendig sind, zu trainieren, um den SuS ein verbessertes Leseverständnis zu ermöglichen. Die folgenden Abschnitte zeigen, welche Möglichkeiten es gibt, das Leseverständnis von SuS bei Textaufgaben im Mathematikunterricht zu fördern. Es kann dabei nicht ausgeschlossen werden, dass sie einige Aspekte bereits beherrschen und implizit anwenden. Aus diesem Grund bedarf es einer genauen Beobachtung des Bearbeitungsprozesses der Lerngruppe durch die Lehrkraft, um jedem Schüler eine angemessene Förderung zu gewährleisten.

Die Kernidee des dialogischen Mathematikunterrichts besteht darin, Schüler die Inhalte des Unterrichts reflektieren und dazu Stellung nehmen zu lassen. Die Ergebnisse dieses Vorgehens sollten neben dem verbalen Austausch auch immer schriftlich fixiert werden. In der von mir durchgeführten Unterrichtseinheit führte aus diesem Grund jedes Kind einen Lernportfolioordner (Schmidinger, 2007), in dem die jeweiligen Arbeitsschritte mittels der bearbeiteten Aufgaben dokumentiert und hierzu Stellungnahmen verfasst wurden. Auf diese Weise wird der Verständnisprozess der SuS widergespiegelt. Im Sinne einer langfristigen Förderung und Dokumentation des Lernfortschritts sind die Ordner darüber hinaus immer wieder einsetzbar.

In einer ersten Reflexionsphase bei einer neuen Aufgabe im Zuge der konzipierten Unterrichtseinheit schildern die SuS zunächst ihre Eindrücke und verbalisieren auf diese Art und Weise ihre individuelle Zugangsweise zu der jeweiligen Aufgabe. In dieser Phase der singulären Auseinandersetzung gibt es kein „richtig" oder „falsch", sehr wohl wird aber der unterschiedliche Grad an Tiefe der Betrachtungen deutlich. In der anschließenden Bearbeitungsphase werden die Aufgaben bearbeitet, die im Anschluss präsentiert und reflektiert werden. Die Präsentation kann dabei auch durch das Austauschen der schriftlich verfassten Reflexionen geschehen (Hettrich, 2007). Der Anspruch des regulären Sprachgebrauchs in der Mathematik bleibt dabei keinesfalls auf der Strecke; er begründet sich in der Diskussion mit dem Ziel, einen konsensfähigen Ausdruck für die jeweiligen Entdeckungen bzw. Lösungen der SuS zu finden.

Die folgenden Aspekte strukturieren eine Auswahl der Möglichkeiten, die es gibt, um die Erhöhung des Leseverständnisses von mathematischen Textaufgaben in den Kontext des Mathematikunterrichts einzubinden. Die beschriebenen Möglichkeiten schließen einander dabei keinesfalls aus, sondern stehen gleichberechtigt nebeneinander und bedürfen der gleichberechtigten Förderung.

2.2.1 Drei Schritte: Vorwissen abklären, mathematische Übersetzungsarbeit, Rechengeschichten

Beim ersten Lesen eines mathematischen Textes erfolgt zunächst eine Verknüpfung des Gelesenen mit dem vorhandenen Vorwissen. Dabei wird zum einen bekannten Begriffen ihre jeweilige Semantik zugeordnet. Zum anderen sind die SuS gefordert, die beschriebene Situation inhaltlich zu durchdringen, um das dargelegte Problem überhaupt erst erfassen und das im Laufe des Arbeitsprozesses herausgefundene Ergebnis mit diesem in Beziehung setzen zu können. Eine Methode, die an dieser Stelle hilfreich sein kann, ist das Erstellen eines Begriffsnetzes. Außerdem ist das Stellen von (W-)Fragen sinnvoll: Worum geht es? Welche Situation wird dargestellt? Welche Schaubilder gehören zum Text? Welche Begriffe werden verwendet? Was kenne ich schon? Was ist gesucht? Diese Fragen leiten direkt über zu dem Aspekt, der induktiv folgen muss, möchte sich der Schüler darüber klar werden, was eigentlich gesucht ist (Wie lautet der Arbeitsauftrag? Wo liegen Problemstellungen?).

Hilfreich bei diesem Abschnitt des Denkprozesses sind ebenfalls Themen von Textaufgaben, die an den Erfahrungshorizont der SuS anknüpfen, da auf diese Weise Vorwissen schneller aktiviert werden kann und der Kontext der Problemstellung i.A. motivierender wirkt.

Um zu erkennen, um welche mathematische Problemstellung es sich handelt, müssen die SuS in der Lage sein, dem Text die für sie relevanten Informationen zu entnehmen. Dabei müssen sie lernen, die unterschiedlichen Informationen zu beurteilen. Um dies zu leisten, können sie beispielsweise Fachbegriffe markieren und schließlich Signalwörter herausfinden und diese unterstreichen und ihre Bedeutung herausfinden. Haben sie zwar die Signalwörter herausgefunden, sind aber nicht in der Lage, ihnen ihre jeweilige Bedeutung zuzuordnen, markieren sie diese trotzdem, aber in einer anderen Farbe. Gegebenenfalls hilft das Herausschreiben dieser Begriffe an den Rand, um im Prozess der Klärung ihrer Bedeutung besser den Überblick wahren zu können.

Im nächsten Schritt können die SuS die Signalwörter, die in der Informationsabsicht zusammengehören, verbinden und auf gegebene Erläuterungen/Grafiken beziehen. Auf diese Weise wird es möglich, aus komplizierten Relativsatzkonstruktionen das Wesentliche herauszulesen und gegebenenfalls lange Sätze in mehrere kurze Sätze aufzuteilen bzw. umzuformulieren. Viele SuS haben trotz dieser Vorgehensweise noch weitere Probleme, sich die Situation vorzustellen und die Aufga-

benstellung zu durchdringen. Eine genauere Vorstellung von einer Aufgabe können
solche Schüler beispielsweise dadurch erlangen, dass sie zur beschriebenen Situation eine Skizze entwerfen, Informationen tabellarisch darstellen oder einen Graph
skizzieren (Vernay, 2007).

Ist nun die Problemstellung erkannt, ist es zum Bearbeiten der Textaufgabe notwendig, sie in eine mathematische Struktur zu übersetzen. Gemäß meiner Beobachtungen ist diese Anforderung sehr komplex und stellt ein weiteres, oftmals großes Problem im Unterricht dar. Bei den in der durchgeführten Unterrichtseinheit
gestellten Aufgaben untersuchte die Lerngruppe die Texte auf die ihnen bekannten
Rechenarten und Rechengesetze. Auf der Grundlage des Herausgefundenen entschieden sie sich für eine Lösungsmöglichkeit und begründeten ihre Entscheidung.
Die Umkehrung dieses Vorgehens ist ein wenig anspruchsvoller: Sollen die SuS zu
einer gegebenen Aufgabenstellung einen Text erfinden („Rechengeschichten schreiben", Klunter & Raudies, 2008), so müssen sie zu einer vorliegenden Rechnung eine
Problemstellung erfinden, was bedeutet, dass sie das Erlernte auf abstrakte Art einsetzen und gleichzeitig kreativ arbeiten müssen.

Eine weitere Möglichkeit, das Leseverständnis der SuS beim Umgang mit Textaufgaben zu fördern, ist, sie aus einer vorgegebenen Auswahl an Fragen zum Text
die passende(n) auswählen und auch beantworten zu lassen. Durch das Beantworten werden die SuS in die Lage versetzt, die gewählte(n) Frage(n) auf ihre Sinnhaftigkeit und die daraus resultierende(n) Aufgabenstellung(en) auf Lösbarkeit hin
zu überprüfen. Dieses Vorgehen beinhaltet alle angeführten Bearbeitungsmöglich-
keiten: Um die Fragen stellen zu können, müssen die SuS den Inhalt der Aufgabe
verstanden haben. Um die Frage(n) beantworten zu können, müssen sie textim-
manente Informationen erkennen, abhängig von der Art der Aufgabe wichtige von
unwichtigen Informationen unterscheiden und Schlussfolgerungen ziehen können.

Gleiches gilt für die etwas höhere Anforderung des eigenständigen Entwickelns
von Fragen an/zu einem gegebenen Text, die im Anschluss beantwortet werden.

Des Weiteren ist das Zuordnen von gegebenen Rechnungen zu gegebenen Auf-
gabenstellungen bzw. umgekehrt eine gute Übung für den Umgang mit Textaufgaben: Um die richtige Rechnung zu einem Text sicher zu identifizieren, müssen
genau die Prozesse ablaufen, welche die SuS beim Mathematisieren eines Textes
benötigen. Gleiches gilt für das reziproke Vorgehen. Diese Aufgabenform trainiert
auch das Mathematisieren eines Problems. Es ist zwingend notwendig, dass sie sich
der Bedeutung von Formulierungen bewusst sind und auch gegebenenfalls auftretende mathematische Ausdrücke/Fachbegriffe zuordnen können. Im Vordergrund
steht bei solchen Aufgaben das Verständnis des Sachverhalts (Prozessorientierung)
und nicht das Ergebnis (Produktorientierung).

Schließlich gibt es noch die Möglichkeit, die SuS frei Aufgaben entwickeln zu
lassen oder aber sie auch Rechnungen zu bestimmten Aufgaben erstellen zu lassen. In der von mir durchgeführten Unterrichtseinheit habe ich die weiter oben
beschriebenen Übungen in der Reihenfolge durchgeführt, wie ich es in diesem Text
ausgeführt habe. Einige SuS begannen dabei tatsächlich damit, zusätzlich zu den
von ihnen zu den Termen entwickelten Geschichten Textaufgaben zu erfinden. Ich
denke, dass dies eine Konsequenz der Reflexionsphasen ist, die ich wiederholt in

den Unterricht eingebaut habe und in denen die SuS immer wieder ihr Vorgehen verbalisiert und schriftlich sowie mündlich begründet haben. Auf diese Art wurde den SuS deutlich, worin die realen Herausforderungen liegen, und sie haben Spaß daran bekommen, das mathematische Vorgehen zu beschreiben und in Geschichten/Aufgaben „zu verpacken", die sie sich dann gegenseitig präsentiert haben. Dieser Aspekt verdeutlicht gut den motivierenden und erfolgreichen Charakter der Übungen zum „Übersetzen" eines realen Problems in eine mathematische Struktur und zur Verbesserung des Textverständnisses: Um eine Aufgabe schreiben zu können, müssen die beschriebenen Fähigkeiten angewandt werden. Wer das beherrscht, ist in der Lage, eine Textaufgabe zu lesen und zu verstehen. Wer das nicht beherrscht, sich aber trotzdem an der Entwicklung solcher Aufgaben versucht, für denjenigen bleibt das Konzept des dialogischen Mathematikunterrichts essentiell: Durch den Austausch mit anderen, in gemeinsamen Reflexionsprozessen können Denkfehler erkannt und Fehler korrigiert werden.

2.3 Der Lesefächer

Hat die Lerngruppe diese Möglichkeiten kennen gelernt, so ist sie angehalten, eigenständig zu entscheiden, welche Maßnahme sie durchführen will, um eine vorliegende Aufgabe besser zu verstehen. Um das aber zu können, müssen sie wissen, auf welcher Ebene ihres Leseprozesses Probleme auftreten und wo sie gerade einer Hilfestellung bedürfen. Die SuS müssen bei dieser Anforderung ihren eigenen Leseprozess kennen. Viele Teilprozesse des Lesens sind aber der unmittelbaren Beobachtung entzogen und eine Beobachtung des eigenen Leseprozesses *während* der Lektüre eines Textes stellt bereits für geübte Leser einen hohen Anspruch dar. Es ist deshalb wichtig, dass SuS auf eine angemessene Art angeleitet werden, ihren Leseprozess sukzessive eigenständig zu beobachten und dessen Schritte, Unterteilungen und die jeweiligen Reflexionen zu dokumentieren.

Dies alles ermöglicht meines Erachtens der „Lesefächer", den ich nach der Vorlage von M. Mohl-Lomb benutzt habe (2007). Die in ihm enthaltenen Streifen sind aufgeteilt in vier Teilfächer (farblich voneinander abgesetzt), die den vier Erarbeitungsschritten von Sachtexten zugeordnet sind:
Überblicken (grün), *Bearbeiten* (blau), *Verarbeiten* (gelb), *Überprüfen* (rot).
Der Gesichtspunkt, sich einem Text in vier Leseschritten (Senn & Widmer, 2005) anzunähern, stellt *eine* Strukturierungshilfe des Leseprozesses dar. Aufgrund dieser Art der Annäherung lässt sich von der Vier-Schritt-Lesemethode sprechen. Bekannt ist einigen Lesern vermutlich die Fünf-Schritt-Lesemethode (Klippert, 1994, S. 99). Die Fünf-Schritt-Lesemethode ist auch unter dem Begriff SQ3R-Methode bekannt, benannt nach den fünf Einzelschritten des vorgeschlagenen Umgangs mit Sachtexten survey, question, read, recite, review, und geht auf den US-amerikanischen Forscher Robinson zurück (Christmann & Groeben, 1999).

Diese Lesemethode stellt *eine* Strategie zur (Verbesserung der) Technik des Textverstehens dar. Die Vier-Schritt-Lesemethode lenkt die Aufmerksamkeit der lesenden Schüler auf die Erarbeitungsschritte der jeweiligen Teilfächer. Mit Hilfe der gezielten Fragen des Fächers sollen sie zu *„einem überschaubar geplanten, genauen Wahrnehmen der Leseaktivitäten angeleitet werden"* (Senn & Widmer, 2005), denn jeder Teilfächer enthält Denkanstöße zu Textbearbeitungsaspekten und die Anregung, sich mit anderen über den Text auszutauschen. Dieser Austausch ist sehr wichtig, denn damit bekommt die Selbstbeobachtung ein Ziel. Darüber hinaus ermöglicht der Austausch den SuS Einblicke in die Vorgehensweisen anderer. Langfristig entsteht so das Bewusstsein für die Verschiedenheit der Rezeption eines Textes, welche sich in der Art, diesen zu bearbeiten, niederschlägt.

Haben die SuS die Aufgabenstellung verinnerlicht, gehen sie teilfächerweise die Erarbeitungsschritte durch und bearbeiten den Text anhand des jeweiligen Schrittes, der ihnen für diese Aufgabe weiterhilft. Das kann ein einzelner Schritt sein, es kann jedoch auch eine Vielzahl von Schritten durchzuführen nötig sein, um die Textaufgabe schließlich vollständig bearbeitet und verstanden zu haben.

Die SuS markieren im Anschluss der Bearbeitung auf einem Übersichtsblatt in jedem der vier Teilfächer jene Erarbeitungsschritte, die sie beim Bearbeiten der Sachaufgabe genutzt haben. Dieses Vorgehen ermöglicht den Schülern nach mehrfachem Einsatz des Lesefächers den Überblick über die Elemente des Lesefächers, die ihnen schon einmal weitergeholfen haben. Dadurch und durch den Austausch mit anderen lernen sie die für sie persönlich hilfreichen und für die Aufgabe angemessenen Lesestrategien zu erkennen und nutzen. Je nach Umfang des mathematischen Textes kommt die Lesestrategie „Einsatz des Lesefächers" punktuell (bei kürzeren mathematischen Texten oder Arbeitsanweisungen) oder umfassend zur Anwendung.

Ich denke, dass der Lesefächer methodisch besonders geeignet für die Bearbeitung von Textaufgaben im Fach Mathematik ist, da er eine Vielzahl von Möglichkeiten, einen Text systematisch zu bearbeiten, beinhaltet und die SuS auf diese Weise die jeweils für sie bei einer bestimmten Aufgabenstellung hilfreiche(n) Möglichkeit(en) individuell auswählen können. Auch den beschriebenen geschlechtsspezifischen Herangehensweisen an Textaufgaben wird man mit dieser Methodik besser gerecht. Sie dient daher zur Binnendifferenzierung in ganz verschiedener Hinsicht. Die Entwicklung eines Bewusstseins für Möglichkeiten des Strukturierens des Lesevorgangs, auf dessen Grundlage die SuS jeweils persönliche Strategien zur Texterschließung entwickeln, hilft ihnen, (Aufgaben-)Texte zu verstehen und zu bearbeiten und erhöht langfristig das Leseverständnis. Die Anwendung des Lesefächers ermöglicht den SuS somit nicht nur ein besseres Verständnis von Textaufgaben im Fach Mathematik, sondern auch das bessere Verstehen von oftmals komplexen Fachtexten in anderen Fächern. Der Einsatz des Lesefächers stellt aus diesem Grund eine hochinteressante Möglichkeit der Leseförderung in allen Fächern dar: Ist er in einem Fach eingeführt, so lassen sich die Aspekte der Unterfächer abhängig von der Selbständigkeit der SuS eigenständig oder unter Anleitung so umformulieren, dass sie den Erfordernissen des jeweiligen Faches entsprechen.

3. Lösungsmöglichkeiten für die Unterrichtspraxis

3.1 Einheitsübersicht

Während der gesamten Einheit werden immer wieder Phasen in den Unterricht eingebaut, in denen sich die SuS verdeutlichen: „Was verstehe ich schon?", im Gegensatz zur Rückfrage: „Was verstehe ich (noch immer) nicht?", „Wobei benötige ich noch Hilfe?"

Stunden	Übersicht über die Zielsetzungen der jeweiligen Stunden	Inhalt
2	Ermittlung der Lernausgangslage.	– Evaluation des Leseverständnisses (ELFE 1-6) – Evaluation individueller Interessen, Vorlieben, Wünsche, Stärken und Schwächen (Fragebogen) – Evaluation individueller Bearbeitungsweisen von Textaufgaben (Beobachtung, Heft)
1	Erkenntnis der SuS, dass es unterschiedliche Vorgehensweisen gibt, eine Textaufgabe zu lösen.	– SuS berichten (Ich-Du-Wir), wie sie die jeweilige Aufgabe gelöst haben, und kommen untereinander ins Gespräch → Tafelprotokoll: Was kann ich tun, um einen Text oder eine Aufgabe zu verstehen? – Einige SuS stellen die Frage, wie das denn gehen solle, W-Fragen an die Aufgaben zu stellen. → Übung: W-Fragen stellen.
3	– Erkenntnis, dass nicht nur das Stellen von W-Fragen an den Text sinnvoll ist. – Einzelne Möglichkeiten der Texterschließung in Bezug auf Textaufgaben und Aufgabenstellungen in der Mathematik anwenden können.	– Fragen stellen: SuS konstatieren beim Vergleich der HA, dass gar nicht alle Fragen mit „W" anfangen. → Kann es auch sinnvoll sein, Fragen, die nicht mit „W" beginnen, an den Text zu stellen? Im Unterrichtsgespräch erfolgt schließlich die Feststellung, dass Fragen an Mitschüler, an den Text, an den Lehrer gestellt werden können. – In/zu unterschiedlichen Textaufgaben Fragen stellen/entwickeln; Wichtiges unterstreichen, Signalwörter markieren; abschnittsweise lesen; umformulieren.
1	Die gelernten Möglichkeiten zur Aufgabenerschließung in ihrer Gesamtheit einsetzen können und weitere Aspekte erkennen.	Text-Aufgabe *(Aufgabe mit viel Text und Informationen, die zum Lösen der Aufgabe nicht erforderlich sind; Verknüpfung von Diagrammen und Text notwendig).*
2	Einführung in das Thema „Rechenausdrücke": SuS lernen das Berechnen und Aufstellen von Rechenbäumen und Termen.	SuS können „mathematische Vorfahrtsregeln" benennen, beachten und so eine Aufgabe schrittweise bearbeiten.

1-2	Kennenlernen und erstes Arbeiten mit dem Lesefächer.	SuS lernen den Lesefächer kennen, erkennen darin die Synopse der ihnen bisher bekannten Möglichkeiten und entdecken weitere Möglichkeiten. – Diskussion der Bedeutung der weiteren Möglichkeiten.
3	Arbeiten mit dem Lesefächer.	Basteln des eigenen Lesefächers auf Grundlage der Markierungen auf dem Übersichtsblatt.
2	Anwenden des eigenen Lesefächers.	Text-Aufgabe *(komplexere Aufgabe mit Text und Informationen, die zum Lösen der Aufgabe nicht erforderlich sind; Verknüpfung von Diagrammen und Text notwendig; mehrschrittige Bearbeitung und Verknüpfung der gegebenen Informationen notwendig).*
1-2	Ermittlung der Lernausgangslage am Ende der Unterrichtseinheit.	– Evaluation individueller Interessen und individueller Bearbeitungsweisen von Textaufgaben. – Evaluation anhand der Analyse der Lernportfolios.
	Vertiefen des bisher Erlernten	Übungen (SuS können jederzeit ihren Lesefächer benutzen): Berechnen von Termen, Aufstellen von Termen, Lösen von Textaufgaben, Entwickeln von Textaufgaben.
	Reflexion des eigenen Lesefächers: Sind weitere Methoden sinnvoll geworden?	

3.2 Ergebnisse

Um eine eventuelle Änderung der Lernausgangslage im Vergleich zum Zustand zu Beginn der Unterrichtseinheit diagnostizieren zu können, habe ich, mit Ausnahme des Leseverständnistests ELFE 1-6, mit einer geringen Abänderung dieselben Instrumente zur Evaluation benutzt: Die Analyse der Lernportfolioordner [vgl. 2.2] und meine Beobachtungen gaben mir Aufschluss über die individuellen Lernzuwächse der SuS und ihr Herangehen an Textaufgaben. Des Weiteren habe ich die anfänglichen Fragebögen noch einmal eingesetzt.

Änderungen gegenüber der Ausgangslage haben sich im Laufe der Unterrichtseinheit bezüglich der Beobachtungen der Quantität der mündlichen Beteiligung aller SuS ergeben: Sie steigerte sich. Während sich im vergangenen Unterricht meist die gleichen SuS äußerten, verbreitete sich die mündliche Beteiligung. Mit der Zeit meldeten sich auch schwächere und ruhigere SuS. Dabei erwiesen sich besonders die erste (die SuS sollten und durften sich frei äußern) und letzte Phase (Reflektieren des Vorgehens) der Auseinandersetzung mit dem Text gerade für diese SuS als äußerst gewinnbringend: Ein „Richtig" oder „Falsch" gab es während der ersten Phase nicht, das Verifizieren oder Falsifizieren der jeweiligen Idee erfolgt im Anschluss an diese Phase durch Diskussion oder Ausprobieren verschiedener Lösungsansätze/Ideen. In der letzten Phase wurde den SuS durch das Aufschreiben oder Verbalisieren ihres Vorgehens noch einmal vor Augen geführt, was sie eigentlich gemacht haben. Als besonders motivierend erwies sich das Verfassen der Rechengeschichten.

Vor allem bei der Herangehensweise der SuS an Textaufgaben konnte ich wesentliche Veränderungen beobachten: Die SuS wandten sich mit der Zeit bei Fragen im Allgemeinen zuerst an ihre Klassenkameraden, was eine deutliche Änderung im Vergleich zur Lernausgangslage zu Beginn der Unterrichtseinheit darstellt. Oftmals begann eine Diskussion, was mich sogar zu Anfang stark irritiert hat, denn der Lärmpegel im Klassenraum stieg kurzzeitig rapide an. Die SuS setzten fast immer ihre Lesefächer ein, um das Vorgehen zu strukturieren. Dabei gingen die weniger leistungsstarken SuS fächerweise sehr kleinschrittig vor, während die leistungsstärkeren SuS nach den ersten Einsätzen den Fächer nur noch als Orientierungshilfe oder Gedankenstütze für variables/aufgabenspezifisches Vorgehen nutzten.

Insbesondere ist mir aufgefallen, dass anhand des Lesefächers und der damit verbundenen Unterrichtsgestaltung die bereits angesprochenen geschlechtsspezifischen Herangehensweisen an Textaufgaben berücksichtigt werden konnten: Denjenigen (Mädchen), die zu Beginn der Unterrichtseinheit sehr zögerlich an Textaufgaben herangingen und besonders schnell aufgaben, halfen die unterschiedlichen Aspekte, die der Lesefächer bietet, um sich der Aufgabe und einer Lösungsidee (kleinschrittig) zu nähern. Denjenigen (Jungen), die sich durch (vor)schnelles, unstrukturiertes Bearbeiten der Aufgabe hervortaten, ermöglichte der Lesefächer bzw. die Reflexion des Vorgehens einen strukturierten Denkprozess.

In lediglich zwei Fällen ergaben sich erst durch den Einsatz des Lesefächers Probleme: Ein sehr guter und ein durchschnittlicher Schüler, denen das Bearbeiten von Textaufgaben bereits vor der Unterrichtseinheit keine bis geringe Schwierigkeiten bereitete, fragten im Laufe der Unterrichtseinheit, ob sie den Lesefächer denn benutzen müssten, denn er verwirre sie nur bzw. behindere sie beim Lösen.

Solchen SuS die Benutzung des Lesefächers aufzuzwingen, ist keinesfalls sinnvoll, denn sie haben die Aufgaben ohne den Fächer ebenso strukturiert und oft richtig gelöst. Die SuS haben sich in meinem Unterricht jedoch genauso an Diskussionen und Reflexionsprozessen beteiligt und sie sollten ebenfalls ihre Lösungsansätze und Lösungen reflektieren und aufschreiben. Auf diese Weise werden genauso die Entwicklung des Bewusstseins für das eigene Vorgehen wie das altersangemessene Reflexionsvermögen gefördert.

Im Fall der eben erwähnten beiden Schüler, die äußerten, mit dem Lesefächer nicht klarzukommen, fiel mir bei der Durchsicht der Lernportfolios auf, dass die Aufgabentexte nicht bearbeitet wurden und so gut wie keine Bearbeitungsstrategien des Lesefächers eingesetzt wurden. Trotzdem waren die Lösungen sauber aufgeschrieben, lediglich die Lösungsgedanken, welche sich die Schüler gemacht hatten, wurden weniger deutlich. Bei kompetenten Lesern (und somit m.E. auch Lösern) von Textaufgaben laufen die Lesestrategien implizit ab. Ein erzwungenes Bearbeiten von Aufgaben ist bei solchen SuS keinesfalls zu empfehlen, es verwirrt und verhindert unter Umständen sogar das erfolgreiche Bearbeiten.

Ich halte den Einsatz des Lesefächers und die Einführung und Übung von Text-
bearbeitungsstrategien bereits allein aufgrund der positiven Auswirkung auf die
Motivation für Textaufgaben für gelungen. Da auch Haltungen und Einstellungen
die Lesekompetenz beeinflussen, haben die explizit angewendeten Aspekte zu ihrer
Förderung durch ihren motivierenden Charakter und die Verbesserung der Einstellung implizit einen Schritt zu ihrer Förderung beigetragen. Damit die Reflexionsphasen erfolgreich sein können, bedarf es allerdings eines moderierenden Verhaltens der Lehrkraft und eines von Vertrauen geprägten Unterrichtsklimas.

Ein nicht ganz unwesentliches Problem bei der Umsetzung des vorgestellten
Ansatzes ist jenes der Zeit: Wie soll innerhalb des bereits engen Zeitbudgets von
G8 noch eine zusätzliche Einheit zur Förderung der fachspezifischen Lesekompetenz eingebaut werden? Ich denke, dass zwar zu Beginn der Unterrichtseinheit
einige Zeit investiert werden muss, um den Lesefächer, die unterschiedlichen Text-
bearbeitungsstrategien und insbesondere die Reflexionsphasen einzuführen. Treten
jedoch im Folgenden weniger Probleme auf bzw. sind die SuS anhand der ihnen
zur Verfügung gestellten Strategie(n) in der Lage, Probleme eigenständig(er) zu
klären, wird die vermeintlich verlorene Unterrichtszeit wieder eingeholt. Der Lesefächer hilft, ein Bewusstsein für *Möglichkeiten des Strukturierens* des Lesevorgangs
zu generieren, Lesestrategien anzuwenden, Problemlösungen zu finden und angemessene Arbeitstechniken auszuwählen. Bedingungen für den Erfolg sind, wie
bereits in oben stehenden Erläuterungen erwähnt, ein von Vertrauen geprägtes
Unterrichtsklima, eine *moderierende* Lehrkraft, die bereit ist, sich auf neue Ansätze
einzulassen, und die Bereitschaft, den Lesefächer *langfristig* in den Unterricht zu
integrieren. Der Einsatz des Lesefächers stellt hierbei einen möglichen Ansatz zur
Lösung des Problems dar, weil er den SuS Wege zum eigenverantwortlichen Arbeiten aufzeigt. Des Weiteren haben geeignete Arbeitsaufträge und die Methode des
Einsatzes des Lesefächers die SuS dazu veranlasst, mit der Aufgabe in einen Dialog
zu treten, das heißt, sich möglichst eigenständig mit dem Aufgabentext auseinanderzusetzen. Nur auf dieser Basis kann sich das Leseverstehen nachhaltig verbessern. Daher ist ein konsequenter, wenn möglich fächerübergreifender Einsatz der
vorgestellten Methoden notwendig. Gleiches gilt für das Aufbrechen geschlechtsspezifischer Herangehensweisen an Textaufgaben.

4. Zusammenfassung

Mathematische Texte zeichnen sich dadurch aus, dass die Grenze zwischen Lesestrategie und mathematischen Problemlösestrategien fließend ist. Je nach Können
der SuS werden die Lesestrategien implizit (bei SuS, die keiner Hilfe bedürfen, da
sie über implizit ablaufende Prozesse verfügen) oder explizit (SuS, die Hilfestellung
benötigen) angewendet. Die Unterrichtseinheit hat dies bestätigt, aber auch gezeigt,
dass verschiedene Problemlösertypen verschiedene Strategien zum Textverständnis
verwenden. Zu beachten ist, dass niemals alle Schritte, die der Lesefächer umfasst,
auf denselben Aufgabentext angewendet werden *müssen* – das wäre ein „lesedidak-
tischer Overkill" (Leisen, 2007a). Die Lesekompetenz der jeweiligen Schüler und

der Schwierigkeitsgrad des Aufgabentextes bestimmen die Auswahl der geeigneten Unterschritte. Essentiell bleiben die Reflexionsphasen: Benutzen die SuS ihren eigenen Fächer, ist es zwingend erforderlich, dass sie diesen innerhalb eines größeren Zeitraumes immer wieder auf Basis der neu erworbenen Fähigkeiten hinterfragen. *(Genügt mein Fächer meinen Bedürfnissen noch immer? Möchte ich weitere Abschnitte der Unterfächer verwenden? Gibt es einen Aspekt, der mir hilft, aber nicht auf dem Fächer verzeichnet ist, und den ich ergänzen möchte?)*

Ich denke, dass der Einsatz des Lesefächers es den SuS ermöglicht, ihren Lesevorgang zu strukturieren. Die entwickelten Lesestrategien helfen in meiner fünften Jahrgangsstufe im Fach Mathematik, Aufgabentexte zu verstehen. Die erlernten Strategien sind dabei auch für höhere Jahrgangsstufen geeignet (Anwendung bei problemanfälligen Textaufgabenbereichen wie z.B. Gleichungen, Gleichungssystemen, Zuordnungen, Prozentrechnungen) und insbesondere auch fächerübergreifend anwendbar. Hierbei bedarf es aber (zumindest beim ersten Einsatz in einem anderen Fach) der Überlegung, welche Aspekte eins zu eins übertragbar sind und welche Aspekte der Unterfächer verändert werden müssen, um einen fachspezifischen Einsatz zu gewährleisten: Lesestrategien sollten fächerübergreifend vermittelt werden, allerdings verweist die Leseforschung darauf, dass Lesekompetenz domänenspezifisch ist – also muss auch die domänenspezifische Umsetzung solcher Strategien geübt werden.

Abschließend kann die Methode des Lesefächers als ausgezeichnetes, effektives und alltagstaugliches Instrument empfohlen werden.

Literatur

Baumert, J. (Hrsg.). (2001). *PISA 2000: Basiskompetenzen von Schülerinnen und Schülern im internationalen Vergleich.* Opladen: Leske und Budrich.

Bergunde, M. (2008). Förderung der Lesekompetenz in der Mathematik. In Landesinstitut für Lehrerbildung und Schulentwicklung (Hrsg.), *Förderung von Lesekompetenz: Unterrichtserfahrungen im Fachunterricht der Sekundarstufe I* (3. Teil der LI-Reihe Lesekompetenz) (S. 24–28). Hamburg: Landesinstitut für Lehrerbildung und Schulentwicklung.

Bostelmann, M. (2009). Sachtexte lesen im Fach Mathematik. In Studienseminar Koblenz (Hrsg.), *Sachtexte lesen im Fachunterricht der Sekundarstufe* (S. 201–212). Seelze-Velber: Kallmeyer-Klett.

Christmann, U. & Groeben, N. (1999). Psychologie des Lesens. In B. Franzmann, K. Hasemann, D. Löffler & E. Schön (Hrsg.), *Handbuch Lesen* (S. 145–223). München: Saur.

Eikenbusch, G. (2007). Lesen und lesen lassen. Zur Förderung von Leseverständnis in allen Fächern. *Pädagogik, 59* (6), 6–10.

Gilges, M. (1992). *Lesewelten. Geschlechtsspezifische Nutzung von Büchern bei Kindern und Erwachsenen.* Bochum: Brockmeyer.

Grassmann, M. (2008). Was macht Sachrechnen so schwer? *Grundschule, 40* (9), 10-11.

Hettrich, M. (2007). Lesen, schreiben und verstehen im Mathematikunterricht. Von der Sprache des Verstehens. *Pädagogik, 59* (6), 24–28.

Hurrelmann, B. (2004). Sozialisation der Lesekompetenz. In U. Schiefele, C. Artelt, W. Schneider & P. Stanat (Hrsg.), *Struktur, Entwicklung und Förderung von Lesekompetenz. Vertiefende Analysen im Rahmen von PISA 2000* (S. 37–60). Wiesbaden: VS Verlag für Sozialwissenschaften.

Klippert, H. (1994). *Methodentraining.* Weinheim: Beltz.

Klunter, M. & Raudies, M. (2008). 16 Bongbongs. Kinder erzählen und schreiben Rechengeschichten. *Grundschule, 40* (9), 20–21.

Leisen, J. (2006). Lesekompetenz im naturwissenschaftlichen Unterricht. *Naturwissenschaften im Unterricht – Physik, 5,* 4–9.

Leisen, J. (2007a). Lesen in allen Fächern. In A. Bertschi-Kaufmann (Hrsg.), *Lesekompetenz, Leseleistung, Leseförderung. Grundlagen, Modelle und Materialien* (S. 189–197). Seelze-Velber: Klett, Kallmeyer; Zug: Klett und Balmer.

Leisen, J. (2007b). Lesen und Verstehen lernen. Strategien und Prinzipien zur Arbeit mit Sachtexten im Unterricht. *Pädagogik, 59* (6), 11–15.

Lenhard, W. & Schneider, W. (2006). *ELFE 1-6. Ein Leseverständnistest für Erst- bis Sechstklässler.* Göttingen: Hogrefe.

Metz-Göckel, S., Frohnert, S. & Hahn-Mausbach, G. (1991). *Mädchen, Jungen und Computer. Geschlechtsspezifisches Sozial- und Lernverhalten beim Umgang mit Computern* (Sozialverträgliche Technikgestaltung 24). Opladen: Westdeutscher Verlag.

Mohl-Lomb, M. (2007). Sachtexte mit dem Lesefächer knacken. *Mathematik lehren, 143,* 68–69.

Rosebrock, C. (2003). Lesesozialisation und Leseförderung – literarisches Leben in der Schule. In M. Kämper-van den Boogaart (Hrsg.), *Deutschdidaktik. Leitfaden für die Sekundarstufe I und II* (S. 153–174). Berlin: Cornelsen Scriptor.

Schmidinger, E. (2007). Individuelle Leseförderung mit Leseportfolios. In: A. Bertschi-Kaufmann (Hrsg.), *Lesekompetenz, Leseleistung, Leseförderung. Grundlagen, Modelle und Materialien* (S. 140–152). Seelze-Velber: Klett, Kallmeyer; Zug: Klett und Balmer.

Schukajlow, S. & Leiß, D. (2008). Textverstehen als Voraussetzung für erfolgreiches mathematisches Modellieren – Ergebnisse aus dem DISUM-Projekt. In É. Vásárhelyi (Hrsg.), *Beiträge zum Mathematikunterricht 2008* (S. 95–98). Münster: WTM-Verlag.

Senn, W. & Widmer, P. (2005). Der Beobachtungsfächer. Informationen aus Sachtexten zum Thema „Mobbing in der Schule" verarbeiten. *Praxis Deutsch, 32* (194), 38–44.

Vernay, R. (Hrsg.). (2007). *Textaufgaben kann ich nicht* (Mathematik 5 bis 10, Nr. 1/2007). Seelze-Velber: Kallmeyer bei Friedrich.

Winter, H. (1995). Mathematikunterricht und Allgemeinbildung. *Mitteilungen der Gesellschaft für Didaktik der Mathematik, 61,* 37–46.

Markus Prechtl

Vorbilder für Mädchen im naturwissenschaftlichen Unterricht – revisited.
Teil A: Kritikpunkte

Von den vielen Faktoren, die geschlechtstypische Verhaltensweisen ausformen und auf Berufswahlentscheidungen einwirken, wird der Einfluss von Vorbildern als besonders einflussreich eingestuft. Entsprechend werden verschiedene Interventionsmaßnahmen initiiert: 1. die Präsentation (Lektüre bzw. Filmvorführung) von Biografien berühmter Wissenschaftlerinnen, 2. Kontakte mit Wissenschaftlerinnen sowie 3. Mentoring-Programme. Der vorliegende Beitrag unterzieht die erstgenannte Interventionsmaßnahme einer Prüfung.

1.   Geschlechtstypische Berufs- und Studienwahl

Die Arbeitswelt ist nach Geschlechtern segregiert (vgl. Schmid-Thomae, 2012, S. 50ff.) und das Berufs- und Studienwahlverhalten von Schüler_innen ist nach wie vor geschlechtstypisch. Insbesondere in den klassischen Männerdomänen wie Maschinenbau, Elektrotechnik und Physik fehlt es an weiblichem Nachwuchs. In vielen Hybriddisziplinen, die weniger maskulin konnotiert sind, ist die Lage vergleichsweise besser. Positiv hat sich der Anteil an Studienanfängerinnen in den Fächern Chemie und Mathematik entwickelt. Hier haben die Frauen „aufgeholt" (Quaiser-Pohl, 2012, S. 15). Dieses ‚Aufholen' betrifft jedoch allein den Zugang zu einzelnen Fachbereichen. Vergleiche der Laufbahnen verschiedener Altersgruppen zeigen, dass Männer nach wie vor leichter Führungspositionen und schneller ein höheres Gehalt erhalten; in allen Abschlussniveaus sind die Bruttostundenlöhne für Frauen niedriger (Autorengruppe Bildungsberichterstattung, 2010, S. 205). Somit bleiben trotz scheinbar guter Voraussetzungen der gewünschte Anstieg des Frauenanteils in Männerdomänen und die finanzielle Gleichstellung der Genus-Gruppen drängende Themen. Vielfältige Maßnahmen wurden ins Leben gerufen, um einer engagierten Rhetorik der Gleichstellung auch tatsächliche Resultate folgen zu lassen. Exemplarisch seien die Angebote *Girls' Day* (vgl. Wentzel, Mellies & Schwarze, 2011), *Ada-Lovelace-Projekt* (*www.ada-lovelace.com*), *Forsche Schülerinnen forschen* (Herriger & Ducci, 2010) und *Cybermentor* (*www.cybermentor.de*) erwähnt. (Eine Übersicht zu Förderprogrammen im MINT-Bereich bieten der Beitrag von Quaiser-Pohl, 2012, und die Internetseite *www.komm-mach-mint.de*.) Hinsichtlich des Potenzials solcher Angebote findet man unterschiedliche Positionen. Einerseits wird angeführt, „dass geschlechtersensible Angebote geschlechterspezifische Orientierungen aufbrechen können" (Gemeinsame Wissenschaftskonferenz,

2011, S. 144). Andererseits wird konstatiert, dass die Effektivität derartiger Angebote ihre Grenzen hat: „Evaluationsstudien belegen zwar typischerweise positive Resultate der Mädchen- und Frauenförderung in MINT, jedoch sind diese weder ausgeprägt noch nachhaltig" (Ziegler, Reutlinger & Hering, 2012, S. 229). Schließlich zählt nicht allein, in jungen Frauen den Wunsch wachzurufen, sich für MINT zu begeistern, oder sie zu ermutigen, lässig mit dem *Nerd*-Image, das mit MINT-Berufen in Zusammenhang steht, umzugehen. Damit der Ansatz, Menschen für die Wahl eines MINT-Berufs zu gewinnen, fruchtbar sein kann, muss eine Passgenauigkeit zwischen der Berufswahl und den entsprechenden Begabungen des Individuums gegeben sein. Für die Auszubildenden kann eine ungünstige Wahl, je nach Lebensumstand, von Nachteil sein, auf der ökonomischen Ebene ist sie definitiv problematisch. Im deutschen dualen System wird nahezu jede zehnte Ausbildung abgebrochen (vgl. Wentzel et al., 2011, S. 32). Adäquate Vorbilder können dem Individuum Orientierungspunkte, d.h. Hinweise zu Karriereverläufen und für die Definition des beruflichen Selbstkonzepts bieten. Es müssen jedoch wichtige Rahmenbedingungen beachtet werden.

2. Vorbilder für Jugendliche und von Jugendlichen – konträre Auffassungen

Jugendliche sollten dazu ermutigt werden, ihre Berufsorientierung nach ihren persönlichen Neigungen und Kompetenzen und d.h. eben nicht an stereotypischen Vorstellungen von Männer- und Frauendomänen auszurichten. Etliche Pädagog_ innen plädieren dafür, starre Denkmuster durch Beispiele für weibliche Erfolgskarrieren zu revidieren. Derart sollen junge Menschen dazu inspiriert werden, sich im MINT-Bereich zu engagieren. Wie die folgenden Zitate zeigen, wird der Präsentation von Vorbildern ein hoher Stellenwert eingeräumt:

> „Eine weitere Möglichkeit, die MINT-Fächer als nicht nur zu Jungen oder Männern passende Fächer darzustellen, liegt im Erleben von weiblichen Rollenmodellen in diesem Bereich" (Kessels, 2012, S. 182).

> „Neben der Verzeichnung von Erfolgserlebnissen ist die Präsentation von geeigneten Rollenmodellen ein wichtiger Beitrag zur Steigerung der Selbstwirksamkeitserwartung der Mädchen. Gleichzeitig tragen weibliche Modelle zur Dekonstruktion des männlichen Images naturwissenschaftlicher Fächer bei. Nach Bandura ist die Wirkung des Modells dabei umso größer zu betrachten, je mehr Ähnlichkeit es mit der lernenden Person hat. Die Beobachtung anderer Personen, denen man sich ähnlich glaubt, ermöglicht indirekte oder stellvertretende Erfahrungen. Positive Rollenmodelle (…) sollten als im mathematisch-naturwissenschaftlich-technischen Bereich kompetent, aber gleichzeitig auch als weiblich erlebt werden" (Jahnke-Klein, 2010, S. 251).

> „Weisen Sie auf Vorbilder aus der Literatur und der Geschichte hin. Führen Sie einen Kalender mit den Geburtstagen herausragender Frauen (…). Berichten Sie kurz über deren Leistungen am Geburtstag dieser Person." / „Laden Sie Gäste ein, die ihren Beruf vorstellen und begründen, warum sie

ihn gewählt haben. Sorgen Sie für eine breite Palette der Berufe" (Woolfolk, 2008, S. 91).

„Zusätzlich zur Verwendung von Unterrichtsmaterial, das Frauen und Mädchen in aktiveren, auch nicht rollentypischen Kontexten beschreibt, sollten Identifikationsmöglichkeiten auch mit ‚weiblichen Modellpersonen' angeboten werden. So können in frauenuntypischen Berufen erfolgreiche Frauen, z.B. Naturwissenschaftlerinnen, Ingenieurinnen oder Politikerinnen in den Unterricht eingeladen werden. Das gibt den Schülerinnen und Schülern die Möglichkeit, diese direkt zu befragen, z.B. inwieweit Kenntnisse aus der Schule bedeutsam sind, wie der Berufsalltag und der private Bereich zu vereinbaren sind oder welche Widerstände in der Laufbahn auftreten können" (Sgoff, 1999, S. 60).

„In einer Zeit, in der die Emanzipation der Frau großgeschrieben wird, sollten die großen Leistungen von Frauen deutlich hervorgehoben und gleichrangig neben die Leistungen der Männer gestellt werden. Können hierfür nicht auch Chemie-Vertretungsstunden – ob im Fachraum oder Klassenzimmer – genutzt werden?" (Bühler & Graf, 1998).

Auf den ersten Blick erscheint der durch Pädagog_innen vertretene Standpunkt, Vorbilder in MINT für Jugendliche bereitzustellen, plausibel (vgl. zudem Adolphy, 1997, S. 150ff.; Frank, 1999; Wienekamp, 1990, S. 150f.). Von Relevanz ist aber, ob die Zielgruppe bereit ist, dieses Angebot anzunehmen. Es stellt sich also die Frage, ob Jugendliche in Wissenschaftler_innen Vorbilder sehen und ob sie sich für deren Biografien interessieren. Eine Auswahl an Befunden zur Haltung von Jugendlichen gegenüber Vorbildern, die in den letzten zehn Jahren erhoben wurden, liefert hierauf Antworten.

In der Studie von Zinnecker, Behnken, Maschke & Stecher (2002) wurde eine Stichprobe von 8000 (im Kern 6392) Personen unter anderem nach einem Vorbild gefragt. 60 % der 10- bis 18-Jährigen geben an, ein Vorbild zu haben, wobei hiervon 43 % eine Person aus dem persönlichen Nahbereich und 57 % Medienpersönlichkeiten nennen (ebd., S. 55). Bei männlichen Jugendlichen sind die Väter und männliche Sportler, bei weiblichen Jugendlichen die Mütter und Sängerinnen am populärsten. Wissenschaftler_innen spielen keine nennenswerte Rolle. Der Befund von der verbreiteten Auffassung von Wissenschaft als Fulltime-Job aus einer Shell-Studie jüngeren Datums liefert einen Erklärungsansatz. Viele Jugendliche (60 %) denken leistungsorientiert, möchten aber mit gleicher Intensität soziale Beziehungen genießen, die der Karriere nicht zum Opfer fallen sollen (Albert, Hurrelmann & Quenzel, 2010, S. 15 und S. 29).

In den deutschen und österreichischen Teilstudien (Holstermann & Bögeholz, 2007; Elster, 2007) der ROSE-Studie wurden die (un)interessantesten Items aus 108 wählbaren Items in der Form eines Mittelwert-Rankings dargestellt. In allen Untersuchungen findet sich das Item „Berühmte Naturwissenschaftler(innen) und ihr Leben" auf den letzten Rängen wieder. Die Art der Erhebung ist durchaus kritisch zu sehen[1]. Die Befundlage verdichtet sich jedoch bei Betrachtung der Ergebnisse aus Studien, in denen vergleichbare Fragen gestellt wurden. Beispielsweise zeigt eine empirische Studie mit über 7000 Schüler_innen aus England, Schottland und Wales, die im Rahmen der Evaluation des Einstein-Jahres durchgeführt wurde, dass Jugendliche Naturwissenschaftler_innen und deren Arbeit grundsätzlich positiv gegenüberstehen, jedoch nur wenig bestrebt sind, selbst diesen Beruf zu ergreifen: „However, the disagreement with scientists being 'normal and attractive', agreement with 'having to work hard', and agreement with 'being brainy' all might be factors that could be off-putting to a typical pupil choosing to be a scientist" (Peters, Stylianidou, Ingram, Malek, Reiss & Chapman, 2006, S. 31).

Resümierend kann festgestellt werden, dass sich die Auffassung, Darbietungen erfolgreicher Wissenschaftlerinnen entkräfteten Stereotypen, verbesserten die Selbstwirksamkeitserwartungen von Mädchen und beeinflussten folglich deren Kurs-, Studienfach- und Berufswahl, beständig hält. Im Gegensatz zum hohen Stellenwert, den Pädagog_innen der Vorbildfunktion berühmter Wissenschaftlerinnen einräumen, ist das Interesse der Jugendlichen an Vorbildern aus dem MINT-Bereich vergleichsweise gering. Aus eigenem Antrieb heraus orientieren sie sich an Personen aus dem Nahbereich oder an Medienpersönlichkeiten, sogenannten *Stars*. Die konträren Positionen bieten Anlass zu einer eingehenden Analyse im Teil A des zweiteiligen Beitrags. Sie liefern zudem Hinweise auf beliebte Vorbildtypen, die im Teil B zum Ansatzpunkt für Innovationen genommen werden.

3.   „Vorbilder" unter die Lupe nehmen!

Die im vorherigen Abschnitt zitierten Plädoyers sind repräsentativ für die Argumentationsmuster zur Implementierung von Vorbildern im schulischen Bereich. Die Autor_innen beziehen sich zum Teil auf Befunde aus Studien, die dafür sprechen, dass Präsentationen von und Kontakte mit Modellpersonen Entscheidungen für Berufswahlen beeinflussen (vgl. z.B. Evans, Wigham & Wang, 1995; Savenye, 1990; Hacket, Esposito & O'Halloran, 1989; Smith & Erb, 1986; Greene, Sullivan & Beyard-Tyler, 1982; Little & Roach, 1974). Den meisten dieser Studien ist jedoch gemein, dass sie nicht genau bestimmen konnten, in welcher spezifischen Art und Weise die Einflüsse funktionierten (vgl. Nauta & Kokaly, 2001). Ein Grund hierfür ist, dass die Wahl eines Vorbilds an eine Vielzahl von Variablen gebunden ist, die sich reziprok beeinflussen. In den Plädoyers werden zwei Gesichtspunkte angespro-

---

1   Kritisch ist anzumerken, dass stets nur einzelne anstatt mindestens zwei Items verwendet wurden und nicht weiter zwischen (aktualisiertem) individuellem und situationalem Interesse unterschieden wurde. Der Vergleich mit den großen Stichproben aus England und Schweden liefert jedoch stabile Vergleichswerte (vgl. Holstermann & Bögeholz, 2007). Zudem ist zu beanstanden, dass keine Kontextualisierung des abgefragten fachlichen Inhalts erfolgte. Die Frage, ob man Interesse an berühmten Forscher_innen und deren Biografien habe, ist recht abstrakt. Wer interessiert sich schon brennend für das Leben und Schaffen einer nicht näher bestimmten Person? Unter Umständen wäre das Interesse höher gewesen, wenn eine Person, wie z.B. Fleming oder Nüsslein-Volhard, benannt und ein konkreter Kontext, z.B. die Entdeckung von Antibiotika oder die Forschung zur genetischen Kontrolle der frühen Embryonalentwicklung, vorgegeben worden wären.

chen: die Persönlichkeit der Akteure und die Kontexte, in denen diese interagieren. Zum Fokus *Akteur* zählen Aspekte wie Motivation, Interesse und Selbstwirksamkeitserwartung. Die Bedeutung des Ausdrucks *Kontext* ist in diesem Zusammenhang weit gefächert und umfasst Erfahrungsbereiche, Gruppenzugehörigkeiten und soziale Beziehungen. Hierzu zählen auch die Aspekte *institutionalisierte Geschlechterverhältnisse* und *stereotype Muster der Arbeitsteilung und Enkulturation*, die unter *Image des Berufsfeldes* subsumiert werden können. Denn die Sichtung von Publikationen zu Berufsbiografien offenbart, dass strukturelle Bedingungen, etwa die Zugehörigkeit zu einem Netzwerk, der spezifische Habitus eines Arbeitsfeldes oder die Auffassung von Wissenschaft als Fulltime-Job zu den unterschwellig wirkenden Selektionsprinzipien in der Wissenschaftskultur zählen (vgl. Dalhoff & Girlich, 2009). In den Plädoyers, deren Kernaussagen in dem Zitat von Jahnke-Klein (2010, S. 251) verdichtet vorliegen, wurde auf Bedingungen des Vorbild-Lernens hingewiesen, die im nächsten Abschnitt durch Einnahme der Fokusse *Kongruenz von Akteur_in (Rezipient_in) und Modellperson* und *Dekonstruktion des maskulinen Images naturwissenschaftlicher Fächer* betrachtet werden.

4. Fokus: Kongruenz von Akteur_in (Rezipient_in) und Modellperson

In diesem Abschnitt wird geklärt, welche Rolle das Geschlecht, die Selbstwirksamkeitserwartungen und die Kontrollüberzeugungen sowie die Wertvorstellungen der Akteur_innen bei der Vorbildwahl spielen.

4.1 Welche Rolle spielt das Geschlecht bei der Vorbildwahl?

Lockwood (2006) ist dieser Frage in einer Studie mit 44 Frauen und 38 Männern nachgegangen. Die Studienanfänger_innen im Durchschnittsalter von 19-20 Jahren lasen einen Artikel über eine erfolgreiche Person, die in ihrem Fachbereich (Psychologie) mit einem Preis ausgezeichnet wurde. Ihr Geschlecht wurde mit dem Namen (Jennifer bzw. Jeffrey) variiert. Nach dem Lesen wurden die Teilnehmer_innen gebeten, zuerst die erfolgreiche Person und danach sich selbst anhand von Skalen mit vorgegebenen Adjektiven einzustufen. Die Mitglieder der Kontrollgruppe nahmen die Selbsteinschätzung vor, ohne zuvor den Artikel gelesen zu haben. Die Befunde zeigen, dass beide Personen positiv bewertet wurden. Männliche Teilnehmer, die über ein männliches Vorbild lasen, unterschieden sich in ihren Bewertungen nicht von Teilnehmern, die über ein weibliches Vorbild lasen. Für Teilnehmerinnen ließen sich jedoch Unterschiede ausmachen. Die, die den Text über eine erfolgreiche Frau gelesen hatten, bewerteten sich selbst positiver als Teilnehmerinnen, die sich mit dem Artikel über ein männliches Vorbild beschäftigt bzw. keinen Beitrag vorgelegt bekommen hatten. Die Befunde untermauern Lockwoods Hypothese, Frauen seien im Gegensatz zu Männern in höherem Maße von gleichgeschlechtlichen Vorbildern inspiriert. Zu berücksichtigen ist, dass die

Befunde auf einer relativ kleinen Stichprobe basieren und hinsichtlich Alter und Ethnizität der Teilnehmer_innen eingeschränkt werden müssen. Dies erklärt möglicherweise, warum die Befunde mit einigen älteren Befunden nicht in Einklang zu bringen sind (vgl. Ragins & Cotton, 1999; Noe, 1988). So weist die Studie „College Women's Role Model Choice" (Paludi, 1983) variationsreichere Angaben zu weiblichen Modellpersonen aus. Viele Frauen nennen Vorbilder des anderen Geschlechts, Angehörige und Lehrpersonen oder entwerfen Zukunftsvisionen. Außerdem sind in diesem Fall die Angaben zu und die Wahl von Modellpersonen altersabhängig. So wählen Frauen in jüngeren Jahren häufiger männliche Vorbilder und geben zudem an, dass das Geschlecht kein allzu wichtiges Charakteristikum für ein Vorbild sei und dass sie durchaus auch ohne ein gleichgeschlechtliches Vorbild leben könnten. In einem Punkt leuchtet jedoch eine wichtige Gemeinsamkeit beider Studien auf. In der Studie von Paludi berichten die Frauen, dass sie gerne ein weibliches Vorbild hätten, besonders in Situationen beruflicher und persönlicher Karriere-Entscheidungen. Übereinstimmend hebt Lockwood hervor, dass es für eine Frau besonders wichtig ist zu wissen, dass eine andere Frau in dem Bereich, in dem sie tätig ist bzw. tätig werden möchte, erfolgreich agiert, damit ihre Erfolgszuversicht steigt.

Im Allgemeinen scheint die Aussage zuzutreffen, dass Menschen Menschen nachahmen, von denen sie meinen, dass sie ihnen selbst ähnlich sind. Folglich sollten bei der Vorbild-Wahl Übereinstimmungen zwischen der beobachtenden und der zu beobachtenden Person, bezogen auf Alter, Geschlecht, soziale Schicht und Ethnizität, vorhanden sein (vgl. Hernandez, 1995; Almquist & Angrist, 1971), insbesondere wenn Menschen probeweise neue Komponenten in ihr Selbstkonzept integrieren möchten (vgl. Cross & Markus, 1991). Im Einzelfall ist entscheidend, ob es sich um einen ganzheitlichen (*global*) oder spezifischen (*specific*) Vorbild-Typus (vgl. Gibson, 2004) handelt, d.h. ob eine Person Haltungen und Werte (z.B. *Gandhi*) oder selektive Kompetenzen, die der Karriere dienlich sind, repräsentiert (z.B. eine *MINT-Mentorin*). Im ersten Fall kann durchaus vom Geschlecht abstrahiert werden.

4.2 Welche Rolle spielen die Selbstwirksamkeitserwartungen und die Kontrollüberzeugungen der Akteur_innen?

Nicht nur das Alter setzt der Imagination, eine herausragende Persönlichkeit in den Bereichen Sport, Showbusiness oder MINT werden zu können, Grenzen. Auch ein Mangel an Fähigkeiten und verfügbaren Hilfsmitteln ist ein limitierender Faktor. Insbesondere Selbstwirksamkeitserwartungen und Kontrollüberzeugungen kommt eine zentrale Rolle zu. Wie bei anderen Lernprozessen auch ist beim Vorbild-Lernen das subjektive Erleben einer Person, eine bestimmte Handlung derart ausführen zu können, dass ein Ziel erreicht werden kann, das zuvor eine Modellperson mit einer vergleichbaren Handlung erreicht hat, entscheidend (vgl. Bandura, 1997). Eine wichtige Komponente der Selbstwirksamkeitserwartung ist die Zuversicht in eigene Fähigkeiten. Im MINT-Bereich lassen sich diesbezüglich

Geschlechterdifferenzen nachweisen, wenn das Fähigkeitsselbstkonzept, d.h. die innere Überzeugung davon, wie gut eine bestimmte Aufgabe erledigt werden kann, erhoben wird. So zeigen Befunde der PISA-Studie 2006, dass Geschlechterdifferenzen für das naturwissenschaftsbezogene Fähigkeitsselbstkonzept (Effektstärke von $d = .38$) größer ausfallen als der gemessene Kompetenzunterschied zwischen deutschen Mädchen und Jungen im naturwissenschaftlichen Lernbereich ($d = .07$ auf der Gesamtskala Naturwissenschaften)(vgl. Prenzel, Artelt, Baumert, Blum, Hammann, Klieme & Pekrun, 2007). Weibliche Personen im MINT-Bereich hegen negativ verzerrte Erfolgserwartungen und unterschätzen sich auch bei gleichem Leistungsniveau im Vergleich zu männlichen Personen (vgl. Rustemeyer, 2000, S. 113f.; Hannover, 2002, S. 38). Neben der Gewissheit, eine Herausforderung effektiv bewältigen zu können, sind die gehegten Kontrollüberzeugungen der Akteur_innen bedeutsam. Entscheidend ist, ob der Grund für einen (Miss-)Erfolg gewöhnlich als in der eigenen Person des/der Handelnden (*internal*) oder in äußeren Umständen (*external*) liegend angesehen und als über die Zeit hinweg *stabil* oder über die Zeit veränderlich (*variabel*) aufgefasst wird (vgl. Weiner, 1985). Weibliche Personen erklären ihre Erfolge im MINT-Bereich häufig *external-variabel* (*„Ich hatte halt Glück"*) oder *external-stabil* (*„Die Aufgaben waren leicht zu lösen"*). Dies verhindert, dass der Erfolg als Bestätigung des eigenen Könnens angesehen wird. Misserfolge werden im Mittel hingegen *internal-stabil* attribuiert, d.h. als Ursache wird mangelnde Begabung angenommen (vgl. Finsterwald, Schober, Jöstl & Spiel, 2012; Wienekamp-Suhr, 1992, S. 94). Ungünstige Attributionsmuster schränken die Zuversicht der Akteur_innen, durch wiederholte Nachahmung des Verhaltensmusters eines Vorbilds ihr Ziel erreichen zu können, ein. Eine Chance liegt wiederum darin, dass Vorbilder geeignete Attributionsmuster vorführen. In Reattributionstrainings werden entsprechende Modellierungstechniken erfolgreich angewendet (vgl. hierzu Teil B des Beitrags).

4.3 Welche Rolle spielen die Wertvorstellungen der Akteur_innen?

Nicht immer bewirken pädagogische Angebote, die auf Vorbild-Lernen setzen, das, was sie sollen. Wenn sich Personen nicht am Modellverhalten orientieren oder gar ein vollkommen entgegengesetztes Verhalten zeigen, sprechen wir von *Modellreaktanz*. Dabei handelt es sich um „eine Form der Reaktion auf ein Modell, bei der der Beobachter das Modell nicht nur nicht imitiert, sondern bei der er das Gegenteil von dem tut, was das Modell intendiert" (Bördlein, 2003). Verwandte Begriffe wie Kontra-Imitation, Anti-Modell-Verhalten, Bumerang- oder Umkehreffekt finden sich insbesondere im Zusammenhang mit der Wirkungsforschung zu Gewaltdarstellungen in den Medien. Bördlein fasst Modellimitation bzw. Modellreaktanz als Resultate eines Abgleichs der Wertvorstellungen eines Individuums mit den Verhaltensweisen und Attributen eines Vorbilds auf. *Konformität* erhöht die Wahrscheinlichkeit, dass das Modellverhalten imitiert wird. Bei Unvereinbarkeit tritt kognitive *Dissonanz* auf. Diese kann in zweifacher Weise überwunden werden. Erscheinen einer Person die Attribute eines Vorbilds wichtiger als die eigenen Standards, wird sie das Modellverhalten imitieren. Werden hingegen die Standards als wichtiger erachtet, distanziert sich die Person von dem Modell (ebd.). Der zweite Fall tritt z.B. auf, wenn ein Vorbild nicht renommiert genug oder sein/ihr Arbeitseifer dem Sozialleben abträglich erscheint. Überdies gibt es Menschen, die sich durch die Darbietung von Vorbildern manipuliert oder in ihrer Entscheidungsfreiheit eingeschränkt fühlen und deshalb jede Orientierung an Vorbildern ablehnen. In diesem Sonderfall spricht man von *unspezifischer Reaktanz*.

Die meisten Menschen neigen dazu, erfolgreiche Menschen nachzuahmen, die glaubwürdig sind und aufgrund ihres Könnens oder Erfolgs soziale Anerkennung erlangt haben. Wesentlich ist, ob die eigenen Einstellungen und die Wunschvorstellung hinsichtlich eines Karriereziels mit den Einstellungen und der Leistungsposition des Vorbilds vereinbar sind (vgl. Lockwood, 2006; Lockwood & Kunda, 1997; Bucher & Stelling, 1977). Insofern haben die Wertvorstellungen der Rezipient_innen eine moderierende Funktion im Vorbild-Lernen.

5.   Fokus: Dekonstruktion des maskulinen Images naturwissenschaftlicher Fächer

Für die meisten Menschen ist der Prototyp einer naturwissenschaftlich-technisch geschulten Person maskulin. Empirische Befunde zum *medical expert problem* (Stöger, Ziegler & David, 2004) und Befunde zum *draw-a-scientist test* (Finson, 2002) stützen diese Annahme. Jugendliche halten MINT-Prototypen im Schulbereich für weniger physisch attraktiv und auch weniger sozial kompetent und integriert (vgl. Kessels, 2012, S. 176). Einerseits wird ihnen mehr Arroganz, Selbstbezogenheit und ein Mangel an Emotionalität unterstellt, andererseits werden ihnen Eigenschaften zugesprochen, die auf hohe Intelligenz und Motivation hindeuten (ebd.). In den oben angeführten Zitaten wird unterstellt, die Darbietung eines weiblichen Vorbilds vermindere die Assoziation zwischen Maskulinität und MINT. Diese Annahme wurde von Kessels & Hannover (2006) empirisch geprüft. In ihrer Studie erhielten die Teilnehmer_innen entweder einen Text über eine fiktive Physikerin, einen fiktiven Physiker oder ein nicht personenbezogenes Modell, in diesem Fall die Schweiz, und bearbeiteten daraufhin einen Assoziationstest. Bei den Personen, die sich mit der Physikerin beschäftigt hatten, war die Assoziation von Physik mit maskulinen Begriffen geringer ausgeprägt als bei denen, die Texte über den Physiker oder die Schweiz gelesen hatten. „Diese Befunde bedeuten, dass weibliche Rollenmodelle im MINT-Bereich auch auf der Ebene impliziter Assoziationen Veränderungen bewirken können, wodurch Mädchen diesen Bereich besser als zu sich selbst passend empfinden sollten, als wenn sie vor allem männlichen Modellen begegnen" (Kessels, 2012, S. 182). Dieser Befund ist sehr erfreulich, da er nahelegt, dass sich das maskuline Image einzelner MINT-Fächer durch Vorbilder verändern lässt. Als Ergänzung wird an dieser Stelle wiederholt der Standpunkt vertreten, dass eine Dekonstruktion jedoch nur gelingen kann, wenn gleichzeitig eine Aktivierung stereotypischer Vorstellungen von Geschlechter- und Arbeitsverhältnissen vermieden wird (Prechtl, 2006, Kap. 3). Der Standpunkt wird anhand der folgenden Zitate erläutert:

> „Biographien erfolgreicher Frauen können Beispiele für einen eigenen Weg der Mädchen sein. Interessant ist ebenso, sich mit Biographien und Frauenschicksalen, wie zum Beispiel *Clara Immerwahr* oder *Marie Curie* zu beschäftigen, in denen die Widerstände deutlich werden, die diese Frauen in ihrer Zeit überwinden mussten" (Sgoff, 1999, S. 60, Hervorh. i. O.).

> „Auch auf die Präsentation herausragender Naturwissenschaftlerinnen sollte im Unterricht nicht verzichtet werden (…). Das Internet bietet sehr gute Möglichkeiten, die Schülerinnen selbst über die hervorragenden Leistungen und die Schwierigkeiten, die sich diesen Frauen aufgrund ihres Geschlechts stellten (z.B. bei Clara Immerwahr), recherchieren zu lassen" (Jahnke-Klein, 2010, S. 251).

Augenfällig sind die Hinweise auf *Schwierigkeiten*, *Frauenschicksale* und *Widerstände* (vgl. zudem Frank, 1999). Sie sollten kritisch gelesen werden, da an ihnen möglicherweise kontraproduktive Botschaften haften bleiben. Dausien (2001), die einen fundierten Überblick über Bildungsprozesse in Frauenbiografien vorgelegt hat, macht darauf aufmerksam, dass eine gendersensibilisierte Bildungsarbeit zwar zum Ziel habe, Chancenungleichheiten in bestehenden Geschlechterverhältnissen und Stereotypisierungen zu dekonstruieren, dass dabei aber auch immer zugleich die Geschlechterdimension markiert werde. Mithin kommt es zur situationalen Aktivierung geschlechtsbezogenen Wissens (vgl. Hannover, 1997). Insofern zeigt sich:

5.1 Biografien sind zweischneidige Schwerter

Der Versuch, individuelle Lebensläufe zu kategorisieren, erzeugt spezifische Formen von Kollektivität in Biografien. Rekurrierend auf Febel (2005, S. 136) werden zwei grundlegende Muster hervorgehoben. Erstens: *Frauen sind die Ausnahme, der Mann ist der Regelfall*. Dies kommt zum Ausdruck, wenn von Pionierinnen oder außergewöhnlichen Frauen die Rede ist. Zweitens: *Frauen erscheinen sehr häufig in Differenz zum Mann bzw. in Bezug auf den Mann*. Hiervon zeugen Titel wie „Die Frauen der Genies" (Weissensteiner, 2004), „Schwestern berühmter Männer" (Pusch, 2002) etc. Einen Sonderfall bilden sogenannte Doppelbiografien. Aufgrund der engen Zusammenarbeit „bemerkenswerter Paare" (Fölsing, 1999; Lehren & Lernen, 1999) ist es schwierig, die individuellen Beiträge gesondert herauszustellen. Als Folge finden sich klassische Muster der Arbeitsteilung wieder. An anderer Stelle (Prechtl, 2006, S. 175ff.) wurde dieser Aspekt an biografischen Notizen zu Marie Paulze Lavoisier belegt, die in Biografien als fleißige Assistentin ihres Gatten, Protokollantin, Laborgehilfin und fürsorgliche Gastgeberin porträtiert wird. Biografien bieten einerseits einen Eindruck von Persönlichkeitsentwicklung und andererseits machen sie deutlich, inwiefern Handlungsmöglichkeiten innerhalb sozialer Verhältnisse begrenzt werden (vgl. Dausien, 1994, S. 152f.; Felden, 2004). Derart „[stützt] die Kollektivität der Biographik (...) die Normativität der Frauenbilder und schreibt (...) die Stereotypisierung und Entindividualisierung der Frauenleben fort" (Febel, 2005, S. 132). So etabliert die Lektüre von Biografien scheinbar allgemeine Normen und reifiziert traditionelle Vorstellungen von Femininität, zu denen unter anderem die Aufopferung für den Gatten bzw. die Familie sowie kulturelles und wohltätiges Engagement gezählt werden. In vielen Fällen vermitteln Biografien berühmter Wissenschaftlerinnen eine Vorstellung davon, wie spezifische Konstellationen von Akteuren dazu führen, dass Frauen teilweise vom Wissenschaftsbetrieb ausgeschlossen oder bei Ehrungen hintangestellt werden. Deshalb ist es wichtig, sich klarzumachen, welche Botschaft übermittelt wird: *Frauen machen Karriere*, oder: *Frauen agieren im Wissenschaftsbereich ihrer Rolle entsprechend*, oder: *Frauen haben es in von Männern dominierten Berufsfeldern schwer*.

5.2 Grenzen der Dekonstruktion

Der Globalstereotyp für Frauen wird unter anderem mit Adjektiven wie *abhängig, attraktiv, emotional, furchtsam, herzlich, gefühlsbetont* und *unterwürfig* beschrieben (vgl. Williams & Best, 1990). Diese Adjektive sind mit Adjektiven, die im Allgemeinen angeführt werden, um Naturwissenschaftler_innen zu beschreiben, nicht deckungsgleich. Ist zu erwarten, dass sich der Globalstereotyp *Frau* verändert, wenn zunehmend mehr Wissenschaftlerinnen in das Rampenlicht gerückt werden? Um diese Frage beantworten zu können, bietet sich ein Blick auf Studien zu Subtypisierungen wie die von Eckes (2002) an. Er ließ Erwachsene Kategorien von Personen innerhalb der Dimensionen *Wärme* und *Kompetenz* zuordnen. Danach nahm er eine Clusterbildung vor. Wie Abbildung 1 zeigt, beinhaltet der traditionelle Globalstereotyp einer *typischen Frau* in hohem Maße Zuschreibung von Wärme-Merkmalen (Soziabilität etc.), wohingegen die Kategorien *Karrierefrau* und *Intellektuelle* mit sozio-emotionaler Kälte und mit Kompetenz verknüpft werden.

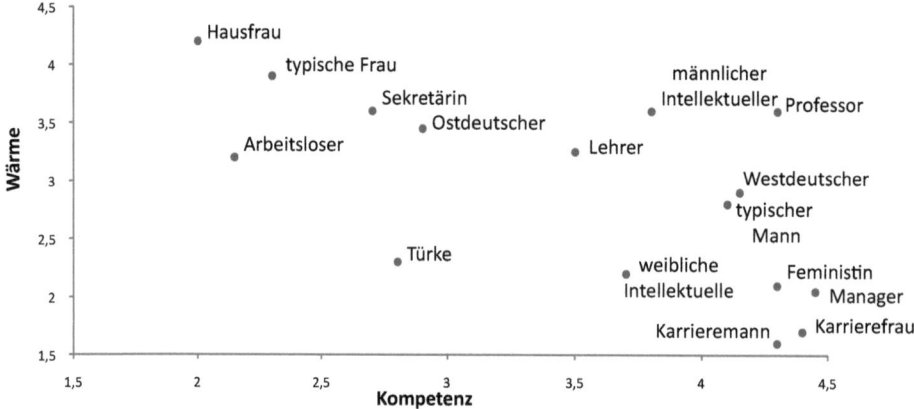

Abb. 1:   Bewertung von Subtypen durch Proband_innen (Eckes, 2002; ausgewählte Teile verschiedener Grafiken zusammengefügt durch M. P.).

Beide werden nicht in die Kategorie *typische Frau* inkludiert, d.h. es findet keine Assimilation der Implikationen der stereotypisch-inkonsistenten Abweichlerin in den Globalstereotyp statt.

Karrierefrauen, *Pionierinnen* und *Powerfrauen*, die sich, dem Wortlaut nach zu schließen, offensichtlich von der Allgemeinheit der Frauen unterscheiden, werden in eine eigene Kategorie eingeordnet. Die Existenz von Subtypen, die konträr zum Globalstereotyp sind, führt nicht zu dessen Infragestellung bzw. Veränderung (vgl. Eckes, 2010, S. 181ff.; Stöger, 2007; Richards & Hewstone, 2001; Weber & Crocker, 1983; Clifton, McGrath & Wick, 1976). Die Annahme, dass eine höhere Präsenz von Wissenschaftlerinnen den Globalstereotyp *Frau* nachhaltig verändert, kann somit nicht bekräftigt werden. Vom Subtypus her betrachtet, ergibt sich zudem ein weiteres Problem. Bei Mädchen mit geringem Vorinteresse an MINT führt die Darbietung von Frauen, die als mathematisch-naturwissenschaftlich kompetent und zugleich unweiblich charakterisiert werden, eher zu einer Distanzierung von den Vorbildern, während stereotypisch-inkonsistente Darstellungen von Frauen Mädchen mit hohem Vorinteresse an MINT darin unterstützen, stereotypische Vorstellungen durch alternative Konzepte zu ersetzen (vgl. Wänke, Bless & Wortberg, 2003). In vielen Fällen ist für die Inklusion des Modells in die mentale Repräsentation der Kategorie Frau somit bedeutsam, dass das Modell als weiblich wahrgenommen wird. Andernfalls dürfte die Aufforderung, Interesse für MINT und ein entsprechendes Kurs-, Studienfach- und Berufswahlverhalten anzubahnen, für Mädchen eine Bedrohung ihres femininen Selbstkonzepts darstellen.

6. Zusammenfassung und Desiderate

Die Effekte von Interventionsmaßnahmen, die Biografien berühmter Wissenschaftlerinnen präsentieren, um Mädchen für den MINT-Bereich zu gewinnen, scheinen in Anbetracht der vielfältigen Variablen, die das Vorbild-Lernen beeinflussen, nicht ohne weiteres kontrollierbar zu sein. Das Geschlecht, das Alter und die Zugehörigkeit zu einer Ethnie bzw. sozialen Schicht spielen eine Rolle und auch die Motivationen, Selbstwirksamkeitserwartungen, Kontrollüberzeugungen und Wertvorstellungen des Individuums üben Einflüsse aus. Von einem anderen Standpunkt aus betrachtet, bieten die Bestandsaufnahme bzw. Berücksichtigung einflussreicher Faktoren wiederum eine gute Grundlage, um die Auswahl und Präsentation geeigneter Vorbilder zu optimieren. Im Teil B werden entsprechende Ansatzpunkte formuliert. Dabei wird den Schwerpunkten *Vorbilder aus dem Nahbereich* sowie *Selbstwirksamkeitserwartungen* und *Attributionsstile* besondere Beachtung geschenkt.

Die Mutmaßung, dass sich durch die Inszenierung erfolgreicher Frauen das maskuline Image einiger MINT-Domänen oder gar Globalstereotype dekonstruieren lassen, kann nur eingeschränkt bestätigt werden. Die Präsentation weiblicher Vorbilder im MINT-Bereich kann implizite maskuline Assoziationen nur dann verändern, wenn die dargebotenen Biografien nicht zugleich Aktivierungsquellen geschlechtsbezogenen Wissens darstellen oder gar etablierte Frauenbilder und Stereotypisierungen noch verfestigen. Da Wissenschaftlerinnen als Subtypen aufgefasst werden, wird der Globalstereotyp *Frau* nicht in Frage gestellt.

Neben den genannten Problemen gibt es eine Reihe von Desideraten, denen sich die fachdidaktische Forschung widmen sollte: Es ist noch unklar, ob sich der Stellenwert von Vorbildern im Verlauf einer Karriere verändert. Es fehlen auch Forschungsarbeiten über Menschen, die Karriere machen und bewusst auf Vorbilder verzichten. Zudem wurde bislang zu wenig berücksichtigt, dass zuweilen auch negative Vorbilder positive Effekte herbeiführen – eingedenk des Sprichworts: „Schlechte Lehrer sind eine gute Schule." Die Pluralisierung von Identifikationsfiguren stellt einen interessanten Ansatzpunkt für die schulpädagogische Forschung dar. Sie wird zum Ausgangspunkt des zweiten Teils des Beitrags genommen.

Literatur

Adolphy, U. (1997). *„Wir haben uns das so vorgestellt: ...":* *Konstruktivistische didaktische Prinzipien als Möglichkeit, Chemieunterricht mädchenorientierter zu gestalten?* Frankfurt am Main: Lang.

Albert, M., Hurrelmann, K. & Quenzel, G. (Hrsg.). (2010). *Jugend 2010. Eine pragmatische Generation behauptet sich. 16. Shell-Jugendstudie.* Frankfurt am Main: Fischer.

Almquist, E. M. & Angrist, S. S. (1971). Role model influences on college women's career aspiration. *Merrill-Palmer Quarterly, 17* (3), 263–279.

Autorengruppe Bildungsberichterstattung (2010). *Bildung in Deutschland 2010. Ein indikatorengestützter Bericht mit einer Analyse zu Perspektiven des Bildungswesens im demografischen Wandel.* Bielefeld: Bertelsmann. Verfügbar unter: http://www.bildungsbericht.de/daten2010/bb_2010.pdf.

Bandura, A. (1997). *Self-efficacy: The exercise of control.* New York: Freeman.

Bördlein, Ch. (2003). Modellreaktanz als Ergebnis eines Wertkonfliktes. *Empirische Pädagogik, 17* (1), 3–22.

Bucher, R. & Stelling, J. G. (1977). *Becoming professional.* Beverly Hills: Sage.

Bühler, A. & Graf, E. (1998). Bedeutende Chemikerinnen. Dorothy Crowfoot Hodgkin und Rosalind Franklin. *Naturwissenschaften im Unterricht – Chemie, 9* (47), 34–37.

Clifton, A. K., McGrath, D. & Wick, B. (1976). Stereotypes of woman: A single category? *Sex Roles, 2* (2), 135–148.

Cross, S. & Markus, H. (1991). Possible selves across the life span. *Human Development, 34* (4), 230–255.

Dalhoff, J. & Girlich, J. (Hrsg.). (2009). *Frauen für die Stärkung von Wissenschaft und Forschung. Konferenz im Rahmen des Europäischen Jahres für Kreativität und Innovation. Konferenzdokumentation* (cews.publik.no14). Bonn: GESIS – Leibniz-Institut für Sozialwissenschaften/Kompetenzzentrum Frauen in Wissenschaft und Forschung CEWS. Verfügbar unter: http://www.ssoar.info/ssoar/bitstream/handle/document/24425/ssoar-2009-dalhoff_et_al-frauen_fur_die_starkung_von.pdf?sequence=1.

Dausien, B. (1994). Biographieforschung als „Königinnenweg". Überlegungen zur Relevanz biographischer Ansätze in der Frauenforschung. In A. Diezinger, H. Kitzer &

I. Anker (Hrsg.), *Erfahrung mit Methode – Wege sozialwissenschaftlicher Frauenforschung* (S. 129–153). Freiburg: Kore.

Dausien, B. (2001). Bildungsprozesse in Lebensläufen von Frauen. Ein biographietheoretisches Bildungskonzept. In W. Gieseke (Hrsg.), *Handbuch zur Frauenbildung* (S. 101–114). Opladen: Leske + Budrich.

Eckes, Th. (2002). Paternalistic and envious gender stereotypes: Testing predictions from the stereotype content model. *Sex Roles, 47* (3/4), 99–114.

Eckes, Th. (2010). Geschlechterstereotype: Von Rollen, Identitäten und Vorurteilen. In G. Steins (Hrsg.), *Handbuch Psychologie und Geschlechterforschung* (S. 178–189). Wiesbaden: VS Verlag für Sozialwissenschaften.

Elster, D. (2007). Interessante und weniger interessante Kontexte für das Lernen von Naturwissenschaften. *Der mathematische und naturwissenschaftliche Unterricht, 60* (4), 243–249.

Evans, M. A., Whigham, M. & Wang, M. C. (1995). The effect of a role model project upon the attitudes of ninth-grade science students. *Journal of Research in Science Teaching, 32* (2), 195–204.

Febel, G. (2005). Frauenbiographik als kollektive Biographik. In Ch. von Zimmermann & N. von Zimmermann (Hrsg.), *Frauenbiographik. Lebensbeschreibungen und Porträts* (S. 127–144). Tübingen: Narr.

Felden, H. von (2004). Biographieforschung – Erziehungswissenschaft – Genderforschung. In E. Glaser, D. Klika & A. Prengel (Hrsg.), *Handbuch Gender und Erziehungswissenschaft* (S. 650–662). Bad Heilbrunn: Klinkhardt.

Finson, K. D. (2002). Drawing a scientist: What we do and do not know after fifty years of drawings. *School Science and Mathematics, 102* (7), 335–345.

Finsterwald, M., Schober, B., Jöstl, G. & Spiel, Ch. (2012). Motivation und Attributionen: Geschlechtsunterschiede und Interventionsmöglichkeiten. In H. Stöger, A. Ziegler & M. Heilemann (Hrsg.), *Mädchen und Frauen in MINT. Bedingungen von Geschlechtsunterschieden und Interventionsmöglichkeiten* (Lehr-Lern-Forschung 1) (S. 193–212). Berlin: Lit.

Fölsing, U. (1999). *Geniale Beziehungen – Berühmte Paare in der Wissenschaft.* München: Beck.

Frank, E. (1999). Kernphysikerinnen im Portrait. Identifikationsmöglichkeiten für Mädchen. *Naturwissenschaften im Unterricht – Physik, 10* (49), 37–41.

Gemeinsame Wissenschaftskonferenz (2011). *Frauen in MINT-Fächern: Bilanzierung der Aktivitäten im hochschulischen Bereich* (Materialien der GWK 21). Bonn: Gemeinsame Wissenschaftskonferenz (GWK). Verfügbar unter: http://www.gwk-bonn.de/fileadmin/Papers/GWK-Heft-21-Frauen-in-MINT-Faechern.pdf.

Gibson, D. E. (2004). Role models in career development: New directions for theory and research. *Journal of Vocational Behavior, 65* (1), 134–156.

Greene, A. L., Sullivan, H. J. & Beyard-Tyler, K. (1982). Attitudinal effects of the use of role models in information about sex-typed careers. *Journal of Educational Psychology, 74* (3), 393–398.

Hackett, G., Esposito, D. & O'Halloran, M. S. (1989). The relationship of role model influences to the career salience and educational and career plans of college women. *Journal of Vocational Behavior, 35* (2), 164–180.

Hannover, B. (1997). *Das dynamische Selbst. Zur Kontextabhängigkeit selbstbezogenen Wissens.* Bern: Huber.

Hannover, B. (2002). Auswirkungen der Selbstkategorisierung als männlich oder weiblich auf Erfolgserwartungen gegenüber geschlechtskonnotierten Aufgaben. In B. Spinath & E. Heise (Hrsg.), *Pädagogische Psychologie unter gewandelten gesellschaftlichen Bedingungen* (S. 37–51). Hamburg: Kovač.

Hernandez, A. E. (1995). Do role models influence self-efficacy and aspirations in Mexican American at-risk females? *Hispanic Journal of Behavioral Sciences, 17* (2), 257–263.

Herriger, C. & Ducci, M. (2010). „Forsche Schülerinnen forschen". Ein Programm zur Förderung des naturwissenschaftlich-technischen Interesses von Schülerinnen. *Chemie konkret, 17* (1), 13–18.

Holstermann, N. & Bögeholz, S. (2007). Interesse von Jungen und Mädchen an naturwissenschaftlichen Themen am Ende der Sekundarstufe I. *Zeitschrift für Didaktik der Naturwissenschaften, 13*, 71–86.

Jahnke-Klein, S. (2010). Mädchen und Naturwissenschaften. In M. Matzner & I. Wyrobnik (Hrsg.), *Handbuch Mädchen-Pädagogik* (S. 242–255). Weinheim: Beltz.

Kessels, U. (2012). Selbstkonzept: Geschlechtsunterschiede und Interventionsmöglichkeiten. In H. Stöger, A. Ziegler & M. Heilemann (Hrsg.), *Mädchen und Frauen in MINT. Bedingungen von Geschlechtsunterschieden und Interventionsmöglichkeiten* (Lehr-Lern-Forschung 1) (S. 163–191). Berlin: Lit.

Kessels, U. & Hannover, B. (2006). Zum Einfluss des Image von mathematisch-naturwissenschaftlichen Schulfächern auf die schulische Interessenentwicklung. In M. Prenzel & L. Allolio-Näcke (Hrsg.), *Untersuchungen zur Bildungsqualität von Schule* (S. 350–369). Münster: Waxmann.

Lehren & Lernen (1999) 25 (7/8), 1–68: Biographisches Lernen am Beispiel bemerkenswerter Paare.

Little, D. M. & Roach, A. J. (1974). Videotape modeling of interest in nontraditional occupations for women. *Journal of Vocational Behavior, 5* (1), 133–138.

Lockwood, P. (2006). „Someone like me can be successful": Do college students need same-gender role models? *Psychology of Women Quarterly, 30* (1), 36–46.

Lockwood, P. & Kunda, Z. (1997). Superstars and me: Predicting the impact of role models on the self. *Journal of Personality and Social Psychology, 73* (1), 91–103.

Nauta, M. M. & Kokaly, M. L. (2001). Assessing role model influences on students' academic and vocational decisions. *Journal of Career Assessment, 9* (1), 81–99.

Noe, R. A. (1988). An investigation of the determinants of successful assigned mentoring relationships. *Personnel Psychology, 41* (3), 457–479.

Paludi, M. A. (1983). *College women's role model choice: A developmental analysis.* Paper presented at the Annual Midyear Conference of the American Educational Research Association.

Peters, J., Stylianidou, F., Ingram, C., Malek, R., Reiss, M. & Chapman, S. (2006). *Evaluation of Einstein Year.* London: University of London, Institute of Education.

Prechtl, M. (2006). *‚Doing Gender' im Chemieunterricht. Zum Problem der Konstruktion von Geschlechterdifferenz – Analyse, Reflexion und mögliche Konsequenzen für die Lehre von Chemie.* Dissertation, Universität zu Köln.

Prenzel, M., Artelt, C., Baumert, J., Blum, W., Hammann, M., Klieme, E. & Pekrun, R. (Hrsg.). (2007). *PISA 2006.* Münster: Waxmann.

Pusch, L. F. (2000). *Töchter berühmter Männer. Neun biographische Portraits.* Frankfurt am Main: Insel.

Pusch, L. F. (2002). *Schwestern berühmter Männer. Zwölf biographische Portraits* (9. Auflage). Frankfurt am Main: Insel.

Quaiser-Pohl, C. (2012). Mädchen und Frauen in MINT: Ein Überblick. In H. Stöger, A. Ziegler & M. Heilemann (Hrsg.), *Mädchen und Frauen in MINT. Bedingungen von Geschlechtsunterschieden und Interventionsmöglichkeiten* (Lehr-Lern-Forschung 1) (S. 13–39). Berlin: Lit.

Ragins, B. R. & Cotton, J. L. (1999). Mentor functions and outcomes: A comparison of men and women in formal and informal mentoring relationships. *Journal of Applied Psychology, 84* (4), 529–550.

Richards, Z. & Hewstone, M. (2001). Subtyping and subgrouping. Processes for the prevention and promotion of stereotype change. *Personality & Social Psychology Review, 5* (1), 55–73.

Rustemeyer, R. (2000). Attributionstheorie und Geschlechterforschung. In F. Försterling, J. Stiensmeier-Pelster & L.-M. Silny (Hrsg.), *Kognitive und emotionale Aspekte der Motivation* (S. 99–119). Göttingen: Hogrefe.

Savenye, W. C. (1990). Role models and student attitudes toward nontraditional careers. *Educational Technology Research and Development, 38* (3), 5–13.

Schmid-Thomae, A. (2012). *Berufsfindung und Geschlecht. Mädchen in technisch-handwerklichen Projekten.* Wiesbaden: Springer.

Sgoff, M. (1999). Die Situation von Mädchen im naturwissenschaftlichen Unterricht. In H. J. Bader & A. Flint (Hrsg.), *Frankfurter Beiträge zur Didaktik der Chemie, Bd. 2* (S. 33–64). Frankfurt am Main: Deutsch.

Smith, W. S. & Erb, Th. O. (1986). Effect of women science career role models on early adolescents' attitudes toward scientists and women in science. *Journal of Research in Science Teaching, 23* (8), 667–676.

Stöger, H. (2007). Förderung von Selbstvertrauen, selbst wahrgenommener Eignung für verschiedene Studienfächer, Interessen und Wahlverhalten durch Rollenmodelle. In P. H. Ludwig & H. Ludwig (Hrsg.), *Erwartungen in himmelblau und rosarot. Effekte, Determinanten und Konsequenzen von Geschlechterdifferenzen in der Schule* (S. 157–173). Weinheim: Juventa.

Stöger, H., Ziegler, A. & David, H. (2004). What is a specialist? Effects of the male concept of a successful academic person on performance in a thinking task. *Psychology Science, 46* (4), 514–530.

Wänke, M., Bless, H. & Wortberg, S. (2003). Der Einfluss von ,Karrierefrauen' auf das Frauenstereotyp. Die Auswirkungen von Inklusion und Exklusion. *Zeitschrift für Sozialpsychologie, 34* (3), 187–196.

Weber, R. & Crocker, J. (1983). Cognitive processes in the revision of stereotypic beliefs. *Journal of Personality and Social Psychology, 45* (5), 961–977.

Weiner, B. (1985). An attributional theory of achievement motivation and emotion. *Psychological Review, 92* (4), 548–573.

Weissensteiner, F. (2004). *Die Frauen der Genies.* München: Piper.

Wentzel, W., Mellies, S. & Schwarze, B. (Hrsg.). (2011). *Generation Girls' Day.* Opladen: Budrich UniPress.

Wienekamp, H. (1990). *Mädchen im Chemieunterricht.* Essen: Westarp Wissenschaftenverlagsgesellschaft.

Wienekamp-Suhr, H. (1992): Chemie für Mädchen? Asymmetrische Kommunikation im naturwissenschaftlichen Unterricht. In A. Kremer, L. Stäudel & M. Zolg

(Hrsg.), *Naturwissenschaftlich-technische Bildung – Für Mädchen keine Chance?* (S. 76–96). Marburg: Soznat.

Williams, J. E. & Best, D. L. (1990). *Measuring sex stereotypes: A multi-nation study.* Newbury Park: Sage Publications.

Woolfolk, A. (2008). *Pädagogische Psychologie.* München: Pearson Studium.

Ziegler, A., Reutlinger, M. & Hering, E. M. (2012). Soziotope als konstitutive Rahmenbedingungen der MINT-Förderung von Mädchen und Frauen. In H. Stöger, A. Ziegler & M. Heilemann (Hrsg.), *Mädchen und Frauen in MINT. Bedingungen von Geschlechtsunterschieden und Interventionsmöglichkeiten* (Lehr-Lern-Forschung 1) (S. 229–247). Berlin: Lit.

Zinnecker, J., Behnken, I., Maschke, S. & Stecher, L. (2002): *null zoff & voll busy. Die erste Jugendgeneration des neuen Jahrhunderts.* Opladen: Leske + Budrich.

Markus Prechtl

Vorbilder für Mädchen im naturwissenschaftlichen Unterricht – revisited.
Teil B: Ansatzpunkte

Im ersten Teil des Beitrags wurde aufgezeigt, dass der recht pauschale Standpunkt, Darbietungen von weiblichen Vorbildern eigneten sich als Maßnahme, junge Frauen für MINT zu gewinnen, nur eingeschränkt vertretbar ist, da das Lernen via Vorbild durch mannigfaltige Einflüsse bedingt ist. Im zweiten Teil wird die multiperspektivische Analyse fortgeführt und um didaktische Maßgaben ergänzt. Als Quintessenz werden zwei alternative Ansatzpunkte zur Inszenierung weiblicher Vorbilder im MINT-Bereich vorgestellt.

1.   Das Vorbild als episodisches Hilfsmittel

Bereits in der Antike findet sich die Idee, durch die Vorführung exemplarischer Lebensläufe eine moralisch-pädagogische Wirkung zu erzielen (vgl. Frost, 1996). Als ein Beispiel wären Plutarchs Lebensbeschreibungen tugendhafter Helden zu nennen (vgl. Ziegler, 1991). Überlieferungen spiritueller Lebenswege, die ein Zeugnis für religiöse Glaubensvorstellungen oder die Nachfolge eines spirituellen Führers ablegen, sind charakteristisch für alle Weltreligionen und Zeitepochen. Die jüngere Vorbilddebatte ist verwoben mit den Bildungsidealen der Aufklärung. Kennzeichnend hierfür ist die Herausbildung des Bildungsideals, dass Menschen sich als zu vernünftiger Selbstbestimmung fähige Subjekte begreifen. Kant hat dieses Ideal in den vielfach zitierten Anfangssätzen seiner Abhandlung „Was ist Aufklärung?" formuliert: „Aufklärung ist der Ausgang des Menschen aus seiner selbstverschuldeten Unmündigkeit. Unmündigkeit ist das Unvermögen, sich seines Verstandes ohne Leitung eines anderen zu bedienen" (1784, S. 481). Dies wurde teils so gedeutet, dass Selbstbestimmung die Emanzipation von durchgängig verpflichtenden Vorbildern voraussetze, da diese die Entscheidungsmöglichkeiten und die Herausforderung zum eigenen Denken und Handeln beschränkten. Es handelte sich jedoch um eine eindimensionale Auslegung des Aufklärungsgedankens, nähme man an, die Entwicklung des Selbst verliefe ganz ohne Anstöße von außen. Denn „Bildung ist nur möglich *im Medium eines Allgemeinen*", schreibt Klafki (1996, S. 25, Hervorheb. i. O.) und konkretisiert: „das heißt historischer Objektivationen der Humanität, der Menschlichkeit und ihrer Bedingungen, dies aber nicht in historisierender Rückwendung, sondern in der Orientierung auf Möglichkeiten und Aufgaben humanitären Fortschritts" (ebd.). Selbstbestimmungsfähigkeit gewinnen Heranwachsende folglich in Auseinandersetzung mit Normen, Anschauungen und

Errungenschaften der naturwissenschaftlich-technisch geprägten Zivilisation sowie in Kontakt mit Menschen, die diese mitgestaltet haben bzw. hierzu Informationen oder geeignete Lernarrangements bieten können. Solange die Bedingungen, unter denen ein Vorbild ausgewählt wird, und der Nutzen des Vorbilds für das Indivi-duum reflektiert werden, ist die Individualitätsbildung durch das Vorbild mit dem emanzipatorischen Gedanken vereinbar (vgl. Hufnagel, 1993, S. 8). Frost (1996) spricht sich für eine „Anregung zur freien Selbstständigkeit durch das Vorbild der freien Selbstständigkeit" aus und plädiert dafür, sich von vorgehaltenen Vorbil-dern zu verabschieden und dafür Menschen als Bilder der Menschlichkeit wahr-zunehmen (S. 118 und S. 126). Dieser Beitrag steht in der Tradition, Vorbilder als Hilfsmittel für Selbstwerdung und pädagogisches Handeln als Anleitung zu reflek-tiert-selektivem Gebrauch von Hilfsmitteln aufzufassen. Eine gute Metapher ist das Floß als Hilfsmittel, mit dem man übersetzt, das man aber nicht mehr mit sich her-umträgt, nachdem man das andere Ufer erreicht hat. Der Beitrag gliedert sich wie folgt: Zunächst wird eine Begriffsbestimmung zu verschiedenen Vorbild-Konzep-ten vorgenommen. Dann schließen sich Reflexionen zu Zeitsignaturen und didak-tischen Maßgaben an. Abschließend werden zwei innovative Konzepte zur Präsen-tation von Vorbildern vorgestellt.

2.   Vorbild – Role Model – Mentor – Star – Idol

Die Vorbild-Thematik wurde jüngst theoretisch aufgearbeitet (vgl. Stamm, 2008 und 2005; Wegener, 2008; Gibson, 2004; Bosse & Messner, 2003 etc.). Dabei wurde berücksichtigt, dass im alltäglichen Sprachgebrauch diverse Begriffe wie *Role Model*, *Mentor*, *Star* und *Idol* verwendet werden, die im Allgemeinen dem Konzept Vorbild zuzuordnen sind, jedoch für leicht variierende Konzeptideen stehen. Einen Überblick bietet Tabelle 1. Zudem wurde festgestellt, dass eine Pluralisierung von Identifikationsfiguren kennzeichnend für den heutigen Lebensstil von Jugendlichen ist (s.u.).

Tabelle 1:   Begriffsbestimmungen und Erläuterungen zu Role Model, Mentor, Star und Idol

Role Model	Die Arbeiten von Mead (1943), Parsons (1951) und Merton (1949) haben den Begriff Role Model geprägt. *Role Modeling* wird als sozial-kognitiver Prozess aufgefasst, in dem Modellpersonen aktiv beobachtet und spezifische Verhaltens- und Rollenmuster adaptiert werden (vgl. Flum, 2001; Ibarra, 1999). Da das Konzept vielfach spezifiziert wurde, liegen entsprechend vielfältige Definitionen vor. Beispielsweise haben Bucher & Stelling (1977) zwischen *Stage Models* und *Option Models* unterschieden. Dabei handelt es sich um Menschen, die anderen Menschen helfen, ihren Weg zu finden, bzw. alternative Verhaltensweisen aufzeigen, wie etwa Pionierinnen. Attraktive leistungsorientierte Personen wie Spitzensportler und Sängerinnen wurden als *Charismatic Models* bezeichnet. Im gegenwärtigen Sprachjargon ist von *Stars* die Rede. Nachstehend wird eine Auswahl von Definitionen aufgeführt: „Role models are individuals who provide an example of the kind of success that one may achieve, and often also provide a template of the behaviors that are needed to achieve such success" (Lockwood, 2006, S. 36); „adults who are worthy of imitation in some area of life" (Pleiss & Feldhusen, 1995, S. 163); „someone whose life and activities influenced the respondent in specific life decisions" (Basow & Howe, 1980, S. 559). Auf der Grundlage seiner Analyse bündelt Gibson (2004, S. 136) die ihm vorliegenden Definitionen zu Role Model: „a cognitive construction based on the attributes of people in social roles an individual perceives to be similar to him or herself to some extent and desires to increase perceived similarity by emulating those attributes."
Mentor	Grundlegungen zu *Mentoring* bietet Ziegler (2009). Ihm zufolge ist *Mentoring* „eine zeitlich relativ dyadische Beziehung zwischen einem/einer erfahrenen MentorIn und seinem/r/ihrem/r weniger erfahrenen Mentee. Sie ist durch gegenseitiges Vertrauen und Wohlwollen geprägt, ihr Ziel ist die Förderung des Lernens und der Entwicklung sowie das Vorankommen des Mentee" (S. 11). Mentoring-Programme können sich hinsichtlich der Anzahl der beteiligten Personen (dyadisches bzw. Netzwerk-Mentoring) oder der Organisationsform (informell bzw. formell) unterscheiden. Neben dem Dialog setzt sich zunehmend das Cyber-Mentoring durch. Unter optimalen Bedingungen stellt Mentoring eines der effektivsten Programme dar, das Personen, die sich in der Berufsorientierung befinden, dabei helfen kann, ihr Potenzial zu verwirklichen (vgl. Ziegler, 2009; Higgins & Kram 2001; Ragins, Cotton & Miller, 2000; Ragins & Cotton, 1999; Eby, 1997). Die Qualität der Förderung steigt, wenn Mentor_innen den Kontakt initiieren (Mullen, 1998). Es werden jedoch auch negative Resultate verzeichnet (Eby, McManus, Simon & Russell, 2000; Scandura, 1998). Denn die Bedingungen für Mentoring sind nicht immer optimal und die Wirkung vieler Programme, d.h. die Verbesserung der Partizipationsrate von Mädchen/Frauen im MINT-Bereich, ist zeitlich begrenzt und nur wenig nachhaltig. Das liegt unter anderem daran, dass die Interventionsmaßnahmen mit einem vergleichsweise überbordenden Angebot an stereotypischen Darstellungen von Weiblichkeitsmustern in Medien und Kommunikationssituationen konkurrieren müssen (vgl. Ziegler, Reutlinger & Hering, 2012).

Star & Idol	*Stars* werden mit Superlativen beschrieben. Sie verfügen über eine große Ausstrahlungskraft, haben eine hohe Medienpräsenz und sind üblicherweise kommerzialisiert (vgl. Bosse & Messner, 2003; Wegener, 2003). Ihr Star-Kult speist sich aus der selektiven Wahrnehmung von Interviews, Bildern und Anekdoten sowie den unbewussten Sehnsüchten ihrer Bewunderer. Stars geben sich distanziert, was zur Folge hat, dass ihnen von Paparazzi und Fans nachgestellt wird. Wenn sich Stars über den Zeitraum von Generationen hinweg etablieren und postum verehrt werden, spricht man von *Idolen*. Wiederholt werden James Dean, Marilyn Monroe, Jimi Hendrix, Che Guevara oder John Lennon angeführt. Richard & Krüger (1997) unterscheiden lebenstüchtige, tragische und rebellische Idole voneinander, je nachdem, ob sie mit den Erfordernissen und Normen der leistungsorientierten Gesellschaft konform gehen, an diesen scheitern oder gegen diese aufbegehren. Da zunehmend englische Begriffe in den alltäglichen Sprachgebrauch aufgenommen werden, werden die Wörter Star und Idol häufig synonym verwendet.

Der Begriff *Vorbild* ist vielschichtig. Eine oft zitierte Definition stammt von Rost (1985). Ihm zufolge wird als Vorbild „eine lebende oder schon verstorbene Person bzw. fiktive Gestalt (…) bezeichnet, wenn das direkt erfahrbare oder indirekt vermittelte Sein dieser Person einen anderen Menschen so nachhaltig beeinflusst, dass dieser in Bewunderung, Verehrung oder Liebe versucht, ihm nachzueifern oder nachzufolgen" (S. 1585). Der Begriff ist für fiktive oder reale Menschen reserviert und nicht an Gegenstände oder an eine bestimmte Idee, z.B. das Leitbild einer Institution gebunden. Im deutschsprachigen Raum steht das Vorbild für das Verallgemeinerbare und für eine Art Richtmaß. An die als Vorbild gewählte Person ist eine umfassende Vorstellung geknüpft, die der Identifikation dienen und zu einem Triebwerk der persönlichen Entwicklung und des Lebensentwurfs werden kann. Charakteristisch ist, dass die Bezugsindividuen Muster für eine generelle Lebensweise vorweisen. Dies hängt, wie oben gezeigt wurde, mit den philosophischen Bezugspunkten des Vorbildkonzepts zusammen. Im Vergleich hierzu ist für das Konzept *Role Model* dessen Spezifität und pragmatische Handhabung konstitutiv. Der grundlegende Wunsch des Individuums, Ähnlichkeit mit der Zielperson anzubahnen, steht jedoch auch hier im Vordergrund. Denn die begehrten Attribute der Zielperson sind der Definition des Selbstkonzepts des Individuums dienlich. Für eine Unterscheidung der Termini *Role Model* und *Mentor* kann auf eine umfassende Analyse von Gibson (2004) zugegriffen werden. Mentoring-Programme setzen auf Interaktion und Beteiligung. Im Vergleich zum Role Modeling wird ein aktives Interesse und Handeln der Mentor_innen vorausgesetzt. Sie ermöglichen den Zugang zu wichtigen Kontaktpersonen und Netzwerken. Ihr Verhalten ist unmittelbar beobachtbar und es ist möglich, getroffene Aussagen auf der Basis ihres Handelns zu bewerten.

Tabelle 2:   Klassifikation zu Role Model & Mentor (Gibson, 2004; gekürzt & angepasst, M. P.)

	Role Model	Mentor
Definition des Prozesses	Identifizierung und sozialer Vergleich	Interaktion und Beteiligung
Anzahl der Zielpersonen; potenzielle Verfügbarkeit	viele; abhängig von der individuellen Wahl, die zu Variationen führt	typischerweise eine Person; manchmal auch zwei oder mehrere Personen
Attribute, die das Individuum an der Zielperson begehrt	Hinweise für die eigene Selbstkonzept-Definition	karrierebezogene und psychosoziale Funktionen
Kontaktdauer zwischen Individuum und Zielperson	variabel	längerfristig
Auswahlmöglichkeit des Individuums	hoch; zumeist durch den Kontext bedingt	mäßig hoch; im Wesentlichen durch den Kontext bedingt
Bewusstheit	typischerweise einseitig, d.h. vom Individuum auf die Zielperson ausgerichtet	üblicherweise klar und ausdrücklich auf beiden Seiten

In Publikationen wird zuweilen eine Beziehung zwischen den beiden Konzepten hergestellt, beispielsweise in einer Empfehlung der *National Academy of Sciences*, der *National Academy of Engineering* und des *Institute of Medicine* (1997, S. 63): „A good mentor is a good role model, through both word and action. By who you are and what you do, offer students a window on a possible career in science or engineering." Die Klassifikationen zeigen, dass nicht nur der Pluralität von Vorbildern Rechnung getragen werden muss, sondern auch der Pluralität der Zugangs- und Kontaktformen. Jedenfalls scheint die Darbietung von weiblichen Vorbildern vermittels Biografien (vgl. Teil A) kein Königsweg zu sein.

3.   Das *Comeback* der Vorbilder

Der Begriff Vorbild war stets eng an die jeweiligen Zeitsignaturen einer Jugendgeneration gebunden. In älteren Studien zum Wandel von Vorbildern von Jugendlichen wurde konstatiert, dass die Jugend entweder unter einem Mangel an Vorbildern leide oder zu viele unterschiedliche, zumeist zeitgebundene Vorbilder habe (vgl. Thomae, 1965). In den Jugendstudien der letzten 60 Jahre zeichnen sich diesbezüglich interessante Entwicklungen ab (vgl. Stamm, 2008 und 2005; Zinnecker, Behnken, Maschke & Stecher, 2002; Bucher, 1996): 1955 bejahten 44 % der 15- bis 17-Jährigen die Frage „Hast du ein Vorbild? Wer ist es?" und nannten viele erwachsene Autoritäten. 25 Jahre später waren diese weitgehend verschwunden. Die Jugendlichen der 1980er-Jahre begründeten ihre Angabe, keine Vorbilder zu haben, mit dem Wunsch, sich in Eigenregie zu entwickeln, mit der Relativierung von Autoritäten und einer prinzipiellen Ablehnung von Personenverehrung (vgl. Deutsche Shell, 2000, S. 215ff.). Stamm (2005) vermutet, dass Vorbilder für diese

Jugendgeneration „stark pädagogisch besetzt" waren (S. 23f.). In der IBM-Studie gaben 1995 noch 31 % der 14- bis 24-Jährigen an, Vorbilder zu haben (vgl. Janke, 1997). Ein weiteres Fallen der Prozentzahlen war erwartet worden. Der vermutete Trend setzte sich jedoch nicht fort. Im Gegenteil: „Seit der Jahrhundertwende sind Vorbilder wieder im Kommen" (Zinnecker et al., 2002, S. 52).

4. Zeitsignaturen: Patchwork und Bricolagen

Viele junge Menschen setzen sich mit mehr als einer einzigen Identifikationsfigur auseinander (vgl. Higgins & Thomas, 2001; Eby 1997) oder greifen gelegentlich attraktive Teilaspekte einer Persönlichkeit auf: „Identification could be with an aspect of a person (part-identification), with a specific quality, characteristic, or behavior, or with something that is represented by a person (e.g., interest, belief, value, and attitude)" (Flum, 2001, S. 7). Dementsprechend wird innerhalb der aktuellen Vorbild-Debatte von *Patchwork*-Identitäten (vgl. Keupp, Ahbe, Gmür, Höfer, Mitzscherlich, Kraus & Sraus, 1999) und Bricolagen gesprochen. Die Begriffsverwendung von *Bricolage* in den Sozialwissenschaften geht auf Lévi-Strauss (1968) zurück, dessen Konzept des *Wilden Denkens*, also einer nicht vorgegebenen Reorganisation unmittelbar verfügbarer Zeichen bzw. Ereignisse zu neuen Strukturen, auf folgende Kurzformel gebracht werden kann: Nehmen und zusammenbasteln, was da ist. So wird die Auseinandersetzung von Jugendlichen mit medialen Bezugspersonen als kreativer Konstruktionsprozess aufgefasst, bei dem es nicht um ein hartnäckiges Nacheifern, sondern um die spielerische Gestaltung eines individuellen Profils geht (vgl. Barthelmes & Sander, 2001). Insbesondere die weltweite Nutzung des Internets eröffnet neuartige, kulturübergreifende Formen der Mediatisierung des Selbst. Die User *stylen* aus singulären Versatzstücken individuelle Profile und machen damit andere bzw. sich selbst zur Matrize. Eine auf die Zukunft gerichtete didaktische Analyse zum Vorbild-Konzept sollte sich mit der Pluralisierung des Angebots von Bildern auseinandersetzen (vgl. Frost, 1996, S. 101). Diese können einander in mancher Hinsicht überlagern. Politiker_innen vertreten ein deutsches und europäisches Menschenbild, wissenschaftliche Errungenschaften werden zugleich als Segen und Fluch aufgefasst. Der Januskopf zeigt sich in der Person *Fritz Haber*. Er erhielt den Nobelpreis für die Möglichkeit, den Luftstickstoff in Ammoniak zu überführen. Ammoniak dient der Produktion künstlicher Dünger, ohne die der heutige Bedarf an Nahrungsmitteln nicht annähernd saturiert werden könnte. Haber gilt aber auch als Vater der Giftgaswaffen. Seine Ehefrau *Clara Immerwahr* erschoss sich mit seiner Dienstwaffe, als er anlässlich eines Giftgaseinsatzes in Ypern befördert wurde (vgl. Fölsing, 1999).

5. Didaktische Maßgaben

5.1 Zur Transparenz von Bildungszielen und Lerninhalten

Die effektive Imitation eines Modellverhaltens erfordert das Behalten relevanter Informationen und bedingt wiederum die Motivation der Lernenden, einem Vorbild die ungeteilte Aufmerksamkeit zuteilwerden zu lassen. Es ist somit vorteilhaft, wenn Jugendliche der Lernsituation etwas abgewinnen können. Vom Standpunkt der sozialen Lerntheorie aus gesehen, ist dies der Fall, wenn sich mit dem präsentierten Verhalten attraktive Ziele erreichen lassen, also eine Aktivität mit einer Belohnung verbunden ist (vgl. Bandura, 1976; Woolfolk, 2008, S. 284ff.). Die Belohnung kann stellvertretend erfolgen, wenn die Lernenden sehen, wie eine andere Person für ihr Verhalten belohnt wird, oder durch Selbstverstärkung erzielt werden, wenn Lernende Gefallen an Verhaltensweisen finden, die sie sich abgeschaut und zu eigen gemacht haben. Folglich sollte kritisch hinterfragt werden, ob Frauen wie Marie Curie, Lise Meitner oder Rosalind Franklin in den Augen von Jugendlichen attraktive und erstrebenswerte Ziele erreicht haben. Erlangten sie zu Lebzeiten damit Prestige? Wurden ihre Aktivitäten sozial anerkannt? Zahlreiche Abhandlungen über Karrieren von Frauen im MINT-Bereich zeigen, dass die soziale Anerkennung oft sehr lange auf sich warten ließ und dass Frauen vom Wissenschaftsbetrieb ausgeschlossen und bei Ehrungen hinten angestellt wurden (vgl. Alic, 1991; Schmerl, 1997).

Neben der Frage nach der Motivation sollte die Frage nach der Zieltransparenz gestellt werden. Ist den Lernenden eigentlich bewusst, was sie am Beispiel des präsentierten Vorbilds lernen sollen? Generell sollten Lernziele transparent darstellbar und überprüfbar sein. Für Trainingssituationen im Sport erscheint diese Forderung leicht umsetzbar. Wenn ein Athlet das von der Trainerin vorgeführte Handlungsmuster exakt wiedergibt, hat er das Lernziel erreicht. Im Vergleich zum prozeduralen Lernen, bei dem Fähigkeiten bzw. Fertigkeiten schrittweise durch aktives Handeln erworben werden, bieten Vorbilder, über die man in Biografien liest oder über die man einen Bericht sieht, keine konkreten Handlungsmuster an. So wird von Jugendlichen, die sich mit dem Ehepaar Curie beschäftigen, nicht erwartet, dass sie deren Apparaturen nachbauen und eine Folge von Handgriffen imitieren, die der Extraktion des Poloniums aus Pechblende dienlich sind. Am Beispiel ihrer Biografie sollen sie eher abstrakte Qualitäten wie Forschergeist, Engagement, Durchhaltevermögen, Frustrationstoleranz etc. entwickeln lernen. Aber selbst wenn ihnen dies derart gelänge, würden sie die Konsequenzen des Gelernten nicht unmittelbar erfahren, da es keine direkte Rückmeldung in Form einer Belohnung, etwa die Anerkennung durch die Peer-Group, gibt. Zudem ist zu beachten, dass ein durch Beobachtung aufgebautes Verhaltensrepertoire nicht unmittelbar reproduziert werden muss. Oft werden aus verschiedenen modellierten Reaktionen gut erinnerbare Schemata generiert, die erst zu einem späteren Zeitpunkt abgerufen werden, beispielsweise wenn die Heranwachsenden ein Alter erreicht haben, für das die Verhaltensweise angemessen erscheint.

Aus didaktischer Sicht sollte die Frage, welche Vorbilder wie präsentiert werden sollen, an die Frage nach dem anvisierten Zuwachs an Denkweisen, Wertmaßstäben und Kompetenzen gekoppelt werden. Zum einen gilt es zu prüfen, welches Verhaltensrepertoire beim Arbeiten mit Biografien überhaupt aufgebaut werden kann, und zum anderen sollte festgestellt werden, wie hoch die Wahrscheinlichkeit ist, dass die Lernenden zukünftig in Situation gelangen, die der Lernsituation entsprechen. Zu klären ist zudem, ob der Lernzuwachs von der Lehrkraft oder der lernenden Person überprüft werden kann. Dafür muss gewährleistet sein, dass der Lernzuwachs mit der Lernsituation in Verbindung gebracht werden kann. Denn der Zeitpunkt, an dem erwünsche Verhaltensweisen wirksam werden, kann nicht genau erfasst werden. Letztendlich kann nur dann, wenn die Auswahl von Biografien und Methoden der Informationsvermittlung auf der Folie von Bildungszielen legitimiert wird, sichergestellt werden, dass die Auseinandersetzung mit Vorbildern auch nachhaltig bildend ist.

5.2 Zur Eignung von Medien und Medienpersönlichkeiten

Bereits Bandura (1976, S. 9) hat darauf hingewiesen, dass soziales Lernen auch die Beobachtung medialer Bezugspersonen mit einschließt. Die Meta-Analyse von Opplinger (2006) bestätigt, dass medial dargebotene stereotypische Rollenmuster wirksam sind. Eine aktuellere Bestandsaufnahme zu den Medienarten Fernsehen und Print liefern Heilemann, Hackl, Neubauer & Stöger (2012). Sie zeigen, dass Frauen nach wie vor überwiegend stereotypisch abgebildet werden: „Zwar werden mittlerweile in allen Genres häufiger berufstätige Frauen gezeigt, allerdings unterscheiden sich die Art der Berufe und die Bedeutung, die der Beruf einnimmt, nach wie vor stark von denen der Männer. Weibliche MINT-Rollenmodelle bilden in allen Medien die (absolute) Ausnahme" (S. 92). Wenn ‚weibliche Ausnahmen' in positiver Weise medial transportiert werden, ist ihre Wirkkraft erstaunlich groß, wie das Beispiel *CSI: Miami* zeigt. Nach Ausstrahlung der US-amerikanischen Krimiserie, in der eine Forensikerin eine zentrale Rolle spielt, stieg die Zahl der Bewerberinnen für forensische Studiengänge an (vgl. Osterath, 2010). Das Projekt MINTiFF (ebd.) liefert diesbezüglich interessante Fakten: Knapp ein Drittel der Mädchen, die an der deutschen Studie teilnahmen, gibt an, gelegentlich bis sehr häufig Interessantes über Berufe in Fernsehserien erfahren zu haben. Und 23 Prozent von ihnen sind durch fiktionale Serien sogar auf ihren späteren Berufswunsch aufmerksam geworden; häufiger als durch die Berufsberatung oder den Schulunterricht. Der Befund steht in Einklang mit Befunden früherer Studien, die aufzeigen, dass das Anschauen von Filmszenen bzw. das Lesen von Texten, die nicht-traditionelle Karrieren und Vorbilder aus dem naturwissenschaftlich-technischen Bereich darbringen, die Einstellungen und den Berufswunsch von Rezipient_innen in positiver Weise beeinflusst (vgl. Evans, Wigham & Wang, 1995; Savenye, 1990; Smith & Erb, 1986; Greene, Sullivan & Beyard-Tyler, 1982). Als Fazit kann somit festgehalten werden, dass auch mediale Bezugspersonen in Hinblick auf Berufswahlentscheidungen einflussreich sind. Die Jugendlichen sind längst im Medienzeitalter angekommen. Ob Präsentationen von Vorbildern im Chemie- oder Physikunterricht dem vergleichsweise übermäßigen Angebot der Medien etwas entgegensetzen können, ist fraglich. Positiv gewendet spricht indes einiges dafür, attraktive Medienformate geschickt zu nutzen.

6. Innovative Ansätze für schulpädagogische Handlungsfelder

Im vorherigen Abschnitt wurde dargelegt, dass weibliche MINT-Vorbilder, die berufliche Optionen aufzeigen, in den zentralen Leitmedien unterrepräsentiert sind. Neben diesem Problem ist zu beachten, dass berühmte Persönlichkeiten in den Medien mitunter verquer dargestellt werden. So werden Heldenepen und religiöse Leitfiguren hollywoodgerecht in Szene gesetzt und in einigen biografischen Comics werden Wissenschaftlerinnen wie Marie Curie hagiografisch dargestellt (vgl. Jüngst, 2010, S. 246ff.). Auch vermeintliche Rollenmodelle, die in Gerichts- und Casting-Shows gezeigt werden, stellen fragwürdige Orientierungsangebote dar (vgl. Döveling, Mikos & Nieland, 2007). Vor diesem Hintergrund erscheint der Appell, sich von vorgehaltenen Vorbildern zu verabschieden und stattdessen „Menschen als Bilder der Menschlichkeit wahrzunehmen" (Frost, 1996, S. 118ff.), nachvollziehbar. Dementsprechend werden im folgenden Abschnitt Ansatzpunkte offeriert. Als Erstes wird das *Giraffe Heroes Project* vorgestellt, das Heranwachsenden anempfiehlt, in ihrem Umfeld nach herausragenden Persönlichkeiten zu forschen. Da es in speziellen Lernsituationen, in denen recht komplexe Verhaltensskripts durch Identifikationsfiguren vermittelt werden sollen, nicht ausbleibt, dass Lehrpersonen rezipientenadäquate Vorbilder für Lernende aussuchen, werden als Zweites *Sachcomics und Foto-Storys* vorgestellt, die geeignete Folien bieten, auf denen Mädchen in MINT-bezogenen Rahmenhandlungen kompetent und selbstbewusst auftreten und en passant optimale Attributionsstile vorführen können.

6.1 „Stick Your Neck Out" – Giraffe Heroes Project

Im *Giraffe Heroes Project* (Graham, 2006; Medlock, 2006; www.giraffe.org) werden Jugendliche dazu aufgefordert, nachahmenswerte Menschen, die aufgrund ihres Könnens oder Engagements soziale Anerkennung erlangt haben, in ihrem Umfeld ausfindig zu machen. Die Idee stammt von der Schriftstellerin Ann Medlock, die die Intention hatte, positive Bilder von Menschlichkeit an die Stelle von gewaltverherrlichenden und oberflächlichen Darstellungen in den Medien zu setzen. Als Gegenpol werden Menschen in den Vordergrund gerückt, die aufgrund ihrer bemerkenswerten Taten aus der Menge herausragen. Sie werden, in Analogie zu dem hervorstechenden Tier, *Giraffen* genannt. Das Projekt ist mittlerweile in vielen US-amerikanischen Schulen zu einem festen Bestandteil des Curriculums geworden. Es ist in drei Phasen untergliedert: In der ersten Phase setzen sich die Jugendlichen mit einigen Personen aus der Projekt-Datenbank auseinander, um sich einen

Eindruck von dem Konzept zu verschaffen, so beispielsweise mit dem *Giraffe Hero Michael Reyes*, der im Jugendalter mit seinen Recyclingprogrammen für Telefonbücher, Mäntel und Metalle sowie der Aufforstung von dürregeplagten Gebieten das Umweltbewusstsein in seiner Heimatstadt positiv beeinflussen konnte (ebd.). Die Datenbankrecherche ist für die Jugendlichen eine Inspirationsquelle für das Auffinden von *Giraffe Heroes* in ihrem Nahbereich. In der zweiten Phase begeben sie sich auf die eigenständige Suche nach interessanten Menschen. Wenn sie einen *Giraffe Hero* ausgemacht haben, erstellen und präsentieren sie einen Steckbrief zu ihrem Vorbild. In der optionalen dritten Phase, die in Anlehnung an die Giraffenhalswirbel in die sieben Stufen *Problemsuche, Recherche, Entscheidung, Vision, Planung, Ausführung* und *Reflexion* untergliedert ist, können die Schüler_innen eigene Projektideen generieren und sich so ihren Weg ebnen, selbst ein *Giraffe Hero* zu werden. Im Rahmen eines Projekts an niedersächsischen Schulen wurden Siebtklässler_innen gebeten, vorrangig naturwissenschaftsbezogene Kontexte auszuwählen (Heeg & Prechtl, 2013). Ihre Entscheidung fiel unter anderem auf Umweltschützer_innen sowie eine Politikerin, die sich für die Umwelt eingesetzt hatte. Auch ein Feuerwehrmann wurde vorgestellt:

> „Er rettet freiwillig Menschen, er ist bei der freiwilligen Feuerwehr. Er gefährdet sein Leben, um andere zu retten. Er macht das als Nebenjob, also eher als Hobby. Hauptberuflich ist er Verkäufer. Für seine Dienste bekommt er Ehre, aber kein Geld." / „Nicht viele Menschen helfen freiwillig und bekommen dafür kein Geld. Andere Leute sollten auch in ihrer Freizeit anderen Leuten helfen. Sie sind auch ein Vorbild für viele Kinder. Deswegen gibt es die Jugendfeuerwehr" (zitiert in Heeg & Prechtl, 2013).

Die Auszüge aus dem Steckbrief zeigen auf, wie viel Respekt dem Wirken und der Haltung des selbst gewählten Vorbilds entgegengebracht wird. Auf diese Weise werden Menschen zu Repräsentanten der Menschlichkeit.

6.2 Vorbilder in Sachcomics und Foto-Storys

Im Fernsehen werden nur selten nicht-stereotypische Muster für weibliche Erfolgskarrieren dargeboten. Aus diesem Grund sollten alternative Angebote generiert werden, die sich bei Kindern und Jugendlichen ähnlich großer Beliebtheit wie manche Fernsehprogramme erfreuen. Die Formate *Sachcomic* und *Foto-Story* bieten sich an. Sie haben aufgrund ihrer hohen Visualität eine enorme Wirkkraft. Sachcomics transportieren vorrangig Sachinformationen in Form von gezeichneten, sequenziell angeordneten Einzelbildern, mit denen Episoden erzählt werden (vgl. Hangartner, Keller & Oechslin, 2013; Jüngst; 2010). Foto-Storys stimmen im Aufbau mit Comics überein, werden jedoch mit fotografierten Einzelbildern gestaltet (www.lehrer-online.de/fotostory.php). Kennzeichnend für beide Formate sind die gleichzeitige und gleichwertige Darbietung von Informationen mit Worten und Bildern sowie spezifische grafische Elemente (Textboxen, Sprech- und Gedankenblasen, Onomatopöie). Derzeit kommen zunehmend digitale Comics und Foto-Storys auf den Markt, die auf das Display eines Mobiltelefons oder Tablet-PCs geladen werden können. So bieten sie, auf unkomplizierte Weise, vielfältige Einsatzmöglichkeiten. Die Foto-(Love)Storys der Jugendzeitschriften BRAVO und MÄDCHEN werden vornehmlich für Mädchen als Zielgruppe konzipiert. Sie spiegeln den Alltag von Jugendlichen wider und greifen Themen wie *Erste Liebe, Eifersucht, Konflikte mit den Eltern* und *Mobbing* auf. Beispielsweise handelt die Geschichte „*No brain, no pain!*" von der Schülerin Milena, die wegen ihrer guten Schulleistungen gemobbt wird. Da sie bei Jungen nicht ankommt, beschließt sie, ihr Auftreten grundlegend zu verändern (vgl. www.bravo.de/lifestyle/foto-lovestory). Lehrkräfte und Schüler_innen können Foto-Storys leicht selbst gestalten, indem Fotos in ein Text- bzw. Bildverarbeitungsprogramm importiert, dort mit Bildtools zugeschnitten und mit eingefügten Textfeldern, Sprechblasen etc. kombiniert werden. Auf diese Weise wurde auch die Foto-Story „*Feuerlöschen: total easy!*" erstellt, von der die erste Seite in Saborowski & Prechtl (2006, S. 31) abgedruckt wurde. Sie zeigt eine Schülerin, die ihrer Mitschülerin selbstbewusst den Gebrauch eines Feuerlöschers vorführt. Die Foto-Story vermittelt wichtige Sachinformationen zur Brandbekämpfung und führt vor Augen, dass Mädchen beim gemeinsamen Ausprobieren Freude am sachkompetenten Umgang mit dem Feuerlöscher entwickeln können. Geradeso können Comics ein pädagogisches Mittel zur Illustration von modellhaftem Verhalten sein (vgl. LaFleur & Johnson, 1972). Comicfiguren stellen für manche Kinder und Jugendliche sogar Bezugspersonen dar (vgl. Balswick & Ingoldsby, 1982). Einige Kindertherapeut_innen nutzen sie deshalb als Metaphern, die für die Kinder zu wichtigen Fantasiefreunden im Umgang mit psychischen Belastungen werden und dabei helfen, Schulschikanen zu bewältigen und Ängste im Zusammenhang mit Krankheiten und Todesfällen zu verarbeiten (Mills & Crowley, 1996, S. 245–269). Cartoonhafte Darstellungen bieten besondere Möglichkeit der Identifikation. Während ein Foto Personen und Kontexte zumeist mit hoher Detailliertheit abbildet, ist ein Cartoon auf der Detailebene viel stärker reduziert und dadurch ‚offener' für Interpretationen durch die Rezipient_innen (vgl. McCloud, 2001, Kap. 2). Der Sachcomic „*Auf den richtigen Stil kommt es an!*" (Prechtl, 2013, Illustrator: Freydank) wurde für die Ausbildung angehender Lehrkräfte entwickelt und zeigt, wie Schüler_innen im Unterricht angemessen gefördert werden können (vgl. Abb. 1).

Abb. 1:   Ein Sachcomic zum Thema Reattribution (Prechtl, 2013, erste Seite und Ausschnitt)

Es werden die im ersten Teil des Aufsatz-Duos problematisierten ungünstigen Attributionen von Mädchen im MINT-Bereich thematisiert und, in Anlehnung an Ziegler & Schober (2001), Vorschläge unterbreitet, wie erwünschte Attributions-stile begünstigt werden können. Sachcomics und Foto-Storys können Modellie-rungstechniken ebenso gut transportieren wie Bild- und Filmsequenzen, die sich als geeignet erwiesen haben, um Modellpersonen zu präsentieren, die über güns-tige Attributionsstile aufklären. In der Studie von Perry & Penner (1990) wurde ein achtminütiger Film vorgeführt, in dem sich ein Professor für Psychologie daran erinnert, dass er einmal mit dem Gedanken gespielt hatte, sein Studium abzubre-chen. Er ermuntert die Zuschauer_innen, nicht aufzugeben, und empfiehlt, die eigenen Erfolge auf Fähigkeit und Anstrengung und Misserfolge auf mangelnde Anstrengung zu attribuieren. Die Wirkung solcher Modellierungstechniken ist beachtlich, wie eine Studie mit Gymnasiastinnen der neunten Jahrgangsstufe zeigt (Ziegler & Schober, 2001, S. 58). Die Schülerinnen, die zu Beginn ihres ersten Che-mieunterrichts ein zehnminütiges Video, in dem Personen erwünschte Attributi-onsmuster ansprechen, gesehen hatten, attribuierten ihre Erfolge in der Folge ver-gleichsweise stärker auf die eigene Anstrengung (internal) und Misserfolge eher variabel.

Die Integration von sogenannten Reattributionstrainings in Bildergeschich-ten kann der Interventionsmaßnahme ihren artifiziellen Anflug nehmen, sodass die Rezipient_innen spielerisch in das Fahrwasser günstiger Attributionsmuster gelotst werden. Darüber hinaus sind Sachcomic- bzw. Foto-Story-Variationen, die alle genannten Vorzüge vereinen, denkbar. Sie könnten neben Sachinformatio-nen zugleich aktive, kompetente Vorbilder in MINT-Kontexten präsentieren und überdies eine Plattform für diverse Modellierungstechniken bieten.

Literatur

Alic, M. (1991). *Hypatias Töchter. Der verleugnete Anteil der Frauen an der Wissenschaft*. Zürich: Unionsverlag.

Balswick, J. & Ingoldsby, B. (1982). Heroes and heroines among American adolescents. *Sex Roles, 8* (3), 243–249.

Bandura, A. (1976). *Lernen am Modell. Ansätze zu einer sozial-kognitiven Lerntheorie*. Stuttgart: Klett.

Barthelmes, J. & Sander, E. (2001). *Medienerfahrungen von Jugendlichen*. München: DJI.

Basow, S. A. & Howe, K. (2006). Role-model influence: Effects of sex and sex-role atti-tude in college students. *Psychology of Women Quarterly, 4* (4), S. 558–572.

Bosse, D. & Messner, R. (2003). Idole im Leben von Kindern und Jugendlichen. *Päda-gogik, 55* (4), 40–43.

Bucher, A. A. (1996). Renaissance der Vorbilder? In H. Schmidinger (Hrsg.), *Vor-Bil-der – Realität und Illusion* (S. 29–64). Graz: Styria.

Bucher, R. & Stelling, J. G. (1977). *Becoming professional*. Beverly Hills: Sage.

Deutsche Shell (Hrsg.). (2000). *Shell Jugendstudie 2000*. Opladen: Leske + Budrich.

Döveling, K., Mikos, L. & Nieland, J.-U. (Hrsg.). (2007). *Im Namen des Fernsehvolkes. Neue Formate für Orientierung und Bewertung.* Konstanz: UVK.

Evans, M. A., Whigham, M. & Wang, M. C. (1995). The effect of a role model project upon the attitudes of ninth-grade science students. *Journal of Research in Science Teaching, 32* (2), 195–204.

Eby, L. T. (1997). Alternative forms of mentoring in changing organizational environments: A conceptual extension of the mentoring literature. *Journal of Vocational Behavior, 51* (1), 125–144.

Eby, L. T., McManus, S. E., Simon, S. A. & Russell, J. E. A. (2000). The protege's perspective regarding negative mentoring experiences: The development of a taxonomy. *Journal of Vocational Behavior, 57* (1), 1–21.

Evans, M. A., Whigham, M. & Wang, M. C. (1995). The effect of a role model project upon the attitudes of ninth-grade science students. *Journal of Research in Science Teaching, 32* (2), 195–204.

Flum, H. (2001). Relational dimensions in career development. *Journal of Vocational Behavior 59* (1), 1–16.

Fölsing, U. (1999). *Geniale Beziehungen – Berühmte Paare in der Wissenschaft.* München: Beck.

Frost, U. (1996). Erziehung durch Vorbilder? In H. Schmidinger (Hrsg.), *Vor-Bilder – Realität und Illusion* (S. 91–127). Graz: Styria.

Gibson, D. E. (2004). Role models in career development: New directions for theory and research. *Journal of Vocational Behavior, 65* (1), 134–156.

Graham, J. (Hrsg.). (2006). *Voices of Hope. Service-Learning Guide.* Langley: GHP.

Greene, A. L., Sullivan, H. J. & Beyard-Tyler, K. (1982). Attitudinal effects of the use of role models in information about sex-typed careers. *Journal of Educational Psychology, 74* (3), 393–398.

Hangartner, U., Keller, F. & Oechslin, D. (Hrsg.) (2013). *Wissen durch Bilder. Sachcomics als Medien von Bildung und Information.* Bielefeld: Transcript.

Heeg, J. & Prechtl, M. (2013). Vorbilder gesucht! – Erfahrungen mit der Implementierung des Giraffe Heroes Projects im Chemieunterricht. *Naturwissenschaften im Unterricht – Chemie, 24* (1), 42–44.

Heilemann, M., Hackl, J., Neubauer, T. & Stöger, H. (2012). Die Darstellung von Mädchen und Frauen in den Medien. In H. Stöger, A. Ziegler & M. Heilemann (Hrsg.), *Mädchen und Frauen in MINT. Bedingungen von Geschlechtsunterschieden und Interventionsmöglichkeiten* (Lehr-Lern-Forschung 1) (S. 77–102). Berlin: Lit.

Higgins, M. C. & Kram, K. E. (2001). Reconceptualizing mentoring at work: A developmental network perspective. *Academy of Management Review, 26* (2), 264–288.

Higgins, M. C. & Thomas, D. A. (2001). Constellations and careers: Toward understanding the effects of multiple developmental relationships. *Journal of Organizational Behavior, 22* (3), 223–247.

Hufnagel, E. (1993). *Pädagogische Vorbildtheorien. Prolegomena zu einer pädagogischen Imagologie.* Würzburg: Königshausen & Neumann.

Ibarra, H. (1999). Provisional selves: Experimenting with image and identity in professional adaptation. *Administrative Science Quarterly, 44* (4), 764–791.

Janke, K. (1997). Stars, Idole, Vorbilder. Was unterscheidet sie? *Friedrich Jahresheft Schüler,* 18–21.

Jüngst, H. E. (2010). *Information Comics.* Frankfurt/M.: Lang.

Kant, I. (1784). Beantwortung der Frage: Was ist Aufklärung? *Berlinische Monatsschrift, 4* (12), 481–494.

Klafki, W. (1996). *Neue Studien zur Bildungstheorie und Didaktik.* Weinheim: Beltz.

Keupp, H., Ahbe, Th., Gmür, W., Höfer, R., Mitzscherlich, B., Kraus, W. & Sraus, F. (1999). *Identitätskonstruktionen: Das Patchwork der Identitäten in der Spätmoderne.* Berlin: RoRoRo.

LaFleur, N. K. & Johnson, R. G. (1972). Separate effects of social modeling and reinforcement in counseling adolescents. *Journal of Counseling Psychology, 19* (4), 292–295.

Lévi-Strauss, C. (1968). *Das wilde Denken.* Frankfurt/M.: Suhrkamp.

Lockwood, P. (2006). „Someone like me can be successful": Do college students need same-gender role models? *Psychology of Women Quarterly, 30* (1), 36–46.

McCloud, S. (2001). *Comics richtig lesen. Die unsichtbare Kunst.* Hamburg: Carlsen.

Mead, G. H. (1934). *Mind, self, and society from the standpoint of a social behaviorist.* Chicago: University of Chicago Press.

Medlock, A. (Hrsg.). (2006). *Voices of hope. Heroes' stories for challenging times.* Langley: GHP.

Merton, R. K. (1949). *Social Theory and Social Structure.* New York: Free Press.

Mills, J. C. & Crowley, R. J. (1996). *Therapeutische Metaphern für Kinder und das Kind in uns.* Heidelberg: Auer.

Mullen, E. J. (1998). Vocational and psychosocial mentoring functions: Identifying mentors who serve both. *Human Resource Development Quarterly, 9* (4), 319–331.

National Academy of Sciences (Hrsg.). (1997). *Adviser, teacher, role model, friend. On being a mentor to students in science and engineering.* Washington: National Academy Press.

Opplinger, P. A. (2006). Effects of gender stereotyping on socialization. In Preiss, R. G., Gayle, B. M., Burrell, N., Allen, M. & Bryant, B. (Hrsg.), *Mass media effects research. Advances through meta-analysis* (S. 199–214). Mahwah: Erlbaum.

Osterath, B. (2010). Chemikerinnen? Fehlanzeigen! *Nachrichten aus der Chemie, 58* (12), 1234–1237.

Parsons, T. (1951). *The social system.* New York: Free Press.

Perry, R. P. & Penner, K. S. (1990). Enhancing academic achievement in college students through attributional retraining and instruction. *Journal of Educational Psychology, 82* (2), 262–271.

Pleiss, M. K. & Feldhusen, J. F. (1995). Mentors, role models, and heroes in the lives of gifted children. *Educational Psychologist, 30* (3), 159–169.

Prechtl, M. (2013). Auf den richtigen Stil kommt es an! Chancengleichheit via Reattributionstraining. *Naturwissenschaften im Unterricht – Chemie, 24* (1), 38–41.

Ragins, B. R. & Cotton, J. L. (1999). Mentor functions and outcomes: A comparison of men and women in formal and informal mentoring relationships. *Journal of Applied Psychology, 84* (4), 529–550.

Ragins, B. R., Cotton, J. L. & Miller, J. S. (2000). Marginal mentoring: The effects of type of mentor, quality of relationship, and program design on work and career attitudes. *Academy of Management Journal, 43* (6), 1177–1194.

Richard, B. & Krüger, H.-H. (1997). Vom einsamen Rebell zur ‚singenden Altkleidersammlung'. Jugend-Idole und ihre mediale Repräsentation im historischen Wandel. *Deutsche Jugend, 45* (12), 536–543.

Rost, F. (1985). Vorbild. In D. Lenzen (Hrsg.), *Pädagogische Grundbegriffe, Bd. 2* (S. 1585–1589). Reinbek: Rowohlt.

Saborowski, J. & Prechtl, M. (2006). Laborgeräte und Sicherheit – Ein kooperativ entwickeltes Stationenlernen. *Praxis der Naturwissenschaften – Chemie in der Schule, 55* (3), 27–33.

Scandura, T. A. (1998). Dysfunctional mentoring relationships and outcomes. *Journal of Management, 24* (3), 449–467.

Savenye, W. (1990). Role models and student attitudes toward nontraditional careers. *Educational Technology Research & Development, 38* (3), 5–13.

Schmerl, Ch. (1997). Geschlechterbilder im Wissenschaftsspiel: Genutzte Chancen versus verlorene Selbstachtung. *Zeitschrift für Frauenforschung, 15* (1+2), 36–47.

Smith, W. S. & Erb, Th. O. (1986). Effect of women science career role models on early adolescents' attitude toward scientists and women in science. *Journal of Research in Science Teaching, 23* (8), 667–676.

Stamm, M. (2005). *Vorbilder der Jugend – Jugend als Vorbild?* Berlin: Pro Business.

Stamm, M. (2008). Vorbilder Jugendlicher in pädagogischer Sicht. In Ch. Bizer, R. Englert, H. Kohler-Spiegel, N. Mette, F. Rickers & F. Schweitzer (Hrsg.), *Sehnsucht nach Orientierung. Vorbilder im Religionsunterricht* (Jahrbuch der Religionspädagogik 24) (S. 45–54). Neukirchen-Vluyn: Neukirchener Verlag.

Thomae, H. (1965). *Vorbilder und Leitbilder der Jugend.* München: Juventa.

Wegener, C. (2008). *Medien, Aneignung und Identität. „Stars" im Alltag jugendlicher Fans.* Wiesbaden: VS Verlag für Sozialwissenschaften.

Woolfolk, A. (2008). *Pädagogische Psychologie.* München: Pearson.

Ziegler, A. (2009). Mentoring: Theoretischer Hintergrund. In: H. Stöger, A. Ziegler & D. Schimke (Hrsg.), *Mentoring: Theoretische Hintergründe, empirische Befunde und praktische Anwendungen* (S. 7–30). München: Dustri.

Ziegler, A., Reutlinger, M. & Hering, E. M. (2012). Soziotope als konstitutive Rahmenbedingungen der MINT-Förderung von Mädchen und Frauen. In H. Stöger, A. Ziegler & M. Heilemann (Hrsg.), *Mädchen und Frauen in MINT. Bedingungen von Geschlechtsunterschieden und Interventionsmöglichkeiten* (Lehr-Lern-Forschung 1) (S. 229–247). Berlin: Lit.

Ziegler, A. & Schober, B. (2001). *Theoretische Grundlagen und praktische Anwendung von Reattributionstrainings.* Regensburg: Roderer.

Ziegler, K. (Hrsg.). (1991). *Plutarchus: Von großen Griechen und Römern.* München: dtv.

Zinnecker, J., Behnken, I., Maschke, S. & Stecher, L. (2002). *null zoff & voll busy. Die erste Jugendgeneration des neuen Jahrhunderts.* Opladen: Leske + Budrich.

Beate Wischer

Individuelle Förderung als neue Leitidee?
Kritische Anmerkungen zu einer aktuellen Reformstrategie

Die Debatten rund um die Frage, wie Schule und Lehrkräfte mit der Unterschiedlichkeit ihrer AdressatInnen umgehen sollen, werden seit einigen Jahren nicht mehr vorwiegend entlang einzelner Differenzlinien geführt. Vielmehr ist im Anschluss an die ersten ernüchternden Ergebnisse der internationalen Vergleichsstudien ein Diskurs entstanden, der – zumeist unter dem Stichwort „Heterogenität" – die Vielzahl von möglichen Unterscheidungsmerkmalen von Schülerschaften bündelt und zu einem produktiven Umgang mit einer dann gleichsam „generalisierten Vielfalt" (Kaiser, 2002) auffordert (vgl. dazu z.B. Budde, 2012; Trautmann & Wischer, 2011). In engem Zusammenhang dazu stehen Ansprüche nach „Individueller Förderung" als einer mittlerweile auch in vielen Bundesländern administrativ verankerten Reformstrategie (vgl. z.B. Gasse, 2012), die bereits begrifflich hervorhebt, dass Förderung nicht mehr auf einzelne Schülergruppen (wie Mädchen und Jungen, aber auch Leistungsstärkere und Leistungsschwächere etc.) auszurichten sei, sondern auf den Einzelnen mit seinen dann je spezifischen „individuellen" Bedürfnissen.

Der folgende Beitrag fragt nach zentralen Merkmalen und Anforderungen dieser Reformidee (1), um davon ausgehend ausgewählte Probleme und Fallstricke zu diskutieren (2). Dabei geht es um grundsätzliche Schwierigkeiten, die sich unter einem schul- und organisationstheoretischen Blickwinkel aus dem durchaus gut begründeten Anspruch von „Individueller Förderung" für die Schul- und Unterrichtsentwicklung ergeben. Erst in einem Fazit soll abschließend knapp reflektiert werden, was man gewinnt und was man verliert, wenn statt gruppenbezogener Referenzen nun nur noch das „Individuum" in den Vordergrund gerückt wird (3).

1. Individuelle Förderung als neue Reformstrategie

Dass Schule die einzelnen LernerInnen in ihrer Entwicklung unterstützen, also „individuell fördern" soll, ist keineswegs ein neuer Gedanke. Entsprechende Reformbestrebungen gehören zur Geschichte der modernen Schule und sind spätestens seit der Reformpädagogik, als einer ‚vom Kinde aus gedachten Pädagogik', eine Standardforderung vieler Schul- und Unterrichtsreformer: Die ‚Schule soll sich dem Kind anpassen, und nicht umgekehrt' – mit derart griffigen Formulierungen wird im Prinzip seit jeher ein auf Gleichschritt zielender Unterricht kritisiert und stattdessen für eine auf die individuellen Lernerbedürfnisse zugeschnittene Lern-

und Förderkultur geworben (z.B. Montessori, 1916/1976). In der großen Bildungsreform der 1970er Jahre tauchte „Individuelle Förderung" dann sogar schon als
Terminus auf – und zwar als Leitidee für die Gestaltung des gesamten Bildungssystems. So ist im Strukturplan des Deutschen Bildungsrats (1971) von einem auf
„individuelle Förderung angelegten Bildungssystem" (S. 27) die Rede, verbunden
mit der Forderung, „jeden Lernenden entsprechend seinen Fähigkeiten und Interessen bestmöglich (zu) fördern" (S. 36). Und nicht zu vergessen sind die bereits seit
Jahrzehnten andauernden Bemühungen – etwa in der Allgemeinen Didaktik (z.B.
Klafki & Stöcker, 1976) und der psychologischen Lehr-Lern-Forschung (vgl. z.B.
Beck et al., 2008) – um Konzepte und Methoden, die individuelle Lernerbedürfnisse im Unterricht differenzierter zu berücksichtigen versuchen (vgl. auch Trautmann & Wischer, 2010).

Dass all diese Ideen in der Praxis allerdings nur wenig Verbreitung gefunden
haben, zeigt sich nicht zuletzt daran, dass Individuelle Förderung nun erneut zu
einem zentralen Topos des Diskurses rund um die Reformierung des Bildungssystems avanciert ist. Den Anstoß gaben (wie für vieles andere auch) die Ergebnisse der ersten PISA-Studie, wobei Individuelle Förderung ganz konkret in den
Abschlussempfehlungen des von Bund und Ländern getragenen „Forum Bildung"
als eine von insgesamt 12 Empfehlungen aufgenommen worden ist: „Individuelle
Förderung" – so heißt es hier – „entscheidet darüber, ob Menschen sich nach ihren
Fähigkeiten und Interessen entwickeln können. Individuelle Förderung ist gleichermaßen Voraussetzung für das Vermeiden und den rechtzeitigen Abbau von
Benachteiligungen wie für das Finden und Fördern von Begabungen. Ziel ist die
konsequente Berücksichtigung unterschiedlicher Lernvoraussetzungen" (Forum Bildung, 2001, S. 7).

Doch wodurch zeichnet sich dieser nun erneut eingebrachte Ruf nach Individueller Förderung – auch im Unterschied zu den vorangegangenen Innovationserwar-
tungen – aus? Welche An- und Herausforderungen verbergen sich hinter den aktuellen Reformstrategien? Was ist mit Individueller Förderung überhaupt gemeint?

1.1 Grundlegende Merkmale der Reformstrategie

Individuelle Förderung ist kein klar umrissenes Konzept; und es gibt – trotz des
mittlerweile doch recht prominenten Stellenwertes des Begriffs im deutschen Bil-
dungsdiskurs[1] – bislang weder eine einheitliche Definition noch ein einheitliches
Verständnis bezüglich der Ziele und der operativen Gestaltung (vgl. z.B. Solzbacher, Behrensen, Sauerhering & Schwer, 2012; Klieme & Warwas, 2011). Das Spektrum reicht im Prinzip von vorwiegend reformpädagogisch inspirierten Auffassungen, bei denen Individuelle Förderung mit einer umfassenden Unterstützung der

---

[1] Auch international gibt es ähnliche Bestrebungen. So verfolgen z.B. schon der Education
Act 1988 und die „Every Child Matters"-Agenda der britischen Regierung 2004 den Gedanken des Zuschneidens des Curriculums auf individuelle Lernerbedürfnisse („Tailoring
learning to the needs, interests and aspirations of each individual"); die Rede ist auch von
„personalized learning".

gesamten Schülerpersönlichkeit in Zusammenhang gebracht wird, bis hin zu einem deutlich enger gefassten – auf die effektive Förderung fachlicher Kompetenzen ausgerichteten – Verständnis, wie man es z.B. traditionell in der empirischen Lehr-Lern-Forschung vorfindet. Eine Übereinstimmung besteht mithin noch am ehesten darin, dass hier wie dort die Idee einer größtmöglichen Passung zwischen Lernangeboten bzw. Fördermaßnahmen einerseits und den individuellen Lernervoraussetzungen andererseits zum zentralen Kriterium erhoben wird.

Im Vergleich zur Bildungsreform der 1970er Jahre lassen sich überdies – trotz aller Unterschiede im Detail – die mit Individueller Förderung verbundenen Reformstrategien sehr vereinfacht so charakterisieren:

- Auch wenn begrifflich darauf hingewiesen wird, dass Förderung nicht gruppen- bzw. merkmalsbezogen, sondern „individuell" auszurichten sei, gibt es gegenüber den 1970er Jahren doch etwas veränderte Akzentsetzungen bezüglich der Zielgruppen und auch Ziele. Während in der Bildungsreform das Augenmerk noch besonders auf einer dann gleichsam kompensatorischen Förderung schwacher SchülerInnen lag und die Behebung der damals festgestellten (sozialen) Ungleichheit der Bildungschancen eine zentrale Zielstellung war, wird in der aktuellen Debatte auch die Förderung der leistungsstärkeren SchülerInnen immer wieder eigens hervorgehoben; vor allem die Förderung besonderer Begabungen besitzt einen bemerkenswert hohen Stellenwert (vgl. z.B. Fischer, Mönks & Westphal, 2008).

- Ein zweiter wichtiger Unterschied besteht in einer administrativen Verankerung der Idee: Eine Abkehr von Gleichbehandlung und standardisierter Förderung wird nicht mehr allein durch engagierte PädagogInnen angemahnt, die für Schulen und Lehrkräfte seit jeher vielfältige Empfehlungen und Konzepte für am einzelnen Lerner orientierte Förderung bereithalten. In den meisten Bundesländern gibt es mittlerweile sogar Gesetze und Erlasse, die Individuelle Förderung als ein Recht für SchülerInnen bzw. als einen Auftrag an Schulen verbindlich festschreiben (vgl. im Überblick Gasse, 2012), wobei die Einlösung auch überprüft werden soll und kann. So finden sich etwa entsprechende Kriterien (z.B. Entwicklung eines Förderkonzepts, differenzierte Lernkultur) oft als Qualitätsstandards für gute Schule bzw. guten Unterricht, die wiederum Grundlage für externe Evaluationen (durch Inspektionsverfahren) sind bzw. sein können.

- Schließlich – und sehr entscheidend – setzen die Überlegungen heute weder vorrangig bei der Schulstruktur (also der Schulsystemfrage) an, wie dies noch in den 1970er Jahren stärker der Fall war, noch wird allein die Unterrichtsebene und damit das didaktisch-methodische Handeln der Lehrkräfte in den Blick genommen. Die Aufmerksamkeit richtet sich stattdessen auf die *Einzelschule* als pädagogische Handlungs- und Gestaltungseinheit: Individuelle Förderung soll hier als Leitidee in eine systematische und zielgerichtete Entwicklungsstrategie der Schule als Ganzes aufgenommen werden, um darüber eine auf individuelle Schülerbedürfnisse abgestimmte Förderpraxis zu etablieren (vgl. Gasse, 2012).

Die ernüchternden Erfolge der Reformversuche in den 1970er Jahren, aber auch schultheoretische Überlegungen und empirische Befunde zu den Gestaltungsopti-

onen im Bildungssystem (vgl. Fend, 2008) sprechen dafür, dass über diesen zuletzt
genannten Fokus auf die Einzelschule ein durchaus Erfolg versprechender Strate-
giewechsel eingeschlagen wird, um die Programmideen nun endlich breiter in die
Fläche zu bringen. Einerseits nehmen die Schulstruktur ebenso wie andere externe
Rahmenbedingungen (Ressourcenzuteilung, administrative Vorgaben etc.) zwar
Einfluss auf die Handlungsspielräume vor Ort; sie legen aber die konkrete Ausgestaltung des Schulehaltens noch keineswegs fest. Und auf der anderen Seite greifen
die schon seit langem immer wieder unternommenen Versuche, eine differenzierte
resp. adaptive Förderung allein auf der Unterrichtsebene zu installieren (und in die
Verantwortung der einzelne Lehrkraft zu stellen) deutlich zu kurz, weil die zur Verfügung stehende (und durch Lehrplanvorgaben strukturierte) Unterrichtszeit kaum
ausreicht, um auf spezielle Förderbedürfnisse angemessen eingehen zu können (vgl.
z.B. Sandfuchs, 1997), und weil die didaktisch-methodischen Handlungsmöglichkeiten durch die Rahmenbedingungen vor Ort natürlich auch erheblich beeinflusst
und dann auch begrenzt werden (vgl. Saldern, 2007).

Doch was bedeutet es konkret, Individuelle Förderung als Leitidee für Schulentwicklung auszuweisen? Welche Herausforderungen verbinden sich damit?

1.2 Individuelle Förderung als Entwicklungsauftrag an die Einzelschule

Im Prinzip spielen zwei Kernideen, die für die Entwicklung der Einzelschule
grundsätzlich geltend gemacht werden, auch für die Implementation einer hetero-
genitätssensiblen Förderkultur eine zentrale Rolle: Es ist dies erstens die Idee, dass
es keine für alle verbindlichen Patentrezepte geben kann, sondern dass jede Schule
für sich spezifische Lösungen finden soll und muss, die zu ihrem bisherigen Pro-
fil, ihrer Schülerschaft und den regionalen und lokalen Besonderheiten passen. Die
zweite Idee konzeptionalisiert Schulentwicklung als einen umfassenden und zielge-
richteten Prozess, der Maßnahmen der Unterrichts-, Organisations- und Personal-
entwicklung systematisch miteinander zu verbinden versucht. Für Individuelle Förderung als eine Leitidee für Schulentwicklung hat dies u.a. folgende Konsequenzen:

Erstens kann verständlich werden, dass Individuelle Förderung nicht auf einzelne Aktivitäten oder Instrumente begrenzt sein kann, sondern „einen weiten
Bogen schulischer Praxis" umspannen muss (Gasse, 2012, S. 91): Die Veränd-
erungsnotwendigkeiten reichen im Prinzip von Interaktionsprozessen im Unterricht
bis hin zu strukturellen Rahmenbedingungen (etwa Abschaffung des 45-Minuten-
Takts, Ausbau des Ganztagsangebots). Zweitens lässt sich dazu kaum eine verbindliche (und klar umrissene) Konzeptvorgabe machen, weil nur die Akteure vor Ort
über das Kontextwissen verfügen, das für eine schulspezifische Abstimmung und
Koordination erforderlich ist.

Unter diesen Vorzeichen wird die Entfaltung einer eigenen schulischen Förderkultur zu einem überaus anspruchsvollen Entwicklungsvorhaben für die Einzelschule. So können auf der Programmebene zwar weit gespannte und vielfältige
Empfehlungen ausgesprochen werden (vgl. z.B. http://www.foerdern-individuell.

de), jede Schule muss daraus aber am Ende selbst ein eigenes Konzept entwickeln. Und best-practice-Konzepte von Schulen, die bereits über eine kohärente und erfolgreiche Förderpraxis verfügen (vgl. Beispiele in Schratz, Pant & Wischer, 2012), können nicht umstandslos auf die eigene Schule übertragen werden, weil hinter jeder Schule – und so auch hinter jeder Förderstrategie – ja spezifische Bedingungen und eine eigene Entwicklungsgeschichte stehen.

Weiter schärfen lassen sich die daraus resultierenden Anforderungen, wenn man im Folgenden noch einmal präzisiert, was es konkret bedeutet, wenn die eigene Schul- und Unterrichtsentwicklung auf Individuelle Förderung ausgerichtet werden soll.

1.3 Bausteine und Strategien für Individuelle Förderung

An Konzepten und Ideen für Individuelle Förderung besteht keineswegs ein Mangel. Betrachtet man dazu administrative Vorgaben, praktische Empfehlungen oder Handreichungen[2], aber auch die von den Schulen selbst ausgewiesenen Förderkonzepte (vgl. z.B. Haenisch, 2010), dann trifft man vielmehr auf lange Listen von Maßnahmen, Verfahren, Aktivitäten und Instrumenten, die ein breites und kaum noch überschaubares Spektrum abdecken: AG-Angebote im musisch-künstlerischen Bereich, Kompetenztrainings, Angleichungsförderung, Streitschlichterprogramme, Berufsberatung und Profilklassen gehören ebenso dazu wie kooperatives und tutorielles Lernen, Freiarbeit, Hausaufgabenbetreuung, Entwicklungsberichte, Lernbüros, Drehtürmodelle, Sprachförderung oder Jungen-Mädchen-Konferenzen – um nur einige zu nennen.

Nun soll nicht in Abrede gestellt werden, dass all dies auch ‚irgendwie‘ mit individuellem Fördern in Zusammenhang gebracht werden kann. Erstens ist die Förderthematik an sich in der Tat sehr komplex (vgl. Arnold, Graumann & Rakhkochkine, 2008): Förderung kann

- auf vielfältige Bereiche gerichtet sein (kognitive Fähigkeiten, sprachliche Entwicklung, soziale Kompetenzen, Lernstrategien, fachspezifische Kenntnisse, motivationale Aspekte etc.);
- bei zahlreichen Schülermerkmalen bzw. -gruppen ansetzen (z.B. Leistungsschwache, Hochbegabte, Mädchen und Jungen);
- diverse Ziele verfolgen (z.B. Fördern oder Fordern);
- auf mannigfache Weise (optional oder verbindlich, temporär oder dauerhaft) stattfinden, und
- auf verschiedenen Ebenen verankert sein (z.B. im Unterricht oder im außerunterrichtlichen Bereich).

Zweitens kommen ja Maßnahmen hinzu, die sich nicht unmittelbar auf Förderung beziehen, aber die dafür notwendigen strukturellen Rahmenbedingungen betreffen (z.B. Zeitstrukturen oder Lehrerkooperation).

---

2   In vielen Bundesländern gibt es mittlerweile eine umfängliche Handreichungsliteratur, die in der Regel über die Homepage der Ministerien abgerufen werden kann.

Gleichwohl handelt es sich hier zunächst nur um einzelne *Bausteine*; und es dürfte unmittelbar auf der Hand liegen, dass es nur wenig zielführend wäre, möglichst viele solcher Bausteine einfach nur in das schuleigene Programm zu übernehmen. Man würde nicht nur schnell an Ressourcen- bzw. Kapazitätsgrenzen stoßen, sondern dies liefe auch der doch eigentlich zu Grunde liegenden Idee entgegen, eine in sich stimmige und zur Schülerschaft wie auch zur schuleigenen Situation passende Förderkonzeption zu entwickeln. Entscheidender (und anspruchsvoller) ist es demnach, eine *Strategie* zu verfolgen, die sich im Prinzip an den bekannten Abläufen von Schulentwicklung orientiert: Ein Kollegium müsste sich über die Ziele und die eigene Auffassung von individueller Förderung verständigen, ein gemeinsames Leitbild (mit Schwerpunktsetzungen) entwickeln, die bisherige Förderpraxis in ihren Stärken und Schwächen analysieren, um darauf aufbauend systematische Schritte einer Optimierung zu unternehmen (vgl. Kunze & Solzbacher, 2008). Und das bedeutet weiter gefasst: Viele Einzelakteure (im Kollegium, aber auch ErzieherInnen oder außerschulische Partner) müssen „unter einen Hut gebracht werden" (Stichwort: Schulethos), eine Vielzahl von Aktivitäten muss koordiniert und in ein Gesamtkonzept überführt (Stichwort: Komplexitätsmanagement und Passung) und dann auch praktiziert werden (Stichwort: Persistenz). Dass dies alles ungleich leichter zu fordern als umzusetzen ist, kann deutlich werden, wenn man sich nun etwas ausführlicher ausgewählten Fallstricken zuwendet.

2. Probleme und programmatische Fallstricke

Es gibt noch kaum empirische Untersuchungen, die einen Einblick in den Ablauf, die Bedingungen, die Probleme oder gar die Erfolge von Entwicklungsprozessen von Schulen speziell im Bereich individueller Förderung geben können. Studien zur Verbreitung bzw. Implementation von einzelnen Bausteinen für individuelle Förderung (z.B. Solzbacher et al., 2012) sprechen dafür, dass von einer flächendeckenden Verankerung der Reformideen noch kaum die Rede sein kann. Dies ist allerdings, wie es programmatische Texte schnell suggerieren, keineswegs allein den „reformunwilligen" Akteuren anzulasten. Und auch eine Veränderung struktureller Rahmenbedingungen – sogar im Sinne einer höheren Ressourcenausstattung – könnte nicht alle Probleme beheben. Zu berücksichtigen sind vielmehr auch konstitutive Widersprüche, die das Feld organisierter Bildungs- und Erziehungsprozesse ganz grundsätzlich prägen und so auch für Konzepte für Individuelle Förderung virulent werden. Einige solcher Spannungsfelder sollen im Folgenden – eher schlaglichtartig als systematisch – beleuchtet werden (vgl. auch Trautmann & Wischer, 2011; Wischer, 2012).

2.1 Schule im Spannungsfeld von Normierung und Individualisierung

Individuelle Förderung, so lässt sich als ein erstes Ausgangsproblem markieren, mag zwar ein gut begründeter Anspruch sein. Er steht aber im Widerspruch zur bisherigen Funktions- und Handlungslogik der Schule als Organisation. Dies gilt nicht nur (aber auch!), weil das Lernen in der Schule (anders als im Hauslehrermodell früherer Zeiten) in größeren Gruppen (und nicht mit Einzelnen!) stattfindet, was bereits auf Kapazitäts- und Ressourcenfragen als eine zentrale Schwierigkeit verweist. Vielmehr lässt sich aus einem schul- und organisationstheoretischen Blickwinkel noch weitergehend argumentieren, dass in einer Institution zur Organisation von Massenlernprozessen eine „Einzelfallbehandlung" (im Sinne einer Berücksichtigung von Individualinteressen) weder vorgesehen noch in letzter Konsequenz auch überhaupt möglich sein dürfte: Es sind große Schülerströme zu kanalisieren, Laufbahnen zu strukturieren und Übergänge und Gruppenzugehörigkeiten verbindlich zu regeln, was Strategien der Vereinheitlichung, Normierung und eine kategoriale (und nicht partikulare) Schülerbehandlung voraussetzt oder zumindest nahelegt. Man könnte es auch umgekehrt formulieren: Die Missachtung der individuellen Lernerbedürfnisse, wie sie auch der aktuelle Diskurs recht unisono beklagt, ist nicht allein falschen „pädagogischen Mentalitäten" (Tillmann, 2008, S. 77) oder einer fehlenden Einsicht des Personals geschuldet. Sie resultieren auch aus der Notwendigkeit, Komplexität zu reduzieren, um funktions- und handlungsfähig zu sein: „Die pauschale Kategorisierung individueller Situationskonstellationen" erscheint etwa in organisationssoziologischer Perspektive „als die eigentliche Grundlage für effizientes organisationales Handeln", so dass es aus der Sicht der Organisation naheliegend sei, „auch bei angeblichen Sonderfällen möglichst lange zu versuchen, diese im Rahmen der gängigen Routinen (...) als Standardfälle zu prozedieren" (Preisendörfer, 2008, S. 161).

Jegliche Formen von individueller Förderung steigern demgegenüber – und zwar zum Teil erheblich – Komplexität, und damit auch Komplexitätsprobleme. Dies beginnt mit der Forderung (an die einzelne Lehrkraft), den Blick statt auf Schülergruppen resp. den „imaginären Durchschnittsschüler" auf die vielen Schülersubjekte zu richten, was schnell an Kapazitätsgrenzen führt, zumal hier zahlreiche (und beliebig erweiterbare) Kriterien – wie Leistungsfähigkeit, fachspezifisches Vorwissen, sozialer Hintergrund oder Lernkompetenzen – berücksichtigt werden können, die überdies noch jeweils individuell kombiniert auftreten. Es steigen aber auch die Anforderungen auf der Ebene der Organisation, was hier nur angedeutet werden kann (vgl. ausf. Wischer, 2013): Wenn etwa anstatt einer dauerhaften Zuweisung von SchülerInnen in feste Lerngruppen möglichst flexible (und für den Einzelnen jeweils passende) Förderangebote bereitgestellt werden sollen, dann müssen solche Angebote zeitlich parallelisiert werden (damit auch gewechselt werden kann), die Übergänge bzw. Kurswechsel sind zu regeln (zu welchen Zeitpunkten darf gewechselt werden? Welche Voraussetzungen/Kriterien müssen erfüllt sein? Wer entscheidet?); und es muss – über curriculare Abstimmungen – auch für eine Durchlässigkeit gesorgt werden. Kurz: Es gibt zwar zahlreiche Optionen, um auf individuelle Schülerbedürfnisse eingehen zu können. Der Aufwand steigt aber auf der personalen und der organisatorischen Ebene durch eine Vervielfältigung von Entscheidungs- und Abstimmungsnotwendigkeiten schnell ganz erheblich an, was immer die Frage nach den Grenzen der „Mach- und Organisierbarkeit" aufwirft.

2.2 Das Spannungsfeld von Fördern und Auslesen

Moderne Bildungssysteme haben nicht nur pädagogische Aufgaben. Sie erfüllen auch gesellschaftliche Funktionen, die zur Barriere für Individuelle Förderung werden können bzw. kritische Rückfragen aufwerfen. So wird mit Fördern nur *ein* schulischer Auftrag aufgegriffen, dem aber z.B. die gesellschaftliche ‚Verteilungsfunktion' (die sog. Allokations- und Selektionsfunktion) der Schule gegenübersteht: Über standardisierte Prüfungsergebnisse und (ungleichwertige) Abschlüsse wird in modernen Gesellschaften die Voraussetzung (und Legitimation) dafür geschaffen, die nachwachsende Generation auf die vorhandenen beruflichen (und damit auch sozialen) Positionen verteilen zu können.

Das aus dieser Funktion resultierende Spannungsfeld von Fördern und Auslesen entfaltet einmal Dynamik auf der Ebene des Unterrichts: Lehr-Lern-Prozesse sollen einerseits auf eine möglichst hohe Passung an die heterogenen Lernervoraussetzungen ausgerichtet werden, was schon sehr anspruchsvoll ist (vgl. z.B. Beck et al., 2008). Andererseits müssen sich Lehrkräfte aber auch „daran orientieren, dass sie rechtfertigbare Leistungsunterschiede feststellen" (Fend, 2008, S. 264), was für den Einsatz individualisierender Lernformen durchaus problematisch sein kann. Zu befürchten sind etwa aus Lehrersicht Akzeptanzprobleme bei SchülerInnen und Eltern, wenn ein differenziertes (also ungleiches) Lernangebot bereitgestellt wird, letztlich aber nach einem einheitlichen Maßstab bewertet werden muss. Die Selektionsfunktion kann aber auch bei der Installation von „individuellen" Förderangeboten nicht unbeachtet bleiben: Da die Ergebnisse schulischen Lernens nicht gleichwertig sind, sondern unter Allokationsaspekten (etwa für den Übergang in eine andere Schulform oder für den Schulabschluss) einen unterschiedlichen Tauschwert besitzen, wird für alle Formen von Spezialförderung und Individualisierung von Lernprozessen die Frage virulent, welche weiteren Anschlussmöglichkeiten sich dadurch eröffnen (und verschließen!). Individuelle Förderung im Sinne von Spezialisierung steht damit z.B. im Konflikt mit Ansprüchen der Durchlässigkeit von Bildungsgängen.

2.3 Individuelle und gruppenbezogene Förderziele

Individuelle Förderung rückt schon begrifflich den einzelnen Schüler/die einzelne Schülerin (das Individuum) als Bezugspunkt in den Vordergrund und als primäres Förderziel stellt sich schnell die Idee einer optimalen Entfaltung des Einzelnen ein. Das liest sich zwar gut und gehört auch zum üblichen Credo pädagogischer

Rhetorik. Ausgeblendet wird dabei jedoch, dass auf den einzelnen Lerner bezogene Zielkriterien mit Ansprüchen konfligieren, die die Verteilung von Merkmalen, d.h. Differenzen zwischen den Schülern betreffen (vgl. Helmke, 2009, S. 40ff.). So stehen dem Prinzip der optimalen Leistungsentwicklung des Einzelnen etwa Forderungen nach Chancen- bzw. Disparitätenausgleich gegenüber, was in den folgenden Zielkonflikt führt: Richtet sich schulische Förderung primär auf die optimale Förderung des Einzelnen, dann nimmt man in Kauf, dass unterschiedliche (auch herkunftsbedingte) Ausgangsvoraussetzungen erhalten bzw. sogar vergrößert werden. Ausgleich kann – darauf weist z.B. Ditton (2010, S. 65) hin – konsequent gedacht folglich nur dann erreicht werden, „wenn Lernende gezielt ungleiche Förderung erhalten" bzw. noch zugespitzter: „wenn schwächere oder benachteiligte Schülerinnen und Schüler mehr und die anderen weniger Förderung erhielten". Anders formuliert: In den programmatischen Verlautbarungen erscheint Individuelle Förderung zwar als ein Universalkonzept, das verschiedene Zielsetzungen – wie „das Vermeiden und den rechtzeitigen Abbau von Benachteiligungen" und „das Finden und Fördern von Begabungen" (Forum Bildung, 2001, S. 7) gleichzeitig zu erreichen vermag. Weitgehend offen bleibt aber, ob und wie sich damit verbundene Zielkonflikte überhaupt ausbalancieren lassen: Ob man Individuelle Förderung etwa konkret als gleichmäßige Förderung für alle Gruppen (jeder erhält das *gleiche* Maß an Förderung) oder im Sinne einer unterscheidenden Gerechtigkeit (jeder erhält ein *faires,* d.h. ein unterschiedliches Maß) interpretiert, dürfte im Einzelnen viel Sprengstoff für Kontroversen bieten; die Gestaltung eines schuleigenen Förderkonzepts hängt aber gerade davon ganz zentral ab.

2.4 Individuelle Förderung im Kontext neuerer Steuerungsstrategien

Individuelle Förderung ist nicht nur ein anspruchsvoller Reformauftrag für die Einzelschule. Es darf auch nicht übersehen werden, dass die Schulen bei der Bearbeitung der Förderthematik einem besonders hohen normativen Druck ausgesetzt sind: Individuelle Förderung ist an sich schon eine (vom „pädagogischen Establishment", aber auch von Eltern) proklamierte Idee, der man sich kaum entziehen kann. Sie wird den Schulen durch administrative Erlasse nun außerdem noch ausdrücklich ‚verordnet', wobei – über Instrumente sog. neuer Steuerung – noch sichergestellt werden soll, dass den Vorgaben auch tatsächlich entsprochen wird. Hier ist natürlich gut vorstellbar, dass so die intendierten Reformprozesse tatsächlich angestoßen oder beschleunigt werden. Anders als normative Appelle stellen administrative Vorgaben und deren Überprüfung eine doch stärker verankerte Umwelterwartung dar, die zur Auseinandersetzung mit der Thematik wie auch zum Finden neuer Lösungen zwingt oder zumindest anregen kann: Schulen bewegen sich demnach in die richtige Richtung, engagieren sich und tragen zur Qualitätsentwicklung im Sinne einer individuelleren Förderkultur bei.

Erkenntnisse zur Funktions- und Handlungslogik von Organisationen legen allerdings auch weniger optimistische Lesarten nahe: Das Handeln der Akteure vor

Ort – so eine grundsätzliche Erkenntnis (z.B. Fend, 2008) – lässt sich nicht einfach von außen steuern. Vorgaben – so auch zu Individueller Förderung – werden
von den Akteuren (Lehrkräften, der Schule) interpretiert und an die eigenen Handlungsbedingungen adaptiert; und genau hier kommt viel „Eigensinn" ins Spiel, der
mit hehren pädagogischen Zielen oder nach außen kommunizierten Absichten für
Entscheidungen nicht viel zu tun haben muss. Ohne auf die jeweils theoretisch
unterlegten Perspektiven im Einzelnen einzugehen, seien einige mögliche Varianten
und Fallstricke im Umgang mit Fördervorgaben schlaglichtartig skizziert:

„Nichts tun bzw. nur so tun als ob": Mit Blick auf die weit gefassten Vorgaben
für Individuelle Förderung kann es – um den Vorgaben zu genügen – durchaus
ausreichend sein, sich in der Außendarstellung als willig und innovationsbereit zu
präsentieren, in der konkreten Praxis aber alles beim Alten zu lassen. Dies könnte
etwa so aussehen, dass man alle Aktivitäten der Schule irgendwie als „Individuelle Förderung" deklariert und/oder ein Förderkonzept (ähnlich wie ein Schulprogramm) von Einzelpersonen geschrieben wird, ohne dass dazu Abstimmungs- und
Entwicklungsprozesse im Kollegium stattgefunden haben bzw. zukünftig stattfinden
müssen.

„Kalkulierte Anpassung": Anstatt sich auf eigene Ziele, den eigenen schulge-
schichtlichen Kontext zu besinnen, kann sich der Aufmerksamkeitsfokus in der
Entwicklungsarbeit auf solche Aktivitäten verschieben, für die es entweder Prüf-
kriterien im Rahmen der externen Evaluationen gibt oder die besonders leicht
umsetzbar sind. Ein gutes Beispiel dafür wäre die Auslagerung von Förderangeboten in den außerunterrichtlichen Bereich, die an vielen Schulen beobachtbar ist
(vgl. Haenisch, 2010). Zwar gibt es auch Qualitätskriterien für Individuelle Förderung im Unterricht; eine systematische (d.h. für alle verbindliche) Unterrichtsentwicklung ist aber oft eine neuralgische Schwachstelle, mithin eine Tabuzone, schulischer Entwicklungsarbeit. Eine unerwünschte Nebenwirkung von breit installierten
Förderangeboten könnte deshalb auch in einer Alibifunktion für den einzelnen
Lehrer bestehen: Herausforderungen von individuellen Lernerbedürfnissen lassen
sich so nämlich gut begründet aus dem eigenen Unterricht „herausdelegieren".

„Mimetische Prozesse und Imitation": Neoinstitutionalistische Ansätze der Organisationssoziologie (vgl. Preisendörfer, 2008) machen darauf aufmerksam, dass
Innovationskonzepte oft einen „Siegeszug" antreten können, ohne dass ein Erfolgs-
nachweis tatsächlich vorhanden ist. Verantwortlich dafür sein kann eine Orientierung an „Trendsetter-Organisationen" bzw. – im Kontext der „best-practice"-
Euphorie im Bildungssystem – eine Übernahme (Imitation) von als erfolgreich
bewerteten Konzepten. Hinter solchen „mimetischen Prozessen" stecken aber oft
weniger reale Überzeugungen oder ein realer Nutzen, sondern Legitimations-
gründe: Man will sich – dies gilt auch für die Bildungspolitik, wo sich doch auf-
fallend ähnliche Vorgaben für Individuelle Förderung in den einzelnen Bundesländern erstaunlich schnell verbreitet haben – als innovativ und auf der Höhe der Zeit
präsentieren. Eine besondere Pointe: Die rasante Verbreitung eines Konzeptes kann
selbst zum Erfolgsgarant werden, ohne dass es dazu noch eines Nachweises bedarf.

„Gezielte Schülerrekrutierung": Die Profilierung eines eigenen Förderkonzepts
kann auch genutzt werden, um spezifische Schülerschaften zu rekrutieren bzw.

außen vor zu lassen. So kann man etwa im Schwerpunkt auf solche Förderelemente setzen, die bevorzugt leistungsstarke SchülerInnen ansprechen – wie etwa Profilklassen im naturwissenschaftlichen Bereich oder Konzepte der Begabtenförderung, was die Schule für genau solche SchülerInnen (und deren Eltern!) attraktiv macht. Eine nachteilige Dynamik könnte sich hingegen für eine besondere Berücksichtigung „benachteiligter" Schülergruppen entfalten, wenn an einer Schule, die für gute Förderung dieser Klientel bekannt ist, nun immer „Problemfälle" angemeldet werden.

3.   Fazit

Der Ausgangspunkt des vorliegenden Beitrags lag in der Beobachtung, dass die aktuellen Debatten nicht mehr um ausgewählte Differenzlinien, sondern zuvorderst um die Frage kreisen, wie die Schule mit den vielfältigen Unterschieden ihrer AdressatInnen angemessen umgehen kann. Eine damit – zumindest rhetorisch und konzeptionell – vollzogene Abkehr von nur auf einzelne Differenzlinien (etwa Geschlecht oder Kultur) ausgerichteten Konzepten, wie sie ja auch die hier exemplarisch betrachtete Reformstrategie „Individuelle Förderung" für sich in Anspruch nimmt, kann einerseits durchaus gute Argumente für sich in Anspruch nehmen. Dies beginnt schon mit der schlichten Tatsache, dass Menschen bzw. hier konkret SchülerInnen ja nie allein nur als Mädchen oder Jungen in Erscheinung treten, sondern sich gleichzeitig in vielen weiteren Dimensionen unterscheiden, was die Betrachtung nur einer Differenzkategorie als wenig sinnvoll erscheinen lässt. Gewichtiger ist aber das Argument, dass über Betrachtungen und Konzepte, die nur auf einzelne Differenzlinien ausgerichtet sind, bestimmte Unterscheidungen besonders hervorgehoben und Unterschiede so überhaupt erst hervorgebracht und dramatisiert werden – Probleme, die ja im Kontext der Geschlechterforschung und -pädagogik intensiv diskutiert worden sind (vgl. z.B. Popp, 2009). Auf der anderen Seite ist aber doch sehr fraglich, ob die nun unter dem Stichwort „Heterogenität" geführten Programmideen oder auch die konkreten Reformstrategien für Individuelle Förderung geeignete Problemlösungen bieten können. Mit beiden Begriffen verbinden sich einmal sehr komplexe Forderungen; beide verführen aber mehr noch zu einer großen Beliebigkeit. Folgt man meinen nur sehr kursorischen Ausführungen, dann ist – pointiert formuliert – zumindest mit „Individueller Förderung" bislang zunächst einmal nur eine Reformformel gefunden worden, deren Attraktivität zuvorderst darin besteht, dass sie zahlreiche Herausforderungen und Probleme eher verdeckt als aufklärt:

- Über die hohe normative Aufladung (wer will schon gegen Individuelle Förderung sein?) wie auch die Vagheit der Ziele lässt sich schnell eine ungeteilte Zustimmung erreichen – im Bereich der Bildungspolitik auch über parteipolitische Lager hinweg.
- Es können strittige Fragen außer Acht gelassen werden, etwa die schulstrukturelle Grundsatzdebatte, aber auch die Ressourcenverteilungsfrage: Der Anspruch

auf Individuelle Förderung gilt ja unabhängig von der Schulform und Ausgangslage der SchülerInnen.

- Die Verantwortung für die Einlösung des Auftrags lässt sich gut begründet an die Einzelschule delegieren, die sich dem – zumindest in der Außendarstellung – nur schwer entziehen kann, während gleichzeitig Fragen nach (auch notwendiger) Normierung und Gleichbehandlung bzw. nach den Grenzen für Einzelfallbehandlung im Kontext institutionalisierter Bildungs- und Erziehungsprozesse ausgeblendet bleiben.

Literatur

Arnold, K.-H., Graumann, O. & Rakhkochkine, A. (Hrsg.). (2008). *Handbuch Förderung. Grundlagen, Bereiche und Methoden der individuellen Förderung von Schülern*. Weinheim/Basel: Beltz.

Beck, E., Baer, M., Guldimann, T., Bischoff, S., Brühwiler, Ch., Müller, P., Niedermann, R., Rogalla, M. & Vogt, F. (2008). *Adaptive Lehrkompetenz. Analyse und Struktur, Veränderbarkeit und Wirkungen handlungssteuernden Lehrerwissens*. Münster: Waxmann.

Budde, J. (2012). Problematisierende Perspektiven auf Heterogenität als ambivalentes Thema der Schul- und Unterrichtsforschung. *Zeitschrift für Pädagogik, 58* (4), 522–540.

Deutscher Bildungsrat (Hrsg.). (1971). *Strukturplan für das Bildungswesen* (3. Auflage). Stuttgart: Klett.

Ditton, H. (2010). Wie viel Ungleichheit durch Bildung verträgt eine Demokratie? *Zeitschrift für Pädagogik, 56* (1), 53–68.

Fend, H. (2008). *Schule gestalten. Systemsteuerung, Schulentwicklung und Unterrichtsqualität*. Wiesbaden: VS-Verlag für Sozialwissenschaften.

Fischer, Ch., Mönks, F.-J. & Westphal, U. (2008). *Individuelle Förderung: Begabungen entfalten – Persönlichkeit entwickeln. Fachbezogene Forder- und Förderkonzepte*. Berlin: Lit-Verlag.

Forum Bildung (2001). *Empfehlungen des Forum Bildung*. Bonn: Bund-Länder-Kommission für Bildungsplanung und Forschungsförderung.

Gasse, M. (2012). Individuelle Förderung: ein Beitrag zur Unterrichts- und Schulentwicklung in Nordrhein-Westfalen. In C. Solzbacher, S. Müller-Using & I. Doll (Hrsg.), *Ressourcen stärken! Individuelle Förderung als Herausforderung für die Grundschule* (S. 83–101). Köln: Carl Link.

Haenisch, H. (2010). Individuelle Förderung in der Praxis. Eine Zwischenbilanz der Umsetzung in ausgewählten Schulen. *SchulVerwaltung Nordrhein-Westfalen, 21* (10), 265–267.

Helmke, A. (2009). *Unterrichtsqualität und Lehrerprofessionalität. Diagnose, Evaluation und Verbesserung des Unterrichts*. Seelze: Kallmeyer.

Kaiser, A. (2002). Verschiedene Kinder sehen die Welt verschieden – didaktische Probleme der Vielfalt. In R. Voß (Hrsg.), *Unterricht aus konstruktivistischer Sicht* (S. 143–165). Neuwied: Luchterhand.

Klafki, W. & Stöcker, H. (1976). Innere Differenzierung des Unterrichts. *Zeitschrift für Pädagogik, 22* (4), 497–523.

Klieme, E. & Warwas, J. (2011). Konzepte der Individuellen Förderung. *Zeitschrift für Pädagogik, 57* (6), 805–818.

Kunze, I. & Solzbacher, C. (2008). Empfehlungen zur Verbesserung der individuellen Förderung in der Schule. In I. Kunze & C. Solzbacher (Hrsg.), *Individuelle Förderung in der Sekundarstufe I und II* (S. 309–312). Baltmannsweiler: Schneider-Verlag Hohengehren.

Montessori, M. (1916/1976). L'autoeducazione nelle scuole elementari (1916; 2. Auflage 1940; Neuausgabe 1962); deutsch: *Schule des Kindes. Montessori-Erziehung in der Grundschule* (1976). Freiburg im Breisgau/Basel/Wien: Herder.

Popp, U. (2009). Jungen und Mädchen in der Schule. Theorieentwürfe und Forschungsbefunde seit den 1970er Jahren. In B. Wischer & K.-J. Tillmann (Hrsg.), *Erziehungswissenschaft auf dem Prüfstand. Schulbezogene Forschung und Theoriebildung von 1970 bis heute* (S. 249–269). Weinheim/München: Juventa.

Preisendörfer, P. (2008). *Organisationssoziologie. Grundlagen, Theorien und Problemstellungen.* Wiesbaden: VS Verlag für Sozialwissenschaften.

Saldern, M. v. (2007). Heterogenität und Schulstruktur. Ein Blick auf Restriktionen und Selbstrestriktionen des deutschen Schulsystems. In S. Boller, E. Rosowski & Th. Stroot (Hrsg.), *Heterogenität in Schule und Unterricht. Handlungsansätze zum pädagogischen Umgang mit Vielfalt* (S. 42–51). Weinheim/Basel: Beltz.

Sandfuchs, U. (1997). Fördern – Postulat oder Praxis? Ein Beispiel für die Unwirksamkeit pädagogischer Ethik. In J. Köhler & J. Nolte (Hrsg.), *Vernunft und Bildung. Für eine fortgesetzte Aufklärung* (S. 101–112). Köln/Weimar/Wien: Böhlau-Verlag.

Schratz, M., Pant, H.-A. & Wischer, B. (Hrsg.). (2012). *Was für Schulen! Vom Umgang mit Vielfalt – Beispiele guter Praxis.* Seelze: Klett/Kallmeyer.

Solzbacher, C., Behrensen, B., Sauerhering, M. & Schwer, Ch. (2012). *Jedem Kind gerecht werden? Sichtweisen und Erfahrungen von Grundschullehrkräften.* Köln: Carl Link.

Tillmann, K.-J. (2008). Viel Selektion – wenig Leistung: Erfolg und Scheitern in deutschen Schulen. In R. Lehberger & U. Sandfuchs (Hrsg.), *Schüler fallen auf. Heterogene Lerngruppen in Schule und Unterricht* (S. 62–78). Bad-Heilbrunn: Klinkhardt.

Trautmann, M. & Wischer, B. (2010). Individuell fördern im Unterricht. Was wissen wir über Innere Differenzierung? In G. Eikenbusch & H.-W. Heymann (Hrsg.), *Was wissen wir über guten Unterricht* (S. 66–75)? Hamburg: Bergmann+Helbig.

Trautmann, M. & Wischer, B. (2011). *Heterogenität in der Schule. Eine kritische Einführung.* Wiesbaden: VS Verlag für Sozialwissenschaften.

Wischer, B. (2012). Individuelle Förderung als Herausforderung für Schulentwicklung – Schultheoretische Perspektiven zu Konzepten und Fallstricken. In C. Solzbacher, S. Müller-Using & I. Doll (Hrsg.), *Ressourcen stärken! Individuelle Förderung als Herausforderung für die Grundschule* (S. 55–67). Köln: Carl Link.

Wischer, B. (2013). Konstruktionsbedingungen von Heterogenität im Kontext organisierter Lernprozesse. Eine schul- und organisationstheoretische Problemskizze. In J. Budde (Hrsg.), *Unscharfe Einsätze. (Re-)Produktion von Heterogenität im schulischen Feld* (S. 99–126). Wiesbaden: VS-Verlag für Sozialwissenschaften.

Harald Wagner

Was tun? Empfehlungen für eine verbesserte Begabungsförderung für Mädchen und Frauen[1]

Angeborene kognitive Begabungsunterschiede zwischen den Geschlechtern sind nach dem derzeitigen Erkenntnisstand der Forschung nicht nachgewiesen, auch nicht im mathematisch-naturwissenschaftlichen Bereich. Die Ursachen für spätere Leistungsunterschiede, Berufswahlen, Karrierechancen usw. sind daher in anderen Bereichen zu suchen, wie Selbsteinschätzung von Begabung und Leistungsfähigkeit, Selbstbewusstsein, Durchsetzungsvermögen, Ursachenzuschreibungen für Erfolg und Misserfolg, Interessen, Motivation, Werten, Normen und Geschlechtsrollenstereotypen in der Gesellschaft, Vorurteilen, Wertschätzung und Anerkennung von Leistung in der Familie, in der Schule, am Arbeitsplatz und so fort. Es gibt zahlreiche Hemmnisse, die die Begabungsentfaltung bei Mädchen und Frauen beeinträchtigen, und eine ganze Reihe von Empfehlungen, Vorschläge und Forderungen, die geeignet sein könnten, diese Hemmnisse abzubauen.

Empfehlungen

1. Das Personal in Kinderkrippen, Kindergärten und Kinderhorten ist fast ausschließlich weiblich (Autorengruppe Bildungsberichterstattung, 2012, S. 33–35). Es ist zu wünschen, dass mehr männliche Erzieher in die Kindergärten, mehr Lehrer in die Grundschulen kommen, damit die Kinder (gerade auch die Mädchen!) männliche Bezugspersonen als Rollenmodelle erleben.
2. Die Auswahl, Ausbildung, Fortbildung und Bezahlung der Erzieherinnen und Erzieher ist zu verbessern. Insbesondere ist eine Professionalisierung hinsichtlich Erkennung, Förderung und Integration von Begabungen im Vorschulalter vonnöten, denn eine frühzeitige Identifikation von Begabungen ist die Grundlage für eine sachgerechte Förderung und für die Vermeidung von Problemen in der Folge von langfristiger Unterforderung.
3. Die Vermittlung von Wissen über die geschlechtstypische Entwicklung von Kindern und ihre Merkmale muss verpflichtender Bestandteil aller pädagogischen Ausbildungsgänge sein. Hierzu gehört auch die Vermittlung der Fähigkeit, besondere Begabungen wahrzunehmen und die wichtigsten Fördermaßnahmen anwenden zu können und dabei insbesondere sensibel zu sein für hoch begabte

1 Zuerst erschienen in H. Wagner (Hrsg.). (2002). *Hoch begabte Mädchen und Frauen. Begabungsentwicklung und Geschlechterunterschiede. Tagungsbericht* (S. 135–138). Bad Honnef: Bock. Verfügbar unter: http://alt.bildung-und-begabung.de/verein/links/Hoch_begabte_Maedchen_und.pdf. Nachdruck mit freundlicher Genehmigung von Bildung und Begabung gemeinnützige GmbH, Bonn (www.bildung-und-begabung.de/).

Mädchen. Entsprechende Fortbildungsangebote sind für die Pädagogen in der Praxis einzurichten.

4. Die rechtzeitige, das heißt unter Umständen auch frühzeitige Einschulung muss mit *Sachverstand*, also unter Einbeziehung der Erkenntnisse aus der pädagogisch-psychologischen Forschung von Schule und Elternhaus entschieden werden. Gleiches gilt für das Überspringen von Klassen.

5. Zur Stärkung des Selbstvertrauens von Mädchen sollte jede Möglichkeit genutzt werden. Geschlechtsuntypische Interessen sind nachdrücklich zu akzeptieren. Wo Mädchen vor Entscheidungen für unterschiedliche Optionen stehen, sollte lenkend und beratend eingewirkt werden, um sie zu ermutigen, auch neue, ungewöhnliche Wege zu wählen. Hoch begabte Mädchen sollten frühzeitig an Hochbegabtengruppen und an Wettbewerbe herangeführt werden (z.B. Angebote der Deutschen Gesellschaft für das hochbegabte Kind e.V., Deutsche SchülerAkademie).

6. Die Informations- und Beratungsmöglichkeiten für Eltern über Erziehungsfragen und die Fördermöglichkeiten für hoch begabte Kinder sollten verbessert werden. Hierzu müssten vermehrt Fort- und Weiterbildungsangebote für Psychologinnen und Psychologen entwickelt werden.

7. Viele Eltern halten die Leistungsentwicklung und die schulische Karriere ihrer Töchter für weniger wichtig als die der Söhne. Eltern wie Lehrer müssen dazu gebracht werden, höhere Erwartungen und Ansprüche an ihre Töchter bzw. Schülerinnen zu stellen und auch Vertrauen in ihre Möglichkeiten und Chancen zu setzen. Negative Äußerungen wie „dafür bist du nicht begabt" sind zu vermeiden.

8. Leistung muss grundsätzlich positiv bewertet und anerkannt werden. Die Anerkennung von Leistungen der Mädchen sollte auf die Begabung (im Sinne einer Ursachenzuschreibung) attribuiert werden. Mädchen sollen spüren, dass ihnen gute Leistungen zugetraut werden.

9. Nachteilig wirkende Einstellungen und Selbsteinschätzungen sollten frühzeitig und gezielt mit Hilfe von nachgewiesenermaßen wirksamen Trainings (z.B. Reattributionstraining nach Heller & Ziegler) verändert werden. Es kommt darauf an, Mädchen davon zu überzeugen, dass Lernerfolge z.B. in den mathematisch-naturwissenschaftlichen Fächern in ihren eigenen Händen liegen und Misserfolge keine Anzeichen mangelnder Begabung sind.

10. Für bestimmte Unterrichtsfächer (Mathematik, Naturwissenschaften, Informatik) scheint monoedukativer Unterricht für Mädchen vorteilhaft zu sein. Die Versuche hierzu sollten ausgeweitet und die Ergebnisse veröffentlicht werden.

11. Neben der Förderung durch die Schule sollten hoch begabte Mädchen Anregungen, Förderungen und Herausforderungen durch weitere Maßnahmen erfahren, wie z.B.

    –   Fernstudium mit Abschlussmöglichkeit,
    –   Gasthörer-Status an Universitäten, Anerkennung von Scheinen nach Aufnahme eines regulären Studiums,
    –   ein Studientag pro Woche,

- Teilnahme (auch in Gruppen) an Wettbewerben,
- Betreuung/Anleitung durch Mentorinnen.

12. Die Schulverwaltungen sollten sich auf eine flexiblere Handhabung der normativen Rahmenbedingungen einlassen, z.B. auf Versuche mit monoedukativem Unterricht, die Genehmigung von Akzelerations- (Früheinschulung, Überspringen) und Enrichmentmaßnahmen (Zusatzangebote, Unterrichtsbefreiung zugunsten außerschulischer Förderprogramme), veränderte Unterrichtspraktiken. Zur Umsetzung dieser Forderungen sollten auch die politischen Möglichkeiten (Ansprache von Parteien- und Verbandsvertretern, Verfassung von Resolutionen, parlamentarische Anfragen) genutzt werden.

13. Auch Hochbegabte – Jungen wie Mädchen – brauchen Hilfe bei der Studienfach- und Berufswahl. Hierbei sollten die Stärken und Schwächen des Kandidaten ebenso wie seine Interessen und die möglichen Chancen in den angestrebten Berufsfeldern berücksichtigt werden.

14. Informationsmaterial über die spezifischen Bedürfnisse und Probleme hoch begabter Frauen sollte für die Berufsberater und die Berufsinformationssysteme, für die Beratungsstellen an Universitäten wie für die Gleichstellungsbeauftragten in staatlichen und privatwirtschaftlichen Institutionen bereitgestellt werden. Die Einrichtung eines jährlichen „Girls' Day" (am 26. 4. 2001 erstmals durchgeführt), mit dem 10-15jährige Mädchen durch den Besuch eines entsprechenden Arbeitsplatzes für Zukunftsberufe interessiert und auch zur Wahl von frauenuntypischen Berufen ermutigt werden sollen, ist sicher geeignet dazu, die vielerorts bereits bestehenden Initiativen zur Berufsorientierung von Mädchen auf technische Bereiche zu unterstützen.

15. Frauen nennen „Durchsetzungsvermögen" als entscheidend für ihren beruflichen Aufstieg, Männer nie. Daran scheitern jedoch viele Frauen. Es gilt, schon beginnend bei Mädchen, immer wieder Lernsituationen zu schaffen, die ihnen „Gelegenheit zur Überlegenheit" bieten. Die Pädagogik muss, beginnend im Kindergarten, die Wettbewerbsfähigkeit der Frauen herstellen. Durchsetzungsvermögen lässt sich systematisch trainieren. Hierzu gehört zum Beispiel die Übertragung von Verantwortung und Entscheidungsbefugnissen im Elternhaus, in der Schule, in außerschulischen Einrichtungen wie Jugendclubs, Vereinen, in Übungsfirmen, in Praxisphasen während des Studiums und schließlich in der beruflichen Tätigkeit.

Literatur

Autorengruppe Bildungsberichterstattung (2012). *Bildung in Deutschland 2012. Ein indikatorengestützter Bericht mit einer Analyse zur kulturellen Bildung im Lebenslauf.* Bielefeld: Bertelsmann.

Christine Winkler

Das Projekt Gender-MINT – Verbesserung der Unterrichtsqualität in den MINT-Fächern

Professionalisierung als selbst-/reflexive Kompetenz*

1. Einführung – Problemaufriss

Die Erweiterung der Studien- und Berufswahlperspektiven ist in Deutschland seit vielen Jahrzehnten erklärtes gesellschaftspolitisches Ziel. Aufgrund des Fachkräftemangels gerade in den MINT-Berufen rückt der naturwissenschaftlich-technische Bereich aktuell wieder in den Mittelpunkt der Betrachtungen. Durch den immer noch relativ geringen Anteil weiblicher Studierender in vielen MINT-Fächern wird nun wieder einmal in der gezielten Förderung gerade von Mädchen und jungen Frauen ein großes Potential gesehen.

Auch der Technischen Universität Darmstadt ist es ein Anliegen, den Anteil an weiblichen Studierenden insbesondere in den MINT-Studienfächern zu steigern. Dass der Anteil der weiblichen Studierenden an der TU z.B. in der Informatik – aber auch in anderen MINT-Fächern – eher gering ist[1], hat Gründe. Nach Resultaten der PREDIL-Studie von 2010 beurteilen „sich 78 % der befragten Jungen als fähiger in der Computernutzung – verglichen mit Mädchen (…). Diesem Statement stimmten immerhin 28 % der Mädchen zu und nur von einem geringen Anteil kam Widerspruch." „Mathematik, Informatik, Naturwissenschaften und Technik (MINT) – in dieser Fächergruppe treten geschlechtsspezifische Fehleinschätzungen der eigenen Fähigkeiten immer noch besonders häufig auf" (Ertl, 2010, S. 3). Nach wie vor verhindern hartnäckig stereotype Geschlechterkonstruktionen, dass Mädchen und Frauen gleichermaßen an Gestaltungsspielräumen und Karrieremöglichkeiten im MINT-Bereich partizipieren (Faulstich-Wieland, 2004).

Auf den ersten Blick scheint die Universität nicht der richtige Ort für Gegenmaßnahmen zu sein, da die motivationalen Voraussetzungen für die Studien- oder Berufswahlentscheidung in der Regel viel früher angebahnt werden, d.h. in die Phase der Adoleszenz fallen. Gleichzeitig kann gerade in der Phase der Adoleszenz ein besonders starkes Absinken des Interesses an MINT-Unterrichtsfächern beobachtet werden; und dies gilt für Mädchen wie für Jungen – für autochthone Mädchen jedoch besonders (Endepohls-Ulpe, 2006; Nagy, Trautwein, Baumert, Köller & Garrett 2006).

---

* Dieser Aufsatz ist ursprünglich entstanden als Beitrag für den Sammelband *Teaching is Touching the Future – Emphasis on Skills*, hrsgg. vom Gutenberg Lehrerkolleg (GLK) der Johannes Gutenberg-Universität Mainz, Bielefeld: UniversitätsVerlagWebler, im Erscheinen. Nachdruck mit freundlicher Genehmigung des Herausgebers und des Verlags.

1 Laut Studierendenstatistik der TU vom 15.11.2011 beträgt der Anteil der weiblichen Studierenden in der Informatik gerade 9,64 %, in der Physik 15,09 %.

Hier zeichnet sich ein weiterer Grund für die Dringlichkeit ab, diese Thematik zu bearbeiten. Es ist das seit langem konstatierte ‚Scheitern' des naturwissenschaftlichen Unterrichts (Kremer & Stäudel, 1993). Aufgabe hessischer Schulen ist entsprechend ihrem Bildungs- und Erziehungsauftrag, Kenntnisse, Fähigkeiten und Werthaltungen zu vermitteln, die es allen Schüler_innen ermöglichen, ihre Potenziale zu entfalten (Hessisches Schulgesetz, § 2). Hierzu ist es notwendig, dass sich angehende Lehrkräfte in ihrer Ausbildung ein Wissen bezüglich der Entwicklung geschlechtlicher Identitäten aneignen und ihren Beitrag als Lehrkraft zu den Berufs- und Studienwahlprozessen auch als Ermöglichung von Verstehensprozessen reflektiert gestalten (Euler & Luckhaupt, 2010 und 2012). Als ‚Botschafter_innen' können sie in ihrer zukünftigen Lehrtätigkeit gezielt Verstehensräume in den MINT-Fächern schaffen, indem sie genderrelevante Verstehenshindernisse erkennen und gegebenenfalls einem genderstereotypen Berufs- und Studienwahlverhalten von jungen Menschen entgegenwirken.

Lehrkräfte benötigen Professionalität für die Reflexion eigener und gesellschaftlich wirkmächtiger Einstellungen, um unbewusste Botschaften geschlechtlicher Diskriminierung als solche zu erkennen und sie gemeinsam mit den Schüler_innen in konkreten Situationen bearbeiten zu können. Daher ist der Ansatzpunkt des Projektes Gender-MINT, bereits innerhalb des Studiums für die geschlechts(stereo) typischen Aspekte von Unterricht (MINT) und Fachwissenschaft zu sensibilisieren[2]. Dies dient einem umfassenderen genderreflektierenden Professionalisierungsverständnis im Lehrberuf.

2. Projektbeschreibung

Die Entwicklung von Gendersensibilität muss gerade in der Lehre und der Lehramtsausbildung eine inneruniversitäre Intensivierung und Erweiterung erfahren. Diese Überlegungen bilden den Ansatzpunkt für das Gender-MINT-Projekt. Das Projekt ist an der TU Darmstadt im Praxislabor des Instituts für Allgemeine Pädagogik und Berufspädagogik angesiedelt und wird aus QSL-Mitteln, d.h. aus Qualitätssicherungsmitteln für die Lehre an hessischen Hochschulen, finanziert. Im Projekt arbeiten derzeit drei wissenschaftliche Mitarbeiter_innen mit einem Gesamtstellenumfang von 1,5 Stellen. Das Projekt ist gerade in seine zweite Runde gegangen und läuft nun in überarbeiteter Form bis September 2014. Im Fokus stehen dabei das Gender-Handeln von Lehrer_innen und dessen potentielle Bedeutung für die Berufswahlentscheidung von jungen Menschen. Aufgabe ist eine Gendersensibilisierung zukünftiger Lehrkräfte mit dem Ziel einer Professionalisierung als selbst-/reflexive Kompetenz.

---

2   Dass die Genderproblematik in den Schulen noch lange nicht angekommen ist, zeigen
    Aussagen von z.T. langjährigen Lehrkräften – „Toll, was Sie da machen, aber können Sie
    mir erklären, was Gender heißt …?" oder „… damit habe ich mich noch nie beschäftigt
    …". Zu ähnlichen Aussagen kommt auch die Studie von Malwine Seemann (2009, S. 48):
    „Das von vielen Projektleiter/-innen und -anleiter/-innen beobachtete fehlende Genderwissen steht in Zusammenhang mit dem von Maria Hedlin (2004) herausgearbeiteten unbewussten *Gleichheitsdiskurs.*"

Im Rahmen des Gender-MINT-Projekts werden Seminare für das Wahlpflicht-modul Genderforschung innerhalb des Lehramtsstudiums an Gymnasien entwickelt und in der Lehre erprobt. Die Erkenntnisse, welche in der ersten Phase des Projekts (Oktober 2010 – September 2012) gewonnen werden konnten, und die daraus abgeleiteten Konsequenzen und Veränderungen sollen im Weiteren dargestellt werden.

Während der ersten beiden Jahre wurden durch die Lehrveranstaltungen des Projekts etwa 130 Studierende, 70 % davon Lehramtsstudierende, erreicht. Dazu kamen Studierende der Fachdidaktik Physik und Informatik, welchen über Kurz-referate Informationen zur Genderthematik in der jeweiligen Fachdidaktik präsentiert wurden. Die Problematik eines gendersensiblen Unterrichts wird von den Studierenden vermehrt als studien- und berufsrelevant begriffen. Eine Verstetigung der Seminarangebote im Lehramtsstudium würde der verstärkten Wahrnehmung und Relevanz des Themas Rechnung tragen.

3. Methodisches Vorgehen

Das Gender-MINT-Projekt entwickelte und erprobte zunächst in den Jahren 2010-2012 Modulbausteine für die erste Phase der Lehramtsausbildung, welche den Studierenden die Möglichkeit geben sollen, Gendersensibilität zu entwickeln. Zugrunde liegende Problemstellungen sind u.a. der Einfluss von Lehrkräften und vorfindlichen gesellschaftlichen Strukturen auf Berufs- und Studienwahlentscheidungen von Schülern und Schülerinnen, die Rolle des Lehrer_innenhandelns auf das Selbstkonzept von Schüler_innen oder geschlechtsrelevante Aspekte, die Verstehensprozesse gerade im Bereich der MINT-Fächer be-/verhindern. Der Zugriff erfolgt in den Modulbausteinen über die Bearbeitung *biografischer Zugänge, theoretischer Grundlagen* und von *Konzeptionen praktischer Maßnahmen* zur Genderthematik. Kontakte zu einigen MINT-Fachdidaktiken der TU Darmstadt wurden geknüpft. Ziel ist die Implementierung der Veranstaltungen in das reguläre Studienprogramm für Lehramtsstudierende.

Innerhalb der durchgeführten Seminare verschränken sich die unterschiedlichen Themen und Zugangsweisen zur Genderproblematik. Dennoch lassen sich folgende Schwerpunktsetzungen vornehmen:

Schwerpunkt:	Biografie	Theorie	Konzeptionen
Seminartitel 2010-2012	Bedeutung der geschlechtlichen Biografie im Lehr-Beruf	Gendersensibel in den Unterricht	Berufsfeldinformationen und gendergerechte Didaktik für Lehrkräfte der MINT-Fächer
		Gender & (Natur-)Wissenschaft	Werkstattgespräche Lehrpraxis und Lehrpraxis-reflexion
	Reflexiver Unterricht in den MINT-Fächern		

Aufgrund der Reflexion von ersten Evaluationsergebnissen zu diesen Seminaren und den gemachten Erfahrungen während des Gender-MINT-Projekts wird
erkennbar, welche studienrelevanten Bedingungen geschaffen werden müssen, um
die Herausbildung einer professionellen Lehrhaltung zu ermöglichen.

Neben der notwendigen a) *historisch-systematischen* Erarbeitung wissenschafts-
theoretischer Grundlagen der Genderthematik muss für die Studierenden die Möglichkeit gegeben sein, der Komplexität des b) *Theorie-Praxis-Verhältnisses* (Gender-/
Wissenschaftstheorie – Unterrichtspraxis) einsichtig zu werden. Über die Rekonstruktion und reflexive Bewusstmachung c) *biografischer Ereignisse* auch im eigenen Studien- und Berufswahlprozess wird das Bündel an Gründen und Motiven
für die getroffene Wahl unter die Lupe genommen. Dabei bietet es sich methodisch
an, Ansätze der Biografiearbeit heranzuziehen und mit Ergebnissen theoretischer
und empirischer Studien zu Berufswahlprozessen anzureichern. Schließlich muss
der Kontakt zu den d) *MINT-Fachdidaktiken* gesucht werden. Die bestehende Diskrepanz zwischen den Anstrengungen einer Gendersensibilisierung innerhalb der
Grundwissenschaften und einer weitgehenden Nicht-Beachtung (Ignoranz/Ableh-
nung) der Gender-Problematik gegenüber in vielen (MINT-)Fachdidaktiken kann
so vermindert werden.

In den Modulbausteinen (a-d) bilden sich die gewonnenen Erkenntnisse inhaltlich folgendermaßen ab: a) historisch-systematisch, b) praxisreflektierend, c) biografisch, d) fachspezifisch.

a. historisch-systematisch

Die Seminarkonzeption sieht vor, die grundlegenden theoretischen Voraussetzungen für die Reflexion genderspezifischer Probleme zu schaffen. Dieses Seminar findet in jedem Semester statt, um möglichst viele Studierende der Lehramtsstudien-
gänge zu erreichen. Gegenstand ist die historisch-systematische Erarbeitung der
Frauen- und Geschlechterforschung mit dem Fokus auf den MINT-Wissenschaften.
Mit der Kenntnis von Analysekategorien, wie sie die Genderforschung entwickelt
hat (z.B. Keller, 1995), erarbeiten sich die Studierenden Beurteilungskriterien, mit
denen schulpraktische Materialien, Methoden und Gender-Didaktiken eingeordnet
und auf ihren Gehalt überprüft werden können. Um ein vertieftes Verständnis für
die Relevanz der Genderfrage für den Unterricht zu entwickeln, ist es ebenso wichtig, die Systematik der Geschlechterforschung in ihrer je historischen Gestalt nach-
zuvollziehen. Das Begreifen des ,doing gender' als eine „erhebliche kulturelle Leistung" (Budde, 2006, S. 46) kann nur im Nachvollzug des gesellschaftlichen Nach-
denkens über und Herstellens von Geschlecht gelingen. Notwendig hinzukommen
muss eine entsprechende Reflexion der eigenen (MINT-)Fachwissenschaft.

Dabei stehen Fragen zur Rolle der eigenen Fachlichkeit bei Konstruktion und
Erhalt bestimmter Geschlechterrollen, zur Produktion und Reproduktion bestimmter Geschlechtervorstellungen über das eigene Fach bzw. die eigene Fachkultur und
zu den Aus- und Einschlussmechanismen, welche dabei aktiv sind, zur Debatte.[3]

---

3   „Seit Anfang der 1980er-Jahre untersucht die Genderforschung die Verhältnisse zwischen
    Geschlecht und Naturwissenschaften (…). Gender in Science untersucht generelle Aspek-
    te der Methodologie und Forschungspraxis der Naturwissenschaften und zeigt auf, dass

b. praxisreflektierend

Das Theorie-Praxis-Verhältnis bietet für Studierende im Lehramt häufig Anlass für Diskussionen. Bekanntermaßen „genießen schulische Praxisphasen gerade bei Studierenden ein hohes Ansehen" (Weyland, 2012, S. 5). So wurde/wird häufig der verständliche Wunsch oder die Erwartung geäußert, möglichst viel Praxiserfahrung schon in der ersten Phase der Ausbildung sammeln zu können. Allgemein besteht ein „professionstheoretischer Zielkonsens mit Betonung der Förderung theoretischer Reflexionsfähigkeit als ein wesentliches Konstituens professionellen Lehrerhandelns; dieser steht dem unterrichtspragmatischen Anspruch von Studierenden polarisierend gegenüber" (ebd., S. 6). Meist ist mit diesem Einfordern von mehr Praxis im Studium die Hoffnung auf einen *„Werkzeugkoffer der guten Methoden"* verbunden, mit denen etwa das Gelingen gendersensiblen Unterrichts garantiert werden könne. Anstelle eines solchen unterkomplexen Theorie-Praxis-Verständnisses wird innerhalb des neuen Modulbausteins ‚Theorie-Praxis-Reflexion' die Verknüpfung von theoretischen und konzeptionellen Zugängen mit der praktischen Erarbeitung und Durchführung von Unterrichtskonzepten sowie deren Reflexion und Evaluation angeboten. Die positiven Erfahrungen des Seminars ‚Werkstattgespräche'[4] (Wintersemester 2011/12) aufgreifend, werden dabei über die Analyse filmischer Unterrichtsequenzen und die Fallanalysen transkribierter Unterrichtseinheiten die Widersprüche zwischen Genderanspruch und Praxiswirklichkeit einsichtig. Es kann u.a. auf vorliegendes Filmmaterial aus dem Unterrichtsprojekt „Historische Zugänge zum Verstehen der Chemie"[5] zurückgegriffen werden. Ein Beobachten und Reflektieren von Lehrpraxis unter Genderperspektive werden so konzentriert möglich und sollen dazu beitragen, sach- und situationssensibel Handlungsoptionen zu entwickeln, um geschlechterstereotype Verhaltensmuster und Einstellungen bei den Schüler_innengruppen aufzubrechen.

c. biographisch

Die Auseinandersetzung mit der eigenen geschlechtlichen Biographie und den Biographien der anderen Teilnehmenden führt bei den Studierenden zu vielfältigen Denkanstößen: Normalitätsvorstellungen werden infrage gestellt; Begriffe wie ‚doing gender' werden konkretisiert; das Bewusstsein für diskriminierende Aussagen wird geschärft und Handlungsperspektiven für die zukünftige Lehrtätigkeit werden aufgezeigt. Daher werden im Gender-MINT-Projekt regelmäßig biographisch orientierte Seminare angeboten. Gerade die Bewusstmachung eigener Vorurteile oder -einstellungen ist im Lehrberuf unabdingbar. Diese Seminare nehmen

---

die Ausbildung naturwissenschaftlicher Erkenntnisse nicht wertfrei erfolgt, sondern immer von gesellschaftlichen und damit auch vergeschlechtlichten Prozessen beeinflusst ist" (Schmitz, 2011, S. 14).

4   Gender-MINT 2011/2012: Dokumentation Werkstattgespräche. Verfügbar unter: http://www.pl.abpaed.tu-darmstadt.de/projekte_1/unterrichts_verbesserung_mint_faecher/phase_eins__2010___2012_/lehrveranstaltungen_2/wintersemester_2011_12/werkstattgespraeche/wise2011_12.de.jsp.

5   Euler, P. & Luckhaupt, A.: Schulprojekt: Historische Zugänge zum Verstehen der Chemie. Verfügbar unter: http://www.abpaed.tu-darmstadt.de/anu/forschung_12/projektekooperationen/projekte_10.de.jsp.

explizit das Selbstverhältnis wie das Schüler_innen-Lehrer_innen-Verhältnis in den Blick.

Eine entscheidende Rolle bei Berufswahlprozessen spielt das Selbstkonzept (Faulstich-Wieland, 2004). Für welchen Leistungskurs bzw. für welches Studienfach sich Schüler und Schülerinnen entscheiden, hängt davon ab, ob sie sich mit dem Fach und der damit zusammenhängenden Fachkultur identifizieren können, ob dies zu ihren Vorstellungen zukünftigen Lebens passt und entscheidend auch ob es mit ihrer bis dahin entwickelten Geschlechtsrolle übereinstimmt. Geschlechterstereotype Selbst- und Fremdzuschreibungen werden auch im Kontext der PISA-Studien verstärkt diskutiert (OECD, 2009). Um dieses Phänomen für Lehramtsstudierende nachvollziehbar zu machen, spielt der biographische Zugang zum Thema Gender eine wichtige Rolle. Das Nachvollziehen der eigenen Geschlechtsbiographie bietet Reflexionsanlässe, um das aufeinander verwiesene Sein von Geschlechterrolle und Studienfachwahl bei sich selbst bewusst werden zu lassen.

Leitend bei der Gestaltung biographischer Seminareinheiten sind Überlegungen aus der Biographieforschung, wie Bettina Dausien sie darstellt: „Das Ergebnis rekonstruktiver Biografieanalyse (exemplarisch Dausien 1996) ist ein Doppeltes: Zum einen zeigt sich, dass und wie Biografien – Lebenslauf und Lebensgeschichte – auf vielfältige Weise durch gesellschaftliche Geschlechterverhältnisse ‚eingefärbt‘ sind; zweitens wird erkennbar, dass Biografie selbst ein Format und Modus der Geschlechterkonstruktion ist. Die allgemeine These lautet, dass Biografie als eine Geschlechterdifferenzen generierende soziale Struktur betrachtet werden kann, mit anderen Worten, dass Geschlecht (auch) [oder gerade; die Verf.] biografisch konstruiert wird" (Dausien, 2010, S. 367).

d. fachspezifisch

Studierende des Lehramts werden als zukünftige Expert_innen für die Vermittlung bestimmter Fachinhalte ausgebildet. Das Studium orientiert sich daher in der Regel sowohl inhaltlich als auch fachdidaktisch an den Fachwissenschaften. Zwar gibt es in einigen Fachdidaktiken im MINT-Bereich explizit Arbeiten zur Relevanz der Genderfrage für die jeweilige Fachdidaktik (z.B. Wodzinski, 2006 – Physik; Prechtl, 2005 – Chemie; Budde, 2009 – Mathematik …), nicht überall finden deren Erkenntnisse aber bisher Eingang in die universitäre Lehre. Eine Verstärkung der Kooperation mit den Fachdidaktiken ist daher unbedingt anzustreben. Als erstes Resultat der Bemühungen wurde in Zusammenarbeit mit den Verantwortlichen der Schulpraktischen Studien 2 in der Informatik deren Konzeption unter Gendergesichtspunkten überarbeitet und die Veranstaltung kollegial durchgeführt[6]. Für Studierende wird damit die Möglichkeit geschaffen, die Notwendigkeit gendersensibler didaktischer Fragestellungen im Spannungsfeld allgemeinpädagogischer wie auch fachspezifischer (MINT-)Perspektiven zu bearbeiten. MINT-Fach und Genderrefle-

---

6   Die Schulpraktischen Studien 2 (SPS 2) bestehen aus einer fachdidaktischen Vorbereitungsveranstaltung (SPS 2.1) und aus einem Schulpraktikum oder Blockpraktikum mit Begleit- oder Auswertungsveranstaltung (SPS 2.2), s. Studienordnung für das Fach Informatik LaG 2006 (neu 2012). Verfügbar unter: http://www.zfl.tu-darmstadt.de/media/zfl/ lagpdf/LaG_Informatik_StPrPl_Modulhb_Juli2012.pdf

xivität können für die Studierenden als wechselseitige Bereicherung erfahren werden. Außerdem wird dem Bedürfnis der Studierenden nach Praxisbezug im Studium in geeigneter Weise Rechnung getragen.

Die aktuellen Modulbausteine des Gender-MINT-Projekts im Überblick:

Modulbausteine Gender – MINT seit 2012		
Schwerpunkt biographisch	**Schwerpunkt historisch-systematisch**	**Schwerpunkt praxis-reflektierend**
Regelmäßige Seminar-angebote mit biographischem Zugang	**Regelmäßige Grundlagenseminare zu Geschichte und Systematik der Genderforschung**	**Theorie-Praxis-Reflexion**
– Bearbeitung individuellen Gendererlebens – Erkennen eigener Vorurteile oder Klischees als eben solche	– Gender & (Natur-)Wissenschaft – Geschlechterforschung & Gesellschaft	– Fallanalysen von (z.T. videografierten) Unterrichtssequenzen – Analyse eigener Unterrichtsentwürfe
Kooperation mit ausgewählten MINT-Fachdidaktiken → aktuell: Schulpraktische Studien der Informatik Schwerpunkt fachspezifisch		
Kooperation mit dem Unterrichtsprojekt → „Historische Zugänge zum Verstehen der Chemie"[7]		
Kooperation mit der KIVA[8]-Gastprofessorin an der TU Darmstadt → Dr. Götschel		

4. Ausblick

Das Gender-MINT-Projekt versteht sich als fachübergreifende Professionalisierungsmöglichkeit, welche für angehende Lehrkräfte handlungsleitend werden soll. Gendersensibilität wird hier verstanden als selbst-/reflexive Kompetenz, worunter nicht einfach „Rezeptwissen zu verstehen" ist (Mischau & Mehlmann, 2011, S. 18). Die Methoden gendersensiblen Unterrichts sind vom Inhalt nicht zu trennen. Dies bedeutet, dass Sach-, Selbst- und Methodenkompetenz nicht unabhängig voneinander zu denken sind. Die zu entwickelnde Gender-Kompetenz ist daher nur über eine intensive Auseinandersetzung mit den Sachen (historisch-systematisches Genderwissen) und den (geschlechts-)biografischen Elementen sowie in kritischer Aus-

---

7 P. Euler & A. Luckhaupt: Schulprojekt: Historische Zugänge zum Verstehen der Chemie. Verfügbar unter: http://www.abpaed.tu-darmstadt.de/anu/forschung_12/projektekoopera tionen/projekte_10.de.jsp.

8 Kompetenzentwicklung durch interdisziplinäre Vernetzung von Anfang an (KIVA). Verfügbar unter: http://www.kiva.tu-darmstadt.de/kiva_gesamt/index.de.jsp.

einandersetzung mit den Fach- und fachdidaktischen Anforderungen ausbildbar. Gendersensibilität ist daher über bzw. als Genderreflexivität zu entwickeln.

Die inhaltliche Weiterentwicklung der einzelnen Modulbausteine wird durch die Zusammenarbeit mit der KIVA-Gastprofessorin Dr. Helene Götschel zusätzlich befördert.

Es ist angestrebt, das Gender-MINT-Modulangebot zum „geschlechtersensiblen Unterricht in den naturwissenschaftlichen Unterrichtsfächern" in das Regelangebot des Instituts für Allgemeine Pädagogik und Berufspädagogik an der Technischen Universität Darmstadt zu übernehmen. Die Modularisierung des Studiums und die damit einhergehende Inflexibilität der Curricula und Studienstrukturen machen dieses Bestreben allerdings nicht einfach[9].

Eine vertiefende Zusammenarbeit mit den Fachdidaktiken bedarf Gendersensibilität auch auf der Ebene der Lehrenden. Der TU Darmstadt müsste es daher ein Anliegen sein, neben dem Angebot für Studierende ein dem Gender-MINT-Projekt entsprechendes Weiterbildungsangebot für Hochschullehrende zu unterstützen.

Literatur

Budde, J. (2006). Wie Lehrkräfte Geschlecht (mit-)machen – doing gender als schulischer Aushandlungsprozess. In S. Jösting & M. Seemann (Hrsg.), *Gender und Schule. Geschlechterverhältnisse in Theorie und schulischer Praxis* (S. 45–60). Oldenburg: BIS-Verlag der Carl von Ossietzky Universität Oldenburg.

Budde, J. (2009). *Mathematikunterricht und Geschlecht. Empirische Ergebnisse und pädagogische Ansätze* (Bildungsforschung 30). Bonn/Berlin: Bundesministerium für Bildung und Forschung. Verfügbar unter: http://www.bmbf.de/pub/band_dreissig_bildungsforschung.pdf.

Dausien, B. (2010). Biografieforschung: Theoretische Perspektiven und methodologische Konzepte für eine re-konstruktive Geschlechterforschung. In R. Becker & B. Kortendiek (Hrsg.), *Handbuch Frauen- und Geschlechterforschung. Theorie, Methoden, Empirie* (3., erweiterte und durchgesehene Auflage) (S. 362–375). Wiesbaden: VS Verlag für Sozialwissenschaften.

Endepohls-Ulpe, M. (2006). Hochbegabt und weiblich. Barrieren auf dem Weg zur Leistung. In M. Endepohls-Ulpe & A. Jesse (Hrsg.), *Familie und Beruf – weibliche Lebensperspektiven im Wandel* (S. 49–66). Frankfurt am Main: Lang.

Ertl, B. (Hrsg.). (2010). *Anregungen für gendersensiblen Unterricht in MINT-Fächern.* München: Universität der Bundeswehr. Verfügbar unter: http://www.unibw.de/paed/personen/ertl/predil/ergebnisse/genderspezifische-unterrichtsmethoden_deutsch.pdf.

Euler, P. & Luckhaupt, A. (2010). *Historische Zugänge zum Verstehen systematischer Grundbegriffe und Prinzipien der Naturwissenschaften.* Frankfurt am Main: Amt für Lehrerbildung.

Euler, P. & Luckhaupt, A. (2012). *„Ha-zwei-Oh" oder: Verstehensprobleme bei der Formelsprache im Chemieunterricht.* Frankfurt am Main: Amt für Lehrerbildung.

---

9   Entsprechende Probleme bei der Implementierung von Gender-Bausteinen in die Lehre werden auch an anderen Universitäten so wahrgenommen. (Mischau & Mehlmann, 2011).

Faulstich-Wieland, H. (2004). *Mädchen und Naturwissenschaften in der Schule. Expertise für das Landesinstitut für Lehrerbildung und Schulentwicklung Hamburg.* Hamburg: Fachbereich Erziehungswissenschaft in der Fakultät für Bildungswissenschaften [der Universität Hamburg]. Verfügbar unter: http://sinus-transfer.unibayreuth.de/fileadmin/MaterialienBT/Expertise.pdf.

Götschel, H. (2006). Die Welt der Elementarteilchen – Genderforschung in der Physik. In S. Ebeling & S. Schmitz (Hrsg.), *Geschlechterforschung und Naturwissenschaften – Einführung in ein komplexes Wechselspiel* (S. 161–187). Wiesbaden: VS Verlag für Sozialwissenschaften.

Götschel, H. & Niemeyer, D. (2009). *Naturwissenschaften und Gender in der Hochschule. Aktuelle Forschung und erfolgreiche Umsetzung in der Lehre.* Mössingen-Talheim: Talheimer Verlag.

Hessisches Schulgesetz in der Fassung vom 14. Juni 2005. Verfügbar unter: http://www.rv.hessenrecht.hessen.de/jportal/portal/t/1yh8/page/bshesprod.psml?pid=Dokumentanzeige&showdoccase=1&js_peid=Trefferliste&fromdoctodoc=yes&doc.id=jlr-SchulGHE2005rahmen&doc.part=X&doc.price=0.0&doc.hl=0#focuspoint.

Keller, E. F. (1995). Origin, history, and politics of the subject called 'Gender and Science': A first person account. In S. E. A. Jasanoff (Hrsg.), *Handbook of Science and Technology Studies* (S. 80–94). Thousand Oaks: Sage.

Kremer, A. & Stäudel, L. (1993). Das Scheitern des naturwissenschaftlichen Schulunterrichts. *Wechselwirkung* (59), 40–42.

Mischau, A. & Mehlmann, S. (2011). Genderkompetenz für angehende Mathematiklehrkräfte. Konzeption einer Lehrveranstaltung für Lehramtsstudierende des Unterrichtsfachs Mathematik. *Soziale Technik, Zeitschrift für sozial- und umweltverträgliche Technikgestaltung* (3), 17–19. Verfügbar unter: http://www.uni-bielefeld.de/IFF/genderundmathe/Anina-Mischau_Sabine-Mehlmann.pdf.

Nagy, G., Trautwein, U., Baumert, J., Köller, O. & Garrett, J. (2006). Gender and course selection in upper secondary education: Effects of academic self-concept and intrinsic values. *Educational Research and Evaluation, 12* (4), 323–345.

OECD (2009): *Equally prepared for life? How 15-year-old boys and girls perform in school.* Paris: OECDpublishing. Verfügbar unter: http://www.oecd.org/pisa/pisaproducts/pisa2006/42843625.pdf.

Palm, K. (2008). *Die Ordnung der Geschlechter – zur Geschichte der Frage, was ein Mann und was eine Frau ist.* Vortrag beim Symposium der Frauenakademie München e.V. und der Offenen Akademie der MVHS in Gasteig 2008. Verfügbar unter: http://www.frauenakademie.de/images/kerstin-palm.pdf.

Prechtl, M. (2005). *„Doing Gender“ im Chemieunterricht. Zum Problem der Konstruktion von Geschlechterdifferenz – Analyse, Reflexion und mögliche Konsequenzen für die Lehre von Chemie.* Dissertation, Universität zu Köln.

Schmitz, S. (2004). Wie kommt das Geschlecht ins Gehirn? *Forum Wissenschaft, 21* (4), S. 9–13. Verfügbar unter: http://www.bdwi.de/forum/archiv/archiv/97754.html.

Schmitz, S. (2011). Genderforschung und Naturwissenschaften: eine Einführung am Beispiel „Gehirn und Geschlecht“. In B. Rendtorff, C. Mahs & V. Wecker (Hrsg.), *Geschlechterforschung. Theorien, Thesen, Themen zur Einführung* (S. 14–27). Stuttgart: Kohlhammer.

Seemann, M. (2009). Erfolgsfaktoren und Gegenkräfte des Gender Mainstreaming – Ergebnisse einer empirischen Studie im Schulbereich. In M. Seemann & M. Kuhnhenne (Hrsg.), *Gender Mainstreaming und Schule. Anstöße für Theorie und Praxis der Geschlechterverhältnisse* (Oldenburger Beiträge zur Geschlechterforschung 11) (S. 37–66). Oldenburg: BIS-Verlag der Carl von Ossietzky Universität Oldenburg. Verfügbar unter: http://d-nb.info/995015325/34.

Studierendenstatistik der TU Darmstadt. Verfügbar unter: https://www.intern.tu-darm-stadt.de/media/dezernat_ii/studstatistik/studierendenstatistik_ws_10_11.pdf.

Weyland, U. (2012). *Expertise zu den Praxisphasen in der Lehrerbildung in den Bundes-ländern*. Hamburg: Landesinstitut für Lehrerbildung und Schulentwicklung. Ver-fügbar unter: http://li.hamburg.de/contentblob/3305538/data/pdf-studie-praxis-phasen-in-der-lehrerbildung.pdf.

Wodzinski, R. (2006). Mädchen im Physikunterricht. In E. Kircher & W. Schneider (Hrsg.), *Physikdidaktik in der Praxis* (S. 559–580). Berlin/Heidelberg/New York: Springer.

Elisabeth Grünewald-Huber

Ressource Genderkompetenz
Mit Professionalisierung von Lehrpersonen im Genderbereich zu mehr Bildungsqualität

Gender, not religion, is opium for the people.
Erving Goffman

Es besteht heute weitgehend ein Konsens darüber, dass genderkompetente Lehrpersonen ihre Schülerinnen und Schüler gezielter und umfassender fördern können als Lehrpersonen ohne entsprechende Fähigkeiten. Sie können geschlechterstereotype Sozialisationseinflüsse auf die Heranwachsenden ‚lesen‘ und den jeweiligen Schwächen in Selbst-, Sozial- und Sachkompetenz entgegenwirken: bei Schülerinnen z.B. Selbstkonzepte, Durchsetzungsvermögen und mathematisch-technische Fähigkeiten stärken, bei Schülern Selbstwahrnehmung, Kooperationsfähigkeit und sprachliche Kompetenzen.

Die Pädagogische Hochschule Bern bietet ein Ausbildungsmodul an, in dem den Lehramtsstudierenden theoretisches und empirisches Wissen sowie Handlungskompetenz im Genderbereich vermittelt werden. Des Weitern wurden Dozierende und Praxislehrpersonen der PH Bern während zehn Tagen in Genderkompetenz weitergebildet, wobei sie auch ein mehrteiliges Assessment durchliefen. Im Folgenden werden die beiden Gender-Qualifizierungen vorgestellt.

1. Einleitung

Bereits in den achtziger Jahren lösten geschlechtsspezifische Bildungsdefizite die Forderung nach einer *reflexiven Koedukation* aus, also nach einem gezielten und gekonnten Umgang mit den Geschlechtern im gemeinsamen Klassenzimmer. Die internationalen Schulleistungsvergleiche des letzten Jahrzehnts haben erneut geschlechtstypische Stärken und Schwächen aufgezeigt. Es besteht nun das erklärte Ziel, die bei den weiblichen und männlichen Auszubildenden vorhandenen Potenziale in den Bereichen der Sach-, Selbst- und Sozialkompetenz[1] besser zu erkennen und zu fördern und Lehrpersonen im Hinblick darauf zu qualifizieren.

Die Pädagogische Hochschule Bern unternimmt im Genderbereich besondere Anstrengungen. Seit nunmehr zehn Jahren können sich Lehramtsstudierende in einem ‚Gender-Modul‘ „Starke Mädchen, starke Jungen“ Gender-Kompetenzen aneignen. Zudem durchliefen 30 Dozierende und Praxislehrpersonen (d.h. Lehrpersonen, in deren Klassen die Studierenden ihre Praktika machen) eine zweijährige Weiterbildung einschließlich eines Genderkompetenz-Assessments.

---

1 Der Berner Lehrplan sieht eine gleichwertige Förderung in diesen drei Lernfeldern vor.

Der folgende Text skizziert – nach einem kurzen Vorspann zur Frage der Relevanz von Genderkompetenz – mit Bezug auf die Berner Erfahrungen Möglichkeiten der Professionalisierung von Lehrpersonen im Genderbereich. Vorgestellt werden die Ziele, Inhalte und Evaluation sowohl des Semester-Ausbildungskurses wie der Weiterbildung für Dozierende und Praxislehrpersonen.

1.1 Was haben gender-kompetente Lehrpersonen ‚gender-blinden' voraus?

In der Schule begegnen wir täglich zahlreichen gender-relevanten Situationen. Dies wird uns oftmals gar nicht bewusst, denn „die geschlechtsspezifische Sozialisation ist eine unbewusste Ideologie, ein Netz von Meinungen und Einstellungen, die ungefragt angenommen werden, die aber außerhalb des Bewusstseins bleiben" (Sandra und Daryl Bem, 1974, S. 112). Bourdieu spricht bezüglich des Geschlechterverhältnisses von „doxa" als „Gesamtheit der Glaubensregeln oder gesellschaftlichen Praktiken, die als normal und selbstverständlich angesehen werden und nicht in Frage gestellt werden dürfen" (1998, S. 16). Es gilt also vor allem, gender-relevante Situationen überhaupt wahrzunehmen und zu ‚entschlüsseln'. Erst danach können wir entscheiden, wie wir damit umgehen können und wollen.

Kommt Ihnen die eine oder andere der folgenden Situationen bekannt vor? Welche Gender-Komponenten erkennen Sie und wie würden Sie handeln?

- Eine Reihe Mädchen, aber keine Jungen, schwärmen für die rosa Prinzessin Lillifee. Sie ist ein passives Geschöpf, das ihren Lebensinhalt in unzähligen rosa Besitztümern findet.

- Ein Junge weigert sich, einen Teil der Farben aus dem Malkasten zu verwenden, weil es „Mädchenfarben" seien.

- Ein Junge kommt mit Haarspangen in den Kindergarten und übernimmt in Rollenspielen gerne Frauenrollen in Frauenkleidern. Seine Mutter fragt Sie eines Tages, was sie und ihr Mann tun könnten, damit ihr Sohn nicht schwul werde.

- Ein Junge fragt Sie, ob es schlimm sei, dass er nicht gerne Fußball spiele, und ein Mädchen erkundigt sich, ob es als Mädchen Fußball spielen dürfe.

- Es fällt Ihnen schwer, Schülern und Schülerinnen in Ihrer Klasse gleich viel Aufmerksamkeit zu schenken, da sich einige Jungen immer wieder in den Vordergrund drängen.

- Für die Schulleitungsstelle interessieren sich zwei Männer, obwohl es im Kollegium mehr Frauen als Männer gibt.

Ob wir mit solchen – recht zufällig herausgegriffenen – Praxissituationen gender-blind oder genderkompetent umgehen, entscheidet über die Qualität der praktizierten Lösungen.

Was macht nun – über die bewusste Wahrnehmung von Gender-Relevanz hinaus – geschlechtergerechtes Handeln im Klassenzimmer aus?

2. Konzeption von Genderkompetenz

Genderkompetenz ist die Fähigkeit, in unterschiedlichen Praxissituationen entsprechend den Zielen einer geschlechtergerechten Pädagogik zu handeln. Wobei eine geschlechtergerechte Pädagogik die gleichwertige – nicht unbedingt gleichartige – Förderung der Lernenden unabhängig von ihrem Geschlecht zum Ziel hat.

Genderkompetenz setzt sich aus mehreren Teilkompetenzen zusammen, nämlich fachlichen, methodisch-didaktischen, pädagogisch-sozialen und personalen. Diese kommen auf der beruflichen ,Vorder- und Hinterbühne', also im Unterricht und bei dessen Vor- und Nachbereitung zum Einsatz, wie auch in der Institution Schule als Ganzes[2].

Genderkompetente Lehrpersonen können ihren Unterricht gemäß den Zielen einer geschlechtergerechten Pädagogik gestalten und ihre SchülerInnen entsprechend fördern. Gender-Aspekte werden von ihnen auf allen Praxisebenen mitberücksichtigt und in ihre Routinen eingebaut. Damit werden sie zu einer neuen Selbstverständlichkeit und bedürfen mit der Zeit keines großen Aufwandes mehr.

In den folgenden Abschnitten werden die Curricula des Ausbildungsmoduls für angehende Lehrpersonen „Starke Mädchen, starke Jungen" und der Weiterbildung von in der Lehrerbildung Tätigen „Höhere Unterrichtsqualität durch Genderkompetenz" vorgestellt und Fragen ihrer Vermittlung diskutiert. Danach folgen ein Einblick in die Testinstrumente der beiden Kurse – Leistungsnachweise bzw. Genderkompetenz-Assessment – sowie ein kurzer Schlussteil.

3. Curricula

3.1 Semesterkurs „Starke Mädchen, starke Jungen"

Lehramtsstudierende können den mit 3 ECTS dotierten Kurs im letzten Semester vor dem Bachelorabschluss besuchen.

3.1.1 Die Lernziele

- Die Studierenden entwickeln Aufmerksamkeit und Verständnis für die in Alltag und Beruf wirkenden doing-gender-Mechanismen, an welchen sie selbst – oftmals unbewusst – beteiligt sind.
- Sie kennen wichtige historische und aktuelle Diskurse über Geschlecht und Bildung – z.B. die „Feminisierungsdebatte" und die „Jungen-Benachteiligungs-Debatte" – sowie zentrale Forschungsergebnisse und deren praxisrelevante Bedeutungen.

---

2 Siehe die *Matrix Genderkompetenz* im Anhang, eine vereinfachte Version mit Beispielstandards. Für die ausführliche Matrix mit 40 Standards s. Grünewald & von Gunten, 2009, S. 38–40.

- Sie lernen mittels Reflexion der eigenen Gender-Biographie ihre persönlichen Ressourcen und eventuellen Defizite hinsichtlich ihrer Berufspraxis kennen und üben sich in eine gender-reflexive Haltung ein.
- Sie können bei den Azubis geschlechtsspezifische Leistungsunterschiede und Geschlechterrollenstereotype abbauen und beide Geschlechter gezielt fördern.
- Sie kennen Instrumente der Geschlechterpädagogik und -didaktik und können diese für ihren Unterricht auf den Ebenen der Inhalte, Methoden und Interaktionen einsetzen.

3.1.2 Die Inhalte

Geschlechtertheorien: Defizittheorie – Gleichheitstheorie – Differenztheorie – (de-) konstruktivistisches Verständnis von Geschlecht, (un-)doing gender. Ebenso die nature-nurture-Debatte bzw. die Argumente im Lager des Biologismus und der Sozialisationsposition.

Forschungsergebnisse zu aktuellen Verhaltens-, Motivations- und Leistungsunterschieden und der sich daraus ergebende Handlungsbedarf.

Geschlechterpädagogik: Umgang mit unangepasstem Verhalten und (über-) angepasstem Verhalten, mit erfolgs- und misserfolgsorientierten Leistungsattribuierungsmustern, mit Selbstüber- und -unterschätzungen sowie mit genderrelevanten Klassendynamiken. Reflexion eigener Erwartungen an die Geschlechter (vgl. Pygmalion-Thematik) und Revision des heimlichen Lehrplans hinsichtlich des Verhaltens und Interaktionsgeschehens. Aufseiten der Mädchen Förderung des Selbstwerts und der Fachselbstkonzepte (insbesondere in MINT-Fächern), aufseiten der Jungen Förderung einer guten Arbeitshaltung und realistischer Selbstkonzepte und -wahrnehmung.

Geschlechter(fach)didaktik: ‚Weibliche‘ und ‚männliche‘ Fächer ent-gendern und für beide Geschlechter attraktiv gestalten => Fallbeispiele: z.B. Mathematik, Lesen/ Sprache, Sport.

Gender-Autobiographie: Die Studierenden machen sich anhand einiger Instrumente die eigene Gender-Sozialisation bewusst und reflektieren ihre Ressourcen und Defizite für die Arbeit mit Schülerinnen und Schülern. Sie üben eine genderreflexive Haltung ein.

Heterogenität: Diskussion der Verzahnung von Gender mit sozialer und kultureller Herkunft und entsprechender Probleme (z.B. Schwimmunterricht islamischer Mädchen, Elterngespräche mit Vätern aus patriarchalischen Kulturen).

Geschlechtergerechter Unterricht konkret: Konkrete Praxisanregungen und Good-Practice-Beispiele für den Transfer in die eigene Unterrichtspraxis. Orientierungslinien sind der Abbau von Geschlechterstereotypen bei den Auszubildenden und die Ermöglichung vielfältiger Genderbiographien, höherer Selbstbestimmung und guter Leistungen auch in ‚gegengeschlechtlichen‘ Fächern.

3.2 Weiterbildung „Höhere Unterrichtsqualität durch Genderkompetenz"

Das folgende Curriculum bezieht sich auf eine Weiterbildung von 30 in der Lehrerbildung tätigen Dozierenden und Praxislehrpersonen an der Pädagogischen Hochschule Bern. Die Teilnehmenden durchliefen zu Beginn und am Schluss ein ganztä-
giges Assessment, das Aufschluss über ihren zwischenzeitlichen Lernzuwachs gab.
Dazwischen erhielten sie eine 8-tägige Weiterbildung (s. Curriculum) und realisierten verschiedene Praxisaufträge.

Ausbildungsziele	*Inhalte*
Tag 1 + 2 Die Teilnehmenden (TN) kennen zentrale Be-funde der Bildungsforschung und Wirkungs-weisen des heimlichen Lehrplans. Sie können Doing-Gender-Prozesse in Schule und Gesellschaft erkennen und verstehen.	**Bildung und Geschlecht:** **Ergebnisse aus der Bildungsforschung** a) Geschlechtsspezifische Bildungsverläufe (von der Industrialisierung bis heute); b) Geschlechterunterschiede bezüglich Leis-tungen, Interessen, Selbstkonzepten; c) Wirkungsweisen des heimlichen Lehrplans im Klassenzimmer (Sprache, Unterrichtsge-genstände, Didaktik, Pädagogik, Interaktio-nen, Fächerkonnotationen, Lehrpersonen als Vorbilder, Schule als Institution).
Tag 3 Die TN kennen zentrale ‚Stationen' des Ge-schlechterdiskurses aus soziologischer Sicht im historischen Kontext. Sie können in der Kontroverse um Biologie (nature) oder Sozialisation (nurture) fundiert argumentieren. Sie klären ihren eigenen aktuellen Standort.	**Geschlechterdiskurs (theoretische Standorte im historischen Verlauf); nature-nurture-Debatte** Standorte des Geschlechterdiskurses: defizit-, gleichheits-, differenztheoretische Ansätze; Konstruktivismus (doing gender), Dekonstruk-tivismus. Argumente in der Nature-Nurture-Debatte einschl. neuster Befunde aus der Hirnfor-schung u.a. Wie unsere (Hinterkopf-)Gender-Theorie unser Handeln und unsere SchülerInnen beeinflusst.
Tag 4 Die TN verstehen ihre eigene Gender-Sozi-alisation und deren Auswirkungen in Alltag und Beruf => Stärken und Schwächen im Umgang mit Schülerinnen und Schülern. Sie verstärken ihre Reflexivität im Genderbe-reich.	**Eigene Gender-Sozialisation und -Biografie** Prägende Faktoren in der Entwicklung der eigenen Geschlechtsidentität; persönliches Geschlechterrollenskript, eigene Frauen- und Männerbilder; Zusammenhänge zwischen Gender-Biografie und Handeln im Unterricht.
Tag 5 Die TN erweitern bzw. vertiefen die praktische Genderkompetenz im sozialen und interaktio-nellen Bereich.	**Interaktionelle Genderkompetenz** **(Fachinputs und Praxisfälle)** Geschlechtshomogene Mädchen- und Jungenarbeit; Überkreuz-Thematik (Lehrerin-Schüler; Lehrer-Schülerinnen) – zur unterschiedlichen Ausgangslage weiblicher und männlicher Lehrpersonen; Fallbearbeitungen (Fälle von TN und weitere).

Tag 6	Fachspezifische bzw. fachdidaktische Genderkompetenz
Die TN können Genderaspekte fachdidaktisch berücksichtigen. Sie kennen konkrete Transfermöglichkeiten für einzelne Fächer.	1 – 2 kurze Plenarbeiträge zu interdisziplinären Themen (z.B. Gesundheitsförderung). Fachdidaktische Workshops nach Wahl, z.B. Deutsch: Lesen für Jungen – MINT-Fächer für Mädchen – Sport – Musik.
Tag 7 Die TN verbessern ihren Umgang mit den Auswirkungen des heimlichen Lehrplans im pädagogischen Bereich: => Dominanzverhalten, Grenzverletzungen, Selbstüberschätzung etc. tendenziell bei *Jungen*, => tiefes Durchsetzungsvermögen und negative Leistungsattribuierungsmuster etc. tendenziell bei *Mädchen*. Die TN können die Ressource GK für verschiedene Klassendynamiken einsetzen. Sie sind vertraut mit der Anwendung von Standards für geschlechtergerechten Unterricht.	**Pädagogische Genderkompetenz** Umgang mit disparaten Klassen (z.B. einige „laute" Jungen, viele „stille" Mädchen und Jungen); Umgang mit unterschiedlichen Leistungsattribuierungsstilen bei den S+S => selbstwertfördernde vs. motivationsfördernde Rückmeldungen geben; TN entwickeln Standards und erhalten solche für den eigenen Unterricht.
Tag 8 Die TN vertiefen ihr Verständnis für die Sozialisation von Jungen und gewinnen Einsichten in ihre Verhaltensweisen in der Schule. Sie verstehen Gründe für die tiefere Motivation und schlechteren Leistungen von Jungen. Sie kennen und diskutieren Möglichkeiten für eine gleichzeitig mädchengerechte Förderung von Jungen. Sie kennen ein Gendermainstreaming-Konzept für Schulen.	**Pädagogische Genderkompetenz (mit Schwerpunkt Jungen)** Reflexion eigener Männerbilder und eigener Ressourcen für die Arbeit mit (gefährdeten) Jungen; Jungensozialisation heute; differenzierte Forschungsbefunde zum Thema; Möglichkeiten einer adaptiven und wirksamen Förderung ‚benachteiligter' Jungen unter Berücksichtigung der gesamten Klasse. Gendermainstreaming-Konzept diskutieren.

4. Vermittlung von Genderkompetenz

Genderkompetenz kann, wie weiter oben verdeutlicht wurde, nicht auf einer rein fachlichen Ebene vermittelt und erworben werden, da die Beteiligten nicht unabhängig vom eigenen sozialen Geschlecht (Gender) handeln. Oft werden eigene, vielleicht schmerzliche Erfahrungen unbewusst mit Aspekten der Genderthematik verbunden, was die Wahrnehmungs- und Lernfähigkeit einschränkt und emotional hoch besetzt ist. Die Kunst, Lehrpersonen angesichts dieser Ausgangslage auszubilden, besteht auch darin, gezielt geweckte Gefühlsregungen in geeigneter Weise zu lenken, um die Teilnehmenden konstruktiv zu verunsichern. So können sie Geschlechterrollenstereotypen überdenken, alte Verhaltensmuster aufbrechen sowie neue Denk- und Verhaltensmuster ausprobieren. Um das bekannte Theorie-Praxis-Gap zu schließen und das neue gender-reflexive Denken und Handeln zur nachhaltigen Unterrichtsroutine werden zu lassen, sind einerseits Lernzugänge über mehrere Kanäle – Wissen, Reflexion und Diskussion – nötig und andererseits

Trainingselemente anhand von Handlungssimulationen bzw. Übungen, Rollenspiele und Ähnliches. Letztere machen das neu Gelernte über mehrere Reflexions- und Anwendungsphasen unter Einbezug der emotionalen Ebene für das spontane situative Handeln im Unterrichtsalltag verfügbar.

Semesterkurs „Starke Mädchen, starke Jungen": Die Studierenden sind meist nur wenig älter als 20 Jahre und der Genderthematik gegenüber aufgeschlossen. Die meisten sind sich jedoch nicht bewusst, wie stark sie selbst durch Geschlechtersozialisation beeinflusst worden sind und noch werden. Da dieses Bewusstsein die Basis von Genderkompetenz ausmacht, sollen die Studierenden während des ganzen Semesters ein *Gender-Journal* führen: Sie halten darin mehrmals wöchentlich genderrelevante Wahrnehmungen und Erfahrungen fest und machen es sich so zur Gewohnheit, ihr Umfeld ,durch die Genderbrille' wahrzunehmen. Persönliche Erkenntnisse und Folgerungen aus dem Journal fließen am Semesterende in den Leistungsnachweis ein. Auch die beiden übrigen Elemente des Leistungsnachweises werden zu Beginn des Kurses besprochen und zielen darauf ab, dass sich die Studierenden nachhaltig mit der Kursthematik auseinandersetzen: Einerseits ist ein eigener Fall aus einem Unterrichtspraktikum geschlechtergerecht zu lösen, andererseits eine Unterrichtseinheit zu skizzieren, in welcher bestimmte Gender-Aspekte (inhaltlicher, pädagogischer oder didaktischer Art) berücksichtigt werden. Alle drei Teilaufgaben des Leistungsnachweises sollen mittels einer längeren und multi-perspektivischen Beschäftigung mit der Thematik das Theorie-Praxis-Gap verkleinern und in Richtung einer habituellen, in den Praxisalltag integrierten Beschäftigung mit Gender-Aspekten wirken.

Weiterbildung „Höhere Unterrichtsqualität durch Genderkompetenz": Die teilnehmenden Lehrpersonen der Weiterbildung bildeten eine sehr heterogene Gruppe bezüglich Alter, Schulstufen (Kindergarten bis Sekundarstufe 1), Funktion in der Lehrerbildung (Dozierende bzw. Praxislehrpersonen), Vorkenntnissen, Motivation für den Kursbesuch und ihren lebensgeschichtlichen Genderprägungen. Das Weiterbildungsteam hatte den Anspruch, diese unterschiedlichen Ausgangslagen der Teilnehmenden als bereichernde Chance zu nutzen und sie, wo möglich, individualisierend zu berücksichtigen. Folgende sechs Ebenen wurden sorgfältig in die Planung und Durchführung des Kurses einbezogen:

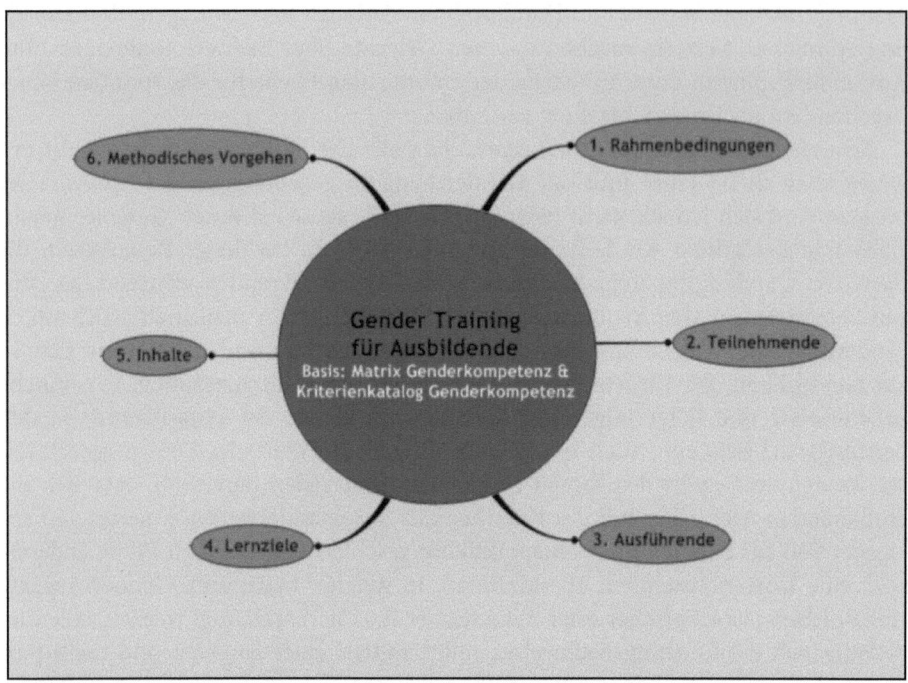

Im Folgenden seien einige Gesichtspunkte zu diesen Ebenen skizziert.

1. *Rahmenbedingungen*: Ganz zentral ist die zeitliche Gestaltung. Ausbildungen sollten angesichts der Komplexität der Genderthematik und ihren Fallstricken im Minimum 3 bis 4 Tage umfassen, da bei kürzeren Weiterbildungen die Gefahr einer Verfestigung von Geschlechterstereotypen besteht. Auch sollte die Aufmerksamkeit für das Thema zwischen den Ausbildungstagen ‚aktiviert' bleiben, z.B. mittels kleiner Arbeitsaufträge im eigenen Unterricht, gegenseitigen Hospitierens, Newsletters, Lektüre u.Ä. Des Weiteren spielt es eine Rolle, wer die Weiterbildung angestoßen hat und wie sie finanziert ist.

2. *Teilnehmende*: Zentral sind ihre Motivation für die Teilnahme, ihre Vorkenntnisse und Erwartungen sowie die Zusammensetzung der Gesamtgruppe. Auch der Anteil weiblicher und männlicher Teilnehmender spielt eine Rolle. Es lohnt sich, die Ausbildung möglichst maßgeschneidert und individualisierend zu gestalten. Differenzierungen bzw. Wahlmöglichkeiten betreffen etwa Unterrichtsfächer, Ausbildungsstufen und das Geschlecht der Teilnehmenden. Zu bedenken ist auch die Frage, ob die Teilnehmenden freiwillig teilnehmen oder nicht. ‚Unfreiwillig Teilnehmende' sollten gleich zu Beginn für das Thema motiviert werden, z.B. indem sie *die Erfahrung machen*, dass es um ein Thema geht, das sie selbst betrifft (vgl. entsprechende Instrumente in Grünewald & von Gunten, 2009, vor allem S. 143–149).

3. *Ausbildende:* Sie müssen solide Kompetenzen in den Bereichen Geschlechtertheorie, empirische Kenntnisse (PISA etc.), methodisch-didaktische, interaktionelle und pädagogische sowie personale Fähigkeiten im Genderbereich haben.

Sie haben einen sicheren Standpunkt im Genderdiskurs und können in gruppendynamisch schwierigen, eventuell emotionalisierten Gruppensituationen professionell handeln. Das sind sehr hohe Anforderungen, die in einem gut eingespielten Ausbildungs-Team insgesamt abgedeckt sein sollten und entsprechend einsetzbar sind.

4. *Lernziele:* Sie umfassen, wie in der oben vorgestellten Matrix Genderkompetenz dargestellt und im Curriculum des Semesterkurses konkretisiert, neben einer Qualifizierung in Geschlechtertheorie und -empirie (Forschungsbefunde) vor allem spontan anwendbares Knowhow in den Bereichen der Pädagogik und Didaktik. Von zentraler Bedeutung ist zudem Genderkompetenz auf der persönlichen Ebene: Ziele sind hier u.a. die Fähigkeit und Bereitschaft zur Selbstreflexion, Offenheit gegenüber Menschen mit anderen Gender-Biographien und ein nachhaltiges Engagement für die Thematik. Langfristig geht es darum, Gender-Standards in die *Routinen der Alltagspraxis* einzubinden. Damit einher geht Schritt für Schritt eine Revision des heimlichen Lehrplans: Geschlechterstereotype Erwartungen an Schülerinnen und Schüler, welche entsprechende Pygmalion-Effekte und damit einseitige, oft unerwünschte Verhaltensformen sowie suboptimale Leistungsergebnisse bewirken, werden durch eine unvoreingenommene ergebnisoffene Perspektive abgelöst und führen bei den Auszubildenden vermehrt zu von ihnen selbst bestimmten, authentischen Lernprozessen.

5. *Inhalte:* Sie umfassen dieselben Grundelemente wie das Semesterkurs-Curriculum (s. oben): Geschlechtertheorie; empirische Kenntnisse (Forschungsergebnisse); pädagogisches, didaktisches und interaktionelles Knowhow sowie Good-Practice-Beispiele. Es empfiehlt sich, neben den Kerninhalten für alle Teilnehmenden zusätzliche teilgruppenspezifische, wenn möglich sogar individualisierte Inhalte bereitzustellen. So können sich die Teilnehmenden für die Ausbildungstage und die Zwischenphasen mit teils verbindlichen, teils optionalen Arbeitsaufträgen individuelle Lern-Dossiers zusammenstellen. Je näher mit zunehmender Kursdauer an der Berufs*praxis* gearbeitet wird, desto ausdifferenzierter sollten die Wahlmöglichkeiten für die Teilnehmenden sein. Das sollte sich positiv auf die Lernprozesse und Motivation auswirken. Sehr bewährt hat sich auch der Einbezug der Wissens- und Erfahrungs-Bestände der Teilnehmenden selbst. Diese sind in Weiterbildungen mit erfahrenen Lehrpersonen oft nicht hoch genug zu veranschlagen.

6. *Methodisches Vorgehen und Sozialformen:* Wie bereits erwähnt, sollte in Weiterbildungen mit praxiserfahrenen Teilnehmenden ein adaptives, individualisiertes Vorgehen gewählt werden. Die Teilnehmenden können teilweise eigene Lernziele und inhaltliche Schwerpunkte definieren und bearbeiten. Auch das zeitliche Engagement für die Weiterbildungstage und die Zwischenphasen kann – entsprechend den unterschiedlichen beruflichen und privaten Verpflichtungen – bis zu einem bestimmten Grad individuell bestimmt werden. Im von uns durchgeführten Kurs manifestierte sich die Binnendifferenzierung u.a. im Schlussassessment: Die Lernzuwächse aus den verschiedenen Kurselementen (Besuch der Kurstage, Vor- und Nachbereitung der Kurstage mittels Studium der persönlichen Aufzeichnungen und der erhaltenen Unterlagen, gegenseitige

Unterrichtsbesuche, Fachlektüre, Unterrichtstransfers usw.) fielen sehr unterschiedlich aus. Während manche Teilnehmende vor allem von den Ausbildungstagen profitierten, verbesserten andere ihre Genderkompetenzen gerade auch anhand der übrigen Lernangebote.

Es empfiehlt sich, bei der Qualifizierung von Lehrpersonen im Genderbereich auf einige *besondere Punkte* zu achten, die dabei oft ins Spiel kommen:

Bei der Genderthematik handelt es sich nicht, wie insbesondere von Männern oft angenommen, um ein „Frauenthema". Denn „Geschlechter" und „Gender" sind Begriffe, die sich per se auf beide Geschlechter beziehen. In der Ausschreibung für die Weiterbildung in Bern machten wir dies explizit: „Bisher interessieren sich vor allem Frauen für die Gender-Arbeit. Für tragfähige und innovative Lösungen sind wir aber genauso auf männliche wie auf weibliche Perspektiven und Erfahrungen angewiesen." Damit konnten wir in der Weiterbildung ein ausgewogenes Verhältnis von 16 Frauen und 14 Männern erreichen.

„Geschlechtsneutraler Unterricht" lässt sich aufgrund allgegenwärtiger Sozialisationspraxen weder realisieren noch wäre dies zielführend – da Ungleiche nicht gleich zu behandeln sind, sondern einer ungleichen Behandlung bedürfen. Diese ungleiche Behandlung hat aber nicht zufällig zu erfolgen (heimlicher Lehrplan!), sondern unter professionellen Vorzeichen.

Eine weitere Frage betrifft die Thematisierung bzw. Nichtthematisierung von Gender: Wie häufig sollen Genderaspekte in Unterricht und Lehre erwähnt werden? Als Lehrperson sollte ich die Genderdimension im Unterricht wie auch bei seiner Vor- und Nachbereitung regelmäßig einbeziehen und damit dem heimlichen Lehrplan entgegenwirken. Diese Daueraufgabe ist – damit die Geschlechterkategorie nicht unnötig dramatisiert wird – implizit wahrzunehmen. Daneben sind stereotype Geschlechterrollen sowie vielfältige selbst bestimmte Formen von Weiblichkeit und Männlichkeit explizit und kritisch im Unterricht zu thematisieren. In der Ausbildung von Lehrpersonen ist der explizite Anteil der Thematik naturgemäß grösser, da sie Einsichten sowohl auf die Vorder- wie auch die Hinterbühnen von Lernprozessen erhalten und ihr eigenes Mitwirken daran reflektieren sollten.

Zu beachten ist weiter, dass Gender-Themen bei Teilnehmenden mit einer ausgeprägt traditionellen Geschlechtersozialisation rasch emotionalisiert werden oder Lerneinschränkungen bewirken können. In diesem Fall lohnt sich ein behutsames Vorgehen, das den besonderen Empfindlichkeiten Rechnung trägt.

Angesichts der Komplexität der Genderthematik lässt sich Genderkompetenz am besten mittels eines langfristigen Engagements und Schritt für Schritt (z.B. entlang der Matrix GK) entwickeln. Zur Motivation, am Thema dran zu bleiben, tragen eine erkennbar verbesserte Unterrichtsqualität und höhere persönliche Gelassenheit bei, wie von Teilnehmenden oftmals berichtet wird (s. folgende Kapitel).

5. Genderkompetenz testen

5.1 Leistungsnachweis im Semesterkurs „Starke Mädchen, starke Jungen"

In ihrem Leistungsnachweis haben die Studierenden drei Teilaufgaben zu erfüllen:

Erstens haben sie, wie bereits erwähnt, während des ganzen Semesters ein Gender-Journal zu führen, in dem sie laufend Wahrnehmungen, Beobachtungen, Erfahrungen und Reflexionen aus ihrem beruflichen, öffentlichen und privaten Umfeld dokumentieren. Für den Leistungsnachweis sind aus diesem ‚Steinbruch' Haupterkenntnisse und eigene berufliche Zielsetzungen zu formulieren. Häufig genannte Erkenntnisse sind u.a. die Omnipräsenz von Geschlechterstereotypen in Alltag und Medien, die eigene Schärfung des Blicks für Gender-Phänomene oder die Erkenntnis von Möglichkeiten, eigene bisherige Verhaltensweisen im Beruf oder Privatbereich zu verändern.

In einem *zweiten Teil* beschreiben die Studierenden eine genderrelevante Pra-xissituation, die sie beim Unterrichten erlebt haben, z.B. einen Konflikt zwischen Mädchen und Jungen in einer Sportlektion. Sie beschreiben und reflektieren ihren damaligen Umgang mit der Situation und ergänzen, welche genderkompetenten, wenn möglich theorie- und empiriebasierten Handlungsmöglichkeiten ihnen nun zur Verfügung stehen.

In einem *dritten Teil* entwerfen die Studierenden eine Unterrichtssequenz, in welche sie bestimmte Genderaspekte einbeziehen. Das kann die Inhalte, Didaktik und/oder Sozialformen betreffen. Zu berücksichtigen sind die Klassenstufe, das Fach bzw. bei Interdisziplinarität die Fächer, der Bezug zum Lehrplan, die inhalt-liche Einbettung, die allgemeinen Lernziele und Genderlernziele, die Inhalte und Methodik, die ungefähre Anzahl Lektionen. Falls die Sequenz in einem Praktikum bereits durchgeführt wurde, können ein Kommentar oder eine Reflexion ergänzt werden.

Obschon diese Form des Leistungsnachweises recht anspruchsvoll und zeit-aufwendig ist, sind die Studierenden fast durchwegs sehr motiviert dafür, weil sie einen persönlichen Gewinn daraus ziehen (Gender-Journal) und nahe an der Unterrichtspraxis arbeiten können (Fallbearbeitung, Unterrichtsplanung).

5.2 Assessment im Kurs „Höhere Unterrichtsqualität durch Genderkompetenz"

Das Assessment Genderkompetenz umfasst einen *Wissenstest* zu allgemeinen, begrifflichen und bildungsspezifischen Genderthemen, eine Übung (Gespräch als Klassenlehrperson mit dem Vater eines Schülers), mehrere *Fälle* aus der Unter-richtspraxis und eine *Selbstbeurteilung*. Das Assessment bezieht sich auf die Matrix Genderkompetenz:

GK als Handlungs-kompetenz	fachliche Fähigkeiten	methodische Fähigkeiten	soziale Fähigkeiten	personale Fähigkeiten
1. Unterricht gk planen + aus-werten	WT, Ü F, S	F, Ü S		S
2. Unterricht gk durchführen	F S	F S	F, Ü S	S
3. GK in der Institu-tion Schule	WT, F S		F S	S

WT = Wissenstest, Ü = Übung, F = Fälle, S = Selbstbeurteilung

Assessment 1 (erster Kurstag): Die Teile Wissen, Übung und Fälle wurden nach einem vorgängig festgelegten Punktesystem bewertet und die Ergebnisse den Teilnehmenden individuell mitgeteilt. Die Selbstbeurteilung bestand in einer schriftlichen Einschätzung der eigenen Genderkompetenzen.

Assessment 2 (letzter Kurstag): Wiederholung des Assessments, d.h. gleicher Wissenstest, gleiche Fälle, Übung als Elterngespräch sinngemäss zeitlich versetzt mit Bewertung nach dem gleichen Punktesystem. Durch den Vergleich der Ergebnisse aus Assessment 1 und 2 kann der erreichte Lernzuwachs genau beziffert werden. Für die Selbstbeurteilung verglichen die Teilnehmenden ihre erste Einschätzung (A 1) mit den zwischenzeitlich neu erworbenen Kenntnissen und Fähigkeiten.

Einige Ergebnisse: Alle Teilnehmenden konnten ihre Punktzahl erhöhen, zum Teil ganz beträchtlich. Bei den ‚extern' beurteilten Test-Formen erzielte die Übung den grössten Lernzuwachs, gefolgt vom Wissenstest. Dieses Ergebnis kann damit erklärt werden, dass die Teilnehmenden im Rollenspiel (Gespräch mit dem Vater eines Schülers) durch ihr *handelndes Engagement* mehr lernten als bei den ‚distanzierteren' Formen Wissen und Falllösungen, in denen sie lediglich nachdachten und schrieben. Weiter erstaunt es nicht, dass sich reines Wissen – wie im Wissenstest abgefragt – rascher aneignen ließ, als es in komplexen Fallbeispielen angewendet werden konnte. Der Vergleich zwischen den Ergebnissen der externen Auswertung durch das Projektteam und der Selbstbeurteilung durch die Teilnehmenden zeigte, dass die Teilnehmenden ihren Lernzuwachs leicht höher einschätzten. Insbesondere die personalen Gender-Fähigkeiten, welche in den Assessment-Instrumenten gar nicht explizit berücksichtigt worden waren und so auch nicht objektiviert werden konnten, waren nach Meinung der Teilnehmenden deutlich ausgebaut bzw. vertieft worden.

Aufschlussreich und für das Ausbildungsteam sehr ermutigend waren auch die von den Teilnehmenden persönlich formulierten Fortschritte. Dazu einige Beispiele:

„Das Zustandekommen der Geschlechterrollen ist mir klar geworden, mit den damit verbundenen Konsequenzen für Frauen und Männer." – „Ich habe erkannt, dass Mädchen und Jungen im Schulalltag geschlechtsstereotypische Rollen und Verhaltensmuster herausbilden." – „Ich plane Lernarrangements viel bewusster mit Blick auf die Genderfrage." – „Meine früher intuitiven methodisch-didaktischen Handlungen kann ich heute geschlechterbezogen begründen und transparent machen." – „Mein Genderblick auf unsere Schule ist wesentlich geschärft und ich sehe Schritte zur Verbesserung der Situation." – „Ich erkenne die Dominanz der Jungen im Unterricht früher und besser." – „Anhand klarer Fakten und empirischer Ergebnisse konnte ich meinen Standort klären." – „Meine gegenwärtige Lebenssituation (Beruf, privat) erhielt eine zusätzliche Reflexionsdimension." – „Ich kann nun, ohne emotional zu werden, auf Widerstände und Konflikte eingehen, da ich Hintergrundwissen habe und mir sachliche Argumente und Begründungen zur Verfügung stehen." – „In zahlreichen Beispielen wurde das theoretische Thema zu einem lebendigen, lebensnahen Thema." – „Die Weiterbildung erlaubte mir, in das Denken hineinzukommen, wie empirische Ergebnisse Praxisrelevanz erhalten." – „Ich bin weniger an gesellschaftliche Konventionen gebunden und kann freier und selbstbestimmter handeln. Das wirkt sich sowohl privat wie beruflich positiv aus." – „Meine Lust, mich mit dem Thema auch in meinem Umfeld zu befassen, hat zugenommen."[3]

6. Schluss

Die persönlichen Rückmeldungen, die Ergebnisse der Leistungskontrollen und nicht zuletzt die anhaltende oder gar ansteigende Motivation der Teilnehmenden während der Durchführung der beiden Qualifizierungen veranschaulichen, dass sich sorgfältig konzipierte Aus- und Weiterbildung von Lehrpersonen im Gender-Bereich lohnt. Den Teilnehmenden kommen sie offensichtlich zugute, und dass dies via eines adaptiveren Unterrichts auch für die Schülerinnen und Schüler – unsere eigentliche Zielgruppe – der Fall ist, dürfen wir annehmen. Sie erhalten in der genderkompetenten Schule als „zweiter Sozialisationsinstanz" Möglichkeiten für selbstbestimmte und vielfältige Lernprozesse und persönliche Entwicklungen.

Wie können wir angesichts der Vielfalt der
Herausforderungen in der Welt mit nur
einem Geschlecht auskommen?
Virginia Woolf

---

3   Für eine ausführliche Beschreibung der Assessments 1 und 2 und deren Testinstrumente, Auswertung und Ergebnisse s. Grünewald & von Gunten, 2009, S. 46–141.

Literatur

Bem, S. L. & Bem, D. (1974). Fallstudie einer nichtbewussten Ideologie. Die Einübung der Frauenrolle. In D. Bem, *Meinungen, Einstellungen, Vorurteile* (S. 112–124). Zürich/Köln: Benziger; Aarau/Frankfurt am Main: Sauerländer.

Bourdieu, P. (1998). Über die Vorherrschaft des Mannes. Ein Musterbeispiel für symbolische Gewalt. *Le monde diplomatique*, Nr. 5608 vom 14. August 1998, S. 16. Verfügbar unter: http://www.monde-diplomatique.de/pm/1998/08/14/a0214.text. name,askr5NAGn.n,54.

Grünewald-Huber, E. & von Gunten, A. (2009). *Werkmappe Genderkompetenz. Materialien für geschlechtergerechtes Unterrichten*. Zürich: Pestalozzianum.

Anhang: Matrix Genderkompetenz

Genderkompetenz als Handlungskompetenz	fachliche Fähigkeiten wissen – können	methodische Fähigkeiten kennen – anwenden	personale Fähigkeiten sein – zeigen	soziale Fähigkeiten zusammenarbeiten
Ich bin fähig, meinen Unterricht genderkompetent zu planen und zu reflektieren.	– Ich kenne einige zentrale Geschlechtertheorien. – Ich kenne schulrelevante Forschungsergebnisse. – Ich kann sozial heterogene Gruppen erfassen.	– Ich kann dem Genderaspekt in sozial heterogenen Ausbildungsgruppen Rechnung tragen. – Ich kann Auszubildende in den Bereichen der Sach-, Sozial- und Selbstkompetenz gleichwertig fördern. – Es gelingt mir, ‚Frauen/Mädchenfächer' und ‚Männer/Bubenfächer' für beide Geschlechter attraktiv zu vermitteln.	– Ich kenne meine Genderbiographie und meine entsprechenden Ressourcen und Verletzlichkeiten. – Ich reflektiere mein Mitwirken in Situationen unter Gender-Aspekten. – Ich habe eine selbstkritische und reflexive Haltung hinsichtlich Genderphänomenen.	– Ich kann konstruktiv umgehen mit unterschiedlich gendersozialisierten Auszubildenden und weiteren beruflichen Ansprechpersonen. – Ich kann in gender(mit-)bedingten Konflikten wirksam vermitteln.
Ich bin in der Lage, in verschiedensten Unterrichtssituationen genderkompetent zu handeln.	– Ich kann mich geschlechtergerecht ausdrücken. – Ich habe fachspezifisches Genderwissen (TIMSS, PISA etc.). – Ich verfüge über ein genderspezifisches reflektiertes Methodenrepertoire.	– Ich beziehe Vorwissen und Interessen beider Geschlechter in meinen Unterricht ein. – Den Motivationen und Lernwegen beider Geschlechter trage ich Rechnung. – Ich berücksichtige unterschiedliche Attribuierungsmuster. – Mein Methodenrepertoire kann ich geschlechtergerecht einsetzen. – Die Inhalte (verbal, visuell) entsprechen gendergerechten Standards.	– Ich habe einen reflektierten Standort in Gender-Diskurs. – Ich habe eine selbstkritische, offene und lernfähige Haltung dem Thema gegenüber. – Ich bilde mich in der Thematik regelmäßig weiter.	– Ich kann mit den Auszubildenden frei von Geschlechterstereotypen umgehen (Erwartungen, Verhalten, Rückmeldungen etc.). – Ich bin bereit und fähig zum Dialog mit anders gendersozialisierten Menschen. – Ich bin mir meiner Modell-Funktion als Frau oder Mann bewusst.
Ich bin in der Lage, schulische Prozesse und Schule als Institution unter dem Aspekt „Geschlechtergerechtigkeit" zu beurteilen und zu verbessern.	– Ich kann die Relevanz des Themas für den Bildungsbereich überzeugend aufzeigen. – Ich kenne Möglichkeiten, wie die Gleichstellung in Bildungsinstitutionen verbessert werden kann. – Ich kenne Instrumente der genderspezifischen Evaluation/Qualitätssicherung.	– Ich kenne Methoden zur Verbesserung der Situation der Geschlechter in Schulen und Bildungsinstitutionen und kann sie anwenden. – Ich kann strukturelle u.a. institutionelle genderspezifische Gegebenheiten erkennen.	– Ich kann die Thematik institutsintern und (halb-)öffentlich (Eltern, Behörden) souverän und mit Engagement vertreten. – Ich bin fähig und bereit, mich geschlechtergerecht auszudrücken (beide Geschlechter zu nennen, wenn beide gemeint sind).	– Ich kann konstruktiv umgehen mit unterschiedlich gendersozialisierten KollegInnen, Behördenmitgliedern etc. – Ich kann meine eigene Genderbiographie relativieren und offen mit andern biografischen Konstellationen umgehen.

Gerrit Kaschuba

„Fort- und Weiterbildung – gender- *und* diversitätsbewusst!?"

Gender-Trainings und gender-bezogene Fortbildungen hatten im letzten Jahrzehnt (noch) Konjunktur in verschiedenen Bereichen der Erwachsenenbildung – nicht zuletzt aufgrund von EU-Förderungen und der Programmatik der Bundesregierung. Diese ‚Präsenz' hat mittlerweile in der Politik deutlich abgenommen. Trotzdem ist zu fragen, inwieweit die Erkenntnisse und Erfahrungen zur nachhaltigen Berücksichtigung der Gender-Perspektive in Fortbildungen mit der Zielsetzung der Geschlechtergerechtigkeit gefruchtet haben: So zeigt sich zum einen, dass die Kompetenzen von MultiplikatorInnen wie TrainerInnen in der Erwachsenenbildung oder auch von LehrerInnen, zum andern aber auch die Arbeits- und Dienstleistungsqualität von Organisationen – wie etwa in Bildungseinrichtungen, Verwaltungen etc. – weiterentwickelt werden konnten. Heute stellen sich Herausforderungen an die Weiterentwicklung der Fortbildungskonzepte mit der Verknüpfung der Kategorie Geschlecht mit anderen Kategorien wie Migrationshintergrund im Sinne einer intersektionellen Herangehensweise bei gleichzeitiger ‚selbstverständlicher' Verankerung der Gender-Perspektive in Organisationen.

Folgende Fragen verfolgt der Artikel: Inwieweit ist ‚Gender' im Fortbildungsdiskurs und in den Bildungsinstitutionen angekommen? Welchen Beitrag können Gender-Fortbildungen zur Kompetenz- und Qualitätsentwicklung leisten? Was bedeuten die Konzepte Diversity und Intersektionalität für gender-bewusste Fortbildungen?

1. Gender-Perspektiven – Randexistenz oder Selbstverständlichkeit im Bildungsdiskurs?

Für ErwachsenenbildnerInnen und LehrerInnen sind das Erkennen diskriminierender Strukturen und Interaktionsprozesse sowie die Erweiterung des individuellen Handlungsspielraums und das Ansetzen an Ressourcen und Potentialen der Teilnehmenden bzw. Lernenden eine zentrale Herausforderung. Welche bedeutende Rolle dabei die Kategorie Geschlecht in Verschränkung mit weiteren Kategorien spielt, haben zahlreiche Untersuchungen zur Bildung in Schule und Erwachsenenbildung herausgestellt.

Doch fristet der Diskurs zu Gender-Perspektiven in der Fort- und Weiterbildung sein Dasein in einer Randexistenz im Mainstream der Erwachsenenbildungswissenschaft. Im allgemeinen Fachdiskurs der Erwachsenenbildung hat die Geschlechterdebatte wenig Fuß gefasst (Schlüter, 2004). Am ehesten werden Frauen als „besondere Zielgruppe" (ebd., S. 506) bzw. Geschlecht in seiner „Spezifik" thematisiert (ebd., S. 510), doch ist wenig von einer Querschnittsperspektive Geschlecht zu erkennen. Im Weiterbildungsangebot werden Gender-Muster häufig eher verstärkt als aufgelöst, so eine Untersuchung auf der Basis der Diskursanalyse (Venth, 2006). Gleichzeitig ist immer wieder zu vernehmen, dass die Berücksichtigung der Kategorie Geschlecht in der Bildungsarbeit mittlerweile „selbstverständlich" oder bereits überholt sei.

Die Notwendigkeit, sich damit explizit auseinanderzusetzen, wird unterschiedlich bewertet: Die Bandbreite reicht von der Benennung der Notwendigkeit einer geschlechterbewussten Reflexion über die Befürchtung einer Reifizierung der Geschlechterdifferenz bis hin zur Bewertung des Themas Geschlechtergerechtigkeit als Anachronismus. In der Schuldiskussion wurde dieser Diskurs treffend mit „Zwischen Dramatisieren und Entdramatisieren von Geschlechterdifferenz" zugespitzt. Zunehmend wird nun in den letzten Jahren „Diversity" als Lösungsformel bemüht.

Meist verbergen sich hinter den verschiedenen Einstellungen gegenüber einer Gender-Querschnittsperspektive – bewusst oder unbewusst – unterschiedliche Gender-Verständnisse, die mit Alltagsvorstellungen und mit der Rezeption des theoretischen „Gender-Diskurses", der selbst wiederum verschiedene Stränge aufweist, zu tun haben. Dies betrifft auch FortbildnerInnen und Gender-TrainerInnen (vgl. auch Smykalla, 2011). Im Alltag und so auch im Fortbildungsalltag wird häufig auf „alltagsweltliches Geschlechterwissen" zurückgegriffen. Latente und inkorporierte Wissensbestände, in denen tradierte Geschlechterbilder keineswegs verschwunden sind, stehen in Widerstreit mit dem wissenschaftlichen Wissen und der Gender-Expertise von BeraterInnen (vgl. Wetterer, 2009). Cecilia Ridgeway und Shelley Corell (2004) sprechen für den beruflichen Kontext von „gender status beliefs". Diese alltagstheoretischen Grundüberzeugungen über Geschlecht sind eingelagert in Berufe, gesellschaftliche Strukturen, gesellschaftliche Diskurse und in Selbstkonzepte der Handelnden. Sie können in Interaktionen aktiviert oder relativiert werden.

Auch mangelt es auf bundesrepublikanischer und Länder-Ebene an einer Bildungs-, aber auch Sozial-, Familien- und Arbeitsmarktpolitik unter Gender-Gesichtspunkten (vgl. auch Lewalter, Geppert & Baer, 2009). Zwar ist auf der Ebene von EU-Programmen stellenweise Gender-Mainstreaming mit der Finanzierung der Maßnahmen gekoppelt, doch findet darüber bislang eine systematische Integration einer theoretisch reflektierten Gender-Perspektive mit dem Ziel der Geschlechtergerechtigkeit nicht ihren Weg in den Mainstream der deutschen Bildungslandschaft. Diesen Bedarf aber konstatiert z.B. der Erste Gleichstellungsbericht der Bundesregierung. Der Bericht verweist auf die Möglichkeiten der Weiterbildung im Erwachsenenalter als zweite Chance, wenn Bildungsmöglichkeiten in jüngeren Jahren nicht genutzt werden konnten. Doch konstatiert auch er unterschiedliche Teilhabemöglichkeiten und sieht Frauen wie Männer je nach Lebensphasen benachteiligt. Bei der betrieblichen Weiterbildung, die für Aufstieg und Beschäftigungsstabilität wichtig ist, sind Frauen deutlich unterrepräsentiert. Als nachteilig erweist sich auch die traditionell gewachsene strukturelle Zweiteilung des Berufsbildungssystems, der geringere Professionalisierungsgrad vieler „Frauenberufe", das Hineinwirken der Stilisierungen als „männlich" und „weiblich" in die Schule und Schulfächer (Bundesministerium für Familie, Senioren, Frauen und Jugend, 2011). Der Bericht schlägt u.a. vor, dass Gender-Mainstreaming und eine geschlechtsbewusste Pädagogik in der Bildungspolitik und in den Bildungseinrichtungen systematisch verankert werden sollen. Das beinhalte auch eine nachhaltige Vermittlung von Gender-Kompetenz (ebd., S. 241).

Aus dem Aufriss wird deutlich: Die Implementierung einer gender- und diversitätsbewussten Bildung benötigt die Verankerung im Kontext der Bildungspolitik, in der Organisationsstruktur und -kultur, im Handlungsfeld Bildung selbst und bei den Personen mit den dementsprechenden Kompetenzen (vgl. Kaschuba & Derichs-Kunstmann, 2012). Im Folgenden werden das Handlungsfeld von Fortbildungen und die dafür notwendigen professionellen Kompetenzen unter Gender- und Diversitätsaspekten beleuchtet.

2. Welchen Beitrag leisten Gender-Fortbildungen zur Kompetenz- und Qualitätsentwicklung?

Ziel von Gender-Fortbildungen ist es, dass verschiedene Berufsgruppen wie etwa FortbildnerInnen im schulischen Kontext, aber auch in der Jugend- und Erwachsenenbildung oder weiteren gesellschaftlichen Handlungsfeldern über Gender-Kompetenz verfügen. Bevor also die Frage, welchen Beitrag heute Gender-Fortbildungen und Trainings leisten und wie deren Weiterentwicklung aussehen kann, erörtert wird, wird auf den Begriff der Gender-Kompetenz eingegangen.

2.1 Der Gender-Kompetenzbegriff

In bildungspolitischen Diskursen wird zwischen formaler Qualifikation und Kompetenz unterschieden. Der Kompetenzbegriff ist auf das Subjekt bezogen und umfasst Ergebnisse formeller wie informeller Lernprozesse. Gerade informelles Lernen ist von besonderer Bedeutung für das Erfahrungswissen im Umgang mit den Geschlechterverhältnissen und -konstruktionen.

Der Begriff der Gender-Kompetenz wird zu den Schlüsselqualifikationen gezählt (vgl. Metz-Göckel & Roloff, 2002). Er bezeichnet die professionelle Fähigkeit von Personen, bei ihren Aufgaben Gender-Aspekte zu erkennen und sie gleichstellungsorientiert zu bearbeiten. Der Begriff umfasst Fach- und Sachkompetenz, Sozialkompetenz, Methodenkompetenz und personale Kompetenz. Als eine wesentliche Dimension sozialer Kompetenz sollte unter Gender-Aspekten die „gesellschaftspolitische Kompetenz" berücksichtigt werden, die sich auf verschiedene Konfliktlinien bezieht (Kaschuba, 2010). Damit wird auch der gesellschaftskritischen Wurzel des Gender-Diskurses Rechnung getragen.

Gender-Kompetenz wird auch mit den Ebenen „Wollen", „Wissen" und „Können" definitorisch umrissen (GenderKompetenzZentrum, 2010). Häufig wird unter den Begriff auch das „Dürfen" subsumiert. Diese Ebene benennt die Rahmenbedingungen in Organisationen explizit, welche die Entwicklung von Gender-Kompetenz ermöglichen und fördern. Dazu kann gehören, ob eine Organisation Gender-Mainstreaming als Strategie implementiert und/oder das Ziel der Geschlechtergerechtigkeit in ihrem Leitbild und im Falle von Bildungsinstitutionen in ihren makro- und mikrodidaktischen Grundlagen verankert hat.

Unter „Wollen" werden vor allem die geschlechterbezogene Selbstreflexivität und die Motivation, sich mit geschlechterbezogenen Themen auseinanderzusetzen, subsumiert. Gender-Kompetenz beinhaltet „Wissen" um Doing-Gender- und Doing-Ethnicity-Prozesse (auch Zuschreibungen aufgrund von Alter, Behinderung, sexueller Orientierung etc.), die in der Interaktion und Kommunikation im Fortbildungsgeschehen – ebenso in der Schule (vgl. z.B. Budde, Scholand & Faulstich-Wieland, 2008) – eine große Rolle spielen (vgl. z.B. Derichs-Kunstmann, Auszra & Müthing, 1999; Kaschuba, 2001). Ebenfalls von Bedeutung ist das Wissen um die strukturellen Geschlechterverhältnisse, die die Organisationen, ihre Kultur und ihre Werte und Normen prägen. Dazu gehören im Kontext von schul- und ausbildungsbezogenen Fortbildungen insbesondere auch das Wissen um den geschlechtssegregierten Arbeitsmarkt, die geschlechtshierarchische Arbeitsteilung und den Themenkomplex berufliche Orientierung und Übergang Schule-Beruf unter besonderer Berücksichtigung von Geschlecht, Migrationshintergrund, Schicht/Klasse.

Zuschreibungsprozesse, Konstruktionen, Stereotypisierungen gilt es zu erkennen, damit umzugehen und gleichzeitig Kommunikation und gender-bezogene Zuschreibungen in Verschränkung etwa mit ethnisierenden Zuschreibungen zum Fortbildungsinhalt zu machen („Können"). Wenn dies nicht systematisch zum Bestandteil professioneller Fortbildungskompetenz gehört, erfolgt die Anwendung von „alltagsweltlichem Geschlechterwissen" (Wetterer, 2009). Dies aber ist häufig anzutreffen: Teilnehmende werfen gender-bezogene Fragen auf, DozentInnen diskutieren Gender-Fragen mit und greifen dabei häufig auf ihr alltagsweltliches Geschlechterwissen zurück. Lernmöglichkeiten werden damit aber nicht zur Verfügung gestellt[1].

Wichtig ist es für diejenigen, die Fortbildungen organisieren, und für diejenigen, die sie durchführen, sich mit verschiedenen theoretischen Gender-Konzepten auseinanderzusetzen, diese zu reflektieren und bereit zu sein, diese weiterzuentwickeln: Wird auf die Differenzperspektive rekurriert, die wiederum zu einer Essentialisierung von Geschlecht beitragen kann („geschlechtstypische/-spezifische" Interessen von Frauen/Mädchen, Männern/Jungen)? Oder wird auf die strukturellen Ungleichheitsbedingungen und/oder die soziale Konstruktion von Geschlecht und/oder dessen Verschränkung und Verwobenheit mit weiteren sozialen Kategorien im Sinne der Diversitätsorientierung und Intersektionalität rekurriert?

Zur Gender-Kompetenz, die das (Fach-, aber auch gleichstellungspolitische und gender-theoretische) Wissen, die persönliche Haltung und das Handeln mit der Anwendung von Methoden umfasst, gehört als grundlegende Anforderung die

---

1   Dies wurde auch in den teilnehmenden Beobachtungen deutlich, die im Rahmen der Erstellung der Arbeitshilfe „Fortbildung – gleichstellungsorientiert!" (Kaschuba & Derichs-Kunstmann, 2009) durchgeführt wurden.

Diversitätsorientierung, um der Gefahr möglicher Essentialisierungen und erneuter Gruppenbildungen auf Kosten der Individuen vorzubeugen.

2.2 Gender-Fortbildungen als Beitrag zur Kompetenz- und Qualitätsentwicklung

Es zeigt sich eine ständige Weiterentwicklung auf konzeptioneller Ebene im Bereich von geschlechterbezogenen Fortbildungen seit den 80er Jahren, die letztlich durch die Diskussion um die Strategie des Gender-Mainstreaming in der Erwachsenenbildungspraxis in den 90er Jahren einen neuen Akzent erfahren haben. Vor allem in diesem Zeitraum hatten Gender-Fortbildungen im Bereich der Jugend- und Erwachsenenbildung Konjunktur. Gegenwärtig ist eine Verbreitung in weitere gesellschaftliche Bereiche – wie etwa kommunale Verwaltungen – festzustellen.

Die verschiedenen Fortbildungsangebote reichen von kürzeren Gender-Workshops bis zu mehrtägigen Gender-Trainings, von allgemein auf Sensibilisierung und Qualifizierung angelegten Trainings bis hin zu Trainings „on the job", die sich konkret auf die Arbeitsaufgaben der Teilnehmenden beziehen. Diese nehmen mittlerweile den größten Raum ein. Sie finden integriert in Gender-Mainstreaming-Prozessen einer Organisation statt oder als Maßnahme für sich. Daneben gibt es längerfristig angelegte Weiterbildungen – etwa Train-the-Trainer-Angebote[2]. Zunehmend wichtig ist es, Qualifizierungsprozesse über Begleitungen und Beratungen bei der Integration der Gender-Perspektive in die jeweiligen konkreten Arbeitsvorhaben als eine Form der Weiterbildung stärker zu berücksichtigen.

Nur wenige Gender-Fortbildungen in der Jugend- und Erwachsenenbildung wurden wissenschaftlich evaluiert, was auch mit dem geringen Niederschlag der Gender-Forschung im Mainstream der Erwachsenenbildungsforschung zusammenhängen mag. Ein bundesweites verbandsübergreifendes Projekt „Gender-Qualifizierung für die Bildungsarbeit" mit dem Abschluss als Gender-Trainer/in für die Bildungsarbeit erreichte haupt- und nebenamtliche MultiplikatorInnen der Jugend- und Erwachsenenbildung und versuchte, über die Qualifizierung von Personen hinaus auf die Implementierung von Gender-Mainstreaming in den Organisationsstrukturen hinzuwirken (Derichs-Kunstmann, Kaschuba, Lange & Schnier, 2009)[3]. Die Fortbildung zielte auf die gesamte Programmqualität, also die makro- und die mikrodidaktische Ebene. Ihr Ziel war die Weiterentwicklung von Gender-Kompe-

---

2   Zu nennen sind Angebote wie z.B. die Fortbildung „Genderpädagogik" eines Trägerverbunds in München oder für ein breiteres Spektrum von Organisationen, Personen aus Politik, Wirtschaft, Medien, Bildung die Fortbildung „Managing Gender & Diversity" von DiVersion. Ausführlicher dazu Kaschuba, 2010.

3   Die modulare Fortbildung wurde vom Forschungsinstitut Arbeit, Bildung, Partizipation (FIAB) in Kooperation mit vier Bildungsträgern – dem Arbeitskreis deutscher Bildungsstätten (AdB), dem Bundesarbeitskreis Arbeit und Leben (BAK AuL), dem Deutschen Volkshochschulverband (DVV), der Vereinten Dienstleistungsgewerkschaft ver.di – durchgeführt und vom Forschungsinstitut tifs evaluiert. Teilgenommen haben MultiplikatorInnen aus der Jugend- und der Erwachsenenbildung. Das Modellprojekt wurde vom Bundesministerium für Bildung und Forschung gefördert.

tenzen für die Bildungsarbeit. Die Teilnehmenden erhielten nach Abschluss der Fortbildung ein Zertifikat als „Gender-Trainer/in für die Bildungsarbeit".

Die wissenschaftliche Evaluation des Modellprojekts fokussierte die Überprüfung und Weiterentwicklung der Fortbildungskonzeption und die Untersuchung der Lernprozesse der Teilnehmenden (Kaschuba & Hahn, 2009)[4]. Bezogen auf die Lernprozesse erbrachte die Fortbildung aus Sicht der Teilnehmenden eine erhöhte personale Kompetenz. Dazu gehört auch die Stärkung des Durchhaltevermögens, das Gender-Thema in die Bildungseinrichtungen einzubringen. Sie nannten einen deutlichen fachlichen Kompetenzzuwachs, den sie an der erhöhten gender-bezogenen Qualität der eigenen Seminar- oder Planungspraxis festmachten. Genannt wurden des Weiteren eine erweiterte Methodenkompetenz sowie eine erhöhte soziale Kompetenz. Diese erläuterten die Teilnehmenden beispielsweise damit, dass sie lernten, andere auf geschlechterbezogene Konstruktionen und Stereotypisierungen aufmerksam zu machen und Konfliktlösungen zu entwickeln. Sie machten nach der Fortbildung die Erfahrung, dass sie die Gender-Perspektive auch in verschiedene ‚private', ehrenamtliche Lebensbereiche einbringen konnten. Dies unterstreicht die Bedeutung der gesellschaftspolitischen Dimension von Gender-Kompetenz.

Eine weitere Befragung nach Abschluss der Weiterbildung zeigte, dass das Bildungsprojekt über die Qualifizierung einzelner hinaus in die beteiligten Organisationen Wirkung gezeitigt hatte (vgl. Schnier, 2009). Demnach erfolgte die Überarbeitung von Schulungskonzepten bei einzelnen Trägern, wurde bei einem Verband eine „Institutionelle Gender-Analyse" entwickelt und in den Mitgliedseinrichtungen durchgeführt, Gender-Mainstreaming im Qualitätsmanagementprozess berücksichtigt, wurden Projekte der Teilnehmenden als Ansätze für Möglichkeiten für die einzelnen Mitgliedsorganisationen zur Umsetzung von Gender-Mainstreaming veröffentlicht, auf Länderebene eine Gender-Gruppe trägerübergreifend zum Erfahrungsaustausch organisiert.

Die Entwicklung von Gender-Kompetenzen erfordert organisationales Lernen. Gender-Mainstreaming als Organisationsentwicklungsstrategie bietet hier einen tragfähigen Rahmen. Folgerichtig ist es dann auch, Geschlechtergerechtigkeit als Zielsetzung in Qualitätsentwicklungsverfahren zu integrieren, was in den meisten Verfahren bis auf das QVB-Verfahren (Qualitätsentwicklung im Verbund von Bildungseinrichtungen) vernachlässigt wird (Deutsche Evangelische Erwachsenenbildung & Bundesarbeitskreis Arbeit und Leben, 2004).

---

4   Das Konzept der gesamten Fortbildung wurde über Teilnehmendenbefragungen (Fragebögen und diskursive Auswertungen mit den Teilnehmenden nach jedem Modul sowie Gruppeninterviews ein Vierteljahr nach Abschluss der Fortbildung), diskursive Auswertungsgespräche mit den Leitungsteams sowie teilnehmende Beobachtung der einzelnen Module evaluiert. Die zentrale erkenntnisleitende Fragestellung für die Entwicklung des Konzepts lautete: Inwieweit gelingt es, geschlechterbezogene Unterscheidungen aufzudecken, zu hinterfragen und zu dekonstruieren und in professionelles Handeln zu integrieren?

3. Erweiterung durch die Konzepte Diversity und Intersektionalität

3.1 Vom ‚Gender-Solo' zum ‚Gender-&-Diversity-(Diversität)-Duo'?

„Gender und Diversity" werden heute meist als Duo in einem Atemzug genannt. Das ‚Gender-Solo' hat sich offenbar überlebt. Das hat m.E. auch damit zu tun, dass es in seiner Differenziertheit wenig rezipiert wurde. Nun scheint die Formulierung „Gender und Diversity" die Lösung zu sein, die vermeintliche Engführung auf den Gender-Aspekt zu weiten bis hin dazu, die Gender-Thematik attraktiver zu machen. Doch wird damit übersehen, dass bereits im Zuge der Gender-Forschung seit den 1980er Jahren geschlechtertheoretische Ansätze weiterentwickelt und die Differenz innerhalb eines Geschlechts sowie die Machtverstrickungen thematisiert wurden (vgl. Young, 1994)[5].

Diversity-Konzepte finden seit einigen Jahren in der Weiterbildung Aufmerksamkeit, allerdings ist der Diversity-Begriff äußerst schillernd. „Programmatisch geht mit ‚Diversity' die Einsicht einher, dass die Vielfalt von Unterschieden konstitutiv für gesellschaftliche Wirklichkeit ist" (Mecheril, 2007). Häufig wird Diversity im Sinne des Diversity-Management-Ansatzes mit der Ausrichtung auf die Human Ressources gebraucht: wie gruppenbezogene Potentiale für Unternehmen in Wertschätzung von Vielfalt nutzbar gemacht werden sollen (vgl. Braunmühl, 2009). Gleichzeitig existieren aber auch Diversity- bzw. diversitätsbewusste Konzepte, die an soziale Bewegungen anknüpfen und die soziale Gerechtigkeit verfolgen und für eine Bildungsarbeit anschlussfähiger sind, der es um die Berücksichtigung von Heterogenität im Bildungsgeschehen und in der Gesellschaft geht (vgl. Leiprecht, 2011).

Heute sind unterschiedliche Gender-, Diversity-, interkulturelle und rassismuskritische Ansätze in der Bildungsarbeit vorzufinden. Zu beobachten ist eine „intersektionale Erweiterung" der verschiedenen Ansätze (Busche & Stuve, 2010). Mittlerweile ist das Konzept der Intersektionalität in der Forschung und Bildung nicht mehr wegzudenken, das die Überschneidungen und Verwobenheit von strukturellen Ungleichheitsverhältnissen und Konstruktionsprozessen aufgrund von Geschlecht, Migrationshintergrund, Ethnizität, Lebensalter, Klasse, körperlichen Beeinträchtigungen etc. stärker fokussiert (vgl. Crenshaw, 1994). Ein immer wieder in dem Zusammenhang zitierter Ansatz verfolgt die Bedeutung von verschiedenen Differenzlinien für die Subjekte (Leiprecht & Lutz, 2005). Differenzlinien wie männlich/weiblich bei der Kategorie Geschlecht oder heterosexuell/homosexuell bei der Kategorie Sexualität repräsentieren eine bestimmte soziale Positionierung und haben gleichzeitig als soziale Konstruktionen Einfluss auf die Identitätsentwicklung. Diese Differenzen verschränken und beeinflussen sich gegenseitig. In Bezug auf die heterogenen Voraussetzungen von Teilnehmenden in der Bildungsar-

---

5   Dazu gehören zu Beginn dieses Diskurses das Konzept der Mittäterschaft von Christina Thürmer-Rohr, das Konzept der Dominanzkultur von Birgit Rommelspacher und der Ansatz von Frigga Haug, die die Opfer-Täter-Diskussion ins Rollen brachte.

beit wird unter dem Begriff der „Diversität" in der Sozialpädagogik und Bildungsarbeit danach gefragt, weshalb und wie bestimmte Konstellationen von Differenzlinien in einer sozialen Situation, in einer Bildungsveranstaltung eine Rolle spielen
(vgl. Leiprecht, 2011).

3.2 Von der geschlechtergerechten zur gender- und diversitätsbewussten Didaktik

Den Ausgangspunkt für eine gender- und diversitätsbewusste Didaktik bildet
sowohl in den Schul- als auch Erwachsenenbildungsdiskursen die Kritik an der
Homogenisierung der Teilnehmenden an Bildungsveranstaltungen bei Vernach-
lässigung der Heterogenität der Lebenslagen aufgrund von Geschlecht und anderen Kategorien. Die zentrale Fragestellung lautet: Werden didaktische Maßnahmen
allen Teilnehmenden an schulischer Bildung, Weiterbildung, Trainings, Seminaren
etc. gleichermaßen gerecht?

Gerade im Feld von Jugendarbeit und Schule spielt Geschlecht in der Phase
der Adoleszenz eine wichtige Rolle für die Entwicklung der eigenen Identität,
hier kommt die Frage der Auseinandersetzung mit Diversität und Heterogenität
ins Spiel, die unterschiedliche Art und Weise der Verschiedenheit als Mädchen
und Jungen. „Heterogenität und Homogenität sind zwei Seiten einer Medaille"
(Kampshoff, 2008, S. 15). Hinter der Homogenität steckt das Recht auf gleiche
Bildung und damit ein demokratischer Anspruch, allerdings fehlt nach Marita
Kampshoff die Akzeptanz von Differenz und „das Arbeiten mit dem Spannungsverhältnis von gleich und verschieden" in der Schule (2008, S. 16). Innerhalb der
Gruppe der Mädchen und Jungen werden Differenzen in der Schule ausgeklam-
mert (z.B. Budde et al., 2008). Die Begriffe der Heterogenität wie auch der Dif-
ferenz sind in ihrer Bedeutung anspruchsvoll. So kritisiert Barbara Rendtorff die
Verwendung des Begriffs Differenz als „bis zur Unkenntlichkeit verdünnt" (2006,
S. 128), da er einmal umgangssprachlich verwendet wird im Sinne von Unterschieden, ein andermal in der Tradition der Differenzphilosophie mit der kritischen
Hinterfragung des bewertenden Vergleichs. Sie verweist auf das Unbestimmbare,
Unfassbare der Differenz, ähnlich wie es Annedore Prengel in Bezug auf Heterogenität tut. Prengel hat in Anlehnung an die Perspektivitätstheorie deutlich gemacht,
dass wir immer nur Teilaspekte wahrnehmen können, dass aber auch unsere Wahr-
nehmungshorizonte sich ändern (1993). Schwierig bleibt es für alle Kategorien und
Zugehörigkeiten, diese zu benennen, ohne damit zu etikettieren. Norbert Wenning
macht darauf aufmerksam, dass die Verwendung von Heterogenität zur Kennzeichnung bestimmter sozialer Situationen Ausdruck für einen bewusst oder unbewusst
diskriminierenden Umgang mit Verschiedenheit ist (2013). Das Spannungsverhältnis und das Paradoxe, Unlösbare sollen aber nicht geleugnet werden – bei gleichzeitiger Entwicklung von konkreten Anknüpfungspunkten, wie es Prengel in ihrem
Konzept einer „Pädagogik der Vielfalt" für die Schule angeregt hat (1993).

Der Diskurs um Heterogenität der Teilnehmenden sowie Gleichheit und Differenz war und ist gleichermaßen schon immer für die Erwachsenenbildung relevant.

Erhard Meueler z.B. hat dies so formuliert, dass das Verhältnis der Beteiligten „auf Gleichheit bei gleichzeitiger Differenz im mitgebrachten Wissen, pädagogischen Kompetenzen und den hier gelebten sozialen Rollen" zielt (2009, S. 985). Ausgehend von Erkenntnissen der Geschlechterforschung und Untersuchungen im Feld der Erwachsenenbildung entstand der Ansatz der geschlechtergerechten Didaktik (Derichs-Kunstmann et al., 1999), der bis heute weiterentwickelt wird. Er stellt die Kategorie Geschlecht und damit die Geschlechterverhältnisse in der Gesellschaft und in der Bildungsarbeit in den Mittelpunkt.

In der Weiterentwicklung der geschlechtergerechten Didaktik habe ich mich auf die theoretisch fundierten Eckpfeiler einer Gleichstellungspolitik, wie sie Gudrun-Axeli Knapp (1998) formulierte, bezogen: Sie stützen das gleichzeitige Verfolgen von Gleichheit, Differenz und Dekonstruktion. „Gleichheit" bezieht sich auf die rechtliche Ebene. Demzufolge bedarf es gleicher Rechte und Handlungsbedingungen für Frauen und Männer und des Verbots von Diskriminierungen. „Differenz" bezieht sich auf die strukturelle Ebene: auf die strukturelle Ungleichheit von Frauen und Männern, und innerhalb der Geschlechtergruppen nach Migrationshintergrund, sozialer Schicht und Klasse etc., was den Zugang zu Macht betrifft. Diese strukturelle Ungleichheit spielt in den Bildungsinstitutionen z.B. unter den Mitarbeitenden, aber auch hinsichtlich der Teilnehmenden eine Rolle. Die „Dekonstruktion" schließlich bezieht sich auf die Diskursebene: Sie stellt zweigeschlechtliches Denken und verallgemeinernde Aussagen radikal in Frage, deckt Konstruktionen von Geschlecht bzw. Unterscheidungen aufgrund des Geschlechts auf. In der Erwachsenenbildung kann dies bereits dann angestoßen werden, wenn beispielsweise Lehrende ihre Aufgaben nicht nach ‚traditionell' zugeschriebenen Frauen- und Männerrollen verteilen, Frauen also nicht nur für Körper- oder Selbsterfahrungsübungen und Männer nicht nur für theoretische Inputs zuständig sind (Kaschuba, 2005).

In den konzeptionellen Ausführungen gleichstellungsorientierter Fortbildung für die Bundesverwaltung unterscheiden Gerrit Kaschuba und Karin Derichs-Kunstmann die makro- und die mikrodidaktische Ebene einer auf Gleichstellung zielenden Didaktik (2009). Dabei knüpfen sie an organisations- und kommunikationssoziologische sowie ethnomethodologische Erkenntnisse der Geschlechterforschung ebenso an wie an rechtliche und politische Entwicklungen mit der Einführung von Gender-Mainstreaming auf EU- und Länderebene und der Verabschiedung des Allgemeinen Gleichbehandlungsgesetzes (AGG). Ebenso beziehen sie Untersuchungsergebnisse aus der Jugend- und Erwachsenenbildung sowie langjährige Erkenntnisse aus der Durchführung von Gender-Fortbildungen mit ein. Die makrodidaktische Ebene umfasst fünf Dimensionen unter Gender-Gesichtspunkten:

- die Ermittlung von Weiterbildungsbedarf, die Programmplanung und Konzeptentwicklung für Fortbildungen,
- das Verfahren der Gewinnung von Dozentinnen und Dozenten,
- die Öffentlichkeitsarbeit und Programmausschreibungen,
- die Rahmenbedingungen für die Durchführung und
- die Evaluierung von Fortbildungen.

Die Mikrodidaktik besteht ebenfalls aus fünf Dimensionen und umfasst
- die Inhalte von Fortbildungen mit integrierter Gender-Perspektive,
- die Teilnehmerinnen und Teilnehmer von Fortbildungen,
- das Verhalten und Handeln von Dozentinnen und Dozenten,
- die methodische Gestaltung von Seminaren und pädagogischen Settings und
- die Gestaltung von Medien, Materialien und Skripten unter Berücksichtigung von Gender-Aspekten.

In der Arbeitshilfe für eine gleichstellungsorientierte Fortbildung für die Bundesverwaltung wird plastisch, wie eine Integration der Gender-Querschnittsperspektive in verschiedene Themenbereiche wie (interkulturelle) Kommunikation, Konflikte, aber etwa auch Führungshandeln oder Qualitätsentwicklung unter Bezug auf die Gender-Forschungsliteratur curricular aufgebaut und methodisch umgesetzt werden kann. Wenn hier Gender-Aspekte in den verschiedenen didaktischen Dimensionen fokussiert werden, so hängt dies mit dem Auftrag der Bundesverwaltung zusammen, Gender-Mainstreaming umzusetzen. Auch wird der Forderung Rechnung getragen, den Stand der Gender-Forschung als Querschnittsperspektive in verschiedenen fachlichen Fortbildungen umzusetzen (für die Fachdidaktiken in der Schule s. Kampshoff & Wiepcke, 2012).

Eine schon seit einigen Jahren formulierte Herausforderung stellt der Anspruch einer „gender- und diversitätsbewussten Didaktik" dar (Kaschuba, 2009). Dieser Terminus entspricht den Erfordernissen der Theorie- wie auch der Praxisentwicklung. Er verdeutlicht, dass es nicht um eine Reduktion auf Frauen und Männer geht, so dass das häufig in weiten Teilen der Bildungslandschaft immer noch anzutreffende Missverständnis von „Gender-Fortbildungen" oder einer „geschlechtergerechten Didaktik" vermieden wird[6]. Vor allem ist er der Bezeichnung einer (ausschließlichen) Diversity-Didaktik vorzuziehen, um nicht nur die historische Weiterentwicklung in den didaktischen Gender-Konzepten zu würdigen, die den ebenso vorangeschrittenen gender-theoretischen Diskurs aufgenommen haben. Vielmehr geht es auch darum, dem Wissen um das Vergessen der Gender-Perspektive im Diversity-Diskurs Genüge zu tun (z.B. Braunmühl, 2009). Eine für Fortbildungen angestrebte stärkere und systematischere Integration der intersektionellen Perspektive knüpft daran an (vgl. z.B. Czollek & Perko, 2008; Kaschuba, 2009).

Dabei wird davon ausgegangen, dass über einen intersektionalen Ansatz die Verknüpfung von Gender und Diversity in der Bildungsarbeit erfolgen kann (Czollek & Perko, 2008). Der Begriff „Gender" umfasst in diesem Sinn explizit nicht ausschließlich Frauen und Männer, sondern auch Transgender und Intersexuelle. Bestehende Theorie- und Handlungsansätze (z.B. Interkulturelle Öffnung, Gender-Mainstreaming, Feminismus) gilt es zu verbinden. Leah C. Czollek und Gudrun Perko sehen drei verschiedene Zugangsweisen als hilfreich für eine „Gender- und Diversity gerechte Didaktik" (S. 13) im Rahmen der intersektionalen Analysen an. Mit dem inter-kategorialen Zugang wird der Zusammenhang zwi-

---

6   Allerdings ist zu berücksichtigen, dass es eine Vielfalt von unterschiedlichen Gender-Fortbildungen gibt, die auf verschiedenen theoretischen Grundlagen aufbauen, weshalb eine Transparenz der zugrundeliegenden Gender-Konzepte erforderlich ist.

schen den verschiedenen Kategorien Gender, sexueller Orientierung, Hautfarbe, kultureller Herkunft, MigrantInnen, Nicht-MigrantInnen, Sprache, Religion, sozialer Klasse, Alter, Stadt/Land, Ability/„Behinderung" gefasst. Mit der intra-kategorialen Zugangsweise werden Fragen von Differenz und Ungleichheit innerhalb einer Kategorie in den Blick genommen. Die anti-kategoriale Sicht knüpft an dekonstruktivistische Ansätze an, die das Dilemma der Kategorisierung thematisieren.

Eine gender- und diversitätsbewusste Didaktik zielt darauf, sich der Prozesse der gender-bezogenen „Unterscheidung" – und dabei auch zwischen Angehörigen der ‚Mehrheits- und Minderheitsgesellschaft' – bewusst zu sein, sie aufzudecken und nicht gleichzeitig wieder erneut „Unterschiede" zuzuschreiben (vgl. Gildemeister, 2010). Gender- und diversitätsbewusste Didaktik kann eine Perspektiverweiterung sowohl auf der gesellschaftspolitischen, organisatorischen und personellen als auch der inhaltlichen Ebene ermöglichen, weil sie Gewohntes hinterfragt und eigenes Handeln reflektiert.

4.   Bewegung, Flexibilität und Beharrungsvermögen

Explizite Gender-Fortbildungen werden heute häufig als ein Auslaufmodell angesehen. Doch zeigt sich, dass die Gender-Perspektive erst einmal in alle Fachfortbildungen, Fachdidaktiken sowie in Fortbildungen zu Kommunikation und Konfliktlösung integriert werden muss (vgl. Kampshoff & Wiepcke, 2012 für die Schule; Kaschuba & Derichs-Kunstmann, 2009 für die Weiterbildung). Bezogen auf die Schule geht es auch um Fortbildungen über die unmittelbare Lehrtätigkeit hinaus wie etwa für LehrerInnen mit spezifischen Aufgaben im Rahmen der SMV-Tätigkeit oder organisationsbezogene Führungskräftefortbildungen unter Gender-Aspekten. Explizite Thematisierungen von Gender-Aspekten werden in Fortbildungen und Schule überwiegend vermieden. Doch zeigen die Nachfragen in Train-the-Trainer-Fortbildungen, dass in der Bildungsarbeit Tätige immer auch mit Fragen nach Umgangsmöglichkeiten mit geschlechterbezogenen Stereotypisierungen – häufig in der Verschränkung mit Ethnizität – und mit heterogen zusammengesetzten Teilnehmendengruppen konfrontiert sind. Dafür gibt es weiterhin keine goldene Regel oder eine alle Spezialisierungen übergreifende Fortbildung. Vielmehr benötigen wir ein Nebeneinander von verschiedenen Qualifizierungen für verschiedene Ziel- und Schwerpunktsetzungen, Zielgruppen und Inhalte: Fortbildungen, die den Gender-Aspekt in einer diversitätsorientierten Perspektive fokussieren, aber auch gender-bewusste Fortbildungen zu Antirassismus, Anti-Bias etc. Die Weiterentwicklung gender- und diversitätsbewusster Didaktik muss methodologische Fragen aus der Auseinandersetzung mit Intersektionalität aufgreifen. Dabei geht es um die systematische Berücksichtigung von Kategorien wie Geschlecht in Verknüpfung mit Herkunft/Migrationshintergrund, Klasse/Schicht, Milieu, Generation etc.

In einer gender- und diversitätsbewussten Didaktik erfolgen Vorbereitung, Durchführung und Evaluation unter Berücksichtigung von Gender- und Diversitätsaspekten. Mittlerweile gibt es eine Vielzahl an Leitfäden für Fortbildungen und für verschiedene Bildungsbereiche wie Jugend- und Erwachsenenbildung, Hochschulen, Schulen unter Gender- und Diversitätsgesichtspunkten[7]. Instrumente wie Leitfäden für eine geschlechtergerechte oder gender- und diversitätsbewusste Didaktik und standardisierte Verfahren der Analyse, Planung, Durchführung und Evaluation treten mitunter mit dem Versprechen der Einfachheit auf die Bühne von Fortbildungen. Sie treffen auch bei FortbildnerInnen selbst auf ein Bedürfnis nach Kontrolle und Reduktion der Komplexität. Diese Instrumente sind hilfreich, doch benötigt eine Professionalisierung unter Gender- und Diversitätsaspekten den lebendigen Diskurs und die fortwährende Reflexion. Und diese ist nötig, denn es braucht durchaus „Ambivalenzkompetenz" (Smykalla, 2011) oder anders formuliert: das Aushalten der Komplexität bei notwendiger Reduzierung und vor allem Flexibilität und Elastizität bei gleichzeitigem Beharrungsvermögen.

Flexibilität und Offenheit sind nicht zuletzt aufgrund der individuellen Vielfalt, aber auch der unterschiedlichen Kontexte und sozialen Situationen notwendig: Handelt es sich um Fortbildungen für die Erwachsenenbildung, Jugendbildung oder Schule? So sind Fortbildungen für Lehrer/innen von dem Handlungsfeld Schule bestimmt, dessen Didaktik sich von dem „offenen Projekt" der Erwachsenenbildung unterscheidet (vgl. Meueler, 2009).

Die Konzepte Gender und Diversität in einer intersektionellen Perspektive stellen eine wichtige Grundlage für Fortbildungen dar. Anknüpfend an die jeweiligen politischen und theoretischen Entwicklungsstränge verweisen sie auf die politische Dimension und den Anspruch der Bildung, auf gesellschaftliche Verhältnisse zu reagieren und gleichzeitig auf sie – geschlechtergerecht – einzuwirken. Wenn Bildung einen Beitrag zur Bewältigung von gesellschaftlichen Herausforderungen leisten und Impulse in Richtung soziale Gerechtigkeit vermitteln will, in die Geschlechtergerechtigkeit eingebettet ist, gilt es immer wieder, die Zielsetzung für den Kontext bzw. die jeweilige soziale Situation in den Bildungseinrichtungen (im vorschulischen und schulischen Bereich, in der außerschulischen Jugendbildung/ Jugendhilfe, in der Aus- und Weiterbildung) konkret zu bestimmen.

Die Implementierung gender- und diversitätsbewusster Didaktik als Querschnittsperspektive in der Fortbildung und die Qualifizierung der Dozentinnen und Dozenten zur (Weiter-)Entwicklung von Gender-Kompetenz erfordern eine strukturelle Implementierung der Gender-Perspektive in den Organisationen, wie es die Strategie des Gender-Mainstreaming beinhaltet. Für die Weiterentwicklung und Umsetzung sind Ressourcen über Bildungspolitik und Forschung nötig. Dies wurde schon häufig benannt, doch verliert der Gedanke nicht an Relevanz (vgl. z.B. Kaschuba & Derichs-Kunstmann, 2012; Schlüter & Berkels, 2012). Empirische Forschungen, Koproduktionen von Wissenschaft und Praxis in der gemeinsamen Umsetzung, aber auch politischer Wille werden nötig sein für die Weiterentwicklung und Umsetzung einer gender- und diversitätsorientierten Didaktik in einer intersektionellen Perspektive in allen Bildungsbereichen.

---

7   Leitfäden und Handreichungen für Fortbildungen z.B. Kaschuba, 2006; Czollek & Perko, 2008; Kaschuba & Derichs-Kunstmann (2009); für die Schule z.B. Grünewald-Huber & von Gunten, 2009.

Literatur

Braunmühl, C. v. (2009). Diverse Gender – Gendered Diversity: Eine Gewinn-und-Verlust-Rechnung. In S. Andresen, M. Koreuber & D. Lüdke (Hrsg.), *Gender und Diversity: Albtraum oder Traumpaar? Interdisziplinärer Dialog zur „Modernisierung" von Geschlechter- und Gleichstellungspolitik* (S. 53–64). Wiesbaden: VS Verlag für Sozialwissenschaften.

Budde, J., Scholand, B. & Faulstich-Wieland, H. (2008). *Geschlechtergerechtigkeit in der Schule. Eine Studie zu Chancen, Blockaden und Perspektiven einer gender-sensiblen Schulkultur.* Weinheim/München: Juventa.

Bundesministerium für Familie, Senioren, Frauen und Jugend (BMFSFJ) (Hrsg.). (2011). *Neue Wege – Gleiche Chancen. Gleichstellung von Frauen und Männern im Lebensverlauf. Erster Gleichstellungsbericht.* Berlin: Bundesministerium für Familie, Senioren, Frauen und Jugend.

Busche, M. & Stuve, O. (2010). Bildungs- und Sozialarbeit intersektional erweitern. In Ch. Riegel, A. Scherr & B. Stauber (Hrsg.), *Transdisziplinäre Jugendforschung* (S. 271–288). Wiesbaden: VS Verlag für Sozialwissenschaften.

Crenshaw, K. (1994). Mapping the margins: Intersectionality, identity politics and violence against women of color. In M. Fineman & R. Mykitiuk (Hrsg.), *The public nature of private violence: The discovery of domestic abuse* (S. 93–118). New York: Routledge.

Czollek, L. C. & Perko, G. (2008). Gender und Diversity gerechte Didaktik: ein intersektionaler Ansatz. *Magazin erwachsenenbildung.at, Das Fachmedium für Forschung, Praxis und Diskurs* (3), Beitrag Nr. 7, mit eigener Seitenzählung. Verfügbar unter: http://www.erwachsenenbildung.at/magazin/08-3/meb08-3.pdf.

Derichs-Kunstmann, K., Auszra, S. & Müthing, B. (1999). *Von der Inszenierung des Geschlechterverhältnisses zur geschlechtsgerechten Didaktik.* Bielefeld: Kleine.

Derichs-Kunstmann, K., Kaschuba, G., Lange, R. & Schnier, V. (2009). *Gender-Kompetenz für die Bildungsarbeit. Konzepte, Erfahrungen, Analysen, Konsequenzen.* Recklinghausen: Forschungsinstitut Arbeit, Bildung, Partizipation (FIAB).

Deutsche Evangelische Erwachsenenbildung (DEAE) & Bundesarbeitskreis Arbeit und Leben (BAK AuL) (Hrsg.). (2004). *Qualitätsentwicklung im Verbund von Bildungseinrichtungen (QVB). Das Rahmenmodell.* Frankfurt/Düsseldorf: DEAE/BAK AuL.

GenderKompetenzZentrum (2010). *Gender Kompetenz.* Verfügbar unter: http://www.genderkompetenz.info/genderkompetenz-2003-2010/gender/genderkompetenz.

Gildemeister, R. (2010). Doing Gender: Soziale Praktiken der Geschlechterunterscheidung. In R. Becker & B. Kortendiek (Hrsg.), *Handbuch Frauen- und Geschlechterforschung. Theorie, Methoden, Empirie* (3. Auflage) (S. 137–145). Wiesbaden: VS Verlag für Sozialwissenschaften.

Grünewald-Huber, E. & von Gunten, A. (2009). *Werkmappe Genderkompetenz. Materialien für geschlechtergerechtes Unterrichten.* Zürich: Pestalozzianum.

Kampshoff, M. (2008). Zum Umgang mit Heterogenität im Unterricht. In M. Hempel (Hrsg.), *Fachdidaktik und Geschlecht* (Vechtaer Fachdidaktische Forschungen und Berichte 16) (S. 6–26). Vechta: Hochschule Vechta, Institut für Didaktik der Naturwissenschaften, der Mathematik und des Sachunterrichts.

Kampshoff, M. & Wiepcke, C. (Hrsg.). (2012). *Handbuch Geschlechterforschung und Fachdidaktik.* Wiesbaden: Springer Fachmedien.

Kaschuba, G. (2001). „... und dann kann Gender laufen?" Geschlechterverhältnisse in der Weiterbildung. Entwicklung von Qualitätskriterien für Prozesse geschlechtergerechter Bildungsarbeit. Tübingen: TIFS e.V. – Tübinger Institut für frauenpolitische Sozialforschung. Verfügbar unter: http://www.tifs.de/pdf/Geschlechterweiterbildung.zip.

Kaschuba, G. (2005). Theoretische Grundlagen einer geschlechtergerechten Didaktik. Begründungen und Konsequenzen. Literatur- und Forschungsreport Weiterbildung, 28 (1), 67–74.

Kaschuba, G. (2006). Geschlechtergerechte Didaktik in der Fort- und Weiterbildung. Eine Handreichung für die Praxis. Berlin: Senatsverwaltung für Bildung, Jugend und Sport, Sozialpädagogische Fortbildung Jagdschloss Glienicke.

Kaschuba, G. (2009). „Gender – all inclusive?" – Zur Bedeutung von Intersektionalität für Gender-Qualifizierungen. In K. Derichs-Kunstmann, G. Kaschuba, R. Lange & V. Schnier (Hrsg.), Gender-Kompetenz für die Bildungsarbeit. Konzepte, Erfahrungen, Analysen, Konsequenzen (S. 61–71). Recklinghausen: Forschungsinstitut Arbeit, Bildung, Partizipation (FIAB).

Kaschuba, G. (2010). Geschlechtergerechte Gestaltung der Erwachsenenbildung. In H. Faulstich-Wieland (Hrsg.), Enzyklopädie Erziehungswissenschaft Online. Fachgebiet: Geschlechterforschung. Die Bedeutung von Geschlecht in pädagogischen Arbeitsfeldern. Weinheim/München: Juventa. Verfügbar unter: http://www.erzwissonline.de/.

Kaschuba, G. & Derichs-Kunstmann, K. (2009). Fortbildung – gleichstellungsorientiert! Arbeitshilfen zur Integration von Gender-Aspekten in Fortbildungen. Berlin: Bundesministerium für Familie, Senioren, Frauen und Jugend. Verfügbar unter: http://www.bmfsfj.de/RedaktionBMFSFJ/Broschuerenstelle/Pdf-Anlagen/arbeitshilfe-fortbildung-gleichstellungsorientiert,property=pdf,bereich=bmfsfj,sprache=de,rwb=true.pdf.

Kaschuba, G. & Derichs-Kunstmann, K. (2012). Querschnittsperspektive Gender in der Weiterbildung. In B. Stiegler (Hrsg.), Erfolgreiche Geschlechterpolitik. Ansprüche – Entwicklungen – Ergebnisse (S. 66–76). Bonn: Abteilung Wirtschafts- und Sozialpolitik der Friedrich-Ebert-Stiftung.

Kaschuba, G. & Hahn, S. (2009). Ergebnisse der wissenschaftlichen Evaluation des Fortbildungskonzeptes der Gender-Qualifizierungen. In K. Derichs-Kunstmann, G. Kaschuba, R. Lange & V. Schnier (Hrsg.), Gender-Kompetenz für die Bildungsarbeit. Konzepte, Erfahrungen, Analysen, Konsequenzen (S. 32–50). Recklinghausen: Forschungsinstitut Arbeit, Bildung, Partizipation (FIAB).

Knapp, G.-A. (1998). Gleichheit, Differenz, Dekonstruktion: Vom Nutzen theoretischer Ansätze der Frauen- und Geschlechterforschung für die Praxis. In G. Krell (Hrsg.), Chancengleichheit durch Personalpolitik. Gleichstellung von Frauen und Männern in Unternehmen und Verwaltungen (2., aktualisierte und erweiterte Auflage) (S. 73–81). Wiesbaden: Gabler.

Leiprecht, R. (2011). Auf dem langen Weg zu einer diversitätsbewussten und subjektorientierten Sozialpädagogik. In R. Leiprecht (Hrsg.), Diversitätsbewusste Soziale Arbeit (S. 15–44). Schwalbach/Ts.: Wochenschau-Verlag.

Leiprecht, R. & Lutz, H. (2005). Intersektionalität im Klassenzimmer: Ethnizität, Klasse, Geschlecht. In R. Leiprecht & A. Kerber (Hg.), Schule in der Einwanderungsgesellschaft. Ein Handbuch (S. 218–230). Schwalbach/Ts.: Wochenschau-Verlag.

Lewalter, S., Geppert, J. & Baer, S. (2009). Leitprinzip Gleichstellung? 10 Jahre Gender Mainstreaming in der deutschen Bundesverwaltung. *Gender, Zeitschrift für Geschlecht, Kultur und Gesellschaft, 1* (1), 125–141.

Mecheril, P. (2007). *Diversity – Die Macht des Einbezugs.* Verfügbar unter: http://www.migration-boell.de/web/diversity/48_1012.asp.

Metz-Göckel, S. & Roloff, Ch. (2002). Genderkompetenz als Schlüsselqualifikation. *Journal Hochschuldidaktik, 13* (1), 7–10.

Meueler, E. (2009). Didaktik der Erwachsenenbildung – Weiterbildung als offenes Projekt. In R. Tippelt & A. v. Hippel (Hrsg.), *Handbuch Erwachsenenbildung/Weiterbildung* (3., überarbeitete und erweiterte Auflage) (S. 973–987). Wiesbaden: VS Verlag für Sozialwissenschaften.

Prengel, A. (1993). *Pädagogik der Vielfalt. Verschiedenheit und Gleichberechtigung in interkultureller, feministischer und integrativer Pädagogik.* Opladen: Leske + Budrich.

Rendtorff, B. (2006). *Erziehung und Geschlecht. Eine Einführung.* Stuttgart: Kohlhammer.

Ridgeway, C. L. & Corell, S. J. (2004). Unpacking the gender system: A theoretical perspective on gender beliefs and social relations. *Gender & Society, 18* (4), 510–531.

Schlüter, A. (2004). Gender in der Erwachsenenbildung. In E. Glaser, D. Klika, A. Prengel (Hrsg.), *Handbuch Gender und Erziehungswissenschaft* (S. 502–514). Bad Heilbrunn: Klinkhardt.

Schlüter, A. & Berkels, B. (2012). Erwachsenenbildung, Gender und Didaktik. In M. Kampshoff & C. Wiepcke (Hrsg.), *Handbuch Geschlechterforschung und Fachdidaktik* (S. 429–442). Wiesbaden: Springer Fachmedien.

Schnier, V. (2009). Gender-Kompetenz in der Organisationspraxis. In K. Derichs-Kunstmann, G. Kaschuba, R. Lange & V. Schnier (Hrsg.), *Gender-Kompetenz für die Bildungsarbeit. Konzepte, Erfahrungen, Analysen, Konsequenzen* (S. 229–245). Recklinghausen: Forschungsinstitut Arbeit, Bildung, Partizipation (FIAB).

Smykalla, S. (2011). Gender und Diversity im Diskurs von Weiterbildung und Beratung – Ansatzpunkte für Perspektiven der Intersektionalität. In S. Smykalla & D. Vinz (Hrsg.), *Intersektionalität zwischen Gender und Diversity* (S. 231–245). Münster: Westfälisches Dampfboot.

Venth, A. (2006). *Gender-Porträt Erwachsenenbildung. Diskursanalytische Reflexionen zur Konstruktion des Geschlechterverhältnisses im Bildungsbereich.* Bielefeld: Bertelsmann.

Wenning, N. (2013). Die Rede von der Heterogenität – Mode oder Symptom? In J. Budde (Hrsg.), *Unscharfe Einsätze: (Re-)Produktion von Heterogenität im schulischen Feld* (S. 127–150). Wiesbaden: Springer VS.

Wetterer, A. (2009). Gleichstellungspolitik im Spannungsfeld unterschiedlicher Spielarten von Geschlechterwissen. Eine wissenssoziologische Rekonstruktion. *Gender, Zeitschrift für Geschlecht, Kultur und Gesellschaft, 1* (2), 45–60.

Young, I. M. (1994). Geschlecht als serielle Kollektivität: Frauen als soziales Kollektiv. In Institut für Sozialforschung (Hrsg.), *Geschlechterverhältnisse und Politik* (S. 221–261). Frankfurt a.M.: Suhrkamp.

Jürgen Budde, Susanne Offen und Jens Schmidt

Soziale Differenzkategorien als Gegenstand der Lehrer*innenbildung – ein empirischer Beitrag

1. Einleitung

Bildungsarbeit im Kontext sozialer Differenzkategorien (wie Gender, Milieu, Migrationshintergrund, Behinderung etc.) stellt hohe Anforderungen an die Kompetenzen der Lehrenden, die sowohl ein theoretisch fundiertes Verständnis von Funktion und Relevanz dieser Kategorien benötigen als auch im Feld praktisch handeln können müssen und eine reflexive professionelle Haltung entwickeln sollen. Grundlage dieser hohen Anforderungen ist die Tatsache, dass der pädagogische Umgang mit sozialen Differenzkategorien in mehrfacher Hinsicht nicht unproblematisch ist und sich einer direkten pädagogischen Steuerung entzieht, was eine Übersetzung in handlungsrelevante, didaktisierbare Ergebnisse sperrig erscheinen lässt. Dies ist in Faktoren wie der Reifizierungsproblematik, der widersprüchlichen Struktur sozialer Kategorien oder etwa der Verknüpfung von pädagogischen und politischen Ansprüchen begründet. Die einleitenden Beiträge in diesem Band beleuchten unterschiedliche Facetten ebenjenes Problems, mit sozialen Differenzkategorien in der Schule umzugehen, entsprechend soll dies hier nicht weiter vertieft werden.

Da einfache Handlungsempfehlungen zum „effektiv[en] und zeitsparend[en] Umgehen mit Heterogenität im Klassenzimmer", wie sie beispielsweise Klippert (2010) vorschlägt, als Möglichkeit für Bildungsarbeit im Kontext sozialer Differenzkategorien wenig erfolgversprechend erscheinen, wird als Zielperspektive *Reflexivität* der Lehrenden und Lernenden angemahnt. Für das schulische Handeln bedeutet dies weniger die ‚richtige' Anwendung handlungspraktischer Methoden, sondern eine metakognitive situationsgebundene Verknüpfung von Praxis und Theorie. Reflexive Distanzierung erweist sich so als eine Schlüsselkompetenz für Lehrpersonen, wie es sich auch in den KMK-Standards dokumentiert (Kultusministerkonferenz, 2004). Entsprechend wird die Anbahnung eines „Habitus der reflexiven Distanz" (Heinzel, 2007; auch Koch-Priewe & Thiele, 2009) als Aufgabe an die unterschiedlichen Phasen der Lehrer*innenbildung adressiert. *Wie* allerdings im Lehramtsstudium oder in der Weiterbildung Reflexivität sinnvoll zum Thema gemacht werden kann, ist bislang kaum Gegenstand von empirischen Untersuchungen und steht im Zentrum des folgenden Beitrags.

Die Schwierigkeiten erstrecken sich dabei auf mindestens drei Bereiche. So ist zum einen ungeklärt, welche Konzepte von Reflexivität für den schulischen Kontext überhaupt zugrunde gelegt werden können (Hierdeis, 1997; Beck, Helsper, Heuer, Stelmaszyk & Ullrich, 2000). Zum zweiten sind die Wege der Thematisierung ungeklärt, dies gilt ebenso grundsätzlich für das Verhältnis von Theorie und Praxis wie auch im Kontext des Gegenstands der Weiterbildung insbesondere für die Frage von Dramatisierung oder Entdramatisierung sozialer Differenzkategorien. Zum dritten haben es Weiterbildungen hier mit einem hochkomplexen Feld zu tun, so dass sich eine Breite-Tiefe-Problematik in dem Sinne auftut, dass das Thema entweder in seiner Gesamtheit und dadurch oberflächlicher eröffnet wird oder aber lediglich wenige ausgewählte Inhalte vertieft werden.

Weiterbildungsangebote in diesem thematischen Zusammenhang stehen zusätzlich vor der Herausforderung, die Adressat*innen selbst mit ihrer eigenen Biographie in Bezug auf soziale Differenzkategorien zu thematisieren, da der Umgang immer auch geprägt ist von eigenen Emotionen, Erfahrungen, impliziten ‚beliefs‘ oder Zuschreibungen. Exemplarisch für diese Problematik kann hier das Spannungsfeld von Anerkennung und Zuschreibung von kategorialen Markern verstanden werden: So gilt es zwar, die soziologisch fassbaren Momente gruppenbezogener Ungleichheitsgenerierung (anhand von Gender, Milieu, Migrationshintergrund, Behinderung etc.) und damit zusammenhänge Theoriebestände zu kennen, den konkreten Subjektpositionen etwa von Schülerinnen und Schülern aber dennoch ohne die Annahme zu begegnen, dort lediglich Artikulationen gesellschaftlicher Differenzen erleben zu können. Vielmehr entfalten die persönlichen und biographischen Erfahrungen ihre besondere Bedeutung. Das Spannungsfeld von deklarativem Wissen und biographischer Perspektivierung (bei Trainer*innen wie Teilnehmenden) in Form einer reflexiven pädagogischen *Haltung* stellt Weiterbildungen vor komplexe Herausforderungen.

In diesem Feld ist das Weiterbildungsvorhaben für Lehrpersonen mit dem Titel „Geschlechterreflektierte Perspektiven zur Prävention rechtsextremer Einstellungen von Jungen" angesiedelt. Auf der Grundlage der wissenschaftlichen Begleitung dieses Projektes stellen wir in diesem Text einige ausgewählte Herausforderungen dar, die für die Konzeption von Weiterbildung zum Umgang mit sozialen Differenzkategorien diskutiert werden. Mit dieser systematischen Rekonstruktion der Perspektive der konzeptionell Verantwortlichen und in der Durchführung aktiven Personen schließt die Studie an das Desiderat an, dass „die Professionalität der Trainer zwar von den teilnehmenden Lehrern häufig als eine entscheidende Determinante für die Wirksamkeit von Weiterbildung genannt, aber vergleichsweise selten Gegenstand systematischer Forschung" (Lipowski, 2010, S. 64) wird.

2. Design der Studie

Das Weiterbildungsangebot „Geschlechterreflektierte Perspektiven zur Prävention rechtsextremer Einstellungen von Jungen" wurde konzeptionell entwickelt, beantragt und durchgeführt vom freien Bildungsträger „Netzwerke e.V.". Es umfasst vier jeweils zweitägige Module, die sich über einen mehrmonatigen Zeitraum erstrecken. Der Bildungsträger „Netzwerke e.V." formuliert im Finanzierungsantrag als inhaltliche Begründung für das Weiterbildungsangebot, dass Pädagog*innen mit vielfältigen Herausforderungen in Bezug auf offene und verdeckte, z.T. rassistisch, sexistisch und rechtsextrem motivierte Diskriminierungen konfrontiert sind, wobei vor allem Jungen und männliche Jugendliche als besondere ‚Problemgruppe' gelten, die in Bezug auf Gewalt nicht nur den größten Anteil der Täter*innen, sondern ebenso auch der Opfer von körperlicher Gewalt darstellen. Diese spezifische Konstellation wird als Ausgangspunkt des Weiterbildungsangebots gewählt.

Zielgruppe der Weiterbildungen sind Lehrer*innen, weitere pädagogisch Tätige sowie Fachseminarleiter*innen an Schulen der Sekundarstufe I und II, inklusive weiterführender und berufsbildender Schulen. Neben der Präsenz bei den Modulen sollten die Teilnehmenden ein Praxisprojekt entwickeln und durchführen, in dem sie Teilaspekte der Weiterbildung exemplarisch in ihrem pädagogischen Alltag erproben und welches die Grundlage der Zertifikatsvergabe für die Weiterbildung darstellt. Es wurden 16 Weiterbildungsreihen in acht Bundesländern mit jeweils zwölf bis 15 Teilnehmenden durchgeführt. 40 Prozent der Teilnehmenden waren männlich, durchschnittlich waren etwa die Hälfte Lehrpersonen, ein Viertel in der Lehrer*innenweiterbildung tätig und ein weiteres Viertel Schulsozialpädagog*innen. Insgesamt wurden drei unterschiedliche methodische Zugänge gewählt (Budde, Offen & Schmidt, 2013):

- Erstens wurde zu Beginn der Studie eine Gruppendiskussion mit den vier konzeptionell verantwortlichen Trainer*innen geführt. Die Trainer*innen besitzen zum Zeitpunkt des Interviews bereits breite Erfahrung in geschlechtsbezogener Erwachsenenbildung, sie sind ebenfalls die Hauptdurchführenden der Weiterbildungsmodule, in manchen Fällen übernehmen aber auch freie Honorarmitarbeiter*innen die Weiterbildung. Die insgesamt 2 1/2-stündige Gruppendiskussion wurde als nichtstandardisiertes, leitfadengestütztes Interview in den Räumen des Bildungsträgers „Netzwerke e.V." durchgeführt. Zentrales Ziel der Gruppendiskussion war die Rekonstruktion der Ansprüche und Ziele der Trainer*innen, die sowohl auf pädagogischer als auch auf politischer Ebene zu verorten sind. Auf jeden erzählgenerierenden Impuls folgten längere Erzählungen und gegenseitige kommunikative Validierungen durch die Trainer*innen (Steinke, 2003).
- Zweitens wurden zehn ebenfalls nichtstandardisierte, leitfadengestützte Interviews mit ausgewählten Teilnehmenden über ihre Sicht geführt. Dabei wurden aus fünf Reihen jeweils zwei Teilnehmende befragt, so dass verschiedene der 16 Reihen im Sample vertreten waren. Die Reihen wurden kontrastierend ausgesucht, eine Befragung wurde in einer ländlichen Region Norddeutschlands durchgeführt, je eine in einer süd- bzw. westdeutschen Großstadt und eine in einer ländlichen Region Ostdeutschlands, die fünfte erhobene Reihe fand als bundesweites Train-the-Trainer-Seminar statt. Die Auswahl der Interviewpartner*innen erfolgte auf der Basis von Freiwilligkeit, alle Teilnehmenden der ausgewählten fünf Weiterbildungsreihen erhielten ein Anschreiben mit Informationen zum Forschungsprojekt und der Bitte um Kooperation. Es wurden jeweils diejenigen Personen interviewt, mit denen der Kontakt zuerst zustande kam. Das Interview wurde jeweils einige Wochen nach Abschluss der Weiterbildung geführt, da davon auszugehen ist, dass in einer zeitlichen Distanz zum Abschluss der Reihe für die Teilnehmenden relevante Aspekte stärker in Erinnerung und artikulierbar bleiben, während weniger bedeutsame Elemente

in den Hintergrund treten. Die Interviews mit den Teilnehmenden geben also Einblick in ihre retrospektive Perspektive auf die Weiterbildung. In den Interviews ging es um zentrale Inhalte und Arbeitsweisen sowie um die Einschätzung der Weiterbildung in Bezug auf persönliche Zufriedenheit, berufliche Relevanz und Wirkung und auf Wissens- und Kompetenzzuwächse. Grundlage bildeten so genannte fokussierte Interviews (vgl. Friebertshäuser, 2010; Hopf, 2003). Diese telefonisch geführten Interviews umfassen einen narrativen und einen teilstrukturierten Teil. Um Reifizierungseffekte zu vermeiden (Maxim, 2009), wurde im ersten Teil des Leitfadens auf die Thematisierung von Kategorien sozialer Ungleichheit verzichtet. Erst im weiteren Verlauf des Gesprächs wurden dann Themen wie Geschlecht, Nationalität oder Milieu durch die Interviewer*innen aufgegriffen.

- Zusätzlich wurden drittens die Materialien zu den entwickelten Praxisvorhaben der Teilnehmenden mithilfe einer Dokumentenanalyse analysiert (Lamnek, 1995; Glaser, 2010) und in ihrem theoretischen Gehalt mit den Angaben aus den Gruppendiskussionen und Interviews verglichen.

Die Auswertung der Gruppendiskussion und der Interviews erfolgte mit dem 5-Phasen-Modell nach Schmidt (2003) sowie mit Elementen der qualitativen Inhaltsanalyse nach Mayring (2003; 2000). Durch das Design ist es möglich, die Sichtweisen und Orientierungen der Beteiligten zu analysieren. Die Daten wurden insbesondere im Hinblick auf besondere Herausforderungen für die Lehrer*innenweiterbildung im Themenfeld Umgang mit Kategorien sozialer Ungleichheit ausgewertet.

3. Empirische Befunde

Im Rahmen dieses Beitrags bezieht sich die Darstellung der Ergebnisse auf die Dimensionierung des Verhältnisses von Praxisprojekten der Teilnehmenden und den theoretischen Ansprüchen der Trainer*innen sowie das Spannungsfeld zwischen pädagogischer Beziehungsarbeit und theoretischer Wissensvermittlung. Um beide Punkte darzustellen, sollen zuerst die Orientierungen der Trainer*innen analysiert werden.

3.1 Orientierungen der Trainer*innen

Aus den Gruppendiskussionen mit den Trainer*innen lassen sich deren Orientierungen und Ansprüche an die Weiterbildung rekonstruieren. Dabei lassen sich vier verschieden Zielkomplexe der Trainer*innen identifizieren.

Ein Zielkomplex ist von *politischen Motiven* inspiriert. Als Anspruch formulieren die Trainer*innen, in ein Feld intervenieren zu wollen, in dem eine theoretisch gestützte, gendersensible Analyse bislang nur wenig einfließt. Diese Intention wird – neben der Qualifizierung von Lehrpersonen – als ein zentrales und politisch motiviertes Ziel begriffen.

Als ein zweiter, inhaltlich bestimmter Zielkomplex ist die Vermittlung eines *ausdifferenzierten theoretischen Rahmens* zu nennen, der Geschlechterverhältnisse als Achsen sozialer Ungleichheit und symbolischer Repräsentationen im Kontext einer intersektionalen Gesellschaftsanalyse verortet und diese Analyse als Handwerkszeug für eine geschlechterreflektierende Praxis vorschlägt. So äußert eine Trainerin:

> „Rechtsextremismus und Männlichkeit wird für mich immer mehr so zu einem, [...] immer mehr zu einer intersektionalen Klassikerfigur, an der man das fabelhaft sozusagen bearbeiten kann, also eben Männlichkeit, Rassismus, Geschlechterverhältnis, Nationalismus, Antisemitismus."

In dem Zitat deutet sich die Komplexität in den theoretischen Ansprüchen der Trainer*innen an. Das Themenfeld Rechtsextremismus soll intersektional erschlossen, auf seine Verbindung zu tradierten Männlichkeitsentwürfen hin befragt und bis in bürgerlich anerkannte rechte Ideologien hin ausgeleuchtet werden. Die Trainer*innen verwenden Vorträge und Präsentationen, mitgebrachte Literatur und einen materiellen sowie elektronischen Büchertisch als Vermittlungsebene, äußern aber bereits im Gespräch die Vermutung, dass die Literaturangebote von den Teilnehmenden eher als ‚fürsorgliches Beziehungsangebot' bzw. als ein Ausdruck des Engagements der Trainer*innen wahr-, aber wenig in Anspruch genommen würden.

Die Trainer*innen wollen in einem dritten Zielkomplex die in der Weiterbildungsreihe adressierten Lehrpersonen auf der *methodischen Ebene* befähigen, mit dieser komplexen theoretischen Rahmung die Lebensrealitäten der Zielgruppe Schüler*innen differenzierter zu deuten und ihren Fachunterricht geschlechterreflexiv zu gestalten, ohne dabei geschlechterstereotype Zuschreibungen wirksam werden zu lassen. In diesen Zusammenhang gehören sowohl die Begegnung von Ansätzen außerschulischer Bildungsarbeit, wie sie von den Trainer*innen bevorzugt angewendet werden, mit dem System Schule als auch die Herausforderung, mit Lehrpersonen auf eine Zielgruppe zu treffen, die als heterogen und nicht immer theorieaffin gilt. Mit diesem Zugang soll zu einer fachlichen Weiterentwicklung geschlechterreflektierender Pädagogik in der Begegnung außerschulischer Ansätze mit schulbezogenen Zugängen beigetragen werden. In der Weiterbildungspraxis bemühen sich die befragten Trainer*innen um methodische Vielfalt, damit Lerneffekte auf verschiedenen Ebenen begünstigt werden.

Als vierter Zielkomplex ist die Ausgestaltung des *pädagogischen Arbeitsbündnisses* (Helsper, Böhm-Kasper & Sandring, 2006) augenfällig, welches für das Team einen hohen Stellenwert hat; sie formulieren dies als Beziehungsangebot an die Teilnehmenden, das über die methodisch-didaktische Ebene hinaus der grundsätzlichen Zugangsweise der Trainer*innen zur Bildungsarbeit Rechnung trägt. Die Arbeit zum Umgang mit Kategorien sozialer Ungleichheit wird dabei von einer wertschätzenden, an den Potentialen der Teilnehmenden ansetzenden zugewandten pädagogischen Haltung und dem Anspruch einer positiven Seminaratmosphäre als Voraussetzung für Lern- und Reflexionsprozesse bei den Teilnehmenden getragen. Damit werden biographische Deutungsmuster, persönliche Haltungen und die Reflexion eigener Standpunkte und Emotionen durch die Trainer*innen in Form von Vorbildhandeln eingesetzt, persönlich verbürgt und als Vermittlungsmethode und Ziel gleichermaßen angesehen. Entsprechend suchen die Trainer*innen nach handlungspraktischen und biographieorientierten Gelegenheiten, den Teilnehmenden mit aktivierenden Arbeitsweisen Zugänge zu komplexen theoretischen Ansätzen zu ermöglichen, und favorisieren so eine subjektorientierte Vermittlungsweise.

3.2 Dimensionierung des Verhältnisses von Zielkomplexen der Trainer*innen und Praxisprojekten der Teilnehmenden

Diese vier anspruchsvollen Zielkomplexe sollten im Rahmen der Weiterbildung umgesetzt werden. Das Weiterbildungsangebot „Geschlechterreflektierte Perspektiven zur Prävention rechtsextremer Einstellungen von Jungen" legt einen Schwerpunkt der Arbeit auf die Integration der Fortbildungsinhalte in die pädagogische Praxis der Teilnehmenden in der Schule. Vor diesem Hintergrund arbeiteten die Teilnehmenden ab dem zweiten Modul ihrer jeweiligen Fortbildungsreihe individuell oder in Gruppen an der Entwicklung kleiner Praxisprojekte. Diese reichten von der Entwicklung einzelner Lernaufgaben und Tafelbilder über den Einbezug von Genderaspekten in die Portfolioarbeit oder als Querschnittsperspektive in die Unterrichtsplanung bis zur Durchführung von Projekttagen. Im Rahmen der wissenschaftlichen Begleitung wurden die Materialien aus den Praxisprojekten der Weiterbildungsteilnehmenden einer Dokumentenanalyse unterzogen und auch in den Interviews wurde nach Umsetzungsbeispielen sowie dem Nutzen der Weiterbildungsinhalte für die Praxis gefragt.

Der Blick in die von den Teilnehmenden konzipierten Praxisprojekte zeigt, dass die grundsätzliche Idee dieser Arbeitsweise als Brücke zwischen Theorie und Praxis von den Teilnehmenden verstanden und aufgenommen wurde, dass die inhaltliche Ausgestaltung jedoch vom differenzierten Niveau der theoretischen Reflexion teilweise deutlich abweicht. Die Beurteilung der Arbeit an den Praxisprojekten durch die Teilnehmenden selbst fällt je nach beruflichem Rahmen, Vorwissen und Kompetenz unterschiedlich aus. Die Auswertung zeigt durchaus eine Verbindung zum Zielkomplex des theoretischen Rahmens der Weiterbildung. In den Praxisprojekten werden ebenfalls Elemente geschlechterreflektierter Pädagogik einbezogen und Methoden und/oder Impulse aus der Qualifizierung aufgegriffen. Dabei variieren die Praxisprojekte zwischen der additiven Ergänzung von Genderaspekten und ihrer Integration als Querschnittsperspektive. In einzelnen Praxisprojekten wurden Themenblöcke aus der Weiterbildung explizit aufgegriffen. Im Überblick zeigen die folgenden Tabellen einige Ergebnisse der Dokumentenanalyse (1) und der Interviews (2).

Tabelle 1: Auswahl aus der Analyse der Materialien der Praxisprojekte

Praxis/Dokumente 1: Lernaufgaben für den Französischunterricht	Praxis/Dokumente 2: Gendergerechtes Unterrichten	Praxis/Dokumente 3: Gender in der Portfolioarbeit	Praxis/Dokumente 4: Vorhabenwoche Mädchen und Jungen
Konzipierung von Lernaufgaben im Fachseminar: • Familienkonferenz zur Verteilung der Haushaltsarbeit • Reflexion geschlechtstypischer Verhaltensweisen • Planungsfragen zur Erstellung von Lernaufgaben • Diskriminierende Elemente der französischen Sprache	**Verlaufsplan Fachseminar und Tafelbild zur Differenzierung von Zugängen:** • Übersetzung der in der Qualifizierung thematisierten Inhalte in Materialien für die Teilnehmenden eines Fachseminars	**Zweistündige Einheit zu Gender/Heterogenität** • Plenumsgespräch zu Heterogenität (misslungene Fälle/ Erfahrungen) • Aspekte für die Unterrichtsplanung • Soziometrische Aufstellung • Besprechung • Automatisches Schreiben/Ideenpool • Beobachtungsaufträge	**Themenschwerpunkte:** • Rollenbilder in der Gesellschaft • Eigene Rollenbilder • Rollen überwinden • Kontakt und Grenzen • Mädchen-/Jungentag
→ Einbezug unterschiedlicher Elemente geschlechtersensibler und sexismuskritischer Pädagogik	**→ Plädoyer für individualisierten Unterricht; Einbezug unterschiedlicher Gender-Dimensionen; komplexe Anlage**	**→ unstrukturierte/ unabgeschlossene Form der Thematisierung von Heterogenität**	**→ Anrufung essentieller Zweigeschlechtlichkeit durch Methoden, Setting und Fragestellungen; keine Reflexion intersektioneller Aspekte**

Tabelle 2: Auswahl aus den Interviews zu den Praxisprojekten

Praxis/Interviews 1: Familie malen	Praxis/Interviews 2: Geschlechtsspezifische Angebote	Praxis/Interviews 3: Gender als Querschnittsperspektive
• Kita-Kinder malen eigene Familie (Mama, Papa, Geschwister) mit nachfolgendem Gespräch über Rollenmuster; • Einbezug von Erfahrungen/ Konstellationen, die „ganz anders" sind	• Jungen-/Mädchensport; -club; -tag mit unterschiedlichen Angeboten • Mädchen: geschlechtliche Reife • Jungen: körperliche Grenzerfahrungen, Vater-Kind-Tag, Kanufahren • gemischtes Angebot: Fotostory zu Jungen-/Mädchenrolle	• Unterrichtsbeobachtungen hinsichtlich von Kompetenzunterschieden • methodische Impulse: Positionieren beim Thema Sexualerziehung • Thema Rattenpopulationsschwankungen: Mädchen Camus, Jungen Zahlen von Kanalratten bei einem Straßenbauprojekt • Textauswahl unter Genderaspekten • Wahrnehmung von Gruppenprozessen
→ Heteronormative Dramatisierung (Othering)	**→ Dramatisierung der Geschlechterdichotomie und von unterstellten Rollenspezifika**	**→ Einbezug von Geschlechterthematiken auf alle Bereiche; Überinterpretationen, Dramatisierungen und stereotype Zuweisungen**

Die Teilnehmenden berichten in den Interviews ausführlicher von den Überlegungen und konzeptionellen Schritten bei der Übertragung der Fortbildungsinhalte auf ihre jeweilige professionelle Situation und ihre spezifischen Zielgruppen, teilweise auch bei der Integration in bereits laufende pädagogische Prozesse.

> „Ja, also ich sag mal so, es ist bei mir ja ein bisschen problematisch, aus dem Grund, weil ich schon in diesem Prozess ja drin war. Wir haben diesen Jungen-/Mädchensport gemacht, eigentlich schon vorher. Wir haben in unserem Ganztagsbereich so was wie einen Jungen-/Mädchenclub, wo sich wirklich dann die Geschlechter treffen. Wir haben Mädchen-/Jungentag auch gehabt, wo sich dann eigentlich, bei Mädchen ging's mehr so um die geschlechtliche Reife und bei den Jungs ging es halt so Grenzerfahrungen machen, im Bereich körperliche Grenzerfahrungen im kleinen Bereich, trau ich mich das jetzt."

Hier deutet sich im Interview mit Herrn Saase inhaltlich an, was bei der Mehrzahl der Teilnehmenden festzustellen ist, dass nämlich die inhaltliche Ausgestaltung einzelner Praxisprojekte vom differenzierten Niveau der theoretischen Reflexion in der Weiterbildung abweicht (vgl. Tabelle 2). So beinhalten die Praxisprojekte auch Ansätze, Fragestellungen oder Arbeitsweisen, die im Widerspruch zu den Zielkomplexen und Theorieimpulsen der Qualifizierung stehen. Möglicherweise führt die angedeutete Verarbeitung theoretischer Zugänge über die eigene persönliche Haltung häufiger zu einer nur im Empfinden stattfindenden und dabei reduzierten Aufnahme theoretisch komplexer und die eigene Praxis und Person herausfordernder Ansätze. Entsprechend zeigen sich in den geplanten und realisierten Praxisvorhaben verschiedene problematische Elemente:

- die wiederholte Anrufung essentieller Zweigeschlechtlichkeit durch Methoden, Setting und Fragestellungen;
- das Ausblenden intersektioneller Zusammenhänge bei der Analyse und Bearbeitung von Themen;
- die Dramatisierung heteronormativer (Familien-)Konstellationen (Othering);
- die Dramatisierung der Geschlechterdichotomie und von unterstellten Rollenspezifika, verbunden mit stereotypen Zuweisungen.

Beispielhaft wird dies etwa in einem Praxisprojekt für den Biologieunterricht deutlich, in dem das Thema „Ratten in der Stadt" durch unterschiedliche Lektüre für Jungen und Mädchen aufbereitet wird: Die Jungen lesen – da sie laut Darstellung von Frau Werning eher an sachlichen Zugängen interessiert seien – Artikel aus der Tagespresse über die Arbeit des Kammerjägers, während sich die Mädchen – denen ein literarisches Interesse zugewiesen wird – mit belletristischen Darstellungen befassen.

> „Ich bin ja auch Biologin, im Fachunterricht hab ich zum Beispiel den Mädchen jetzt mehr Texte gegeben, zum Beispiel zum Thema Rattenpopulationsschwankungen, von Camus ‚Die Pest', und den Jungs, hier in (Ort, unverst.) ist ein großes Straßenbauprojekt gewesen und da sind die Kanalratten hier natürlich alle durch die Gegend gelaufen. Und da gab es einen Bericht dann vom Kammerjäger. Und die Jungs haben dann mehr die-

se nackten Zahlen, wie viele Tonnen Pestizide wurden versprüht und welche Populationen waren da und dann Wanderratte contra normale Hausratte und so weiter, das haben dann die Jungs gekriegt. Das hätte ich vorher nie gemacht. Das hab ich dann in der Fortbildung gelernt. Und das ist dann ein absoluter Treffer ins Schwarze geworden."

Diese geschlechterdifferente Unterrichtsplanung zielt auf die Rekonstruktion von Stereotypen und läuft damit den Zielkomplexen der Trainer*innen zuwider. Diese Einblicke zeigen die Notwendigkeit auf, aus dem Weiterbildungszusammenhang entstehende Praxisentwürfe in einer weiteren Schleife an die Inhalte der Qualifizierung rückzubinden, mit der kritischen Reflexion, Korrektur und Weiterentwicklung der Umsetzungsschritte den theoretischen Lernprozess zu intensivieren. Eine strukturierte Begleitung des konzeptionellen Arbeitens an den Praxisprojekten bietet die Gelegenheit, Themen noch im Rahmen der Weiterbildung zu vertiefen, die Konsequenzen theoretischer Ausgangslagen gemeinsam zu entwickeln und sich ergebende Widersprüche und Problematiken aufzulösen bzw. zu korrigieren.

Die Teilnehmenden selbst beschreiben auch einen deutlichen Bedarf nach Unterstützung und enger Betreuung bei der Umsetzung der Praxisprojekte. Ebenfalls bekundet wurde das Interesse an kollegialem Austausch, beispielsweise in Form von ‚Lernpartnerschaften‘, um die professionelle Perspektive anderer Kolleg*innen und weitere Erfahrungen im Themenfeld sowie Ideen und Anregungen miteinbeziehen zu können[1].

Die Auswertung der Praxismaterialien in Verbindung mit den Kommentierungen durch die interviewten Teilnehmenden zeigt, dass die mit der Zielperspektive Reflexivität verbundenen und eingangs skizzierten drei Problematiken – Bestimmung der zugrundeliegenden Konzepte von Reflexivität, Verhältnis von Theorie und Praxis und die Frage der Dramatisierung oder Entdramatisierung sozialer Differenzkategorien sowie die Breite-Tiefe-Problematik – auch im Kontext der Praxisprojekte ihre Wirkung entwickeln. Im Abgleich mit den vier formulierten Zielkomplexen lassen sich unterschiedliche Grade der Annäherung konstatieren. Bei der Entwicklung und Umsetzung der Praxisprojekte scheint das im Rahmen der Weiterbildung ausgestaltete *pädagogische Arbeitsbündnis* eine zentrale Grundlage für die Motivation zur Umsetzung der Vorhaben darzustellen. Die Teilnehmenden beziehen sich in der Beschreibung ihrer jeweiligen Vorgehensweise deutlich auf die Anleitung durch die Seminarleiter*innen. Hinsichtlich der angestrebten Befähigung auf der *methodischen Ebene* lässt sich feststellen, dass vielfach ausgewählte der in

---

1 Bedeutung erhalten Unterstützungsangebote durch die Seminarleiter*innen und kollegialen Austausch auch vor dem Hintergrund, dass bei der Implementierung ihrer Praxisprojekte in die alltägliche Arbeit die Interviewten auch mit Skepsis, Ängsten und Widerständen aus dem Kreis ihrer Kolleg*innen konfrontiert waren. „Da war bei vielen eine starke Ängstlichkeit zu spüren, sich dem Thema überhaupt zu nähern, also nicht Bereitschaft, oh ja toll, sollen wir das machen, […] auch eine gewisse Angst vor den Schülern eventuell, also wenn man als Mann Männerarbeit an der Schule, dann diesem Schwulenvorwurf ausgesetzt zu sein." Zugleich verweist das Zitat auf die Sinnhaftigkeit intersektionaler Perspektiven, um etwa hier das Verhältnis von Geschlecht, sexueller Orientierung und Homophobie theoretisch erfassen zu können – diese stehen den Teilnehmenden jedoch zum Zeitpunkt des Gespräches nur eingeschränkt zur Verfügung.

der Weiterbildung vermittelten Methoden auf die jeweilige Zielgruppe umkon-
zipiert und eingesetzt wurden. Gleichzeitig lassen die Anlage der Methoden im
Detail sowie die Berichte der Interviewten selbst vermuten, dass die praktische
Durchführung und die damit verbundenen Wirkungen nicht unbedingt den Zielsetzungen der in der Weiterbildung unterlegten Theorie entsprechen. Dies hängt
unmittelbar mit der Einschätzung zusammen, dass die Vermittlung eines *ausdifferenzierten theoretischen Rahmens* (Intersektionalität) bei den Teilnehmenden in
der Regel lediglich die Ebene eines „Gefühls, wohin das geht", erreicht, wie es Herr
Demmer im Interview formuliert, die nicht zu einer professionell-reflexiven Hand-
habe qualifiziert. Die *politischen Motive* einer Intervention in ein Feld, in dem eine
gendersensible Analyse bislang kaum eine Rolle spielt, lassen sich vor diesem Hintergrund nur eingeschränkt als erreicht betrachten.

3.3 Spannungsfeld zwischen pädagogischer Beziehungsarbeit und theoretischer Wissensvermittlung

Als weitere besondere Herausforderung erweist sich die präzise Fassung von
Professionalitätsmaßstäben in diesem spezifischen Feld der Lehrer*innenweiterbildung: Insoweit die hier untersuchte Weiterbildung auf biographisch-per-
sönlicher Ebene ansetzt und somit den Bereich der ‚teachers' beliefs' in den Fokus
stellt, nimmt sie sowohl die bedeutende Rolle der professionellen Haltung von
Lehrpersonen als auch das eigene Bildungsgeschehen der Lehrpersonen im Rahmen der Weiterbildung als Ausgangspunkt von Bildungsprozessen. Dabei stellt
sich die Frage, welchen Stellenwert eine Orientierung am deklarativen Wissenszu-
wachs bei den Teilnehmenden im Verhältnis zu den biographischen Ansätzen hat.
Die interviewten Teilnehmer*innen schildern durchgängig die große Relevanz biographisch orientierter Zugänge im Rahmen der Weiterbildung. Diesen Bildungs-
ansatz nehmen die Teilnehmer*innen überwiegend euphorisch auf und schildern
die Effekte der Weiterbildung als grundlegende Veränderung ihrer Haltung und
Wahrnehmung, die Auswirkungen bis in den privaten Bereich hinein haben. Frau
Patras beispielsweise identifiziert diesen Punkt als zentralen Aspekt der Weiterbildung: „Also, in erster Linie ging es um Haltungsarbeit, […] weil natürlich die Haltung was ist, was ich immer wieder auch überarbeiten und überdenken muss, und
da muss ich auch einfach selber mit auf dem Weg bleiben." Auch eine weitere Teil-
nehmerin (Frau Werning) ist von der biographischen Dimension sehr angesprochen: „Also das hat mich sehr berührt." Beide kurzen Ausschnitte deuten auf eine
besonders intensive nicht-kognitive Auseinandersetzung mit den Seminarinhalten hin, emotionale und biographische Aspekte erweisen sich als zentrale Vermitt-
lungsvariablen der Begegnung mit den theoretischen Zielen der Trainer*innen.

Dass hier Bildungsmomente zu identifizieren sind, steht außer Frage. Demgegenüber haben jedoch viele der Befragten Mühe, Grundbegriffe bzw. die theoretische Rahmung der verhandelten Gegenstände in den Interviews zu benennen. Frau
Werning meint: „Was ich nicht mehr so richtig rekapitulieren kann, muss ich ganz
ehrlich sagen, da ging's um Intersektionalität, also da bin ich so ein bisschen abge-

hängt gewesen." Fast alle Interviewten äußerten sich, befragt nach den Inhalten der Weiterbildung, in ähnlicher Weise, dass diese sehr komplex seien, sie sich aber leider nicht mehr recht erinnern könnten. Herr Müller meint:

> „Da war es also meines Erachtens eine ganze Menge an Theorie, die mich am Anfang überfordert hat. Da sind dann zum einen die Autoren aufgezählt worden und da sind die unterschiedlichsten, ich sag mal, wissenschaftlichen Ansätze erklärt worden. Das hat mich zum Anfang ein bisschen erschlagen. Es wurde dann versucht, das ganze immer wieder, auch durch Diskussionsreihen und neckische Spielchen aufzulockern, aber es war etwas, wo ich am Anfang gesagt hab, oh wei, da hast du ja im Grunde genommen überhaupt keine Ahnung."

In diesem Zitat wird das Verhältnis des Teilnehmers zu den vermittelten Theoriebeständen deutlich. Neben der beklagten ‚Praxisferne' und den mangelnden ‚Handlungsanweisungen' erscheint ein Verfügen über die „Menge an Theorie" bei Herrn Müller nicht gegeben. Auch werden die Wege der Vermittlung („aufzählen", „erklären") als wenig effektiv wahrgenommen. Über Theorieferne an sich ist dies nicht zu erklären, die Haltung mündet eher in wohlwollende Distanz. Frau Werning meint: „Es war schon mal interessant, sich das alles anzuhören, aber da weiß ich eigentlich schon kaum noch irgendwelche Forscher, die sich damit so beschäftigt haben, also die Namen, leider ist das alles weg." Auch der Praxisbezug bleibt relativ unkonkret, allerdings in einer anders gelagerten Konnotierung. Frau Werning ist der Ansicht, es bleibe „bis zum Schluss trotz aller Bemühungen immer noch so ein bisschen die Frage nach wie machen wir das jetzt konkret".

Diese Diskrepanz verweist auf das Verhältnis von Theorie, Praxis und Haltung (und mithin auf eine vielfach verhandelte Kernproblematik der Multiplikator*innenbildung). Während sich der biographische Zugang auf der Ebene der explizierbaren Haltung der Teilnehmer*innen bewährt, bleiben Lücken im Bereich des deklarativen Wissens deutlich erkennbar (vgl. dazu auch den Schwerpunkt Praxisprojekte). Die ungenaue Aufnahme und Verarbeitung der theoretischen Rahmung der Weiterbildung führt zu Problemen, da den Teilnehmer*innen ein zentrales Werkzeug der Reflexion ihres Bildungsganges und ihrer Haltungsveränderungen nur eingeschränkt zur Verfügung steht.

Dies könnte, so legen die Daten nahe, mit den vom Team gewählten Vermittlungswegen und der in der didaktisch-methodischen Aufarbeitung recht deutlichen Trennung zwischen Theorie und biographischer Arbeit zusammenhängen, welche vor allem die zweite Vermittlungsweise privilegiert. Denn auch in der Selbstdarstellung des Teams klingt eine gewisse Schwere in der Theorievermittlung an („wie ist die komplexe Theorie, die uns oder mir wichtig ist, *irgendwie* vermittelbar. Das fand ich, also gerade im ersten Baustein die größte Herausforderung" [Hervorh. d. A.]). Wie oben geschildert, ist die methodische Breite bei der Vermittlung von Theorie deutlich kleiner als bei der biographischen Arbeit. Die meist gewählte Arbeitsweise ist die eines foliengestützten Inputs. Zwar gehen die Trainer*innen ausführlich und beziehungsorientiert auf Nachfragen und im Seminarverlauf situativ entstehende Schwerpunkte ein und ‚umsorgen' die Teilnehmenden in der ‚schweren Begegnung' mit Theorie mit freundlicher Zuwendung und Büchertischen, eine systematische Einbettung der in anderen Seminarelementen biographisch erarbeiteten Erkenntnisse in eine theoretisch fundierte Aufarbeitung bzw. eine Konfrontation dieser beiden Erkenntnisebenen stellt jedoch kein zentrales Element der Weiterbildung dar.

Auf diese Weise scheint es den Teilnehmenden möglich, eine Aufnahme der Gegenstände der Weiterbildung in die eigene *Haltung* vorzunehmen und somit bestenfalls eine Veränderung ihres (pädagogischen wie persönlichen) Handelns zu erreichen, die Reflexion dieser Transformation jedoch wird maßgeblich *theoriefern* gestaltet. Dies führt im Endeffekt dazu, dass theoretische und biographische Ebene relativ unvermittelt nebeneinanderstehen, wobei Trainer*innen wie Teilnehmende die biographische Perspektive positiver gewichten. Dies ist insofern problematisch, als dass Theorien ja nicht lediglich abstrakte Konstrukte oder Selbstzweck sind, sondern differenzierte Begriffe sowohl für die Wahrnehmung als auch für die Beschreibung und Analyse von Wirklichkeit bereitstellen. Bildungsarbeit im Kontext sozialer Differenzkategorien wird ohne die Ermöglichung einer Verfügung über theoretische Modelle (auch) in Form von deklarativem, artikulierbaren Wissen vermutlich nur eingeschränkt zu tatsächlichen Transformationen bei den Adressat*innen führen können – dies gilt nicht nur auf der Ebene der verbalisierbaren Einstellungen, sondern auch auf der Ebene einer veränderten Haltung, die ebenfalls reflexiv verfügbar werden müsste. Reflexivität ist nur durch die Ermöglichung einer Distanzierung von der eigenen Praxis, auch der eigenen Biographie realisierbar, wobei theoretische Begriffe ein besonders geeignetes Instrumentarium für ebenjene Distanzierung bereitstellen.

Allerdings zeigt die Untersuchung der Weiterbildung auch Wege auf, dieser Konstruktion eines Nebeneinanders von Theorie, Praxis und Haltung zu entgehen. Dies ist insbesondere dann der Fall, wenn Arbeitsweisen so konzipiert werden, dass sie eine unmittelbare Verschränkung dieser Momente bedingen. Exemplarisch gelingt dies in einer von vielen Teilnehmenden in den Interviews als besonders beeindruckend benannten Übung unter dem Titel „Wie im wahren Leben", auch als „Privilegientest" bekannt. Hier erhalten die Teilnehmer*innen Rollenkarten, auf denen Subjektpositionen geschildert werden, die durch verschiedene Differenzkategorien gekennzeichnet sind (z.B. „25 Jahre alte Studentin mit Migrationshintergrund. Sie ist lesbisch und lebt in einer Wohngemeinschaft. Um ihr Studium zu finanzieren, kellnert sie"; „23 Jahre alter, staatenloser Roma-Mann, heterosexuell, unverheiratet, hat keine Kinder. Er verdient seinen Lebensunterhalt hauptsächlich auf Baustellen"[2]). Im Verlauf der Übung verkörpern die Teilnehmer*innen diese Rollen insoweit, als dass sie aus der Perspektive ihrer Rollenkarte heraus immer dann einen Schritt nach vorn tun, wenn sie eine Frage mit Ja beantworten können (z.B. „Gehst du einer befriedigenden Beschäftigung nach, durch die du auch Anerkennung erfährst?"; „Hast du eine Krankenversicherung oder kannst du jederzeit, wenn es nötig ist, eine_n Arzt/Ärztin aufsuchen?"; „Kannst du dich nachts ohne Furcht auf der Straße bewegen?"). Nicht nur ist dies die in der Weiterbildung eingesetzte Methode, an die sich die meisten Interviewten intensiv erinnern können,

---

2   Beispiele und Beschreibung der Methode beispielsweise unter: http://dissens.de/isgp/docs/isgp-wie-im-richtigen-leben.pdf.

sie scheint zudem in besonderer Weise Theorie und biographische Zugänge miteinander zu verknüpfen. Insbesondere ermöglicht sie eine breite und intersektionale Thematisierung von theoretischen Perspektiven. So meint Frau Patros:

> „Was ich auch sehr spannend fand, war so ein Privilegientest, den wir gemacht haben, der jetzt auch noch mal über das eigentliche Thema hinausging, Geschlecht, sondern überhaupt so gesellschaftliche Privilegien und Benachteiligungen überhaupt so analysiert hat. Das fand ich sehr lehrreich, dass man noch mal gespiegelt bekommt, wie extrem privilegiert man als deutscher Beamter ist. Das fand ich also sehr wertvoll, das hat sich alles so erfüllt."

Diese Übung, so schildert Frau Patros, ermöglicht die Analyse „gesellschaftliche[r] Privilegien und Benachteiligungen", die sie anschließend indes in eine eher diffuse Haltung integriert. Die Übung gestaltet einen *Erfahrungs*raum, anhand derer die verschiedenen Ebenen der Reflexion und darüber die Theorie-Praxis-Haltung-Problematik auf einer Metaebene zum Gegenstand des Geschehens werden können. Denn die Übung kann sehr komplex ausgewertet werden: Sie erlaubt eine biographische Perspektive (anknüpfend an das Erleben der eigenen Position im ungleich strukturierten Raum), eine pädagogische Auflösung (was bedeutet dieser ungleich gestaltete Raum für die pädagogische Praxis) ebenso wie eine gesellschaftspolitisch ausformulierte Frage nach dem Verhältnis von politischen Dimensionen und pädagogischen Möglichkeiten (Offen & Schmidt, 2012).

4. Fazit

Während die hier vorgestellte Weiterbildungsreihe sehr erfolgreich darin ist, komplexe theoretische Zugänge für die Teilnehmenden biographisch zu erschließen und subjektorientiert Veränderungsmöglichkeiten der persönlichen und professionellen Haltung zu eröffnen, verweist die Diskrepanz aus Zielen der Trainer*innen und der Ausformulierung der Ansätze in den Praxisprojekten der Teilnehmenden auf ein Verarbeitungsproblem im Theorie-Praxis-Transfer. Dies mag einerseits mit fehlender Übung zu tun haben und sich im fortlaufenden Praxisübergang verlieren bzw. durch eine engere, längerfristige Begleitung des Praxistransfers bearbeitbar sein. Andererseits wird aber die Bedeutung theoretischer Begriffe und der Analysegenauigkeit deutlich, die ein Handwerkszeug darstellen können, Praxis zu konzipieren, zu erproben und zu reflektieren.

Insofern kann eine Unterstützung pädagogischer Reflexivität im Kontext sozialer Differenzkategorien durch die Verfügbarkeit theoretischer Genauigkeit gewinnen. An der oben geschilderten Übung wird exemplarisch deutlich, wie subjektorientierte Zugänge genutzt werden könnten, um die damit gewonnenen Erfahrungen theoretisch aufzuarbeiten. Reflexivität kann auf diese Weise mit einem Zuwachs an Wissen fundiert und verbunden werden. Bildungsangebote, denen eine Verknüpfung zugewandter, beziehungsorientierter Leitung mit der Erfindung geeigneter Formate zur Erschließung komplexer theoretischer Phänomene gelingt, können sich entsprechend in der Weiterbildung im Kontext sozialer Differenzkategorien bewähren.

Literatur

Beck, Ch., Helsper, W., Heuer, B., Stelmaszyk, B. & Ullrich, H. (2000). *Fallarbeit in der universitären LehrerInnenbildung. Professionalisierung durch fallrekonstruktive Seminare? Eine Evaluation.* Opladen: Leske und Budrich.

Budde, J., Offen, S. & Schmidt, J. (2013). Das Verhältnis von Praxis, Theorie und persönlicher Haltung in der Weiterbildung von LehrerInnen zum Umgang mit Kategorien sozialer Ungleichheit. *Lehrerbildung auf dem Prüfstand, 6* (1), 32–49.

Friebertshäuser, B. (2010). Feldforschung und teilnehmende Beobachtung. In B. Friebertshäuser & A. Prengel (Hrsg.), *Handbuch Qualitative Forschungsmethoden in der Erziehungswissenschaft* (S. 503–534). Weinheim/München: Juventa.

Glaser, E. (2010). Dokumentenanalyse und Quellenkritik. In B. Friebertshäuser & A. Prengel (Hrsg.), *Handbuch Qualitative Forschungsmethoden in der Erziehungswissenschaft* (S. 365–376). Weinheim/München: Juventa.

Heinzel, F. (2007). Fallarbeit und Fallstudien in der Lehrerbildung. Zugang zum Denken und Handeln von Kindern. In F. Heinzel (Hrsg.), *Lernbegleitung und Patenschaften. Reflexive Fallarbeit in der universitären Lehrerausbildung* (S. 146–156). Bad Heilbrunn: Klinkhardt.

Helsper, W., Böhm-Kasper, O. & Sandring, S. (2006). Die Ambivalenzen der Schülerpartizipation – Partizipationsmaße und Sinnstrukturen der Partizipation im Vergleich. In W. Helsper, H.-H. Krüger, S. Fritzsche, S. Sandring, Ch. Wiezorek, O. Böhm-Kasper & N. Pfaff (Hrsg.), *Unpolitische Jugend? Eine Studie zum Verhältnis von Schule, Anerkennung und Politik* (S. 319–340). Wiesbaden: VS Verlag für Sozialwissenschaften.

Hierdeis, H. (1997). Selbstreflexion in der LehrerInnenbildung. Erklärungen und Überlegungen. In E. Glumpler & H. Rosenbusch (Hrsg.), *Perspektiven der universitären Lehrerbildung* (S. 85–94). Bad Heilbrunn/Obb.: Klinkhardt.

Hopf, Ch. (2003). Qualitative Interviews – ein Überblick. In U. Flick, E. von Kardorff & I. Steinke (Hrsg.), *Qualitative Forschung. Ein Handbuch* (2. Auflage) (S. 349–359). Reinbek bei Hamburg: Rowohlt.

Klippert, H. (2010). *Heterogenität im Klassenzimmer. Wie Lehrkräfte effektiv und zeitsparend damit umgehen können.* Weinheim: Beltz.

Koch-Priewe, B. & Thiele, J. (2009). Versuch einer Systematisierung der hochschuldidaktischen Konzepte zum Forschenden Lernen. In B. Roters, R. Schneider, B. Koch-Priewe, J. Thiele & J. Wildt (Hrsg.), *Forschendes Lernen im Lehramtsstudium. Hochschuldidaktik, Professionalisierung, Kompetenzentwicklung* (S. 271–292). Bad Heilbrunn: Klinkhardt.

Kultusministerkonferenz (2004). *Standards für die Lehrerbildung: Bildungswissenschaften.* [Berlin/Bonn:] Sekretariat der Ständigen Konferenz der Kultusminister der Länder in der Bundesrepublik Deutschland. Verfügbar unter: http://www.kmk.org/fileadmin/veroeffentlichungen_beschluesse/2004/2004_12_16-Standards-Lehrerbildung.pdf.

Lamnek, S. (1995). *Qualitative Sozialforschung, Bd. 2: Methoden und Techniken* (3. Auflage). München u.a.: PsychologieVerlagsUnion.

Lipowski, F. (2010): Lernen im Beruf. In F. H. Müller, A. Eichenberger, M. Lüders & J. Mayr (Hrsg.), *Lehrerinnen und Lehrer lernen. Konzepte und Befunde zur Lehrerfortbildung* (S. 51–73). Münster: Waxmann.

Maxim, S. (2009). *Wissen und Geschlecht. Zur Problematik der Reifizierung der Zweigeschlechtlichkeit in der feministischen Schulkritik.* Bielefeld: Transcript.

Mayring, Ph. (2000). Qualitative Inhaltsanalyse. *Forum Qualitative Sozialforschung* [Online-Journal], *1* (2), Art. 20. Verfügbar unter: http://www.qualitative-research.net/index.php/fqs/article/view/1089/2384.

Mayring, Ph. (2003). *Qualitative Inhaltsanalyse. Grundlagen und Techniken* (8. Auflage). Weinheim/Basel: Beltz.

Offen, S. & Schmidt, J. (2012). Lebensplanung, Politik und soziale Gerechtigkeit: Geschlechtersensible politische Bildung zwischen Träumen und prekären Verhältnissen. In D.-Th. Chwalek, M. Diaz, S. Fegter & U. Graff (Hrsg.), *Jungen-Pädagogik. Praxis und Theorie von Genderpädagogik* (S. 133–145). Wiesbaden: Springer VS.

Schmidt, Ch. (2003). Analyse von Leitfadeninterviews. In U. Flick, E. von Kardorff & I. Steinke (Hrsg.), *Qualitative Forschung. Ein Handbuch* (2. Auflage) (S. 447–455). Reinbek bei Hamburg: Rowohlt.

Steinke, I. (2003). Gütekriterien qualitativer Forschung. In U. Flick, E. von Kardorff & I. Steinke (Hrsg.), *Qualitative Forschung. Ein Handbuch* (2. Auflage) (S. 319–331). Reinbek bei Hamburg: Rowohlt.

Herausgeber, Autorinnen und Autoren

Yalız Akbaba, wissenschaftliche Mitarbeiterin am Institut für Erziehungswissenschaft an der Johannes-Gutenberg-Universität Mainz. Ihr Dissertationsprojekt: Eine ethnographische Schulfeldforschung zu Interaktionsambiguitäten und Bewältigungshandeln von Lehrer_innen mit selbst- und fremdzugeschriebenem Migrationshintergrund.

Nurgül Altuntas, Rektorin als Ausbildungsleiterin, Lehrerin für Französisch, Geschichte, Ethik und Islamische Religion, seit dem Schuljahr 2006/07 am Studienseminar für Grund-, Haupt-, Real- und Förderschulen in Wiesbaden, seit 2010 abgeordnet ins Hessische Kultusministerium und dort an der Entwicklung des bekenntnisorientierten islamischen Religionsunterrichts beteiligt.

Meike Aßmus, Lehrerin für die Fächer Mathematik und Deutsch am Grimmelshausen-Gymnasium in Gelnhausen.

Melanie Bittner, Doktorandin am Institut für Soziologie der Universität Freiburg, sie führt Trainings zu Gender, Diversity und Antidiskriminierungskultur durch.

Nina Blasse, Gender- und Erziehungswissenschaftlerin, wissenschaftliche Mitarbeiterin am Institut für Erziehungswissenschaften der Universität Flensburg. In ihrem Promotionsprojekt betrachtet sie die Herstellung von Unterricht im Anspruch der Inklusion mit Blick auf die anwesenden Erwachsenen.

Dr. phil. habil. *Jürgen Budde,* Professor für die Theorie der Bildung, des Lehrens und Lernens an der Universität Flensburg. Arbeitsschwerpunkte: Heterogenität in Bildungsinstitutionen, Praxeologie neuer Lernkulturen, Erziehungsprozesse in Schule und Unterricht, pädagogische Organisationsentwicklungsforschung, qualitative Forschungsmethoden.

Verona Eisenbraun, Gleichstellungsbeauftragte im Landesschulamt Hessen, zuvor Fachleiterin am Studienseminar für das Lehramt an Gymnasien in Frankfurt am Main. 20 Jahre Unterrichtspraxis in Deutsch, Politik und Wirtschaft, Philosophie und Ethik.

Dr. phil. *Elisabeth Grünewald-Huber,* Philologin und Sozialwissenschaftlerin. Sie unterrichtete am Gymnasium, forschte für den Schweizerischen Nationalfonds und lehrte, forschte bis 2013 an der Pädagogischen Hochschule Bern zu geschlechtergerechter Pädagogik und Didaktik. Im Projekt „Faule Jungs, strebsame Mädchen?" untersuchte sie den Zusammenhang zwischen Geschlechterstereotypen und Schulleistungen (www.faulejungs.ch).

Dr. **Gerrit Kaschuba**, Diplompädagogin, Geschäftsführerin Forschungsinstitut tifs, Tübingen. Arbeitsschwerpunkte: Wissenschaftliche Evaluation und Begleitung von Gender-Mainstreaming-Prozesse, gender- und diversitätsbewusste Bildung.

Dr. **Necla Kelek**, Sozialwissenschaftlerin und Publizistin, 1999 bis 2004 Lehrbeauftragte für Migrationssoziologie an der Evangelischen Fachhochschule für Sozialpädagogik in Hamburg und Mitglied der Deutschen Islamkonferenz, 2006 Mercator-Professur der Universität Duisburg-Essen, 2009 Hildegard-von-Bingen-Preis für Publizistik, 2010 Freiheitspreis der Friedrich-Naumann-Stiftung für die Freiheit, Mitglied im Senat der Deutschen Nationalstiftung.

Alexander Lotz, Studienrat für Biologie und Chemie am Frankfurter Goethe-Gymnasium. Mitglied der AG LesBiSchwule Lehrer_innen in der GEW Hessen.

Dr. **Susanne Offen**, Bildungswissenschaftlerin, wissenschaftliche Mitarbeiterin an der Leuphana-Universität Lüneburg im Institut für integrative Studien, Schwerpunkte in Forschung und Lehre: gesellschaftliche Bedingungen von Bildung und Erziehung, reflexive Professionalisierung in pädagogischen Feldern, Inklusion/Exklusionspraxen, Intersektionalität, politische Bildung.

Dr. **Markus Prechtl,** KIVA-Gastprofessor an der Technischen Universität Darmstadt, forscht und lehrt zum Arbeitsschwerpunkt „Gender/Chemie/Bildung", zuvor Gastprofessor für Gender & Diversity an der Leibniz Universität Hannover, Studienrat im Hochschuldienst an der Universität Siegen und Realschullehrer in Frechen und Oberhausen.

Jörg Rüger, Rektor als Ausbildungsleiter, Ausbilder am Studienseminar Eschwege/Außenstelle Bad Hersfeld, Fortbildner im Bereich „Gender Mainstreaming", Mitglied des Leitungsteams des Lehrerbildungsforums Sachunterricht.

Jens Schmidt, Bildungsreferent bei Arbeit und Leben Hamburg und dort zuständig für die politische Jugendbildung, Projekte sowie für das Mobile Beratungsteam gegen Rechtsextremismus. Schwerpunkt: geschlechterbezogene Bildungsarbeit, extreme Rechte, intersektionale Konzeptentwicklung und Professionalität in der politischen Bildung.

Silke Schwarz, Rektorin als Ausbildungsleiterin, Ausbilderin am Studienseminar Eschwege/Außenstelle Bad Hersfeld, Frauenbeauftragte/Gleichstellungsbeauftragte für die Studienseminare in Hessen.

Dr. habil. **Siegfried Uhl**, Landesschulamt und Lehrkräfteakademie, Standort Frankfurt am Main, nach Tätigkeit an den Universitäten Konstanz, Erfurt und Münster und an der PH Karlsruhe seit 2004 im hessischen Landesdienst.

Dr. **Harald Wagner**, Dipl.-Psych. und Dr. phil. an der Universität Hamburg, 1969-1988 Forschungs- und Lehrtätigkeiten an der Universität Hamburg, 1988-2009 Geschäftsführer bei Bildung und Begabung e.V. in Bonn.

Christine Winkler, Dipl.-Musiklehrerin mit Hauptfach Klavier und M. A. (Pädagogik und Philosophie), Mitarbeiterin im Projekt G-MINT am Praxislabor der Technischen Universität Darmstadt.

Dr. ***Beate Wischer***, Professorin für Schulpädagogik mit Schwerpunkt Schultheorie/ Schulforschung am Institut für Erziehungswissenschaft an der Universität Osnabrück, davor u.a. Lehrerin für die Sek I/II. Arbeitsschwerpunkte: Heterogenität und individuelle Förderung unter professions-, schul- und organisationstheoretischen Perspektiven, Schulentwicklung und neue Steuerung.

Dr. ***Olga Zitzelsberger***, Wissenschaftliche Mitarbeiterin am Institut für Allgemeine Pädagogik und Berufspädagogik der Technischen Universität Darmstadt. Lehr- und Forschungsschwerpunkte: Migration und Bildung, Selbstorganisationen von Migrant_innen, Genderstudien, Chancenungleichheit, qualitative empirische Sozialforschung.